电力工程造价从业人员职业能力培训教材

热力设备安装工程

电力工程造价与定额管理总站 编

中国电力出版社
CHINA ELECTRIC POWER PRESS

内 容 提 要

《电力工程造价从业人员职业能力培训教材》体系设置主要从培养电力工程造价从业人员管理能力和专业技术能力两个方面设置内容。对应工程造价管理能力和工程造价专业技术中的公共基础能力培养，设置《综合知识》；对应专业技术能力中的专业基础能力、专业能力培养两部分内容，分专业设置《发电建筑工程》《电网建筑工程》《热力设备安装工程》《电气设备安装工程》《通信工程》《输电线路工程》6册。

本分册为《电力工程造价从业人员职业能力培训教材 热力设备安装工程》，分为基础知识和计量与计价两篇，其中基础知识篇包括概述、热力设备安装工程主要生产系统、热力设备安装工程主要设备和材料、热力设备安装工程设计与工程识图、热力设备安装工程施工、热力设备安装工程调试六章，计量与计价篇包括发电工程概预算编制、热力设备安装工程施工图预算编制、热力设备安装工程概算编制、工程量清单编制四章。

本套教材作为电力工程造价专业能力考试指定用书，同时作为电力工程设计、施工、监理、咨询等单位工程造价人员岗位技能学习、继续教育用书，还可作为高校相关专业教学指导用书。

图书在版编目（CIP）数据

热力设备安装工程/电力工程造价与定额管理总站编. —北京：中国电力出版社，2021.6
电力工程造价从业人员职业能力培训教材
ISBN 978-7-5198-5645-8

Ⅰ. ①热… Ⅱ. ①电… Ⅲ. ①电力工程－热力系统－设备安装－工程造价－中国－技术培训－教材 Ⅳ. ①F426.61

中国版本图书馆 CIP 数据核字（2021）第 093896 号

出版发行：中国电力出版社
地　　址：北京市东城区北京站西街 19 号（邮政编码 100005）
网　　址：http://www.cepp.sgcc.com.cn
责任编辑：张　瑶（010-63412503）　翟巧珍
责任校对：黄　蓓　李　楠　郝军燕
装帧设计：赵丽媛
责任印制：石　雷

印　　刷：三河市百盛印装有限公司
版　　次：2021 年 6 月第一版
印　　次：2021 年 6 月北京第一次印刷
开　　本：889 毫米×1194 毫米　16 开本
印　　张：21.5　插页 2
字　　数：649 千字
印　　数：0001—1500 册
定　　价：120.00 元

《电力工程造价从业人员职业能力培训教材》

编　委　会

主　　任　于崇德

副 主 任　江宇峰　张天光　张志锋

委　　员　董士波　张慧翔　张　健　张　强　邹贵林
刘　薇　汪　群　陈福飚　李哲非　阎　明

本册编审人员

主　　编　董士波

副 主 编　田进步　郑东伟　刘　顿

编写人员　张志正　高福东　胡金峰　陈　平　李　强
张　丰　龚凯峰　杨　静　王　健　马雪峰
韩松巍　童汝俊

审查专家　史大全　欧阳海瑛　曹文琪　赵旭红　宣洪福
许志明　赵喜贵　李伟亮

前　言

为提高电力工程造价从业人员的业务素质和职业水平，推进从业人员职业能力评价与继续教育培训工作，结合当前电力行业发展形势和需求，依据中国电力企业联合会组织制定的《电力工程造价从业人员培训考核规范》（T/CEC 286—2019），电力工程造价与定额管理总站组织编写了本套教材。

本套教材囊括了最新国家有关电力工业发展的政策、法规及电力工程造价的规章制度、标准规范等，其内容涵盖火力发电工程和电网工程，分为综合知识、发电建筑工程、电网建筑工程、热力设备安装工程、电气设备安装工程、输电线路工程、通信工程七册。各册教材均采用模块化的编写方案，主要内容包括工程基本知识、设备材料、设计与识图、工程施工、计量与计价等，内容密切结合电力工程造价工作实际，力求准确、完整、系统，强调规范性和可操作性。既可作为电力工程造价从业人员职业能力培训教材，也可兼作从业人员职业能力评价和日常工具用书。

本套教材编写工作于2020年初启动，成立了编写委员会，组建了编写工作组，按统一的原则和思路确定了编写大纲，采用分头编写、集中审查与审定的方式，经过辛勤努力，在各方的通力合作与密切配合下，历时一年多，完成了教材的编写和出版工作。

本套教材在编撰过程中，得到了广大电力建设管理、设计、施工、监理、咨询以及高等院校等单位的大力支持，特别鸣谢国网浙江省电力有限公司、西北电力设计院有限公司、华北电力设计院有限公司等单位的密切配合，各册主编、副主编、参编及审查专家也都为此付出了大量时间、精力和智慧，在此一并表示衷心感谢！

本套教材的编写和出版，由于时间紧、任务重，难免存在疏漏和不足之处，恳请广大读者批评指正。

电力工程造价与定额管理总站

2021年5月

目 录

第一篇　基础知识

第一章

概　　述

第一节　发电厂类型

发电厂又称电站，简单地说，就是将自然界蕴藏的各种一次能源集中转换为电能的工厂。发电厂的分类有不同的方法，按照使用一次能源的形式分类，可以分为化石燃料电厂、水力发电厂、原子能（核能）发电厂、风力发电场（厂）、垃圾发电厂、地热发电厂、太阳能发电厂等。根据能源利用的技术成熟程度，也可以分为常规能源电厂和新能源电厂。行业内也常使用针对电厂的某一突出特点来表述电厂的类型，比如燃煤电厂、燃气电厂、生物质电厂、光伏电厂、热电冷联供电厂、整体煤气化联合循环发电（Integrated Gasification Combined Cycle，IGCC）电厂等。现在世界上存在多种发电方式的发电厂，火力发电方式所占比重最大，称火力发电厂，一般包括使用化石燃料、生物质燃料和垃圾燃料的蒸汽轮机发电厂、燃气—蒸汽联合循环发电厂等。值得一提的是，从专业角度来说，“热电厂”是热电联产发电厂的简称，而非热力发电厂的简称。其实，只要通过热能转换机械能来发电的电厂都可称为热力发电厂，包括火力发电厂、核电厂、地热发电厂、垃圾发电厂、光热发电厂（场）等。下面简单介绍几种热力发电方式和相关新能源发电方式。

一、燃煤火力发电

化石燃料火力发电厂包括燃煤发电厂、燃油发电厂和燃气发电厂，以燃煤发电厂为主。燃煤发电厂主要由锅炉及其辅助设备、汽轮机及其辅助设备、汽轮发电机及配电设备、化学水处理设备、燃煤输送及制粉设备、除灰除尘设备、脱硫及脱硝设备等构成。燃油发电厂和燃气发电厂包括的设备大致相同，区别主要在锅炉及辅助设备方面，根据燃料的不同减少或增加一些设备，现在建成了一些燃气轮机发电厂也属于燃气发电厂。现在我国燃煤火力发电厂拥有量仍然占主体地位，下面主要介绍燃煤火力发电厂（简称燃煤发电厂）。

燃煤发电厂通常还可以按蒸汽压力、产品性质、服务规模、电厂总容量等多种方式分类，具体见表1-1。

表1-1　　燃煤发电厂的分类

分类方法	类型	分类要求
按蒸汽压力	中低压发电厂	主蒸汽压力 P_1＜3.82MPa（29kgf/cm^2）
	高压发电厂	主蒸汽压力 P_1=9.8MPa（100kgf/cm^2）
	超高压发电厂	主蒸汽压力 P_1=13.7MPa（140kgf/cm^2）
	亚临界压力发电厂	主蒸汽压力 P_1=16.7MPa（170kgf/cm^2）
	超临界压力发电厂	22.1MPa（225.65kgf/cm^2）＜P_1＜25MPa（225.65kgf/cm^2）
	超超临界压力发电厂	主蒸汽压力 P_1＞25MPa（225.65kgf/cm^2）
按产品性质	凝汽式发电厂	只向外供应电能

续表

分类方法	类型	分 类 要 求
按产品性质	热电厂	同时向外供应电能和热能
	综合利用发电厂	除供电、供热外，同时生产其他产品
按服务规模	区域性发电厂	在电网内运行，向一定范围内提供电能
	孤立发电厂	不在网内，单独运行
	自备发电厂	各企业建造，主要提供自身用电，也可向电网供电
按装机容量	小容量发电厂	100MW 以下
	中容量发电厂	100～250MW
	大中容量发电厂	250～1000MW
	大容量发电厂	1000MW 以上

原煤通过水路、铁路等运到电厂后，利用输煤皮带经过破碎、除铁处理后送至锅炉房的原煤斗。原煤经给煤机送至磨煤机，同时将热风送入磨煤机作干燥、输送煤粉之用，原煤在磨煤机中被磨至煤粉，经分离后，合格的煤粉与干燥剂一起被排粉风机抽出，经喷燃器送入炉膛燃烧。

送风机将取自于环境中的空气送入空气预热器中预热，预热后热空气分两路，一路送至磨煤机，一路由喷燃器直接喷入炉膛助燃。

燃料燃烧生成的高温烟气在引风机的抽吸下，依次经过过热器、再热器、省煤器、空气预热器，降低温度后，进入除尘器进行烟气除尘，净化后的烟气经引风机通过烟囱排入大气。

燃料燃烧形成的由炉膛低部排除的灰渣及由除尘器捕捉下来的飞灰，通常是利用水通过灰沟将其冲入灰渣泵房，再经灰渣泵送往储灰场。

燃料在炉膛中燃烧释放出的热量被水冷壁中的水吸收，水吸热后部分变成蒸汽，汽水混合物上升回到汽包。经分离后，饱和蒸汽被引入过热器中继续加热成过热蒸汽，过热蒸汽经主蒸汽管道进入汽轮机绝热膨胀做功，将蒸汽的热能转换为旋转机械能，发电机在汽轮机的带动下，将机械能转换为电能。

在汽轮机做完功后的乏汽排入凝汽器，在凝汽器内凝结成水，经加热、除氧后由给水泵升压后再送入锅炉，如图 1-1 所示。

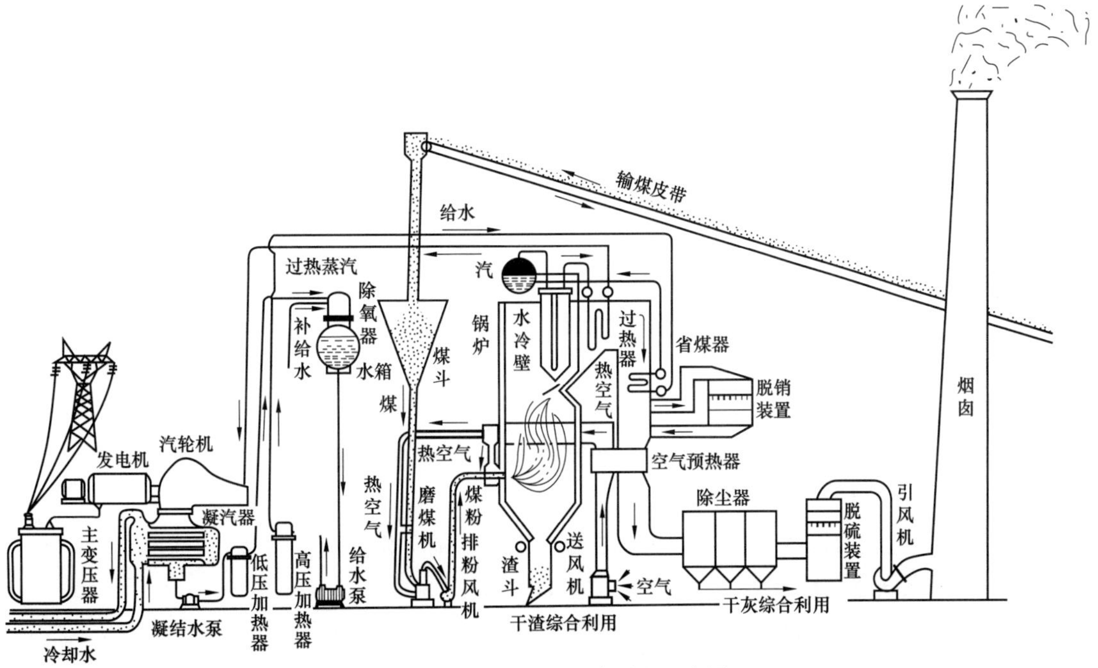

图 1-1　火力发电厂生产过程示意图

综上所述，燃煤火力发电厂的生产过程实际上是把燃料所蕴藏的化学能转变为电能的过程。

近年来，随着燃料的变化和循环流化床锅炉技术的提高，使用大容量循环流化床锅炉来发电的新建电厂越来越多。循环流化床锅炉是在鼓泡流化床锅炉技术的基础上发展起来的新炉型。它与鼓泡床锅炉的最大区别在于炉内流化风速较高（一般为 4～8m/s），在炉膛出口加装了气固物料分离器。被烟气携带排出炉膛的细小固体颗粒，经分离器分离后，再送回炉内循环燃烧。循环流化床锅炉可分为两个部分：第一部分由炉膛（快速流化床）、气固物料分离器、固体物料再循环设备和外置热交换器（有些循环流化床锅炉没有该设备）等组成，上述部件形成了一个固体物料循环回路；第二部分为对流烟道，布置有过热器、再热器、省煤器和空气预热器等，与其他常规锅炉相近。循环流化床锅炉工作原理如图 1-2 所示。

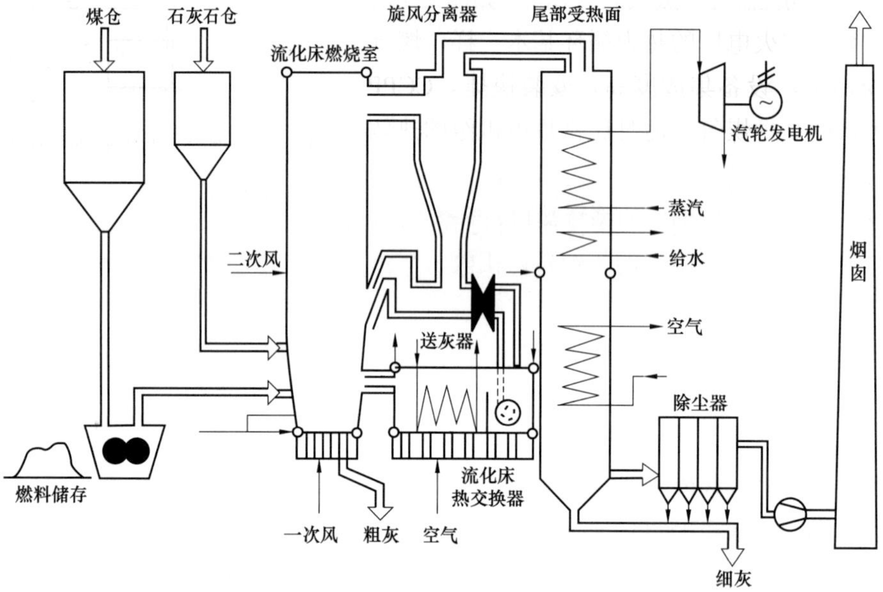

图 1-2　循环流化床锅炉工作原理图

循环流化床锅炉燃烧所需的一次风和二次风分别从炉膛的底部和侧墙送入，燃料的燃烧主要在炉膛中完成，炉膛四周布置有水冷壁用于吸收燃烧所产生的部分热量。

由气流带出炉膛的固体物料在气固分离装置中被收集并通过返料装置送回炉膛。

循环流化床锅炉具有燃料适应性广、燃烧效率高、高效脱硫、氮氧化物排放低、燃烧强度高、炉膛截面积小、负荷调节范围大、易于实现灰渣综合利用、燃料预处理系统简单等诸多优点。

常规燃煤发电厂机务专业部分主要由以下系统组成：

热力系统——包括锅炉机组、汽轮发电机组、热力系统汽水管道、热网系统等。

燃料供应系统——包括输煤系统、燃油系统。

除灰系统——包括除渣系统、水力除灰系统或气力除灰系统、石灰石粉储备系统等。

化学水处理系统——包括预处理系统、锅炉补充水处理系统、凝结水精处理系统、循环水处理系统、中水石灰深度处理系统等。

供水系统——包括循环水系统、补给水系统等。

脱硫脱硝系统——包括脱硫系统、脱硝系统。

燃油电厂和燃气电厂的机务部分包括的系统与燃煤电厂基本相同。

二、燃气一蒸汽联合循环发电

燃气轮机是一种以连续流动的气体作为工质、把热能转换为机械功的旋转式动力机械。在空气和燃气的主要流程中，只有压气机、燃烧室和燃气透平这三大部件组成的燃气轮机循环，通称为简单循环。

大多数燃气轮机均采用简单循环方案。因为它的结构最简单，而且最能体现出燃气轮机所特有的体积小、质量轻、启动快、少用或不用冷却水等一系列优点。但单独使用排烟温度高、排烟热损失大，所以发电厂使用燃气轮机只有采用燃气—蒸汽联合循环发电方式才有优势。

燃气—蒸汽联合循环发电 CCPP（Combined Cycle Power Plant）是由燃气轮机发电和蒸汽轮机发电叠加组合起来的联合循环发电装置，燃气或除尘后的高炉煤气与空气混合后在燃气轮机的燃烧室内燃烧，产生的高温高压燃气进入燃气透平膨胀机组膨胀做功发电；做功后的高温烟气进入余热锅炉，产生蒸汽后进入蒸汽轮机做功，带动发电机组发电，形成燃气—蒸汽联合循环，如图 1-3 所示。蒸汽轮机的循环与火电厂的热力循环基本一样，燃气轮机的循环系统简单，设备集成度高，安装快捷。CCPP 技术能够吸纳大量的高炉煤气，而且比常规电机组的热效率提高 20%，具有良好的经济效益和环保效益。

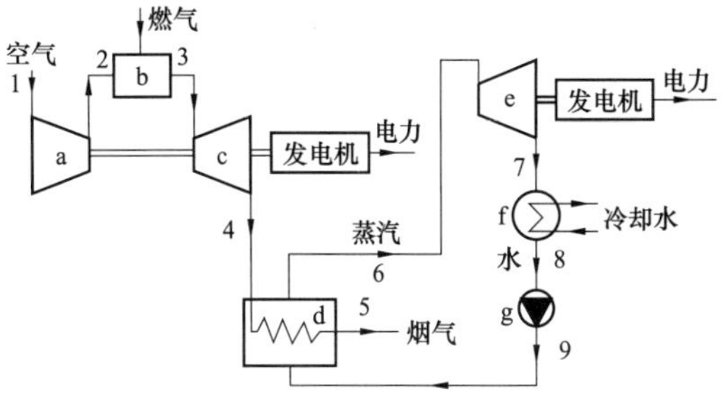

图 1-3　燃气—蒸汽联合循环发电系统示意图

a—压气机；b—燃烧室；c—燃气轮机；d—余热锅炉；e—蒸汽轮机；f—凝汽器；g—循环泵；1～9—工况点

虽然燃气—蒸汽联合循环电厂的系统简单，投资较低，人员少，建设周期短，发电成本中的折旧费、工资、财务费用都较常规火电厂低，但燃用的油和气的价格比煤要高很多，因而发电成本很高。

三、整体煤气化燃气一蒸汽联合循环（IGCC）发电

IGCC 发电技术是将固体煤气化、净化与燃气—蒸汽联合循环发电相结合的一种洁净煤发电技术。它由两大部分组成，即煤的气化与净化部分和燃气—蒸汽联合循环发电部分：第一部分的主要设备有气化炉、空分装置、煤气净化设备（包括硫的回收装置）；第二部分的主要设备有燃气轮机发电系统、余热锅炉、蒸汽轮机发电系统。

典型的 IGCC 工艺流程（见图 1-4）：将经过适当处理的煤送入气化炉，在一定温度和压力下通过气化剂（氧气和蒸汽）的加入，转化成气体燃料——煤气。煤气经过净化，除去煤气中的硫化物、氮化物、

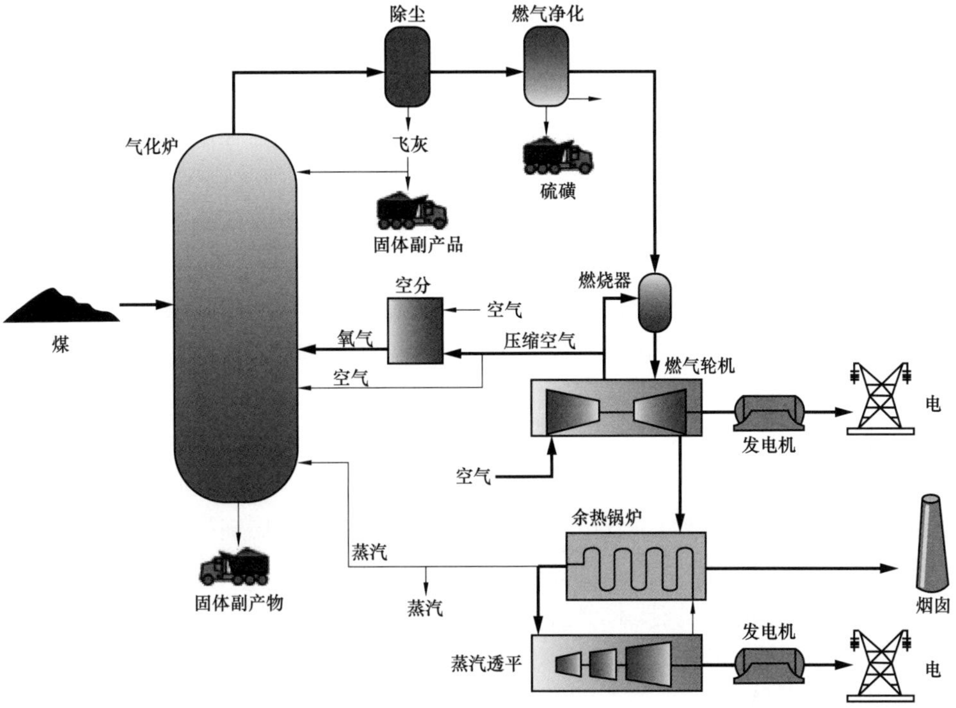

图 1-4　IGCC 发电系统示意图

粉尘等污染物，变为清洁的气体燃料，然后送入燃气轮机的燃烧室燃烧，以驱动燃气轮机做功，燃气轮机排气进入余热锅炉加热给水，产生过热蒸汽驱动蒸汽轮机做功。

与燃气—蒸汽联合循环相比，它增加了煤的气化、除尘和脱硫系统，其余的系统及设备与燃气—蒸汽联合循环相近，特别是余热锅炉及蒸汽轮机都是一样的，但燃气轮机的结构有些变化。

IGCC 电厂的造价比常规燃煤电厂要高很多。虽然由于煤气化可以回收一些化工副产品，降低运行成本，但要增加比较复杂的气化及净化系统，导致其基建成本及运行成本较高。

IGCC 电厂将高效的煤气化和联合循环发电技术有机结合起来，实现了能量的梯级利用，极大地提高了发电机组的效率，并解决燃煤所带来的环境污染问题。目前，国际上商业化运行的 IGCC 电厂的净效率最高已达到 45%，比常规燃煤电厂效率高 5%～7%。IGCC 项目本身就是煤化工与发电的结合体，通过煤的气化，使煤得以充分综合利用，实现电、热、甲醇或其他化工产品、液体燃料、城市煤气等多联供。从而使 IGCC 项目具有延伸产业链、发展循环经济的技术优势。

四、生物质发电

生物质发电是利用生物质所具有的化学能最终转变成电能进行发电的方式，是可再生能源发电的一种，包括农林废弃物直接燃烧发电、农林废弃物气化发电、垃圾焚烧发电、垃圾填埋气发电、沼气发电、淤泥燃烧发电等。其基本原理与火电厂相同，最大的区别在燃料的收集和处理方面。

生物质能发电主要有以下几种方式。

1. 直接燃烧发电

直接燃烧发电是将生物质在锅炉中直接燃烧，生产蒸汽带动蒸汽轮机及发电机发电。生物质直接燃烧发电的关键技术包括生物质原料预处理、锅炉防腐、锅炉的原料适用性及燃料效率、蒸汽轮机效率等技术。

2. 混合燃烧发电

生物质还可以与煤混合作为燃料发电，称为生物质混合燃烧发电技术。混合燃烧方式主要有两种：一种是生物质直接与煤混合后投入燃烧，该方式对于燃料处理和燃烧设备要求较高，不是所有燃煤发电厂都能采用；另一种是生物质气化产生的燃气与煤混合燃烧，这种混合燃烧系统中燃烧，产生的蒸汽一同送入汽轮机发电机组。

3. 生物质气化发电

生物质气化发电技术是指生物质在气化炉中转化为气体燃料，经净化后直接进入燃气机中燃烧发电或者直接进入燃料电池发电。气化发电的关键技术之一是燃气净化，气化出来的燃气都含有一定的杂质，包括灰分、焦炭和焦油等，需经过净化系统把杂质除去，以保证发电设备的正常运行。

4. 沼气发电

沼气发电是随着沼气综合利用技术的不断发展而出现的一项沼气利用技术，其主要原理是利用工农业或城镇生活中的大量有机废弃物经厌氧发酵处理产生的沼气驱动发电机组发电。用于沼气发电的设备主要为内燃机，一般由柴油机组或者天然气机组改造而成。

5. 垃圾发电

垃圾发电包括垃圾焚烧发电和垃圾气化发电，其不仅可以解决垃圾处理的问题，同时还可以回收利用垃圾中的能量，节约资源。垃圾焚烧发电是利用垃圾在焚烧锅炉中燃烧放出的热量将水加热获得过热蒸汽，推动汽轮机带动发电机发电。垃圾焚烧技术主要有层状燃烧技术、流化床燃烧技术、旋转燃烧技术等。现在发展起来的气化熔融焚烧技术，包括垃圾在 450～640℃温度下的气化和含炭灰渣在 1300℃以上的熔融燃烧两个过程，垃圾处理彻底，过程洁净，并可以回收部分资源，被认为是最具有前景的垃圾发电技术。

6. 污泥发电

污泥发电是城市污水处理厂进行污泥合理开发利用的技术措施之一，是污泥实行减量化、稳定化、无害化、资源化的良好方法。常见有以下三种典型的污泥发电工艺：

（1）污泥经过浓缩、调治、脱水、干化，然后焚烧发电。根据干化后热值的不同，可以采用单独燃烧或者与煤混合后燃烧的方式。

（2）污泥通过厌氧消化产生沼气、通过燃气轮机组发电。

（3）污泥厌氧消化产生沼气、进而通过改质制造氢气，经燃料电池发电。

五、太阳能热发电

在太阳能热发电技术中，太阳热能直接发电尚处于原理性直接试验阶段，通常所说的太阳能热发电技术主要是指太阳辐射能转化为热能间接发电，即热能通过热机带动常规发电机发电，其基本组成与常规发电设备类似。从能源输入端利用模式看，太阳能热发电系统的发展经历了三个不同的阶段，逐步形成了三大类系，即单纯太阳能热发电系统、太阳能与化石能源综合互补系统和太阳能热化学重整复合系统。

常见的几种太阳能热发电系统有以下两种。

1. 聚光型太阳能热发电系统

聚光型太阳能热发电系统是利用聚焦型太阳能集热器把太阳能辐射能转变成热能，然后通过汽轮机、发电机来发电。本质上是用太阳能集热器和蒸汽发生器代替了火电厂的锅炉，其他设备工艺过程与火电厂相同。根据聚焦的形式不同，聚光型太阳能集热发电系统主要有塔式、槽式和碟式。

塔式太阳能热发电系统是将集热器置于接收塔的顶部，许多面定日镜根据集热器类型排列在接收塔的四周或一侧，这些定日镜自动跟踪太阳，使反射光能够精确地投射到集热器的窗口内。投射到集热器的阳光被吸收转变成热能后，加热盘管内流动的介质产生蒸汽，蒸汽温度一般会达到650℃。可以用其中一部分用来带动汽轮机组发电，另一部分热量则被储存在蓄热器中，以备没有阳光时发电用，如图 1-5 所示。

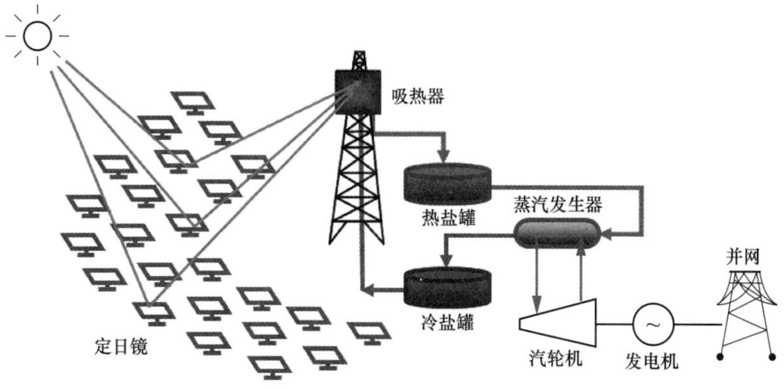

图 1-5　塔式太阳能热发电系统

槽式太阳能热发电系统是一种中温热力发电系统，其结构紧凑，太阳能热辐射收集装置占地面积比塔式和碟式系统要小 30%～50%。用于聚焦太阳光的抛物面聚光器加工简单，制造成本较低，抛物面场每平方米阳光通径面积仅需 11～18kg 玻璃，耗材最少。容易实现标准化，适合批量生产。

碟式太阳能热发电装置包括碟式聚光集热系统和热电转换系统，主要由碟式聚光镜、吸热器、热机及辅助设备组成。

2. 太阳能热气流发电系统

太阳能热气流发电的原理是在以大地为吸热材料的地面大棚式太阳能空气集热器中央建造高大的竖直烟囱，烟囱的底部在地面空气集热器的透明盖板下面开设吸风口，上面安装风力机和发电机，地面空气集热器根据温度效应生产热空气，从吸风口吸入烟囱，形成热气流，驱动安装在烟囱内的风轮并带动发电机发电，其本质是风力发电原理，如图 1-6 所示。

六、太阳能光伏发电

它是一种利用太阳电池半导体材料的光伏效应，将太阳光辐射能直接转换为电能的一种新型发电系统，有独立运行和并网运行两种方式。同时，太阳能光伏发电系统分为集中式和分布式两类：集中式如并入电网的大型地面光伏发电系统，分布式如工商企业厂房屋顶光伏发电系统、民居屋顶光伏发电系统，并入电网的大型地面光伏发电系统如图 1-7 所示。

太阳能光伏发电是基于太阳能光伏效应的原理，是指光照时不均匀半导体或半导体与金属组合的部位间产生电位差的现象。光伏被定义为射线能量的直接转换电能。它的实现方式主要是通过利用硅等半导体材料所制成的太阳能电板，利用光照产生直流电，如日常生活中随处可见的太阳能电池。

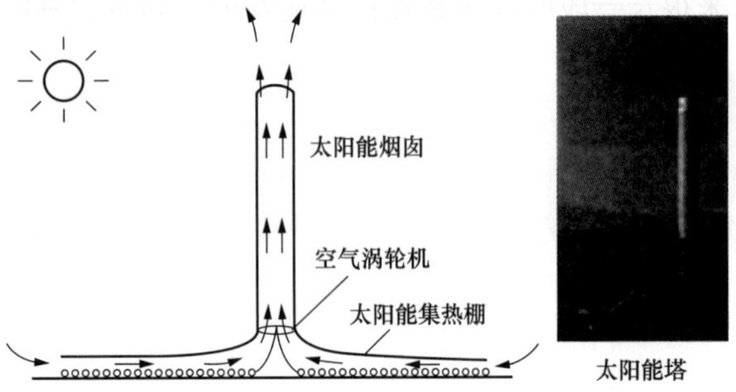

图 1-6　太阳能热气流发电系统

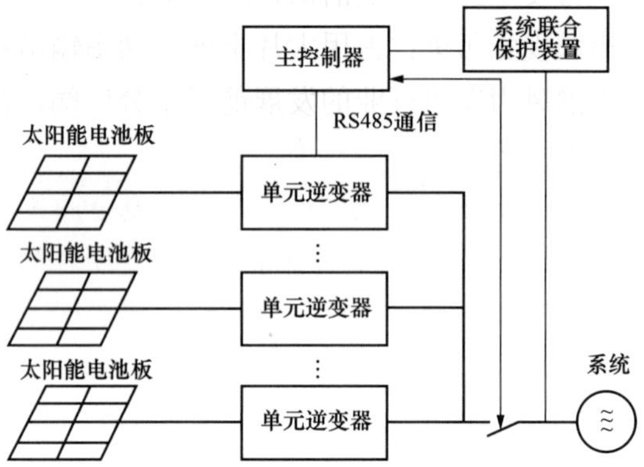

图 1-7　大型地面光伏发电系统

光伏阵列产生的直流电经过并网逆变器转换成符合市电电网要求的交流电之后直接接入市电网络，并网系统中光伏板方阵所产生电力除了供给交流负载外，多余的电力反馈给电网。在阴雨天或夜晚，光伏阵列没有产生电能或者产生的电能不能满足负载需求时就由电网供电。因为直接将电能输入电网，免除配置蓄电池，省掉了蓄电池储能和释放的过程，可以充分利用光伏板方阵所发的电力，从而减小了能量的损耗，并降低了系统的成本。但是系统中需要专用的并网逆变器，以保证输出的电力满足电网电力对电压、频率等指标的要求。

七、风力发电

风力发电的原理是利用风力带动风车叶片旋转，再透过增速机将旋转的速度提升，来带动发电机发电。把风的动能转变成机械动能，再把机械能转化为电能，这就是风力发电。依据风车技术，大约是 3m/s 的微风速度便可以开始发电。风力发电机组分为并网型和离网型两种。并网型风力发电机组是指风电机组与电网相联，向电网输送有功功率，同时吸收或者发出无功功率的风力发电系统。并网型的风力发电是规模较大的风力发电场，容量大约为几兆瓦到几百兆瓦，由几十台甚至成百上千台风电机组构成。离网型风力发电机组独立于电网运行，单机容量较小，适用于牧区、林区、通信基站、气象站、海岛及边防哨所等电网无法有效覆盖的地区。大型并网风力发电系统示意图如图 1-8 所示。

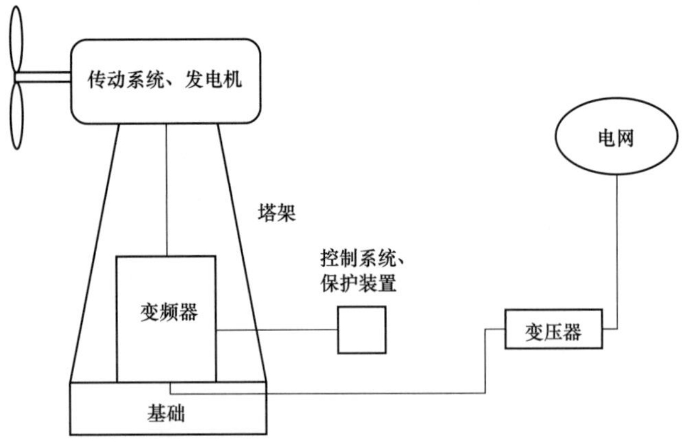

图 1-8　大型并网风力发电系统示意图

风力发电所需要的装置，称作风力发电机组。这种风力发电机组大体上可分风轮、发电机和塔筒三部分。风轮是把风的动能转变为机械能的重要部件，它由若干片叶片组成。当风吹向桨叶时，桨叶上产生气动力驱动风轮转动。桨叶的材料要求强度高、质量轻，多用玻璃钢或其他复合材料（如碳纤维）来制造。还有一些垂直风轮、S 形旋转叶片等，其作用也与常规螺旋桨形叶片相同。

发电机的作用是把由风轮得到的恒定转速，通过升速传递给发电机构均匀运转，因而把机械能转变为电能。

铁塔是支撑风轮、尾舵和发电机的构架。它一般修建得比较高，为的是获得较大的和较均匀的风力，又要有足够的强度。铁塔高度视地面障碍物对风速影响的情况，以及风轮的直径大小而定，一般在 6～20m 范围内。

风力发电的优点是清洁，环境效益好；可再生，永不枯竭；基建周期短；装机规模灵活等。缺点是有噪声和视觉污染；占用大片土地；功率输出不稳定，不可控等。

中国风力发电行业的发展前景十分广阔，预计未来很长一段时间都将保持高速发展，同时盈利能力也将随着技术的逐渐成熟稳步提升。

八、核能发电

核能发电是利用核反应堆中核裂变所释放出的热能进行发电的方式，它与火力发电极其相似。只是以核反应堆及蒸汽发生器来代替火力发电的锅炉，以核裂变能代替矿物燃料的化学能。除沸水堆外，其他类型的动力堆都是一回路的冷却剂通过堆心加热，在蒸汽发生器中将热量传给二回路或三回路的水，然后形成蒸汽推动汽轮发电机组发电。沸水堆则是一回路的冷却剂通过堆心加热变成 70 个大气压左右的饱和蒸汽，经汽水分离并干燥后直接推动汽轮发电机。核能发电厂（又称核电站）工作原理如图 1-9 所示。

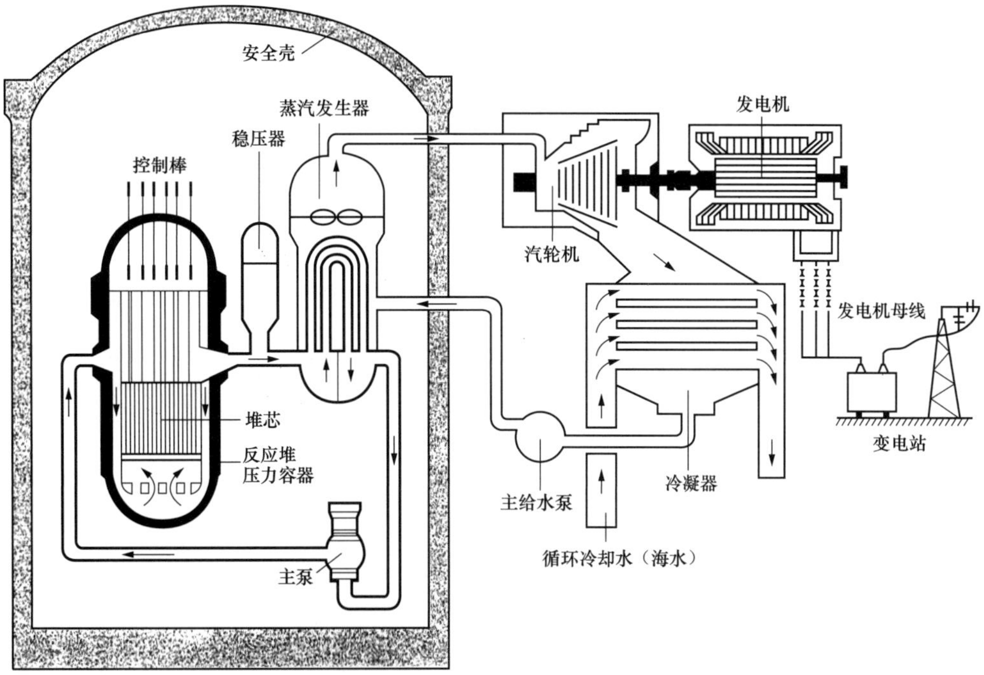

图 1-9　核电站工作原理示意图

核电站优点很多，主要表现在以下三方面：

（1）核能发电不像化石燃料发电那样排放巨量的污染物质到大气中，因此核能发电不会造成空气污染。

（2）核能发电不会产生加重地球温室效应的二氧化碳。

（3）核燃料能量密度比起化石燃料高上几百万倍，故核能电厂所使用的燃料体积小，运输与储存都很方便，一座1000MW的核能电厂一年只需30t的铀燃料，一航次的飞机就可以完成运送。

核电站的建设和运营成本低于火力发电厂，但是核电站的建设和运营需要依托高科技支持，裂变反应中产生的中子和放射性物质对人体危害很大，必须设法避免它们对核电站工作人员和附近居民的伤害，还需要解决引发的政治分歧和民众认识问题。

近几年，智慧电厂的建设越来越得到重视，不管哪种发电方式，智慧电厂都是将来的发展方向。智慧电厂是以“设备智能巡检、故障精准排查、系统协同联动”为目标，以自动控制为基础，以数据管理为核心，整合运行管理历史和人工经验，引导管理系统自主管理、自我演进，实现设备控制更加自主、生产管理更加智能、风险决策更加科学的全新电力生产组织形态与管理模式。智慧电厂基于企业现有的数字化、信息化建设基础，将云平台、大数据、物联网、移动互联、机器人、虚拟现实、人工智能、区块链等先进技术手段与传统发电企业安全生产、运营管控有机融合，构建覆盖企业全层级、全业务、全过程的智慧平台，精确感知生产数据、优化生产过程、减少人工干预，使电厂处于安全性高、经济性好、绿色环保、适应性强的良好运营状态。智慧电厂包含智慧决策、智慧安全、智慧设备、智慧运行、智慧经营等内容。

第二节　火电厂总体布置原则及总平面设计

一、火电厂总体布置原则

火电厂的总体布局应该满足以下原则。

1. 满足生产管理需求原则

实现高效安全的生产和管理是建厂的最终目的，因此总平面布置首先必须满足工艺流程的需要。在火电厂的设计中，应先确定好主厂房的方位，再以其为中心设计各种工程管线和交通线路使之流畅并尽可能地减少交叉。一般而言，应注意：结合当地地质、水文、气象条件确定主厂房的位置、朝向，锅炉房可建在地形高、朝向差的位置，而汽机房则要求靠近水源。此外，原料运输、输电线路及水路循环等的设计，应以自然条件为基础，以经济、便利、安全、环保等多种评价因素优选设计方案。

2. 交通便利原则

厂址及厂区内部交通的便利程度与电力生产的经济性及安全性息息相关，因此在设计总平面布置图时，应综合考量场内外交通环境，保证运输的流畅和安全。在火电厂内部，宜用道路区分各功能区域，并考虑人流、车流、货流及消防安全的需要，明确道宽及路面条件，在线路设计中尽量做到笔直、简洁。

3. 安全生产原则

设计规划的各个环节必须以生产及人员安全为标准，综合考虑厂区地质及区域气候因素，做好防火防灾预案。根据自然条件及历史资料，科学地修建消防水泵、防洪堤等设施。明确火电厂各种建筑材料、设备及原料的耐火等级，以全面分析各构筑物、大型设备在火灾或爆炸发生时可能产生的各种情况。在设计中，应对隧道、电缆沟及运煤栈桥等做分隔防火处理，并应在主厂房区域、储煤场及点火油罐区等位置设立环状消防通道，万一出现火情时，防止灾害迅速蔓延和扩大。

4. 节约用地原则

土地是发展工业的前提，要推进工业化必须使用大量土地。在我国人均土地资源相对匮乏的现实面前，节约工业用地已经成为社会发展的迫切要求。作为向用地单位申请土地的主要依据之一，总平面布置图是工业建设用地的集合部和聚焦点，因此必须根据其生产流程、管理体制及各构筑物的功能要求，在节约用地的原则下进行规划，尽可能做到工艺系统简单可靠，厂区布局紧凑合理。

5. 长期发展、全面布局原则

为保障火电厂可长期持续地发展，规划初期的设计必须在满足工艺要求的基础上留有裕量。对火电厂原料运输、建厂场地、电力负荷及水源情况等进行可行性研究，确定规划容量后，结合火电厂的近期、中期、长期发展规划，充分考虑设备的检修需要等因素进行布局，并将发展用地预留在厂区的外缘。根据构筑物的功能，力求主调统一，配调灵活，并从空间上选择好构筑物的间距。

二、总平面设计的内容

1. 主厂房

主厂房是发电厂中最主要的生产车间，其他生产车间均与主厂房有着密切的联系，在满足防火、防护间距要求的条件下均应力求接近主厂房，将主要构筑物的长轴沿自然等高线布置。在地形复杂区域，则可结合地形特征，将构筑物合并或分散布置。

在主厂房的布置中，应首先考虑其安全要求和检修需要，保持主要构筑物与外部连接通畅简捷，高压输电线进出方便；以具体的施工条件和设备特点规划安排，如实际施工时有两台机组以上同时运行，就应在设计中体现主厂房的平行连续施工能力；主厂房还应靠近供排水口，炎热地区的汽机厂房应面向热季盛行风向，固定端宜朝向发电厂的主入流方向。

2. 燃料设施

目前我国的火力发电厂燃料通常以铁路运输方式为主，并往往将整列车牵引进厂，并根据行车组织、卸煤方式等因素设置一定数量和一定有效长度的厂内铁路配线。在设计时，应力求运输线路顺直、坡度平缓，尽量减少转运次数并缩短运送距离，同时也要尽量避免引进的铁路与进厂主要干道相交叉，或使进厂铁路包围厂区。第一，宜将燃煤设施布置在厂区固定端或烟囱的外侧，并充分考虑厂区的风速和风向，将运煤集中控制区及综合楼布置在运煤系统附近受粉尘影响较小的地段，以尽可能减少污染；第二，根据规划容量确定栈桥的位置和走向，并将与煤仓间的接口设置在烟囱附近或两炉之间等位置；第三，坑口发电厂的锅炉房外侧或主厂房的固定端应靠近皮带传送的来煤方向。此外，在布置燃煤设施时，应具体分析不同输煤系统工艺的差异，结合厂区地形灵活规划。

3. 冷却系统

冷却塔是火力发电厂生产工艺里的重要组成部分，进行设计时，应以尽量降低其对周边环境影响为基本原则。冷却系统对环境的影响是冷却塔中飘散出去的水蒸气和小颗粒水珠造成的，一般而言，其与设施周边的温度及风力条件有着直接的关系。

我国的火电厂冷却系统中，冷却塔布置在高压配电装置固定端外侧的形式最为普遍。该方法不但具有初期工程管线相对较短的优点，对后期的改扩建工程也具有良好的适应能力。此外，还可将冷却塔布置在锅炉房外侧、汽机房外侧或高压配电装置的扩建端，这些布置方式各有自身的优缺点，应结合厂区地形、工程分期等因素综合考量。

4. 水处理系统

水处理系统的工作效果对火电厂的整个生产过程都具有重大影响，在主机炉工作前，水处理系统就必须保证具有提供合格生产、生活用水的能力。化学水处理室的布置需考虑其原料的运输和储藏方式，为减小其对周围环境的污染，应尽量缩短管线长度，并注意加强抗污、防腐及防火、防灾设施的建设。化学水处理室宜与循环水处理设施及净水站联合布置在位于靠近主厂房的固定端，选择朝向好、空气污染较轻的位置，并应与办公楼等其他构筑物分开。大型发电机组的凝结水处理设施则可在主厂房内或附近布置。

典型火力发电厂的整体布置如图 1-10 所示。

图 1-10　典型火力发电厂的整体布置

第三节　火力发电厂主要技术经济指标

电力生产通常采用各项技术经济指标来评价运行经济性和生产技术管理水平。电力生产技术经济指标是反映电力生产企业生产技术管理水平和经济效果的重要指标，主要有消耗指标、效率指标、发电单位成本、厂区占地面积指标等。

一、消耗指标

电力生产的消耗指标有发电标准煤耗率、供电标准煤耗率、供热标准煤耗率、厂用电率，见表 1-2。它反映电能和热能生产过程中对燃料、电量的消耗情况和水平，是很直观的结论。

表 1-2　　电力生产消耗指标

指标名称	单位	指标名称	单位
发电标准煤耗率	g/kWh	供热标准煤耗率	$kg/10^6kJ$
供电标准煤耗率	g/kWh	厂用电率	%

（一）煤耗率

煤耗率是指在一定的时间内，发电厂所消耗的材料与发电量之比。单位为 g/kWh。煤耗率的计算又分三种，分别见式（1-1）～式（1-3）。

（1）
$$\text{发电标准煤耗率 (g/kWh)} = \frac{\text{发电标准煤量(g)}}{\text{发电量(kWh)}} \tag{1-1}$$

（2）
$$\text{供电标准煤耗率 (g/kWh)} = \frac{\text{发电标准煤量(g)}}{\text{发电量} \times (1-\text{厂用电率})\text{(kWh)}} \tag{1-2}$$

（3）
$$\text{供热标准煤耗率 (kg/GJ)} = \frac{\text{供热用标准煤量(kg)}}{\text{供热量(GJ)}} \tag{1-3}$$

（二）厂用电率

厂用电率是发电厂生产电能过程中消耗的厂用电与发电量的比率，计算式如式（1-4）所示

$$\text{厂用电率} = \frac{\text{发电厂用电量(kWh)}}{\text{发电量(kWh)}} \times 100\% \tag{1-4}$$

二、效率指标

效率指标是反映设备在能量转换过程中，输出能量与输入能量以百分率表示的比值。所以，效率指标是与损耗有关的一项指标，提高效率就必须尽量减少的各项损耗。

电力生产的效率指标主要有锅炉热效率、汽轮发电机组热效率、供热热效率、发电厂热效率及热电厂全厂热效率等，见表 1-3。

表 1-3　　电力生产效率指标

指标名称	单位	指标名称	单位
锅炉热效率	%	发电厂热效率	%
汽轮发电机组热效率	%	热电厂全厂热效率	%
供热热效率	%		

（一）锅炉热效率

（1）正平衡法求效率。锅炉热效率为锅炉有效利用热与输入锅炉热量的比值，如式（1-5）所示

$$\eta = Q_1/Q_r \times 100\% \tag{1-5}$$

式中　η——锅炉热效率，%；

Q_1——每千克燃料锅炉有效利用热量，kJ/kg；

Q_r——每千克燃料锅炉输入热量，kJ/kg。

（2）反平衡法求效率。锅炉热效率也可以用输入锅炉热量减去各项锅炉热损失来求，如式（1-6）所示

$$\eta = q_1 = 100 - (q_2+q_3+q_4+q_5+q_6) \tag{1-6}$$

式中　η——锅炉热效率，%；

q_1——锅炉有效利用热量占输入热量的百分数，%；

q_2——排烟损失的热量占输入热量的百分数，%；

q_3——化学不完全燃烧损失的热量占输入热量的百分数，%；

q_4——机械不完全燃烧损失的热量占输入热量的百分数，%；

q_5——锅炉散热损失的热量占输入热量的百分数，%；

q_6——灰渣物理热损失的热量占输入热量的百分数，%。

（二）汽轮发电机组热效率

汽轮发电机组热效率是对应 1kWh 发电量汽轮发电机组输出功率与汽轮发电机组热耗率的比值的百分数，如式（1-7）所示

$$\text{汽轮发电机组热效率} = \frac{3600(\text{kJ/kWh})}{\text{汽轮发电机组热耗率}(\text{kJ/kWh})} \times 100\% \tag{1-7}$$

（三）供热热效率

供热热效率是单位时间对用户供热量与供热用煤放热量比值的百分数，如式（1-8）所示

$$\text{供热热效率} = \frac{\text{对用户供热量}(\text{kJ})}{\text{供热用标准煤量}(\text{kg}) \times 29308(\text{kJ/kg})} \times 100\% \tag{1-8}$$

（四）发电厂热效率

发电厂热效率是单位时间发电量与发电用标准煤量均折合成热量的比值的百分数，如式（1-9）所示

$$\text{发电厂热效率} = \frac{\text{发电量}(\text{kWh}) \times 3600(\text{kJ/kWh})}{\text{发电用标准煤量}(\text{kg}) \times 29308(\text{kJ/kg})} \times 100\% \tag{1-9}$$

（五）热电厂全厂热效率

热电厂全厂热效率即热电厂能源利用率，是热电厂产出的总热量与生产投入部热量的比率，如式

（1-10）所示

$$热电厂全厂热效率=\frac{发电量(kWh)\times 3600(kJ/kWh)+供热量(kJ)}{发电、供热用标准煤量(kg)\times 29308(kJ/kg)}\times 100\% \qquad (1-10)$$

三、发电单位成本

发电总成本费用是指火力发电项目在生产经营过程中发生的物质消耗、劳动报酬及各项费用。根据电力行业的有关规定及特点，总成本费用包括生产成本和财务费用两部分。

生产成本包括燃料费、用水费、材料费、工资及福利费、折旧费、摊销费、修理费、脱硫剂费用、脱硝剂费用、排污费用、其他费用及保险费等，同时要求计算电力和热力产品的单位生产成本。分为发电单位成本和供热单位成本两项，如式（1-11）、式（1-12）所示

$$发电单位成本=\frac{发电生产成本(元)}{售电量(MWh)} \qquad (1-11)$$

$$供热单位成本=\frac{供热生产成本(元)}{供热量(GJ)} \qquad (1-12)$$

上述总成本费用可分解为固定成本和可变成本。固定成本是指在一定范围内与电、热产量变化无关，其费用总量固定的成本，一般包括折旧费、摊销费、工资及福利费、修理费、财务费用、其他费用及保险费；可变成本是指随电、热产量变化而变化的成本，主要包括燃料费、用水费、材料费、脱硫剂费用、脱硝剂费用、排污费用。

四、厂区占地面积指标

厂区占地面积指标是指单位机组容量的厂区占地面积，如式（1-13）所示。厂区占地面积包括生产区占地和厂前区占地。生产区占地面积按围墙轴线计算，征地时要购入边角地，故一般征地面积要稍大于图纸上的占地面积。当屋外配电装置、净化站、污水处理站等生产设施脱离厂区布置时，其用地应计入厂区用地内

$$厂共占地面积指标=\frac{厂区占地面积(m^2)}{机组容量(kW)} \qquad (1-13)$$

第二章

热力设备安装工程主要生产系统

火力发电厂基本建设中，热力设备安装工程技经专业所涉及的范围要更广一些，主要包括热力系统、燃料供应系统、除灰系统、化学水处理系统、供水系统、烟气脱硫工程、烟气脱硝工程等，另外还有附属生产工程。

第一节 热 力 系 统

热力系统主要包括汽水系统和制粉系统。图 2-1 所示为国产 600MW 机组原则性热力系统图。

一、汽水系统

汽水管道将各热力设备有机地连接起来，保证热力系统长期安全、经济地运行。在电厂建设工程中，其设计工作量、预算工作量、施工工作量都是比较大的。一般汽水管道按功能及压力将其分为三大类，即高压管道，中、低压管道及汽轮机本体定型管道。现将主要管道系统简述如下。

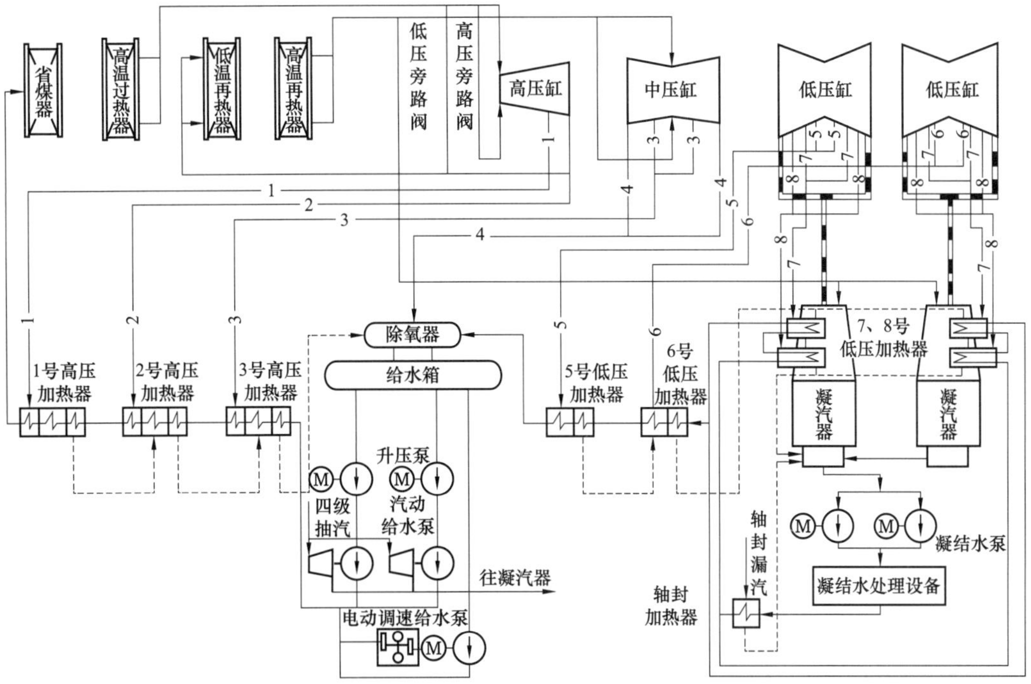

图 2-1 国产 600MW 机组原则性热力系统图

（一）主蒸汽管道系统

主蒸汽管道系统包括连接锅炉与汽轮机之间的蒸汽管道和通往各新蒸汽使用处的支管，比如至汽动给水泵汽轮机新蒸汽管、高压旁路前的主蒸汽管、减温减压装置入口侧的新蒸汽管等。主蒸汽管道是燃煤电厂公称压力最高的管道，它的管壁是最厚的，工作温度一般也最高，故对金属材料的质量要求也最高。

火电厂的主蒸汽管道主要有单元制系统、切换母管制系统、母管制系统等连接方式，如图 2-2 所示。

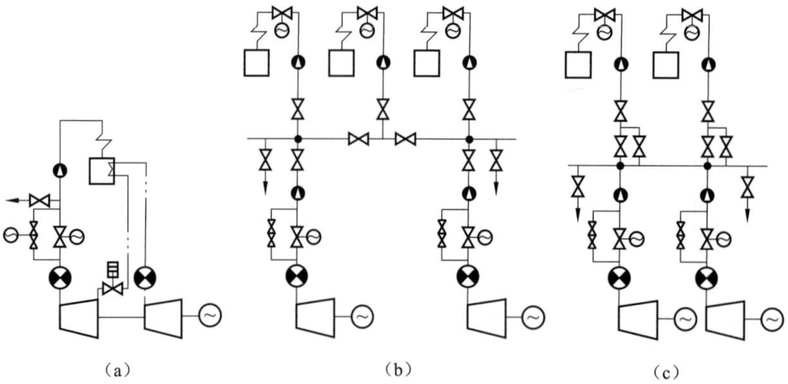

图 2-2　火电厂主蒸汽系统管道

（a）单元制系统；（b）切换母管制系统；（c）母管制系统

在现代发电厂中，特别是在 125MW 以上的凝汽式电厂中，一般采用单元制主蒸汽系统，原因是系统简单，可节约昂贵的主蒸汽管道（耐高温合金钢管）及其阀门的费用；母管制主蒸汽系统目前在三炉二机配置类型的热电厂采用；切换母管制系统在以前的中压机组采用；扩大单元制主蒸汽系统在以前的 50、100MW 机组上采用。后两种系统在今后工作中将很少出现。

（二）主给水管道系统

主给水管道系统包括给水泵出口至锅炉省煤器进口之间的所有管道，并包括给水再循环管道，接至过热器、再热器及高压旁路的减温水管道。主给水管道是热力系统中工作压力最高的管道，热力系统最高压力点出现在给水泵出口处。由于它的工作温度不高，约在 160～300℃范围，公称压力不是最高，要求的材质为优质锅炉碳素钢管即可，而不是耐热合金钢。

在现代大型发电厂中，1 台锅炉一般配置 3 台 50%容量或 2 台 100%容量的给水泵，此时的主给水管道系统一般选择以 1 台炉、3 台给水泵或 2 台给水泵为一单元的单元制给水系统（见图 2-3）。对 2 台锅炉配 3 台 100%容量给水泵的工程，主给水管道一般选择扩大单元制给水系统（见图 2-4）。以前的中小型工程多采用母管制或切换母管制系统。

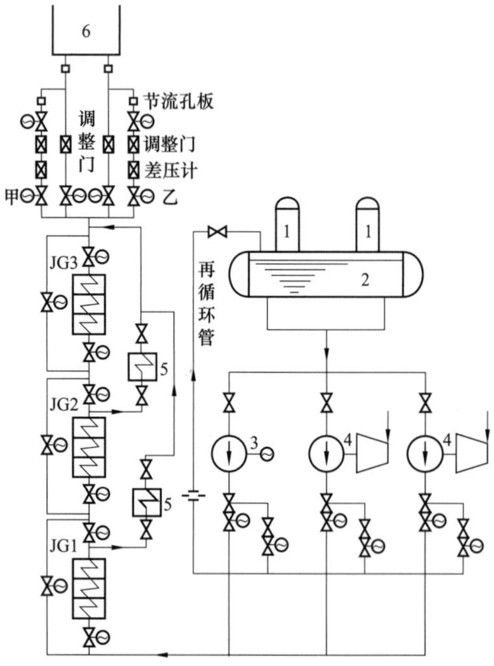

图 2-3　单元制给水管道系统

1—除氧器；2—给水箱；3—电动给水泵；4—汽动给水泵；5—蒸汽冷凝器；6—锅炉

（三）再热蒸汽管道系统

现代火力发电方式均采用蒸汽一次中间再热方式，近年来，随着相关技术的发展，不少超（超）临界机组开始采用二次中间再热方式，见图 2-5。二次再热机组实现了采用现有成熟的耐温钢材技术的条件下，能使机组热效率提高 1.5%～2.0%。

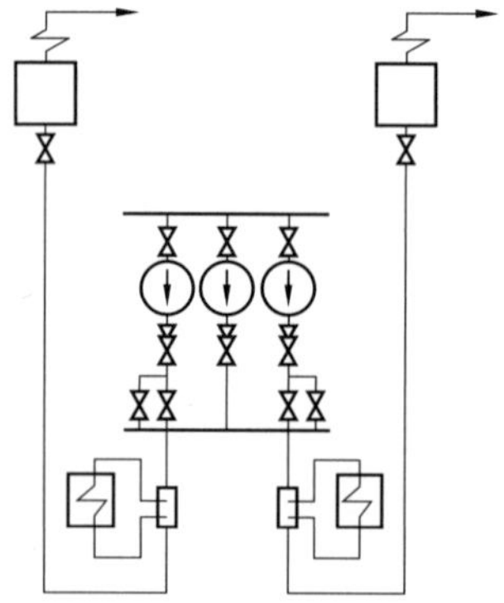

图 2-4　扩大单元制给水系统

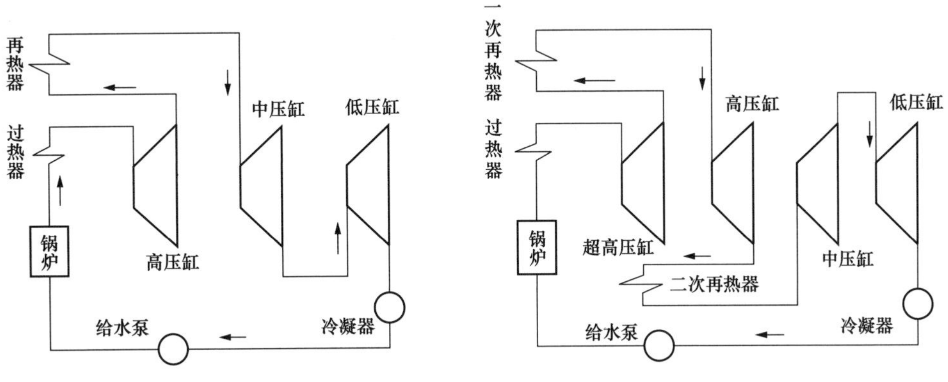

（a）　　　　（b）

图 2-5　火力发电厂的一次在热和二次再热系统

（a）一次再热系统；（b）二次再热系统

再热蒸汽管道都是单元制系统，分为低温再热蒸汽管道及高温再热蒸汽管道。

（1）低温再热蒸汽管道包括从汽轮机高压缸排汽口至锅炉再热器进口集箱的管道。对于再热器进口安全阀装在冷段管道时，还包括安全阀及其引出管。其材料为优质碳钢无缝钢管，由于口径太大，也有采用焊接钢管的。

（2）高温再热蒸汽管道包括从锅炉再热器两侧集箱出口至汽轮机中压缸联合汽门进口的管道。对于再热器出口安全阀和低压旁路安全阀装在热段管道时，包括安全阀及其引出管。其所用材料一般与主蒸汽管道相同。

（四）旁路蒸汽管道系统

中间再热机组多装有旁路系统，国内目前投运的进口、国产再热机组都有旁路系统。它是指主蒸汽不通过汽缸通流部分，而是经过与汽缸并联的减温减压器，将降压降温后的蒸汽送至低一级参数的蒸汽管道或凝汽器中去的连接系统。直流锅炉除装设旁路系统外，还应装设启动分离系统，统称为发电厂的启动旁路系统。

旁路系统的容量，是根据锅炉稳定运行的最低负荷与再热器冷却所需蒸汽流量来确定的。

旁路系统有一级旁路系统（又称一级大旁路系统）和二级旁路系统。图 2-6 所示为再热机组一级旁路系统，由锅炉来的一次蒸汽经大旁路减温减压后，进入凝汽器喉部进一步降温降压后排入凝汽器。图 2-7 所示为再热机组二级串联旁路系统，由锅炉来的一次蒸汽经一级旁路减温减压后的二级蒸汽进入二次旁路减温减压，然后排入凝汽器。二级旁路串联系统，已广泛应用在国产 125～600MW 机组上。

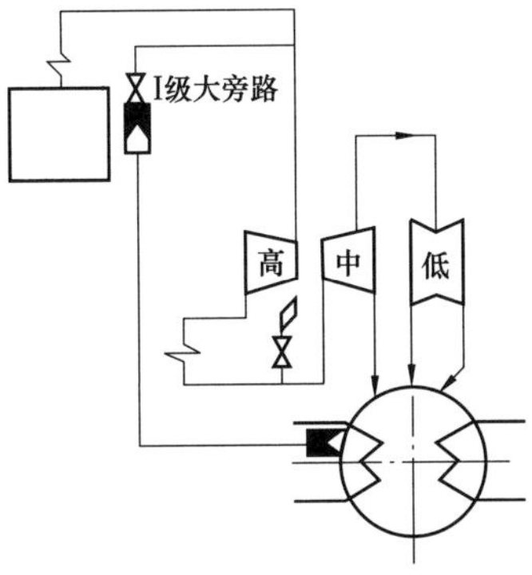

图 2-6　再热机组一级旁路系统

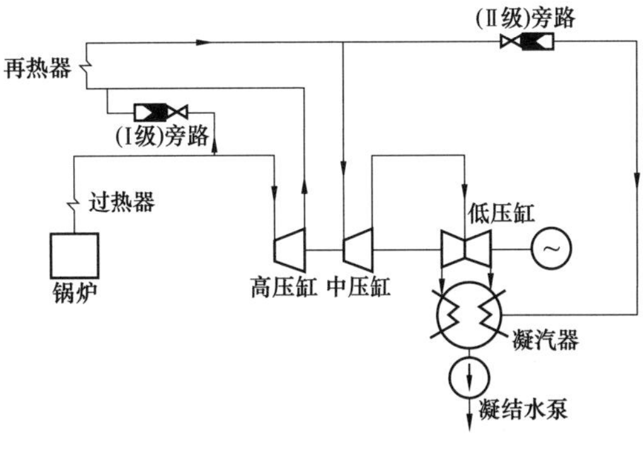

图 2-7　再热机组二级串联旁路系统

旁路系统管道的材质依其位置而异，高压旁路入口管道与主蒸汽管道材质采用优质耐热合金钢管，出口管与再热热段管道材质采用优质碳钢管；低压旁路入口管道与再热热段管道材质采用优质耐热合金钢管，低压旁路出口管道材质为碳钢管。旁路减温减压装置，由于功能的要求，需要它快速启动，技术水平要求较高。

旁路系统的主要功能如下：

（1）保护再热器。正常工况下，汽轮机高压缸的排汽通过再热器将蒸汽再热至额定温度，并使再热器得到冷却。在锅炉点火、汽轮机甩负荷等工况时，汽轮机高压缸没有排汽，锅炉及主蒸汽管道中的余汽通过旁路系统流回再热器，从而使再热器得到冷却保护。

（2）回收工质。设置旁路系统后，在启动、停机及汽轮机甩负荷时，不设旁路需排向大气的蒸汽则经过旁路系统排入凝汽器，回收了凝结水，同时也降低了排汽时噪声对环境的污染。

（3）加速机组启动。高温高压机组一般采用滑参数启动。在启动过程中根据不同阶段的需要，应不断调整锅炉汽温、汽压和蒸汽流量，如果只靠采用调整锅炉的燃料量是难以达到目的的。设置旁路系统后，可加大锅炉蒸发量，可将多余的蒸汽经旁路系统进入凝汽器，便于锅炉调整汽温、汽压，以满足汽轮机启动过程中的需要。

（五）主凝结水系统

将汽轮机凝结水由凝汽器送至除氧器的管道连接系统，称为主凝结水系统。凝结水由凝结水泵热井中抽出并升压，经过轴封冷却器和各级低压加热器加热后送入除氧器。主凝结水系统还设有接往有关减温器及向凝汽器再循环的分支管道，如图 2-8 所示。

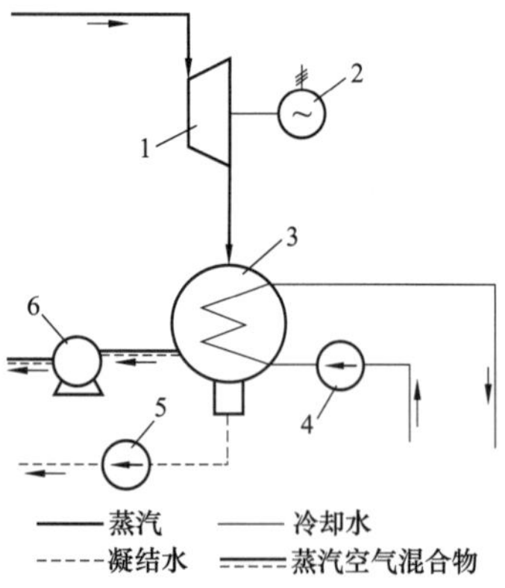

图 2-8　凝结水原则性系统

1—汽轮机；2—发电机；3—凝汽器；4—循环水泵；5—凝结水泵；6—真空泵

根据锅炉对给水品质的要求，直流锅炉和亚临界压力及以上的锅筒式锅炉，或用海水作凝汽器冷却水的超高压机组，需设凝结水精处理装置。凝结水精处理装置按工作压力分为低压和中压两种。对低压系统，由于凝结水压力不足以直接送入除氧器，需在精处理装置后设升压泵，与凝结水泵串联运行。这种系统对凝结水处理设备要求可低些，但系统复杂、设备多且厂用电也稍多。实际工程中两种系统都有选择使用的。

（六）抽汽管道系统

为提高机组循环热效率，近代汽轮机均采用以汽轮机抽汽为热源加热主凝结水和给水的回热加热系统。从汽轮机各级抽汽口至各加热器及除氧器之间的管道称为抽汽管道系统。

国产 200MW 及以下机组由于采用岛式布置，加热器多置于汽轮机旁的“小岛”范围内，抽汽管道都较短。300MW 及以上机组由于加热器布置在 B、C 柱间的框架内，抽汽管道都比较长。由于汽轮机的最后两级抽汽压力很低，抽汽管径较大，为避免大口径管道的布置困难，大型汽轮机最后两级加热器往往布置在凝汽器的喉部。

为防止在汽轮机甩负荷时，各加热器及除氧器内凝结水因突然失压而发生的闪蒸蒸汽侧回汽轮机，也为防止加热器发生满水事故时凝结水通过抽汽管倒流入汽轮机，各抽汽管上都装置快速关闭的液动或气动逆止阀，同时装有电动隔离阀，且在自动控制上都有严密的保护措施。

组成汽水系统的还有低压给水管道、辅助蒸汽管道、轴封及门杆漏汽管道、锅炉排污管道、加热器疏水管道、排汽管道等。

二、制粉系统

为了制造大容量锅炉，必须增大燃烧功率，所以火电厂绝大多数都采用煤粉炉，将原煤碾磨成细粉，然后送进锅炉炉膛进行悬浮燃烧，对此所需设备和有关连接管道的组合，常简称制粉系统。

近代火电厂的制粉系统，多按锅炉为单位配置单元制制粉系统。单元制制粉系统又分为将煤粉直接送往锅炉燃烧的直吹式制粉系统和将煤粉先送到煤粉仓储存、再由给粉机通过一次风管将其送进锅炉燃烧的中间储仓式制粉系统。

（一）直吹式制粉系统

磨煤机磨制的煤粉由热空气携带直接送入锅炉燃烧的直吹式制粉系统，通常多配用中速磨煤机或风扇磨煤机，对可磨系数较低的硬质烟煤、低挥发分无烟煤及磨损指数较高的贫煤，可配用双进双出筒式钢球磨煤机。

配中速磨直吹式制粉系统按磨煤机内热空气的压力状态分为负压系统和正压系统两种。负压直吹制粉系统指磨煤机处于负压状态下工作，对磨煤机的密封设计要求相对较低，但由于排粉风机装设在磨煤机出口，使排粉风机磨损严重。它不能利用空气预热器出口热风的剩余压力，使送粉电耗较高。随着正压磨煤机产品的完善化和实用化，目前负压系统已很少使用，见图 2-9（a）。

中速磨正压直吹制粉系统的风机装在磨煤机之前，磨煤机处于风机的正压状态下工作，煤粉靠风机的鼓风作用吹离磨煤机进入一次风管道，并通过燃烧器进入炉膛燃烧。没有煤粉经过风机，可以避免风机受到煤粉的磨损。这种制粉系统的磨煤机干燥出力较高，经济性较好。但磨煤机的密封不良时会发生冒粉而污染环境，煤粉也可能窜入设备轴承内影响正常润滑。为确保磨煤系统的严密，一般需配备专用的密封风机。正压直吹式制粉系统所需的一次风压较二次风的风压高出很多，风量却仅占燃烧风量的1/5～1/4，所以正压系统都设有专用的一次风机。专用一次风机设在锅炉空气预热器之前的称为冷一次风机系统，设在空气预热器之后的称为热一次风机系统。热一次风机结构和维护都较为复杂。从运行可靠性出发，采用冷一次风机的系统的情况较多。

中速磨正压系统又分热一次风系统［见图 2-9（b）］和冷一次风系统［见图 2-9（c）］两种。

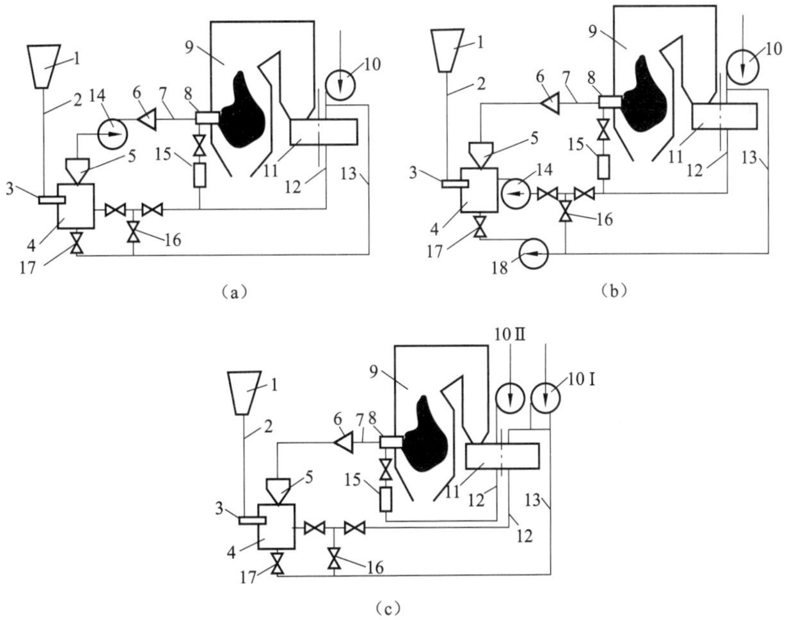

图 2-9 带中速磨煤机的直吹式制粉系统

（a）负压系统；（b）正压热一次风系统；（c）正压冷一次风系统

1—原煤仓；2—原煤仓下煤管；3—给煤机；4—中速磨煤机；5—粗粉分离；6—一次风箱；7—一次风煤粉管道；8—燃烧器；9—锅炉；10—送风机；10Ⅰ—一次风机；10Ⅱ—二次风机；11—空气预热器；12—热风道；13—冷风道；14—排粉机；15—二次风箱；16—调温冷风门；17—密封冷风门；18—密封风机

直吹式制粉系统磨煤机的出力要求随锅炉负荷变化而增减。通过磨煤机的通风量既可用作干燥燃料和输送煤粉的介质，又可用作进入锅炉炉膛的一次风。在运行中须保持制粉系统与锅炉燃烧的供需平衡，并需使磨煤机与锅炉燃烧器一次风量相互匹配。

配双进双出磨煤机的直吹式制粉系统包括两个非常对称的研磨回路，每个回路工作原理如下：

原煤通过速度自动控制的给煤机从料斗卸下进入混料箱内，经旁路风预干燥后，通过落煤管落到分离器底部，靠螺旋输送装置的旋转运动将煤送入正在旋转的筒体内。磨煤机由主电机经减速器及开式齿轮传动带动筒体旋转。在筒体内装有一定量研磨介质——钢球。通过筒体的旋转运动将钢球提升到一定高度，钢球在自由泻落和抛落过程中对煤进行撞击和摩擦，直至将煤研磨成煤粉。

热的一次风在进入磨机前被分成旁路风和入磨风两路。旁路风作用有两个方面：一方面在混料箱内与原煤混合对煤进行预干燥，另一方面保持在煤粉管道中拥有足够的输送煤粉的风速。入磨风进入磨机筒体内，输送并干燥筒体内的煤粉。风粉混合物通过中心管与中空管之间的环形通道被带出磨机。煤粉、入磨风及旁路风在输送器混合在一起后进入分离器，分离器内装可调整煤粉细度叶片，可根据要求调整煤粉细度，粗粒的不合格煤粉靠重力作用返回到原煤管，与原煤混合在一起重新进行研磨。经分离器分离后合格煤粉通过煤粉出口及送粉管道输送至燃烧器，然后喷进锅炉内进行燃烧。双进双出球磨机直吹式制粉系统流程示意图见图 2-10。

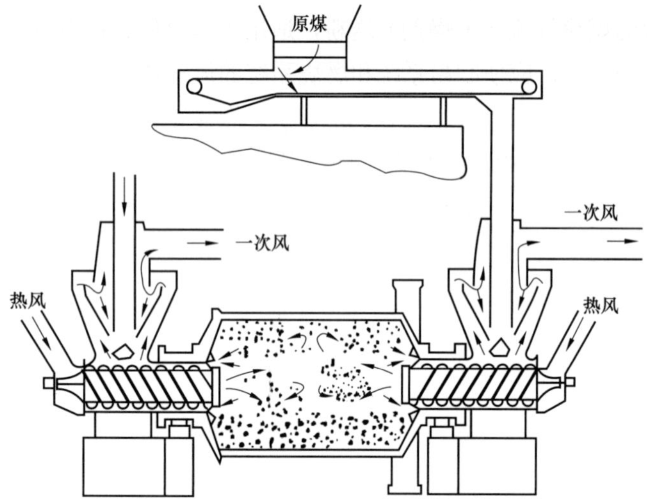

图 2-10　双进双出球磨机直吹式制粉系统流程示意图

因为这两个回路是对称而彼此独立的回路，具体操作时可使用其中一个或同时使用两个回路。在低负荷运行状态下，可实现半磨运行。

配风扇磨的直吹式制粉系统，由于风扇磨本身就代替了排粉机，简化了制粉系统。在我国，用风扇磨磨制烟煤时，基本上都采用热空气作为干燥剂，见图 2-11（a）；对于高水分的褐煤，常从炉内抽取高温炉烟与热空气混合作为干燥剂，见图 2-11（b）。

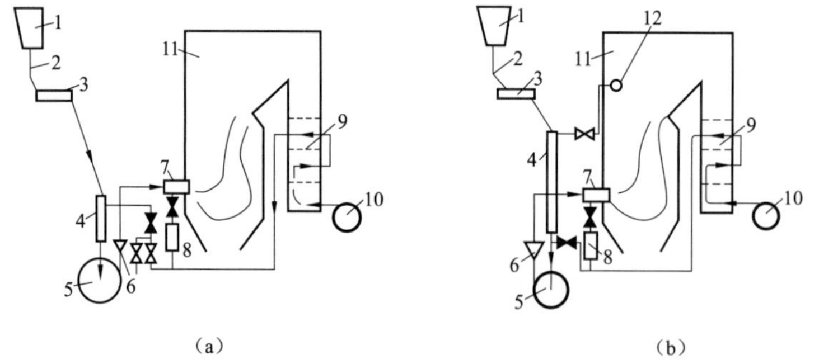

图 2-11　配风扇磨的直吹式制粉系统

（a）热风干燥；（b）热风掺炉烟干燥

1—原煤仓；2—原煤仓下煤管；3—给煤机；4—干燥管；5—磨煤机；6—一次风箱；7—燃烧器；8—二次风箱；9—空气预热器；10—送风机；11—锅炉；12—抽烟口

直吹式制粉系统工艺流程比较简单、管道短、设备紧凑、耗电量低、基建投资和工程量相对减少，多用于大中型电厂。

（二）中间储仓式制粉系统

磨煤机磨制的煤粉送入煤粉仓存储，再由煤粉仓供给锅炉燃烧的中间储仓式制粉系统，适用于低可磨系数和高磨损率的无烟煤、硬煤或燃煤多变的电厂，通常配用低速筒式磨煤机，有时也可配用中速磨煤机。

这种制粉系统的工艺流程是：原煤由原煤斗经给煤机送进磨煤机，同时引入热风或冷、热风，或加掺部分烟气作为运送煤粉的介质和干燥剂。研磨后的煤粉经过粗粉分离器筛分，粗粉可以返回磨煤机再次研磨，细度合格的煤粉则随干燥剂气流进入细粉分离器，被捕集后送进煤粉仓储存。锅炉燃烧时，煤粉经煤粉仓下部的给粉机进入一次风管道和燃烧器。

这种制粉系统的送粉方式，一般根据燃煤性质和锅炉燃烧要求采用干燥剂送粉［见图 2-12（a）］或热风送粉［见图 2-12（b）］。热风送粉是利用锅炉空气预热器后的热空气作为送粉介质。细粉分离器后含有少量煤粉的气流可作为三次风送入锅炉炉膛上部参与燃烧。热风送粉适用于高水分、多灰分或挥发分低于 30% 的低质烟煤。干燥剂送粉是利用经过细粉分离器后的煤粉气流（干燥剂）送粉，适用于水分低、挥发分高的煤种。干燥剂送粉系统的运行须与锅炉的燃烧密切配合，应使制粉系统和燃烧系统的风量达到平衡。当制粉系统停用时，如压头已预先有了考虑，也可改用热风和冷风的混合空气作为输送煤粉的介质。

这种制粉系统适应能力较强，多用于煤质变化幅度大的电厂，并选用筒式磨煤机，以满足电厂负荷急骤变化的需要。筒式磨煤机的制粉系统一般根据锅炉容量进行配备。大、中型容量的锅炉应配置两套或两套以上的制粉系统，当其中一套停用时，其余系统的出力能满足锅炉安全稳定运行的要求。

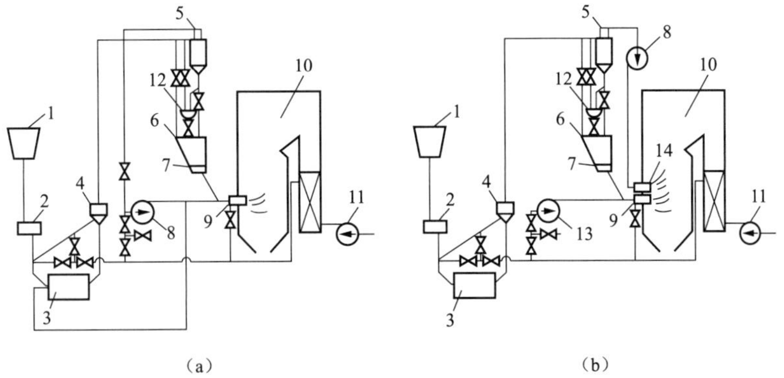

图 2-12　中间储仓式制粉系统

（a）干燥剂送粉；（b）热风送粉

1—原煤斗；2—给煤机；3—筒式磨煤机；4—粗粉分离器；5—细粉分离器；6—煤粉仓；7—给粉机；8—排粉风机；9—燃烧器；10—炉膛；11—送风机；12—输粉机；13—一次风机；14—三次风喷口

中间储仓式制粉系统的优点是：①锅炉负荷的变化可通过给粉机调节煤量来满足，易于保持运行稳定；②能使制粉系统在最经济出力下运行，达到最佳运行方式；③有一定的停用时间，能节约制粉系统的厂用电耗；④煤粉细度稳定，能获得较高的锅炉效率；⑤相邻的制粉系统停用或出力减少时，可通过螺旋输粉机相互补给，并便于处理制粉设备临时性缺陷。但由于设备、管道较为复杂，防火、防爆要求更为严格，运行和建设费用也相对较高，在大型电厂中较少采用。

第二节　燃料供应系统

一、运煤

运煤方式的确定是火力发电厂选厂阶段最主要的工作之一，目前最主要的运煤方式是用火车运煤。沿海、沿江电厂也多采用船运，个别离煤矿较近的小电厂也有用汽车运煤的，坑口电厂也有用皮带运输机运煤的。铁路接轨站的选择决定了厂外铁路专用线的长度，是建厂外部条件优劣的重要因素。

二、卸煤

当由铁路来煤时，卸煤机械的出力应根据电厂容量及来车确定。在正常情况下，从车辆进厂就位到卸煤完毕的时间，一般不应超过 4h，严寒地区可适当延长。对特别严寒地区要设解冻库及松煤设施。

1. 自卸式底开车卸煤

靠近煤矿的大型发电厂应优先采用底开车卸煤方案，自卸式底开车具有卸煤效率高、剩煤少、操作简单、车辆损耗小等优点。缺点是投资较贵。底开车卸煤可采用边走边卸或分组停车卸车两种方式，其卸车效率都很高，此时需建一卸煤沟。

2. 翻车机卸煤

电厂离矿较远且电厂总容量大于 400MW 时，可采用翻车机卸煤。卸煤时整车倾斜或 180°翻转。卸车效率也较高，缺点是车辆易损坏。

3. 螺旋卸车机卸煤

此种卸煤机械适用于容量不超过 600MW 或耗煤量不大于 350t/h 的发电厂。采用此机械时也要设卸煤沟。螺旋卸煤机有桥式和门式两种，一般多选用桥式。桥式优点是投资较省，缺点是卸车效率较低，且易损坏车厢，对大块煤、冻煤的情况难以适应。

4. 装卸桥卸煤

小型电厂的卸煤机械，要既能卸煤，又能向煤场储煤，故小型电厂多采用装卸桥卸煤方式。此方式优点是投资最省，缺点是出力不大、易损车厢，还易污染环境。

5. 码头卸煤

码头卸煤作业较复杂，大型煤码头都装有连续或抓斗式卸船机，抓斗机在船仓内抓煤时，每当船仓余煤达 400t 左右时，就要吊入清仓机进仓内辅助作业，工作相当繁重，且抓斗机卸煤时也易污染环境。

三、储煤

储煤场的容量和煤储存设施，要按运输方式和运距、气象条件、发电厂容量和发电厂在电力系统中的作用、电力系统中水电与火电所占比重及调度等因素统一考虑。一般储煤场的容量为全厂 15～20 天的耗煤量，最大为 30 天的耗煤量。在南方多雨地区要设能储 3～4 天耗煤量的干煤棚。储煤筒仓除能储存干煤外，更重要的功能是混煤。当然，对电厂容量较小，且场地狭窄或环保要求较高而不允许煤炭露天堆放时，它的主要功能是储煤。

煤场堆取设备一般选用悬臂式斗轮堆取料料机或门式斗轮堆取料机。中小型电厂常用装卸桥或桥式抓煤机并配以推煤机在煤场作业。

四、上煤

锅炉上煤系统工艺流程如图 2-13 所示。电厂来煤卸下之后运往煤场、锅炉房，或从煤场送至锅炉房，是煤在厂内的运输系统，也简称上煤系统。煤在厂内运输都选用胶带运输机。电厂使用的带宽一般为 800～1600mm，小型电厂也有选 650mm 带宽的，大型电厂码头卸煤后，码头引桥上的皮带也有 1800mm 带宽的。皮带上煤一般设双路系统。皮带机的斜升倾角一般为 16°以下，最大不大于 18°。皮带机多采用封闭布置在栈桥内，当然，在气象条件合适的地区也可采取露天布置，此时皮带机必须设紧身防护罩，以遮雨及防止煤末飞扬。

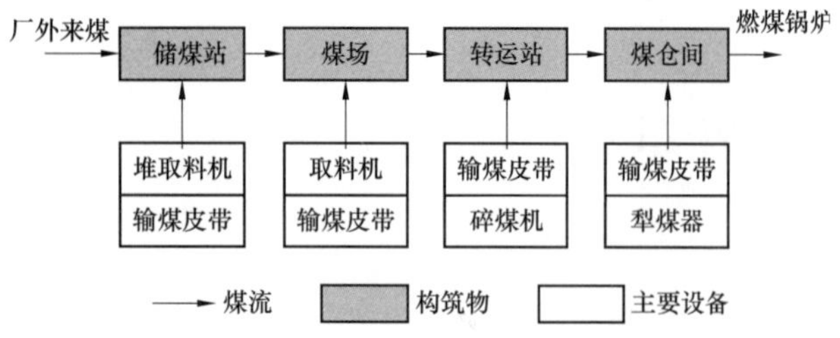

图 2-13　锅炉上煤系统工艺流程图

由于胶带长短不同，胶带所受拉力也有差别，故胶带的抗拉结构层是不一样的，有普通帆布胶带、尼龙胶带，运输距离长的则要使用钢丝胶带。对燃用褐煤及高挥发分易自燃煤种的电厂，皮带应选用难燃胶带。胶带运输机一般采用单头驱动，当运输距离较长时，为使运输更加稳定，对长皮带采用双头驱动。

为保证皮带机安全运行，最大限度避免及减少故障，皮带机系统中装有各种保护及信号装置，如胶带断裂保护、胶带打滑保护、胶带跑偏开关、煤流信号、速度信号、堵煤信号、双向拉绳开关、金属探测器、电磁除煤器等。对于露天皮带，还装设刮水器。

随着国民经济的高速发展，国家对环境保护的要求越来越高，特别对能源行业控制环境污染的条件更加严格。为更有效地治理燃煤电厂煤场的运行条件，改善电厂周边的生态环境，现越来越多采用全封闭式煤场。

第三节　除 灰 渣 系 统

燃煤电厂用以收集、输送和排放锅炉运行时形成的炉渣和细灰的成套设施称为电厂的除灰系统。除灰系统一般分为机械、水力和气力三种。机械除灰仅用于小型电厂的链条炉。水力除灰是以水为输送介质和动力，将锅炉炉膛渣斗的炉渣和除尘器、空气预热器、省煤器灰斗等储灰点的细灰清除下来送至灰场。水力除灰的优点是可避免灰渣在处理和输送中飞扬，运行操作简便，便于长距离输送；但耗水量大，不利于灰渣的综合利用，当灰中的氧化钙含量较高时，管道内壁易于结垢。

一、水力除灰渣系统

水力除灰渣系统以水流为动力和介质，将锅炉炉膛渣斗的炉渣和除尘器、空气预热器、省煤器灰斗等储灰点的细灰进行输送、排放的工艺设施。

水力除灰渣方式优点是：避免灰渣在处理和输送过程中飞扬，运行操作简便，便于长距离输送；缺点是：耗水量大，湿灰的活性差，不利于灰渣综合利用，当灰中的氧化钙含量较高时，管道内壁易结垢。

水力除灰渣系统按输送的方式分灰渣混除系统和灰渣分除系统；按输送浓度又可分为高浓度输送系统和低浓度输送系统。浓度的高低以灰渣浆中灰渣的质量含量达40%作为分界点。

1. *低浓度灰渣分除系统*

主要用于炉渣硬度较硬的液态排渣炉或固态排渣炉有近距离渣场时，也可满足灰、渣分别综合利用的需要。输送方式一般采用离心式灰浆泵和灰渣泵分别将细灰和炉渣送到灰场；也可用灰浆泵单独将细灰送至灰场，利用沉渣池或脱水仓将炉渣沉淀脱水后用汽车运至渣场；也有电厂用水力喷射器直接将炉渣送至近距离的渣场。低浓度输送用离心泵常用沃曼泵、ND型泵，早些时候多用PH型泵。由于离心泵输送距离有限，对远距离灰场或标高差大的灰场，为保证输送压头，会采取两级泵串联方式或设中继泵站。

2. *低浓度灰渣混除系统*

这是我国以前较长时期应用较广的除灰方式，适用于固态炉灰渣的输送。将锅炉炉膛排出的炉渣、中速磨煤机排出的石子煤及锅炉的细灰全部集中到灰渣浆池，由离心式渣浆泵通过管道送至灰场。

低浓度的分除与混除系统最大的优点是：系统简单，设备及建筑的投资比较省，混除系统的这一优点更为突出。缺点是：比较费水，对水资源缺乏地点更要慎用。由于输送相同数量的灰渣，其输送管道的直径比高浓度系统要大很多，加之灰管根数较多，灰场距离一般也不近，灰管所增加的投资与因系统简单节省的投资到底哪个多，需要经过经济比较确定。

3. *高浓度灰渣混除系统*

为节约灰渣冲洗用水，防止或减轻灰管结垢，可采用高浓度输送系统。这种系统特别适用于距离长、高差大的灰渣输送。我国在20世纪70年代后开始选用这种系统。

高浓度的灰渣混除输送设备都采用容积式泥浆泵，如油隔离泥浆泵、水隔离泥浆泵、柱塞式泥浆泵，而近十几年来又多选用后者。这几种泵对灰渣粒径要求小于1mm，而炉渣排出经碎渣机破碎后的粒径不大于25mm，渣水中渣的浓度约5%。因此，灰渣在进入容积泵前，宜采用将渣筛分后再磨细的工艺，并将其与细灰浆汇合，利用体积较大的浓缩池，将其浓度提高至40%左右，再由柱塞泵之类的设备经管道送至灰场，如图2-14所示。

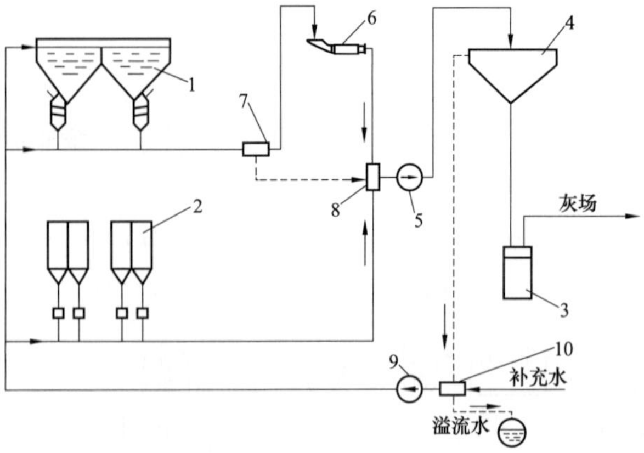

图2-14　高浓度灰渣混除系统

1—排渣装置；2—除尘器；3—灰浆泵；4—浓缩池；5—灰渣泵；6—湿式格子形球磨机；7—沉渣池；8—灰渣浆池；9—冲洗水泵；10—除灰回水池

4. 高浓度输灰、低浓度输渣（或汽车输渣）分除系统

高浓度混除系统对渣要采用筛分并磨细的工艺，增加了系统的复杂性及投资，但渣的数量少且用途比灰更广泛，当采用高浓度输灰时，首选灰渣分除。我国从20世纪80年代后新建的电厂采用水力除灰时多选用高浓度输灰、低浓度输渣（或汽车输渣）的系统。低浓度输渣时，渣浆可直接送入离心渣泵，或炉渣经水力喷射器送入渣脱水仓，经脱水后装入自卸汽车送至渣场，这样大大简化了系统并节约了投资。

二、干式除灰渣系统

干式除灰一般采用气力输送方式，除渣可按需要选用干式或水力输送。

气力除灰是以空气为输送介质和动力，将锅炉尾部受热面、烟道和除尘器等集灰斗的细灰通过管道或其他密封装置输送至储存地点的工艺设施。气力除灰有利于灰的综合利用，系统耗水量小，运行灵活；但输送距离较短，管道磨损严重。气力除灰系统分为负压和正压两种，其中负压气力除灰系统是利用抽气设备（主要有罗茨风机、真空泵、抽气器）产生系统负压将飞灰抽吸至灰库，特点是基建费用较低且要求灰斗下面的净空间最小，由于其泄漏只发生在系统内部，所以运行比较清洁。目前普遍采用的正压除灰系统是仓式气力输送泵（简称仓泵）系统，它是利用压缩空气使仓式气力输送泵内的灰与空气混合，并吹入输送管道，直接排入灰库。仓泵系统的特点是输送距离长、出力高、运动部件少、运行可靠。但由于压力较高，故对配套设备要求相应提高。设备磨损严重，运行不当或维修不及时将造成环境污染。

1. 负压气力除灰系统

在抽气设备的抽吸作用下，空气和集灰斗中的灰一起被吸入输送管道，送至卸灰设施处，经收尘装置将气灰分离，灰被送入灰库，净化后的空气通过抽气设备排入大气，如图2-15所示。

负压气力除灰系统的抽气设备一般采用干式负压风机或水环式真空泵。湿式排灰时，可采用水力抽气器装置。收尘装置由2～3级收尘器组成，第1～2级为惯性离心式，第3级为滤袋式。收尘装置的组合效率要求大于99.9%，以确保抽气设备的安全运行和减轻过流面的磨损。目前负压气力除灰系统的出力可达30～40t/h，输送距离为100～200m，输送浓度可达20～25kg（灰）/kg（气）。

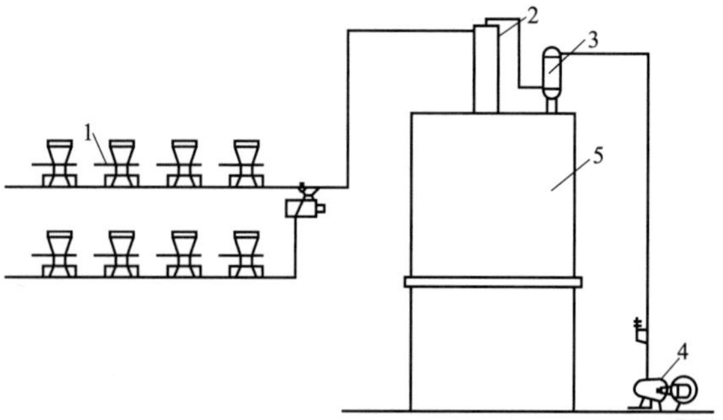

图2-15　负压气力除灰系统

1—受灰装置；2—离心式收尘器；3—滤袋式收尘器；4—抽气装置；5—灰库

负压气力除灰系统的整个输送过程均在低于大气压力下进行，可以防止气灰混合物向外部泄漏，工作环境清洁，受灰装置结构简单，造价较低。但系统出力和输送距离受负压条件的限制，多级串联的收尘器设在高真空区，结构比较复杂。

2. 正压气力除灰系统

灰在高于大气压的压缩空气推动下，送入指定的灰库。由于混合气流进入灰库后速度突然降低，造成气灰分离，空气经滤袋式过滤器直接或经引风机排入大气，如图 2-16 所示。

根据输送介质的压力和输送浓度的不同，正压气力除灰系统又可分为低压式和压力式以及稀相和密相输送。低压系统所用的压缩空气压力一般不超过 200kPa，给料方式是利用锁气阀装置，在一根输送管线上可并联 8～10 台锁气阀装置，并允许多台装置分组交替向输送管道内同时给料。压力式系统所用的压缩空气压力一般为 300～700kPa，通常用仓式泵向系统给料，既可用于稀相输送［重量浓度≤30kg（灰）/kg（气）］，也可用于密相输送系统［重量浓度＞30kg（灰）/kg（气）］。

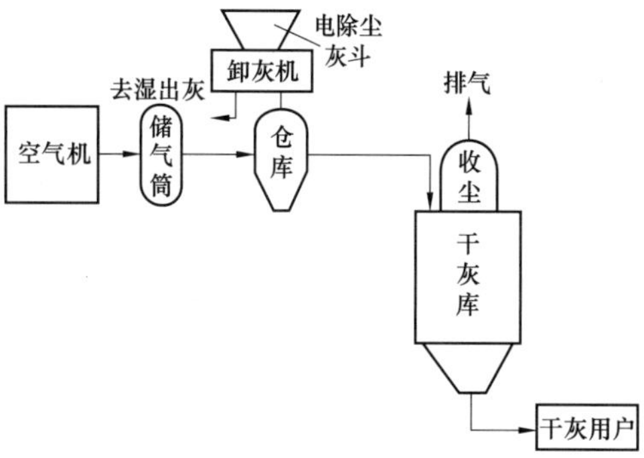

图 2-16　正压气力除灰系统

正压气力除灰系统的输送介质压力较高，系统输送能力强，输送距离较远，只需一级气灰分离收尘过滤装置，结构较为简单。由于系统内的压力高于大气压力，密封不严时，在运行中易造成气灰混合物的泄漏，污染环境。此外，其给料装置位于系统压力最高处，结构也较为复杂。

3. 其他干式除灰

采用空气斜槽及螺旋输送机的干式除灰方式也曾在国内部分电厂使用。空气斜槽具有动力消耗小、无转动设备、噪声小、系统布置简单、运行可靠等优点；缺点是布置上必须有大于 6°的坡度。用螺旋输送机输灰，其特点与空气斜槽相同，但不要向下倾斜安装。

4. 干灰外运

干式除灰有利于综合利用，因而一般设有灰库以备装车外运。如果设干灰场，电厂要选专用自卸密闭运灰车。干灰也可以加水制浆，采用高浓度水力输送至灰场的运行方式。

除灰系统的形式是选厂阶段、可行性研究阶段考虑方案最多的专业之一。系统的选择要根据灰渣量，灰渣的化学、物理特性，除尘器形式，排渣装置形式，冲灰水质、水量，发电厂与储灰场的距离、高差、地形、地质和气象等条件，通过技术经济比较确定。故也往往是各设计阶段技术经济比较工作量最大的专业之一。除灰渣系统的选择要充分考虑灰渣综合利用和环保要求，并贯彻节约用水的原则。

对于有煤粉灰综合利用条件的发电厂，应按照干湿分排、粗细分排和灰渣分排的原则，设置粉煤灰的输送储运系统。

第四节　化学水处理系统

为了保证热力设备安全，防止热力设备结垢、腐蚀、积盐，尤其是随热力设备参数的提高和容量的增大，对作为热力循环介质水的要求也越来越高，火电厂化学水处理的任务就越来越重。

为防止水垢形成，主要是研究去除和稳定水中的结垢物质，采取混凝、中和、氧化还原过程及工艺，选用重力分离、筛滤截留、吸附、渗透膜和离子交换过程及设备，以保证热力设备中不结垢、少结垢。

一、原水预处理

热力设备的排污、泄漏等原因会造成汽水损失，为保持平衡，必须向热力系统补充天然水。为保证设备安全，天然原水又不能直接补入系统，要经过处理达到合格的品质后，才能作为补充水进入系统。对不同品质原水的处理方式也不尽相同。

对泥沙含量较大的地表原水，一般要设置大的沉淀池，作为降低泥沙含量的预沉淀设施。对一般的地表原水，要根据原水中不同的悬浮物含量，分别采用接触混凝、过滤或混凝、澄清、过滤预处理。

当用地下水作补充水源时，一般采用过滤即可。当用高含盐量的天然水作补充水时，要采用反渗透或电渗析法做预除盐处理。当原水碳酸盐硬度较高时，可采用弱酸或石灰预处理。总之，原水水质是确定化学水处理方案的重要依据。

1. 混凝、澄清

添加药剂将水中悬浮的物质聚成大的颗粒（絮状物），以加速沉降分离的过程。混凝过程由凝聚和絮凝两个过程组成。混凝在澄清池中进行，不同结构的澄清池对混凝过程有较大影响，常用的有静力式澄清器（池）（如平流式及斜管式澄清器）和固体接触式澄清器（如悬浮泥渣层及泥渣再循环式澄清器）。在静力式澄清器中，混凝、澄清是分开进行的。而在固体接触式澄清器中，水的混凝和澄清是结合在一起进行的，即经过混凝的水，通过悬浮的泥渣层，吸附、过滤或分离而得到澄清。

2. 过滤

过滤是用多孔介质除去水中悬浮物的过程。它置于混凝澄清以后，作为水的整个连续澄清过程的一部分。当进水浊度在 10～20mg/L 时，通过过滤后的出水浊度可以小于 5mg/L，甚至小于 1mg/L。当原水浊度小于 50mg/L 时，可直接采用直流混凝过滤，即在原水中加入混凝剂，经水泵或管道混合后直接进入过滤器（池）的工艺，一般也可获得良好效果。

过滤用过滤器均为压力式，又称机械过滤器，有单流式与双流式，双层、三层滤料和变孔隙过滤器。过滤池均为重力式，水靠重力通过有滤料的构筑物，主要有无阀滤池、单阀滤池和虹吸滤池。

3. 反渗透

反渗透是水在压力推动下通过高分子聚合物薄膜（半渗透膜）进行溶液中溶质和溶剂分离的一种膜分离技术，即借助于比渗透压更高的压力，改变自然渗透方向，把半渗透膜一侧浓溶液中的溶剂（水）压向膜另一侧稀溶液使水净化的处理技术。

将两种浓度不同的液体用半渗透膜隔开，水便会自动地从浓度较稀的溶液一侧透过膜而流到浓度较浓的溶液一侧，这便是自然渗透现象。若在浓溶液侧施加一大于渗透压的压力，则自然渗透方向改变，浓溶液中的水便透过半渗透膜压向稀溶液侧。这样一侧溶液逐渐淡化，另一侧溶液逐渐浓缩。

反渗透脱盐是通过反渗透元件完成的，元件所用材料以醋酸纤维素为多，芳香聚酰胺次之。元件寿命一般为 3 年，且价格昂贵，工程中选用时要做全面经济比较。反渗透装置主要用于高含盐量水的脱盐，作锅炉补充水除盐系统的预处理装置。

4. 电渗析

利用选择透过性离子交换膜，在直流电场的作用下，使溶液中电解质离子产生选择性定向迁移，而达到水和离子分离的一种膜分离技术。

电渗析的原理：离子交换膜的惰性骨架外有固定基团和解离离子。阳离子交换膜固定基团带负电荷，只允许阳离子通过，阴离子被阻留；阴离子交换膜则相反。间隔排列的阳、阴离子交换膜和两端的极板组成许多交错排列的浓、淡室和靠近极板的阳、阴极室。在直流电场作用下，离子分别向电场相反方向迁移，有的离子通过膜，有的离子被膜阻留，形成淡水室和浓水室。脱盐水从淡水室引出，浓水作为废水排出。

电极常用石墨、不锈钢和涂钌的钛等材料，制成板状、条状或丝状。其中涂钌的钛电极耐腐蚀性能较好。隔板位于两膜之间，将阴阳膜隔开，形成水室，引导各极水流流向。隔板上有配水孔、布水槽、流水通道。隔板一般采用聚氯乙烯、聚丙烯、改性塑料或合成橡胶制作。

电渗析在火电厂做高含盐量水的预脱盐处理，由于膜易受污染，要求入口水浊度小于 1mg/L。

二、锅炉补给水处理

在热力系统的汽水循环过程中，因各种汽水损失而需向锅炉补给的水进行处理。锅炉补给水处理方式的选择与锅炉参数、原水水质有关。高压参数以上的锅炉补给水几乎都采用离子交换的除盐方式，但都要进行预处理，除去水中的悬浮物及有机物。因此，锅炉补给水处理系统一般由预处理及除盐系统组成。中低压锅炉一般采用钠离子交换剂对水做软化处理，但钠离子交换不能除去水中的钙镁成分，水中含碱量较高。现在采用氢型阳离子交换剂置换水中的钙、镁、钠等阳离子，利用氢氧型阴离子交换剂置换水中的阴离子，这就是离子交换除盐。如果阴离子交换剂为强碱性阴离子交换剂，则它同时可将弱电离化合物（如硫酸和硅酸）除去。所以，在需要除硅时，必须选用强碱性阴离子树脂。

离子交换除盐系统是由阳离子交换器、除炭器和阴离子交换器（对水质要求高时还有混合床）组成。由于离子交换树脂和离子交换设备工艺的发展，出现了许多离子交换除盐系统。为扩大对天然水含盐量的适应范围，提高除盐水质量，降低药耗和减少环境污染起了重要作用。

锅炉补给水处理系统容量除应考虑热力系统正常的汽水损失外，还应考虑机组启动或事故而需增加的水处理设备出力。

三、凝结水精处理系统

流经凝汽器的循环水会因铜管泄漏而进入热力系统的凝结水中，从而增加了凝结水的含盐量，危及汽轮机、锅炉的安全运行。凝结水精处理系统要根据锅炉形式及参数、冷却水质量等因素确定。

采用直流锅炉时，全部凝结水应进行精处理，一般还要设供机组启动用的除铁装置；亚临界机组（国产为 300MW 以上）全部凝结水要进行精处理；当采用带混合式凝汽器的间接空冷系统时，汽轮机组的全部凝结水要进行精处理，还应设供机组启动用的除铁设施。

凝结水净化系统一般由前置过滤器、凝结水离子交换除盐装置和后置过滤器三部分串联组成。前置过滤器一般有砂过滤器、覆盖过滤器、阳离子交换器、管式微孔过滤器和电磁过滤器等，其作用是除去凝结水中的悬浮杂质及腐蚀产物，保护除盐装置中离子交换树脂不被污染，从而延长除盐装置的运行周期和保证制水质量。

凝结水离子交换除盐装置是凝结水净化的核心部分，一般多采用阳离子床加深层混合床或用混合床净化装置，在使用混合床净化装置实现除盐要求有困难时，也可采用复床除盐系统。混合床净化装置较多采用深层高速（120m/h）混合床，也有用粉末离子交换树脂净化装置的。

后置过滤器用来截留从混合床漏出的树脂或树脂碎粒等杂物，防止它们随给水进入锅炉。后置过滤器一般多用管式精密过滤器，有时可用树脂捕集器取代。

凝结水精处理装置按其压力分低压（0.59～0.88MPa）和中压（1.96～2.94MPa）两种系统，一般采用中压系统。

四、循环水处理

1. 循环水防垢处理

循环水防垢处理是防止冷却水系统、凝汽器热交换管内表面结垢的水处理技术。在火力发电厂的直流冷却系统中一般不结或较少结硬垢，仅有生物污染。在开式循环冷却系统中，冷却水在冷却塔（池）因蒸发而被浓缩，其中结垢离子达到过饱和会析出结晶，在凝汽器管水侧等处结成水垢。冷却水系统结垢会影响传热效率，造成凝汽器真空下降，燃料消耗增加，严重时还会限制汽轮机出力。冷却水系统中最常见的垢是碳酸钙水质。循环冷却水的浓缩倍率和结垢有直接关系，与循环冷却水处理技术也有密切关系。在水资源日趋紧张的情况下，冷却水利用的趋势是使用较低质量的水源和提高浓缩倍率，达到少排污甚至零排污；在处理技术上已从单纯防垢处理发展到防垢同时防腐、防生物污染的处理方式。

循环水防垢处理可采用排污法、内部处理法及外部处理法三种。

（1）排污法。当水资源充足，补充水经浓缩后碳酸盐硬度低于循环冷却水的极限碳酸盐硬度，其排污水又可充分利用（如水力冲灰）时，优先采用此法。

（2）内部处理法。常用的有加酸和添加阻垢剂处理，内部处理需适当结合排污法。

1）加酸处理法。适用于碳酸盐硬度较大的补充水。加酸中和部分碱度，提高循环冷却水浓缩倍率。一般使用稀硫酸连续均匀加入补充水中，使循环冷却水碳酸盐硬度低于其极限值，pH 为 7.2～7.8。此法简便，但浓缩倍率不太高，并应注意防止SO_4^{2-}过高侵蚀硅酸盐水泥。

2）添加阻垢剂法。添加阻垢剂处理时，综合考虑防腐、防污和防垢，并适当结合排污，现一般用三聚磷酸钠。

（3）外部处理法。外部处理法又分石灰处理法和弱酸阳离子交换处理等。当水质较差，水源短缺或用水量大时采用。大型火力发电厂循环冷却水外部处理法和锅炉补充水预处理，在条件合适时可结合进行。

1）石灰处理法。用石灰处理降低补充水碳酸盐硬度，然后加酸调节或加阻垢剂处理。此法水质适用范围广、运行费用较低，但设备庞大，需解决高纯度石灰或石灰再利用问题。

2）弱酸阳离子交换处理。除去补充水碳酸盐硬度，水质适用范围广，运行操作简单，容易控制，但运行费用较高。

外部处理法可显著降低补充水的碳酸盐硬度和提高循环冷却水的浓缩倍率，节约用水。

2. 循环水防生物污染

冷却水中的生物在热交换器水侧表面、管道内壁及水工构筑物中附着、生长、繁殖，导致传热效率降低、腐蚀加速和流体阻力增大的现象。冷却水中的生物是随补充水和冷却用空气带入的。生物污染分微生物污染和大生物污染两类。

微生物主要是藻类及真菌、细菌类。大生物主要是海生物，在流速较低的水工构筑中生长繁殖而成，主要发生在海水冷却的电厂。防治方法主要是采用化学方法，即向循环水中加入适当的氯气，将其微生物及大生物杀死。

此外，基于火电厂凝汽器管为直管的特点，从 20 世纪 50 年代开始，现已普遍装设了凝汽器胶球清洗装置，虽然这种装置并不能代替防垢处理和防腐蚀处理，但是它和防垢处理和防腐蚀处理的适当结合，可以获得更好的效果，应视为冷却水处理的有效技术措施之一。氯气一般采取外购罐装气，也可使用海水或食盐电解制取。由于是剧毒气体，要有特别措施防止泄漏。

五、海水淡化系统

为了节省能源及资源运输成本，我国发电厂项目许多都建在沿海地区，然而这些地区的淡水资源又非常紧张，因此沿海火力发电厂配套海水淡化就成为一个战略选择。我国人均占水资源量不足世界的 1/3，被联合国列为 13 个贫水国之一。而随着我国现代化进程的加快，现有淡水资源已经不能充分满足工业发展耗水量的巨大需求，这就直接推动了我国大型海水淡化项目的建设。目前商业用最为广泛的海水淡化工艺有低温多效蒸馏工艺（LT-MED）、多级闪蒸工艺（MSF）、渗透和反渗透工艺。

1. 低温多效蒸馏工艺（LT-MED）

低温多效蒸馏工艺（LT-MED）在一系列压力递减的蒸发室中进行，蒸发室的个数称为效数，示例如图 2-17 所示。实际中，典型的 LT-MED 淡化厂的效数一般有 7 效以上，每个蒸发室内安装有一系列蒸发管束，蒸发管束具有优良的传热性能和一定的机械强度。

在海水淡化系统中，往第一效蒸发管中通入来自外部热源的蒸汽；海水从蒸馏系统的右边进入，被最后一效中生成的蒸汽预热后一部分作为蒸馏系统的补充水。

进入该系统的海水从每一效的顶部喷洒到内部的蒸发管束上，在重力的作用下沿蒸发管的表面从上而下流动，并不断从蒸发管表面吸收热量而部分蒸发生成蒸汽，同时蒸发管内部的蒸汽放热冷凝生成淡水被收集。在系统上一效中生成的二次蒸汽经除雾器去除盐类物质后进入到下一效的蒸发管中，直接作为下一效蒸发管的加热蒸汽。

沿蒸汽传输方向，效室内的压力和温度逐渐下降，这样，蒸发、冷凝在各效就会重复进行，只有在第一效蒸发管中冷凝的淡水回流至蒸汽发生器，其余各效即成为产品水。

2. 多级闪蒸工艺（MSF）

多级闪蒸工艺（MSF）的原理是将海水在一系列压力逐渐减低的闪蒸室内进行闪蒸，闪蒸室的个数称为级数，超大型的 MSF 淡化厂可达 50 级。

在图 2-18 中，海水首先通过闪蒸室顶部的冷凝管束，在冷凝管束中被各级闪蒸室内生成的逐渐升温的蒸汽预热，最后到达盐水加热器。盐水加热器的加热蒸汽来自火力发电厂，海水在加热器内被加热到最高温度（90～115℃）后送入第一级闪蒸室。

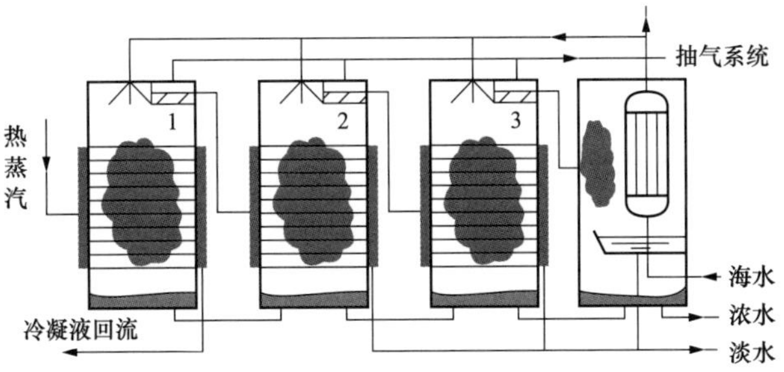

图 2-17　低温多效蒸馏海水淡化工艺原理图

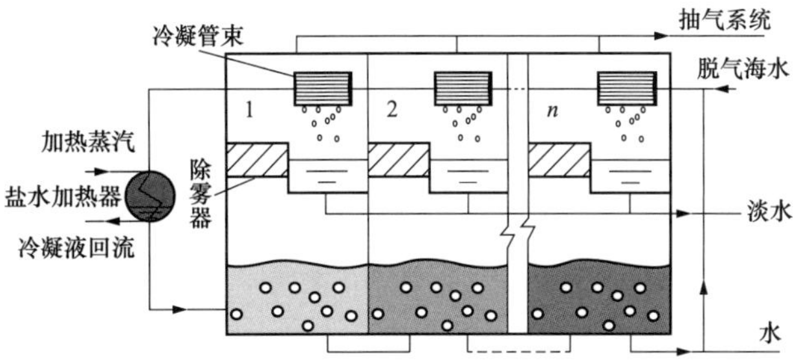

图 2-18　多级闪蒸海水淡化工艺原理图

闪蒸室内的压力低于海水所对应的饱和蒸汽压，即海水被送入闪蒸室的温度高于在闪蒸室内压力条件下的沸点温度，因此海水迅速沸腾，一直到温度降到沸点。一部分海水汽化，生成的蒸汽通过除雾器去除溶解的盐类物质，最后在顶部的进水冷凝管束表面冷凝后生成淡水被收集。没有汽化的海水温度降低，流入到下一个压力较低的闪蒸室继续闪蒸的过程，这样重复蒸发和冷凝的过程持续生成淡化水。

3. 渗透和反渗透

反渗透即是渗透的逆过程。渗透是一种自然现象，稀溶液中的水分子会以较快的速度透过半透膜向浓溶液一侧扩散。反渗透过程则刚好相反，在海水一侧施加一个大于海水渗透压的压力将导致海水中的水分子透过膜而盐分被截留下来。理论上，这种外加压力越大，海水中的水分子反渗透的速度越快。

实现反渗透过程最核心的部件是人工合成的反渗透半透膜，它几乎只能让水分子透过。反渗透膜的平膜膜片需要制成一定的构型才能用于水处理工程，如今，在海水淡化中，最主要采用的是芳香聚酰胺类卷式膜元件。

在 SWRO 系统中，将 1 个或几个卷式膜元件连接起来，装入圆柱形的压力容器中，多个压力容器连接组合后构成反渗透单元。通常，一个压力容器中可以包含 6～8 个膜元件，一个中型的 SWRO 系统要由上千个压力容器组成。反渗透海水淡化工艺流程图如图 2-19 所示。

海水经预处理后，由高压泵加压送入反渗透单元的压力容器后，海水首先通过第一个膜元件并在该膜元件螺旋卷绕的进水隔网通道内流动，在较高的压力下，一部分水分子不断渗透过膜，经产水隔网流道进入到卷式膜元件的中心管，生成产品水，其余进水沿着水流方向继续流动至下一个膜元件。这一过程依次进行，当进水每通过下一个膜元件时，进水浓度增大，流过最后一个膜元件时，进水成为浓水，浓水流出压力容器后经能量回收装置回收剩余压能后排除。

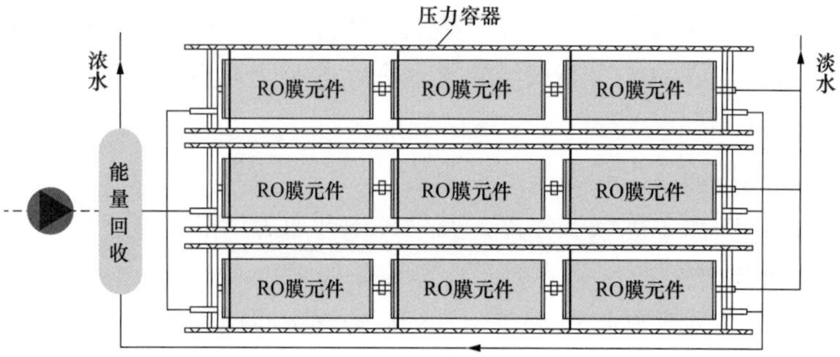

图 2-19　反渗透海水淡化工艺原理图

第五节　供　水　系　统

电厂的供水主要用于：①凝结汽轮机的排汽；②供给汽轮发电机的冷油器、空气或其他气体冷却器；③冷却辅助机械的轴承；④补充厂内外的汽、水损失；⑤水力除灰及其他生产和生活上的需要等。其中凝汽器的冷却水量约占总冷却水量的 95%以上，其数量可以根据汽轮机排汽量和冷却倍率 *m* 进行估算[冷却 1kg 汽轮机排汽所需冷却水量称为冷却倍率 *m*。*m* 通常与季节（冷却水的温度）、供水系统、汽轮机凝汽器的构造和负荷等因素有关，对于双流程的凝汽器一般为 40～60，单流程者可达 80 左右]。

火电厂的供水基本上有两种不同的形式：①由大海、江河、湖泊取水，冷却凝汽器后直接排放的直流供水方式，或称开式供水方式；②具有冷却水池、喷水池或冷水塔的循环供水方式，或称闭式供水方式。有时也可将两种方式结合起来运行，叫作联合供水方式或混合供水方式。根据不同供水方式所组成的相应供水系统，分别称为直流供水系统和循环供水系统。

一、直流供水系统

此系统水自水源引入，通过电厂的相关冷却设备，用一次后再回到水源地。如将取水、净水设施和水泵布置在一个厂房内，这个厂房称为联合式取水建筑物。大型火电厂多采用岸边水泵房的建造形式。

在取水设施的进口处应设置拦污栅，以防止大块物体、木材或大鱼等进入。再进一步地清除水中的机械夹杂物，一般用网孔为 2×2～4×4（mm）的滤网来进行。因为现代火电厂的取水量很大，多采用旋转式滤网，根据水的污浊程度及滤网阻力的增加，定期或不定期地使滤网旋转并进行冲洗。

电厂水源的水位，尤其是河流的水位，有时变化很大，取水设施下部的进水口和自流管、沟，必须布置在水源的最低水位以下。水源的水位变化很大和厂区在水源上面很高时，循环水泵多装于岸边水泵房内。如水源的水位变化很小（1～3m）且厂区与水源的标高差较小时，可考虑将循环水泵安装在汽轮机间内。当电厂的位置很高和距水源很远时，则可设置两级水泵房，中间用水渠将两个泵房连接起来。

采用岸边水泵房的直流供水系统时，水经压力管进入电厂，压力管道敷设在地下。为增加可靠程度，可以敷设两条母管。从凝汽器排出的热水管道进入排水井内，再经自流排水渠回水源的下游。

为防止排水和取水混合影响冷却水温度，排水应流入水源下游距取水口较远处，取、排水点之间的距离一般不应少于 40～50m。

直流供水系统就是将直接来自水源的水，通过凝汽器冷却汽轮机的排汽后又排回水源。直流供水系统要求水流条件充足，保证枯水季节的河水流量为发电厂耗水量的 3～4 倍。另外，也要防止电厂循环水排回水源造成“热污染”。

二、循环供水系统

循环供水系统是指冷却水进入凝汽器吸热后，排到冷却设备中，经过自然或机力通风冷却后，再由循环水泵送入凝汽器中循环使用，这种供水系统称为循环供水系统。循环供水系统消耗的冷却水量较少，适用于水源不太充足的地区。

循环供水系统按其冷却方式不同，分为以下三种：

（1）冷却水池循环供水。国内外都有一些电厂利用水面宽阔的（如水库）冷水池作为循环供水的冷却设施。

（2）喷水池循环供水。喷水池是由喷嘴、集水池和利用支架设在水池上面的管路系统所组成，只在小容量电厂采用。在喷水池中配置管网和喷嘴，需要冷却的水经集水管进入喷嘴，喷成雾状小水滴，在池内冷却后自行流入水沟，引入循环水泵，送至凝汽器内。

（3）冷却塔循环供水。冷却塔有自然通风冷却塔和机力通风冷却塔。现代大中型电厂一般都采用双曲线形自然通风冷却塔。

冷却塔由除水器、配水系统、淋水填料、淋水构架、中央竖井、带支承结构的风筒及集水池组成。

从凝汽器流出的温度较高的冷却水，在循环水泵的剩余压力下，沿排水管路送入风筒中约10m高处的配水槽内，配水槽直接装设在淋水装置的上面。水沿着分水槽由塔中心逐渐分配至四周，并不断从槽底流出，落在淋水装置上。

按照淋水方式的不同，冷却塔可分为滴水式、薄膜式和滴水薄膜式。在滴水式冷却水塔中，热水由分水槽中经导水管下落至溅水碟，溅散成水滴后下落在三角形断面的溅水条上，经过数层溅水条最后落于集水池中。冷空气从塔的底部进入，由塔的上端排出。薄膜式冷却塔中的淋水装置由塑料片状膜板或水泥网格板等组成，水沿其壁流下，呈薄膜块，被空气冷却。淋水装置有时采用上述两种方式的联合形式。

淋水填料的作用是增加水与空气进行热交换的面积，塑料填料的采用使之效果更佳，故现在的大中型电厂冷却塔淋水装置都广泛使用塑料片状填料。

冷却塔的高度与冷却水的额定流量（或出力）、淋水装置的有效面积等因素有关。淋水装置的有效面积按淋水密度来确定。

根据不同的设备和运行条件，淋水密度应有其最大值。淋水密度小时，冷却效果好，但冷却塔的横断面增大，投资增加；淋水密度过大时则情况相反。在设计时，应对运行费用和建造投资做技术经济比较，以确定最有利的真空数值和冷却塔的尺寸。

为了减少冷却塔排出湿热空气携带的水滴——飘滴，现代冷却塔内均装有除水器，既改善了环境又减少了水的损失。

冷却塔的工作原理除上述的水与空气的对流换热外，更重要的是靠水的蒸发吸热来冷却循环水。

冷却塔面积是指淋水装置处的水平截面积。随机组容量的增大，冷却塔面积也越来越大，造价也越来越昂贵。因而，有的中小型机组也采用机力通风冷却塔。这种冷却塔上部结构由钢筋混凝土框架组成，中间仍是淋水填料及配水系统，往往在顶部装一大型轴流通风机。目前电厂用风机直径为8.5m或12.7m。分段建设，每段顶部为一风机，风机四周为组装式玻璃风筒。与自然冷却塔相比，投资要省，但厂用电高、维护检修工作量大，其缺点在大型电厂尤为突出，这也是大型电厂都采用自然冷却塔的缘故。

三、空气冷却系统

兴建大容量火力发电厂需要充足的冷却水源，而在缺水地区兴建大容量火力发电厂，就需要采用新的冷却方式来排除废热。发电厂采用翅片管式的空冷散热器，直接或间接用环境空气来冷凝汽轮机排汽，称为发电厂空冷技术。空冷系统也称为干式冷却系统，可分为直接空冷系统、带混合式凝汽器的间接空冷系统和带表面式凝汽器的间接空冷系统。它与常规湿式冷却方式（简称湿冷系统）的主要区别是，汽轮机排汽（直冷方式）或受热后的冷却水（间冷方式）通过散热器与空气进行热交换，避免了循环冷却水在湿塔中直接与空气接触所带来的蒸发、风吹损失以及开式循环的排污损失。电厂采用空冷系统的最大优点是大量节水，最大缺点是一次性投资高、煤耗高。因此，它最适宜用在富煤缺水地区建设。

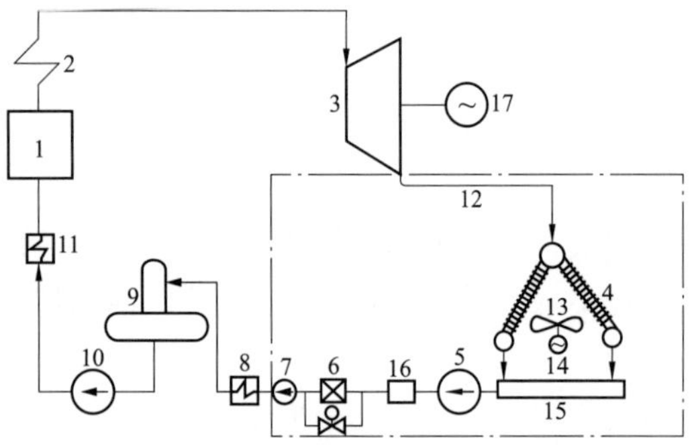

图 2-20　直接空冷原则性汽水系统

1—锅炉；2—过热器；3—汽轮机；4—空冷凝汽器；5—凝结水泵；6—凝结水精处理装置；7—凝结水升压泵；8—低压加热器；9—除氧器；10—给水泵；11—高压加热器；12—汽轮机排汽管道；13—轴流冷却风机；14—立式电动机；15—凝结水泵；16—除铁器；17—发电机

1. 直接空冷系统

直接空冷原则性汽水系统如图 2-20 所示。汽轮机排汽通过粗大的排汽管道送到室外的空冷凝汽器内，轴流冷却风机使空气流过散热器外表面，将排汽冷凝成水，凝结水再经泵送回汽轮机的回热系统。

直接空冷系统通常采用机械通风，大型空气凝汽器布置在汽机间外侧地面 20～45m 以上的地方，与主厂房平行的纵向平台上布置若干单元组，其总长度与主厂房长度基本一致。每个单元组由按一定比例的主凝器或辅凝器组成“人”字形排列结构，并在其下部设置多台大直径轴流风机。

直接空冷系统所用的双排管空冷凝汽器是由外表面镀锌的椭圆形钢管外套矩形翅片的若干个管束组成的，单排管空冷凝汽器由钢覆铝管钎焊铝翅片管束组成。

直接空冷系统的特点是设备少，系统简单，防冻性能好，占地少，通过对风机转速调节或投切风机可灵活调节空气量，基建投资相对较低。不足之处是风机群噪声较大，厂用电略高，对风速风向极其敏感。直接空气冷却方式对热力系统设备管道布置的主要影响是增加了汽轮机排汽管道，减少了凝汽器设备。

2. 带混合式凝汽器的间接空冷系统

这种系统是由匈牙利人海勒提出的，因此也称为海勒系统。在海勒系统中，与凝结水水质相同的冷却水，从装在喷射式凝汽器（混合式）中的喷嘴喷出，和汽轮机的排气均匀混合，将其凝结。得到的总水量中，用作锅炉给水的只占很小的一部分（约 2%），其余的水用泵送到布置在空气冷却塔底部四周的冷却管中。空气在管外流动，将水冷却。水冷却后被送回汽轮机凝汽器，再经喷嘴喷出，循环使用，如图 2-21 所示。

海勒式间接空冷系统因其系统复杂，循环水品质要求与凝结水品质相同而限制在 300MW 等级以下。

混合式凝汽器间接空汽系统的优点是以微正压的低压水系统运行，较易掌握；缺点是设备多、系统复杂、控制系统复杂及全铝制散热器的防冻性能较差，并对大风较敏感。

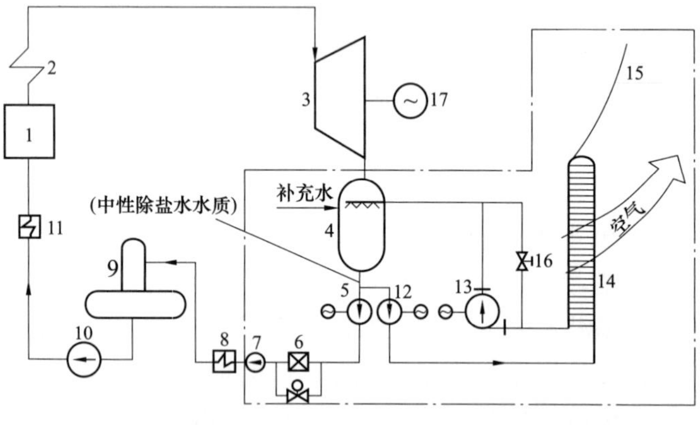

图 2-21　带混合式凝汽器的间接空冷机组原则性汽水系统

1—锅炉；2—过热器；3—汽轮机；4—喷射式凝汽器；5—凝结水泵；6—凝结水精处理装置；7—凝结水升压泵；8—低压加热器；9—除氧器；10—给水泵；11—高压加热器；12—冷却水循环泵；13—调压水轮机；14—全铝散热器；15—空冷塔；16—旁路节流阀；17—发电机

3. 带表面式凝汽器间接空冷系统

表面式凝汽器间接空冷系统由表面式凝汽器、空冷散热器、循环水泵及充氮保护系统、循环水补充水系统、散热器清洗等系统与空冷塔构成。该系统与常规的湿冷系统基本相仿，不同之处是用空冷塔代替湿冷塔，用密闭式循环冷却水系统代替敞开式循环冷却水系统，循环水采用除盐水。

带表面式凝汽器间接空冷系统的工艺流程为：循环水进入表面式凝汽器的水侧通过表面换热，冷却凝汽器汽侧的汽轮机排汽，受热后的循环水由循环水泵送至空冷塔，通过空冷散热器与空气进行表面换热，循环水被空气冷却后再返回凝汽器去冷却汽轮机排汽，构成了密闭循环，如图 2-22 所示。

在采用干式冷却系统的电厂中，为了向汽轮发电机组的冷油器、气体冷却器及辅机轴承等供水，可以建造容量较小的一般湿式冷却塔，也可以另设一套小型的空冷系统，称为空冷系统的辅助循环冷却水系统。由于蒸汽（直接空冷）或冷却水（间接空冷）是在密闭系统中循环的，因此运行中除了补充一些泄漏损失外，基本上不需要其他方面的补充水，这就解决了缺水地区建厂的水源问题，空冷方式的重要意义也就在这里。

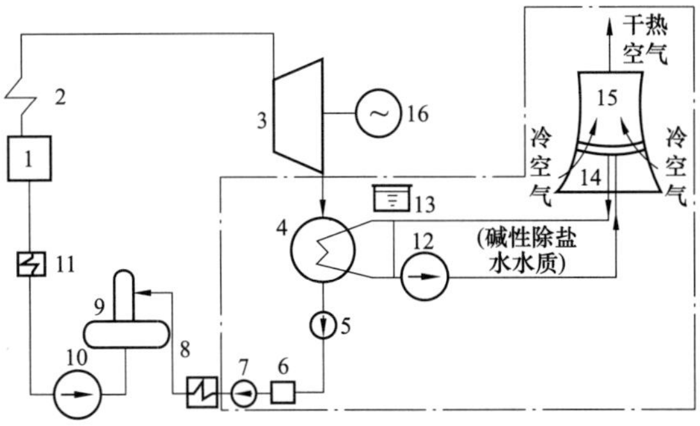

图 2-22　带表面式凝汽式间接空冷系统机组原则性汽水系统

1—锅炉；2—过热器；3—汽轮机；4—凝汽器；5—凝结水泵；6—凝结水精处理装置；7—凝结水升压泵；8—低压加热器；9—除氧器；10—给水泵；11—高压加热器；12—冷却水循环泵；13—膨胀水箱；14—全钢散热器；15—空冷塔；16—发电机

为保持冷却水水质，补充水需经化学除盐处理，并加入防腐剂。

在一般湿式冷却塔中，冷却水与空气直接接触，主要是通过水分蒸发吸热使冷却水温度降低的。在空冷系统中，冷却水不与空气直接接触，冷却水温度的降低或蒸汽的凝结，是通过空气与水（或蒸汽）之间的热传导和对流换热，故传热性能差，并且起作用的是空气的干球温度而不是湿球温度，冷却后水温高于湿式冷却塔的出水温度。因此干塔系统优化设计的结果，与湿式冷却塔相比，往往要采用较高背压的汽轮机。干塔冷却系统同湿塔冷却系统比较，有利因素是可使发电厂补给水量减少 75%以上，可把火电厂建在矿口，减少铁路运煤费用，对环境影响也小。不利因素是基建投资大，空冷塔体积大，冷却元件耗用金属材料多，安装施工技术要求高，运行费用高，机组背压高，效率低，夏季汽轮机不能满发等。所以，要综合考虑空冷系统的造价、高运行费用和夏季少发电的代价来换取省水和厂址有利的效益。只有当水费高到某种程度时，采用空冷才是合算的，这称为平衡点水费。在具体工程条件下，无论采取何种取水办法，水费均高于平衡点水费时，才能决定采用空冷。

另外，也有根据需要采用间接干式冷却塔和湿式冷却塔的冷却系统，还有的采用直接干冷加常规湿冷的混合冷却系统。

四、闭式供水系统的补充水

冷却水在冷却设施中的损失，需要连续不断地补充。冷却水损失包括蒸发损失、风吹损失、排污损失和渗漏损失，以蒸发损失为最大。补水量的大小与冷却设施形式、补给水水质及处理方式有关，一般约占冷却水总量的 2%～3%。为减少损失，电厂常采用各种节水措施，如在冷却塔上部装设除水器，既可减少风吹损失，又能改善飘滴影响。还有的利用冷却塔的排污水冲灰等措施进行节水。

补充水的来源不外乎是地表水及地下水两大类。地表水源有河水、湖水，其取水方式与开式供水系统一样，要修取水泵房。区别在于：泵、输水管、取水建筑物规模都小很多，故其厂区可以不像开式供水系统那样一定要建在河边、湖边，可根据需要间距几千米，甚至十几千米，也不至于增加太多的投资。在采用地下水作补充水源时，深井数量一般较多，往往要把深井群的各深井的水集中送到一个集水泵房（也称升压泵房）升压，再送至厂区。大型电站的补充水需用量很大，补充水也可采取地表水与地下水的混合补充方式。

补充水源离厂区的距离也是发电工程选厂阶段必须考虑的一个因素。一般大型电站距离 20km 之内算是比较正常的。若需 30～40km 远，则应与其他厂址作详细技术经济比较后确定。

第六节 烟气脱硫工程

根据吸收剂及脱硫产物在脱硫过程中的干湿状态将脱硫技术分为湿法、干法、半干（半湿）法。湿法脱硫工艺根据吸附剂的不同又有不同的工艺，常见的有石灰石—石膏法、海水法、氨法、双碱法等，其中石灰石-石膏法由于吸收剂资源丰富、成本低廉等优点，成为目前应用最广泛的脱硫技术。

石灰石—石膏法烟气脱硫装置原则上可以分为 5 个分系统，即①浆液制备系统；② SO_2 吸收、氧化系统；③烟气除雾再热系统；④石膏脱水及储存；⑤废水处理系统。

一、石灰石—石膏法烟气脱硫（FGD）工艺过程

燃煤锅炉排出的烟气经除尘器后，由引风机提供动力进入吸收塔，向上流动穿过喷淋层，烟气和喷入的石灰石浆液接触，烟气被冷却、烟气中的 SO_2 与喷入浆液起反应，生成亚硫酸钙。亚硫酸钙在塔下部反应槽中与送入的空气接触氧化成硫酸钙（二水石膏），石膏浆液从吸收塔下部反应槽排出送脱水机脱水后，以石膏粉状被回收。脱硫后的烟气经过塔上部的除雾器除去雾滴，再经加热器升温后由烟囱排入大气。FGD 工艺流程如图 2-23 所示。

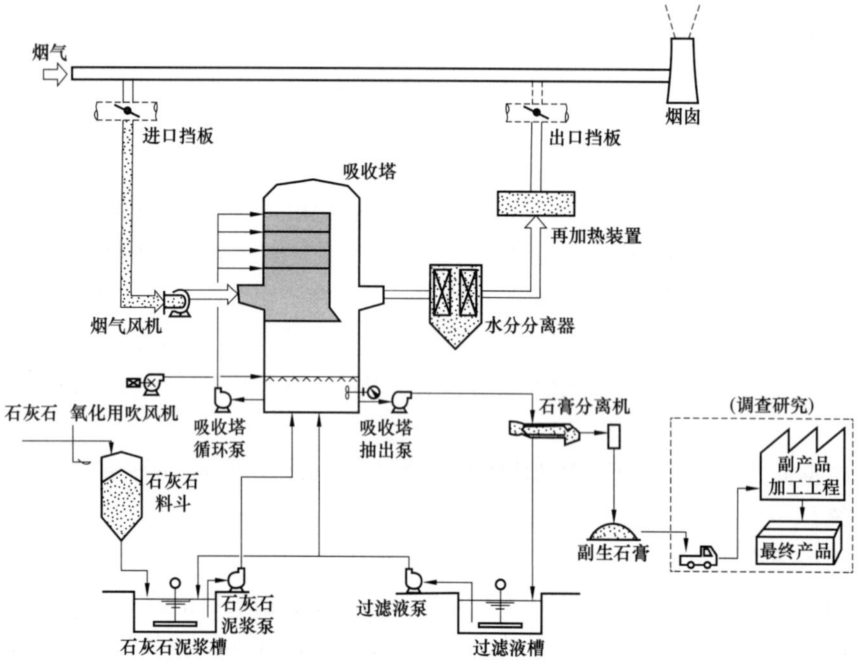

图 2-23　FGD 工艺流程图

二、石灰石—石膏法烟气脱硫装置的组成

1. 浆液制备系统

石灰石是 FGD 湿法脱硫的吸收剂，它可以由电厂自行磨制，也可市场采购，用罐车运至电厂粉仓储存。

石灰石粉被送入灰浆配制池内，与再循环洗涤水混合而成浓度约 25%的石灰石浆，用泵打入吸收塔底部反应槽，与槽中已存的浆液一起经循环泵打入吸收塔中部的喷嘴组件，喷射到吸收塔内。

2. SO_2 吸收、氧化系统

SO_2 吸收、氧化是在吸收塔内完成的，吸收塔被设计成逆流喷雾过程。烟气由塔的下部引入，石灰石浆液由塔的中部喷入。

吸收塔内浆液被吸收塔搅拌器适当地搅拌，使石膏晶体悬浮。由氧化风机吹出的氧化空气进入吸收塔的反应区，使被吸收的SO_2氧化。

将石灰石浆液送入吸收塔，脱除SO_2以及石膏。加入适当当量的石灰石，以保持吸收液的pH值在5～6范围。

吸收塔中部为洗涤循环、喷雾吸收部分，此段设喷嘴3～5层，喷嘴布置成对、整个横截面完全覆盖的形式，保持浆液和烟气的接触良好。喷嘴的材料一般为耐磨陶瓷，运行周期长。

3. 烟气除雾再热系统

脱硫后的烟气经吸收塔出口的除雾器除去所带水滴。从吸收塔排出的烟气温度较低，一般只有50℃左右，故需对烟气进行再热，提高烟气抬升与扩散能力。

烟气再热可以采用无泄漏式换热器。

4. 石膏脱水及储存系统

来自吸收塔底槽的石膏浆先在一台水力旋流分离器中稠化到约为固体含量50%后，再用真空皮带过滤器脱水到所需残留湿度的（约10%）。为了使氯含量减少到不影响石膏使用的程度，必须同时在过滤皮带上边进行洗涤边滤水。脱水后的石膏为粉状体，可入石膏储仓，供作建材使用。如果石膏不考虑使用而是抛弃，或设置一路去灰场的备用方案，则可选用泥浆泵将石膏排至储灰场，而不必脱水。

5. 废水处理系统

为了防止烟气中可溶部分（即氯气浓度）超过规定值和保证石膏的质量，必须从系统中排放一定量的废水。废水通过处理装置处理后排放或回收。

三、石灰石—石膏法烟气脱硫的特点

（1）效率高，均大于90%。

（2）适应性广，对高、中、低硫煤均可。

（3）稳定性好，调节、控制性能好。

（4）投资高、能耗大、占地大。

第七节　烟气脱硝工程

烟气脱硝是指把已生成的NO_x还原为N_2，从而脱除烟气中的NO_x，主要包括酸吸收法、碱吸收法、选择性催化还原法、非选择性催化还原法、吸附法、离子体活化法等。

由于炉内低氮燃烧技术的局限性，对于燃煤锅炉，采用改进燃烧技术可以达到一定的除NO_x效果。但脱除率一般不超过60%，使得NO_x的排放不能达到令人满意的程度。为了进一步降低NO_x的排放，必须对燃烧后的烟气进行脱硝处理。

目前通行的烟气脱硝工艺大致可分为干法、半干法和湿法三类。其中：干法包括选择性催化还原法（SCR）、选择性非催化还原法（SNCR）、半干法有活性碳联合脱硫脱硝法（LPC）、湿法有臭氧氧化吸收法（LoTO*x*）等。其中，SCR脱硝技术因脱硝效率高、工艺简单成为目前最为广泛的烟气脱硝技术，SNCR技术脱硝效率一般小于50%，通常作为SCR技术的辅助技术。

选择性催化还原法（SCR）脱硝流程如图2-24所示。脱硝系统布置在锅炉省煤器和空气预热器之间的位置。烟道分两路从省煤器后接出，经过垂直上升后变为水平，接入SCR反应器，SCR反应器内装有2层板式催化剂。反应器为垂直布置，经过脱硝以后的烟气经水平烟道接入空气预热器入口烟道。在SCR进、出口烟道设置有吹灰器和灰斗。在烟道、SCR反应器适当位置设置有测量孔、检修门等。在反应器进口附近设置有导流板。

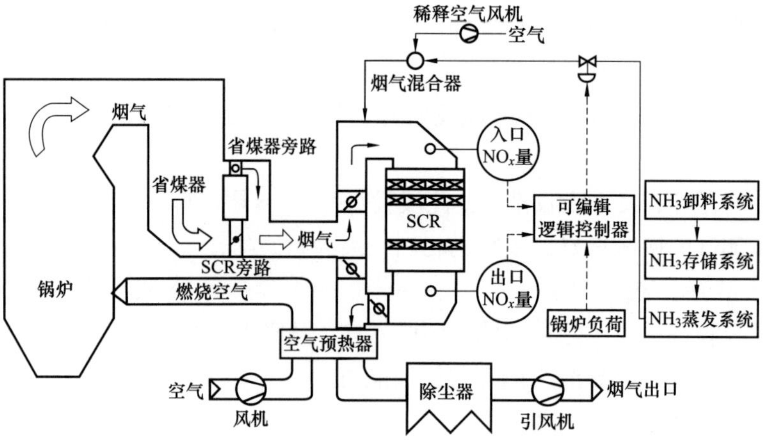

图 2-24　选择性催化还原法（SCR）脱硝流程示意图

SCR 与 SNCR 两种脱硝的优缺点见表 2-1。

表 2-1　SCR 与 SNCR 比较

脱硝工艺	适用性及特点	优缺点	脱硝率（%）
SCR	适合排气量大，连续排放源	二次污染小，净化效率高，技术成熟；设备投资高，关键技术难度较大，要求烟气温度高，不能脱硫，烟气易结露腐蚀后续设备和管道	80～95
SNCR	适合排气量大，连续排放源	不用催化剂，设备和运行费用少；NH_3用量大，二次污染，难以保证反应温度和停留时间，要求烟气温度高，不能脱硫，烟气易结露、腐蚀后续设备和管道	30～50

第三章

热力设备安装工程主要设备和材料

第一节 锅炉及辅助设备

一、锅炉本体

锅炉设备是火力发电厂中的主要热力设备之一。它是利用燃料所释放的热能或其他热能加热给水，以获取规定参数（温度、压力）和品质的蒸汽或热水的设备。锅炉系统是由锅炉本体及附属设备组成。

由炉膛、烟道、汽水系统（其中包括受热面、汽包、连箱和连接管道）及炉墙和构架等部分组成的整体，称为锅炉本体；维持本体运行的其他设备，如燃料输送设备、制粉设备、通风设备、给水设备、除尘除灰设备等，称为锅炉附属设备。电厂锅炉机组构成及生产过程示意简图如图 3-1 所示。

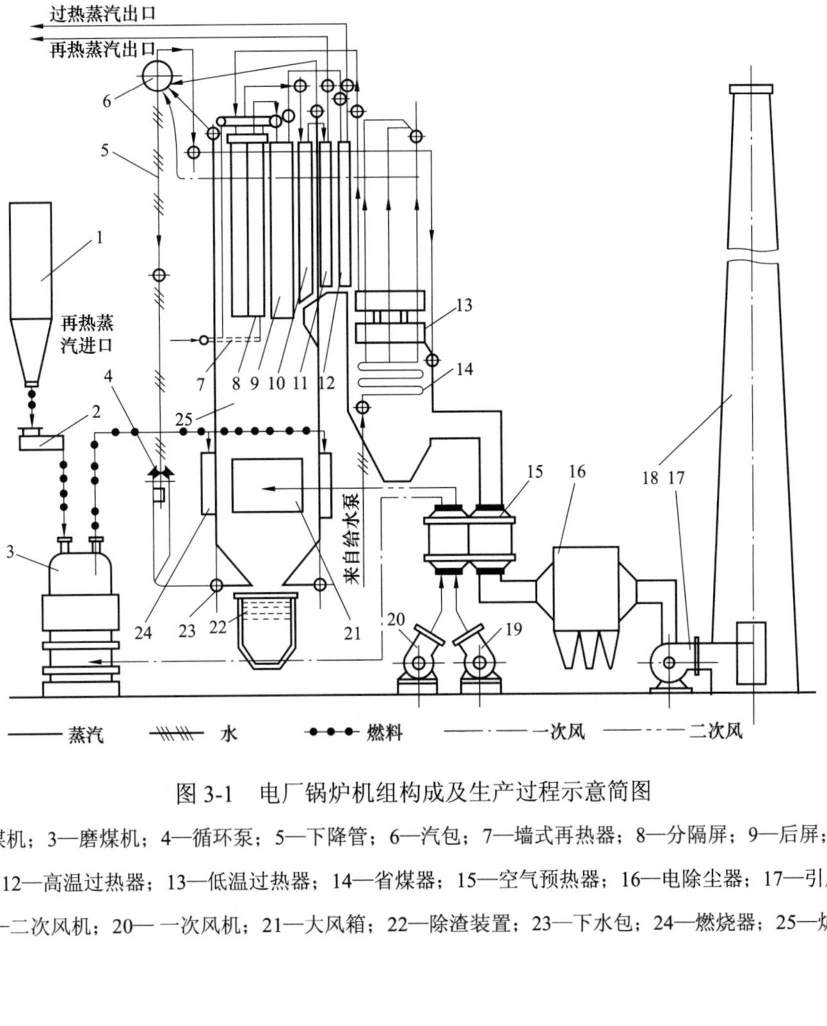

图 3-1　电厂锅炉机组构成及生产过程示意简图

1—原煤斗；2—给煤机；3—磨煤机；4—循环泵；5—下降管；6—汽包；7—墙式再热器；8—分隔屏；9—后屏；10—屏式再热器；11—高温再热器；12—高温过热器；13—低温过热器；14—省煤器；15—空气预热器；16—电除尘器；17—引风机；18—烟囱；19—二次风机；20— 一次风机；21—大风箱；22—除渣装置；23—下水包；24—燃烧器；25—炉膛

（一）锅炉分类

1. 按用途分类

锅炉按其用途可分为电站锅炉、工业锅炉和民用锅炉三大类。

锅炉生产的蒸汽，主要用于推动汽轮发电机组发电的，称为电站锅炉。

锅炉生产的蒸汽（或热水），主要用于工业生产工艺和取暖的锅炉，称为工业锅炉。

主要用于居民生活用水或（蒸汽）的锅炉，称为民用锅炉。

2. 按循环方式分类

按水循环方式的不同，锅炉可分为自然循环锅炉、控制循环（又称强制循环）锅炉（包括复合循环锅炉）和直流锅炉。按工质流动方式不同划分的锅炉类型如图 3-2 所示。一般超高压及以下参数，采用自然循环锅炉。自然循环锅炉水冷壁内工质的流动是靠下降管和水冷壁上升管之间的密度差形成的运动压头来推动的。随着锅炉压力的提高，当达到亚临界及以上时，作为汽包炉水循环动力的柱重差越来越小，水循环流速越来越低，上升管内缺乏足够的冷却工质而发生爆管事故。为提高水循环的推动力，在锅炉下降管上装设循环泵，循环泵提供的压头是工质循环流动的主要动力。其循环倍率为 1.5～8，一般为 4 左右。循环倍率为 1.5 左右的控制循环锅炉，又称为低循环倍率控制循环锅炉。

直流锅炉没有汽包，依靠给水泵压头使水一次通过各受热面并全部变为过热蒸汽，其循环倍率等于 1。直流锅炉既可用于临界压力以下，也可设计为超临界压力。

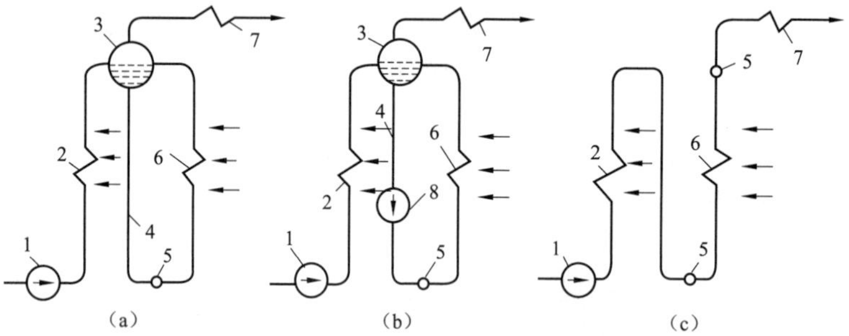

图 3-2　按工质流动方式不同划分的锅炉类型

（a）自然循环锅炉；（b）控制循环锅炉；（c）直流锅炉

1—给水泵；2—省煤器；3—汽包；4—下降管；5—连箱；6—水冷壁；7—过热器；8—循环泵

3. 按燃烧方式分类

按锅炉燃烧方式，可分为层式燃烧（火床燃烧）锅炉、悬浮燃烧（火室燃烧）锅炉、旋风燃烧锅炉和流化床燃烧锅炉，如图 3-3 所示。火力发电厂使用最为广泛的是悬浮燃烧锅炉和流化床燃烧锅炉。悬浮燃烧的流动是气力输送状态，燃料是细煤粉。特点是可以制造大容量锅炉。流化床燃烧的特点是着火条件好，可燃烧劣质煤、煤矸石和油页岩，并且可以实现炉内脱硫。

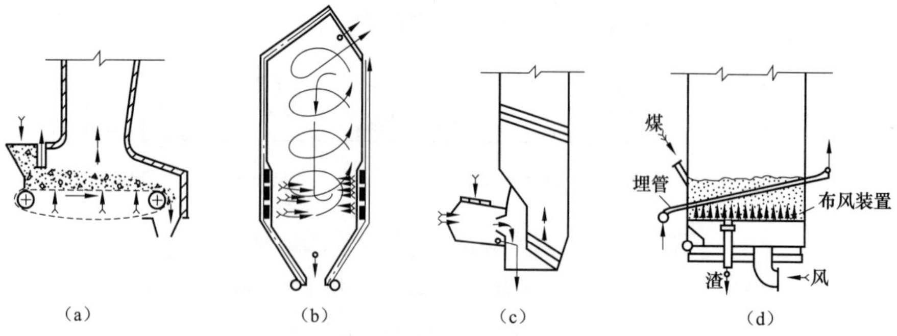

图 3-3　按锅炉燃烧方式不同划分的锅炉类型

（a）层式燃烧锅炉；（b）悬浮燃烧锅炉；（c）旋风燃烧锅炉；（d）流化床燃烧锅炉

4. 按燃料品种分类

按使用燃料不同，锅炉可分为燃煤锅炉、燃油锅炉、燃气锅炉及燃用其他燃料（如油页岩、垃圾、沼气等）的锅炉。

5. 按排渣方式分类

按排渣方式，锅炉可分为固态排渣锅炉和液态排渣锅炉两种。固态排渣是指炉膛下部排出的灰渣呈灼红的固态，落入排渣装置排出。液态排渣指炉膛内的灰渣以熔融状态从炉膛底部排出。电厂锅炉绝大部分是固态排渣炉。

6. 按炉膛压力分类

按炉内烟气压力分有微负压（0.2kPa 左右，又称平衡通风）锅炉，微正压（2～4kPa）锅炉和增压锅炉。微正压锅炉炉壳密封要求高，多用于燃油、燃气锅炉。增压锅炉炉内烟气压力高达 1MPa，多用于燃气—蒸汽联合循环。

7. 按锅炉出口蒸汽压力分类

（1）低压锅炉出口蒸汽压力（下同）为 2.45MPa。

（2）中压锅炉国产炉压力为 3.82MPa（一般 2.94～4.9MPa），全部采用自然循环。

（3）高压锅炉国产炉压力为 9.8MPa（一般 7.8～10.8MPa），全部采用自然循环。

（4）超高压锅炉国产炉压力为 13.73MPa（一般 11.8～14.7MPa），一般采用自然循环和一次再热蒸汽系统。

（5）亚临界锅炉国产炉压力为 16.7～18.3MPa，采用自然循环或强制循环，带一次再热蒸汽系统。

（6）超临界锅炉压力为 22.123MPa，采用控制循环，带再热蒸汽系统。

（7）超超临界锅炉尚无统一标准，一般认为压力为 27MPa，采用控制循环，带再热蒸汽系统。

（二）锅炉容量及参数

世界各国、各制造厂家对锅炉容量和参数均有不同规定。中国电站锅炉的容量和参数系列见表 3-1。

中压锅炉给水温度为 150℃或 170℃，高压锅炉给水温度为 215℃，超高压锅炉给水温度为 240℃，亚临界压力锅炉给水温度为 260℃，超超临界机组给水温度 296℃。

表 3-1　　中国电站锅炉的容量和参数系列

额定蒸发量（t/h）	额定蒸汽压力［MPa（kgf/cm^2）］					配凝汽式机组功率（MW）
	3.82（39）	9.8（100）	13.7（140）	16.7（170）	27.56	
	额定蒸汽温度（℃）					
	450	540	540/540*		600/600	
35	Δ					6
65	Δ					12
130	Δ					25
220		Δ				50
410		Δ				100
420			Δ❶			125
670			Δ			200
1000**				Δ		300
2050**				Δ		600
3050					Δ	1000

* 分子为过热蒸汽，分母为再热蒸汽；

** 配 300、600MW 锅炉，实际最大蒸发量分别为 1025、2008t/h。

❶ 前期产品为 555/555℃，相应蒸发量为 400t/h。

（三）电站锅炉型号

锅炉型号指锅炉产品的容量、参数、性能和规格，国产电厂锅炉的型号一般用一组规定的符号和数字来表示，其表达形式如下：

ΔΔ-×××/×××-×××/×××-Δ×

第一组字码表示锅炉制造厂家的汉语拼音缩写，如 SG——上海锅炉厂；HG——哈尔滨锅炉厂；WG——武汉锅炉厂；DG——东方锅炉厂；BG——北京锅炉厂。

第二组字码是一分数，分子表示锅炉的容量，单位为 t/h；分母表示蒸汽压力，单位为 MPa（或 kgf/cm^2）。

第三组也是一分数，分子、分母分别表示过热蒸汽和再热蒸汽温度，单位为℃。

最后一组中，符号“Δ”表示燃料代号，如 M、Y、Q 分别代表煤、油、气三种燃料；“×”代表设计序号，用数字表示。

（四）锅炉本体成套供货范围

锅炉本体常规成套供货范围见表 3-2。成套范围之外的设备有：①露天锅炉大屋顶；②紧身封闭；③司水小室；④吹灰器及吹灰平台；⑤碎渣机；⑥捞渣机；⑦排汽消声器；⑧电视监视系统；⑨炉膛安全监控系统等。这些设备应在设备招标书或合同中明确来源。否则，锅炉厂按常规供货是不包括的。

表 3-2　锅炉本体常规成套供货范围

序号	供应内容		范　围
1	锅炉钢架、护板和平台楼梯	采用锅炉房与锅炉联合构架	（1）包括全部梁和柱、顶板和平台楼梯等，不包括热风煤粉管道支撑及煤粉燃烧器的支撑，锅炉和锅炉之间的连接的平台楼梯；（2）制造厂配合设计不供钢筋水泥等材料
		采用露天布置	屋顶、炉顶小室及司水小室由设计院设计、制造厂配合供锅炉护板
2	汽包及内部设备		包括汽包、内部设备及汽包固定装置
3	水冷壁系统		全部上下水管、连箱及固定装置
4	过热器		蛇形管、连箱、固定装置及温度调整器
5	再热器		各级再热器管束、连箱、蒸汽连接管道、疏水、放水、放汽管道阀门和附件、汽温调节装置、水压试验用堵阀、悬（支）吊装置等，从再热器进口连箱至末级再热器出口连箱
6	省煤器		蛇形管、连箱及固定装置
7	空气预热器	管式	供应管箱、连通箱及护板，供到空气烟气进出口法兰止
		回转式	包括电动传动机构，空气管道供到进出口法兰止，烟气出口管道供到法兰止，烟气进口管道如运输困难，由制造厂按设计提供初步加工过的原材料，在场内组装
8	燃烧器	煤粉燃烧器	供燃烧器，不包括空气进口及燃料进口法兰以外的管道
		油气燃烧器	供燃烧器，不包括空气进口法兰以外管道
		采用竖井式燃烧室时	供应竖井，不包括空气进口法兰以外的管道及竖井式磨煤机
9	烟风道		省煤器至空气预热器进口的烟道、挡板及传动装置、膨胀节等附件；空气预热器出口至锅炉最后一排柱外 1m 烟道；燃烧器二次风大风箱、风量调节挡板及支吊装置（包括 OFA 喷嘴风箱、风量调节挡板及支吊架装置）；尾部烟气调温挡板及传动装置
10	炉墙		供应炉墙的金属制件，不包括钢筋、砖衬耐火材料及石棉材料
11	门类		包括各种看火孔、检查孔、人孔等，供应防爆门，但不包括接出去的管
12	锅炉本体范围管道	给水管道	供到省煤器和温度调整器进口前的调节阀法兰止，给水操纵台仅供有关阀门
		过热蒸汽管道	自锅炉过热器集箱出口管道水平供至主柱（K1）中心线外第一个弯头入口（不含弯头）止，包括装设安全阀、动力排放阀、对空排汽阀、压力和温度测点，管座和过渡大小头，管道支吊架等

续表

序号	供应内容			范围
12	锅炉本体范围管道	再热蒸汽管道		冷段自锅炉再热器进口集箱接口管道水平供至主柱（K1）中心线外第一个弯头入口处（不含弯头），包括装设减温器、安全阀、压力和温度测点、管座和过渡大小头的管段，管道支吊架；热段自锅炉再热器集箱出口水平供至主柱（K1）中心线外第一个弯头入口处（不含弯头），包括装设安全阀、压力和温度测点的管段，管座和过渡大小头、蠕胀测段及蠕胀测点、管道支吊架等
		汽水取样管路		包括冷却器及冷却器管路，不包括冷却水进出口和蒸汽冷凝水出口阀门以外的管路
		排污及放空气管路		供到排污阀门及放空气门止，不包括阀门以外的管路
		油、煤、管路		制造厂仅作进口总管内的系统设计及供应有关阀门
13	锅炉本体附件			包括锅炉范围以内的阀门、水位表及低读水位表，其中主蒸汽阀传动装置供应电动阀门（电力传动）或机械传动装置
14	除渣设备	固态排渣炉	干出渣时	供应到灰渣门止
			干出渣带水封竖井	对于大型机组，必要时可供应机械连续出渣机如用金属构架的竖井，则供应竖井的金属构架
			水力除渣时	水力除渣喷水设备，只供附在渣井上的管路及水喷嘴，不包括连接水源的管道及阀门
		液态排渣炉	碎渣机	如需要碎渣机时，可供应
			吹灰设备（包括钢珠除灰器）	水冷壁、过热器、尾部的吹灰器，根据燃料特性决定供货内容
			本体仪表	仅供锅炉范围的压力表、温度计
			备件	各种安全阀门弹簧、回转式空气预热器轴承、吹灰器、燃烧器、水位表易损件、过热器、省煤器、空气预热器管子等，其他仍按传统供应

注　供应机械连续出渣机。

（五）锅炉设备选择

燃煤锅炉的选择必须适应燃用煤种的煤质特性，以保证锅炉安全、稳定地运行。除煤的发热量之外，原煤的黏附、磨损特性、着火稳定性、燃尽特性，以及灰渣的结焦、黏附、腐蚀、磨损等特性，都必须通过煤质化验获取数据，以便锅炉本体设计、辅机选择时采取针对性措施。

凝汽式发电厂宜一机配一炉，不设备用锅炉。锅炉的最大连续蒸发量（*BMCR*）应与汽轮机最大进汽量（*TMCR*）工况相匹配。汽轮机的额定工况所需蒸汽量为：额定进汽参数、额定真空、无厂用抽汽和补水率为0时，发出额定功率时的计算耗汽量。而汽轮机的最大进汽工况为：进汽汽压超压5%、调节汽门全开时的进汽量（如不允许超压5%，则仅为调节汽门全开的进汽量），也即锅炉的出力不应限制汽轮机允许的最大出力。

对装有供热式机组的发电厂，当一台容量最大的锅炉停用时，其余锅炉应满足：热力用户连续生产所需的生产用汽量；冬季采暖、通风和生活用热量的60%～75%。

当发电厂扩建且主蒸汽采用母管制时，锅炉的容量选择应连同原有部分全面考虑。

（六）常规燃煤锅炉本体结构

常规燃煤锅炉本体结构可分为汽水部分、空气预热器、排渣装置、锅炉构架及锅炉炉墙等，现分别介绍如下。

1. 汽水部分

（1）省煤器。省煤器是利用锅炉排烟加热给水的受热部件。用来降低排烟温度，提高锅炉效率，节约燃料耗量，故称为省煤器。对于锅筒锅炉，给水经省煤器提高温度后进入锅筒，可减轻锅筒所承受的热应力。按所用材料可分为铸铁式和钢管式两种，电站锅炉多用钢管式；按水的加热程度分为非沸腾式

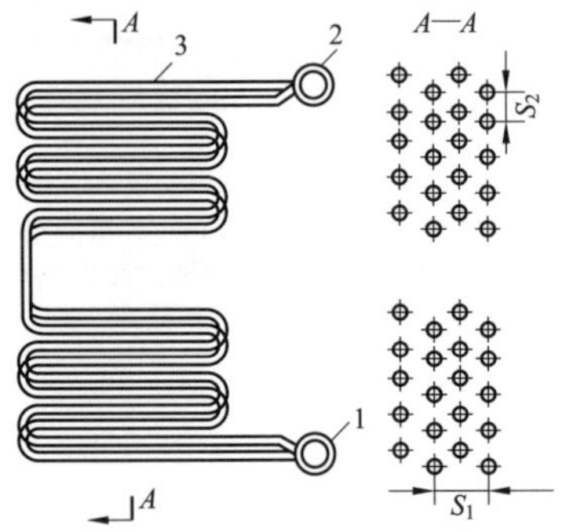

图 3-4　省煤器的结构

1—进口连箱；2—出口连箱；3—蛇形管

和沸腾式，大型锅炉常为非沸腾式。

钢管式省煤器由并联的蛇形管组成，如图 3-4 所示。管子外径为 25～57mm，壁厚 3～7mm，一般采用错列逆流布置，以提高传热系数和温压。

（2）汽包。汽包是锅炉中用以进行汽水分离和蒸汽净化，并构成水循环回路、蓄存一定量水的筒形压力容器。主要作用为接纳省煤器来水，进行汽水分离和向循环回路供水，向过热器输送饱和蒸汽。汽包中存有一定水量，具有一定的热量及工质的储蓄，在工况变动时可减缓汽压变化速度，当给水与负荷短时间不协调时起一定的缓冲作用。汽包中装的内部设备可以进行汽水分离、蒸汽清洗、锅内加药、连续排污，用以保证蒸汽品质。

汽包是锅炉中最笨重且价格昂贵的部件。汽包不但承受很高的内压，而且由于运行工况变化，还会由于壁温的波动产生热应力，因而工作条件恶劣，需进行有效工况监督。

汽包由筒体和封头构成，外形结构如图 3-5 所示。筒体是指汽包的圆筒部分，它的内径和长度与循环方式、锅炉容量、蒸汽参数及内部设备结构形式有关。汽包筒体通常在多辊筒卷板机上卷制而成。亚临界压力锅炉汽包筒壁太厚，需在巨型压力机上压制。

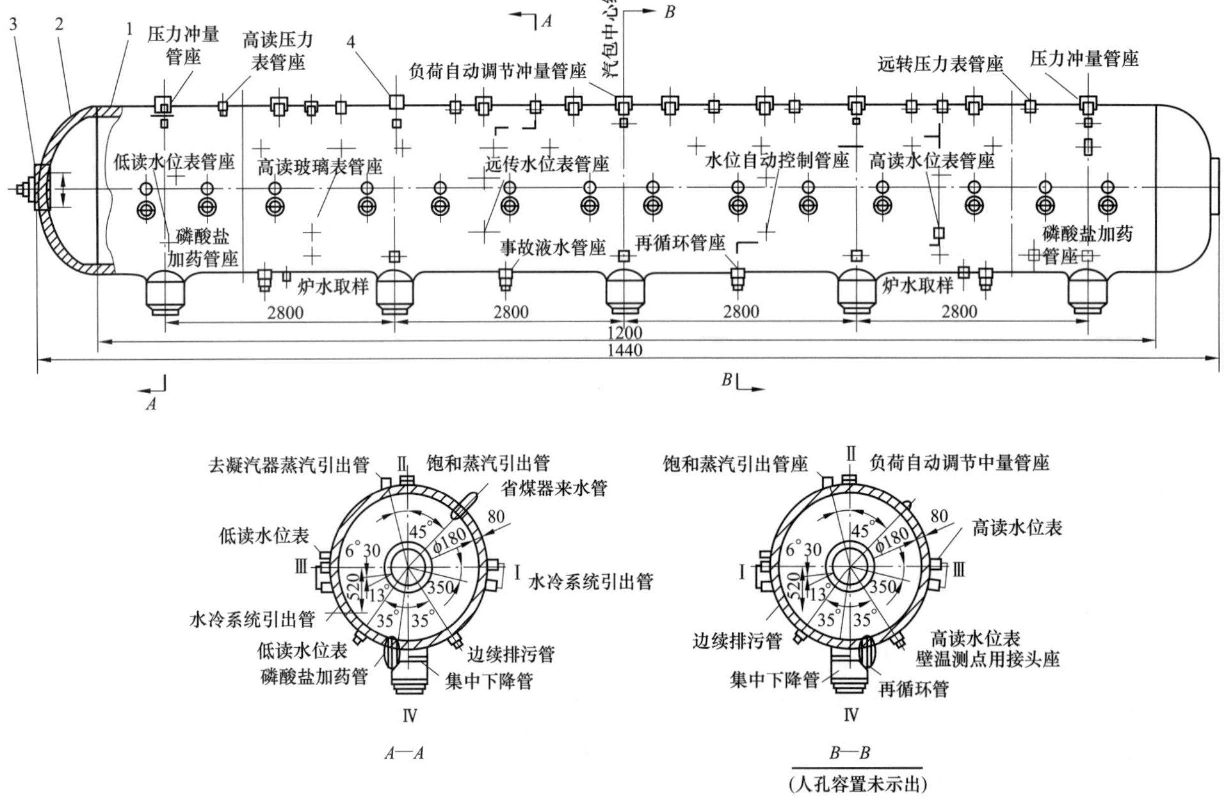

图 3-5　汽包外形结构实例

1—筒身；2—封头；3—人孔门；4—管座

各种参数锅炉常用汽包尺寸及材料见表 3-3。

在锅炉启停过程中，汽包上下壁及内外壁之间均有一定温差，产生热应力，特别是高参数锅炉汽包壁很厚，如处置不当，将引起严重后果。汽包往往成为限制启动速度的主要部件，因此必须对汽包内外壁及上下壁温差进行测量并加强监督。

表 3-3　　　　国产锅炉常用汽包尺寸及材料

压力	中压	高压	超高压	亚临界
内径（mm）	1400～1600	1600	1600～1800	1700～1800
壁厚（mm）	46	90～100	100～120	140～200
材质	碳钢	C-Mn 钢	Mn-Ni-Mo 钢 Mn-Mo-V 钢	C-Mn 钢 Mn-Ni-Mo 钢

（3）水冷壁。水冷壁敷设在锅炉炉膛四周由多根并联管组成的蒸发受热面，其结构如图 3-6 所示。主要吸收炉膛中高温火焰及炉烟的辐射热量，保护和冷却炉墙，故称水冷壁。工质在其中做上升运动，受热蒸发，分光管及膜式水冷壁两种。

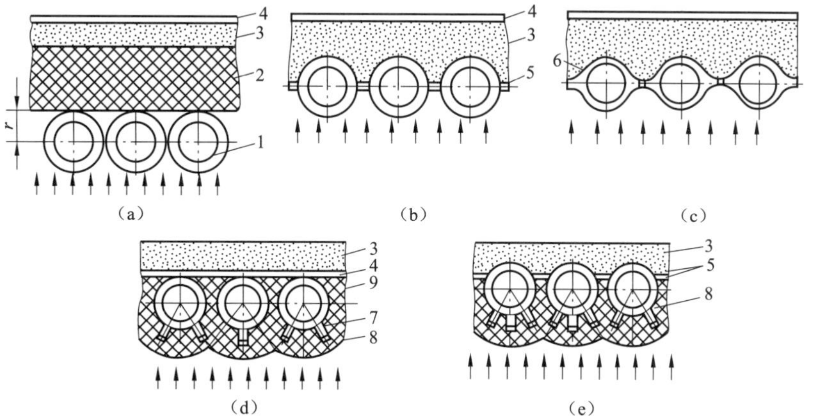

图 3-6　水冷壁结构

（a）光管水冷壁；（b）焊接鳍片管的膜式水冷壁；（c）轧制鳍片管的膜式水冷壁；（d）带销钉的水冷壁；（e）带销钉的膜式水冷壁

1—管子；2—耐火材料；3—绝热材料；4—炉皮；5—扁钢；6—轧制鳍片管；7—销钉；8—耐火填料；9—铬矿砂材料

1）光管水冷壁。由一般锅炉钢管组成。广泛用于中小容量锅炉。水冷壁布置紧密程度以管间距 s 与管子外径 d 之比（s/d）来衡量。锅炉容量小，s/d 大（1.5～2），金属利用率高，对炉墙保护性能差，往往采用耐火砖砌重型炉墙。随着锅炉容量增大，s/d 变小（1.1～1.2），金属利用率低，可采用轻型炉墙。当 $s/d<1.1$ 时，可以采用敷管炉墙。光管水冷壁制造工艺简单，不需要大型机械化设备，但锅炉密封性差，炉墙结构复杂且施工困难，支吊结构也较复杂，安装时还需充分注意热膨胀问题（通常采用预冷拉工艺）。

2）膜式水冷壁。由管子和鳍片焊成的气密式结构。优点是减少炉膛漏风，提高锅炉效率；可采用特轻炉墙，减轻钢结构荷载，降低锅炉成本；便于采用悬吊结构；适合大型机械化生产，组装率高；蓄热能力小，缩短启、停炉时间，故电站大型锅炉都用膜式水冷壁。缺点是制造工艺较复杂。

3）材质和管径。对于中、高压及超高压锅炉，在正常水循环工况下，管壁能受到良好冷却，可选用碳钢管。对于亚临界及超临界压力锅炉，由于可能出现传热恶化，且介质温度高（特别是超临界参数时），往往需要采用内螺纹管或 Cr-Mo 合金钢管。对于膜式水冷壁还应校核鳍片最高温度及鳍片应力。自然循环锅炉水冷壁管外径一般为 42～76mm，亚临界压力控制循环锅炉为 42～51mm，直流锅炉水冷壁管外径为 22～42mm。

（4）过热器。过热器是把饱和蒸汽加热到额定过热蒸汽温度的锅炉受热面部件。当锅炉负荷或者其他工况改变时，应保证过热汽温的波动在允许范围内。

按传热方式过热器可分为对流、半辐射和辐射三种形式。按结构形式，过热器可分为蛇形管式、屏式、壁式和包墙管式四种。

对流过热器布置在对流烟道中，以对流传热为主，一般采用蛇形管式，如图 3-7 所示。

半辐射过热器布置在炉膛出口处，又称后屏过热器。它既吸收烟气的对流热，又吸收炉膛和屏间气室的辐射热，具有较平稳的汽温调节特性。

辐射过热器直接吸收炉膛火焰的辐射热，通常以壁式或大间距的前屏（又称大屏、分隔屏）的形式布置在炉壁上或炉膛上部。

过热器的材料，经济适用是选用过热器材质的原则。一般低温段（壁温＜480℃）可用 20 号碳素锅炉钢；壁温小于 580℃时可选 12CrlMoV；壁温小于 600℃时采用 12Cr2MoWvTiB（钢研 102）。管子外径一般为 32～63.5mm，壁厚为 4～9mm。

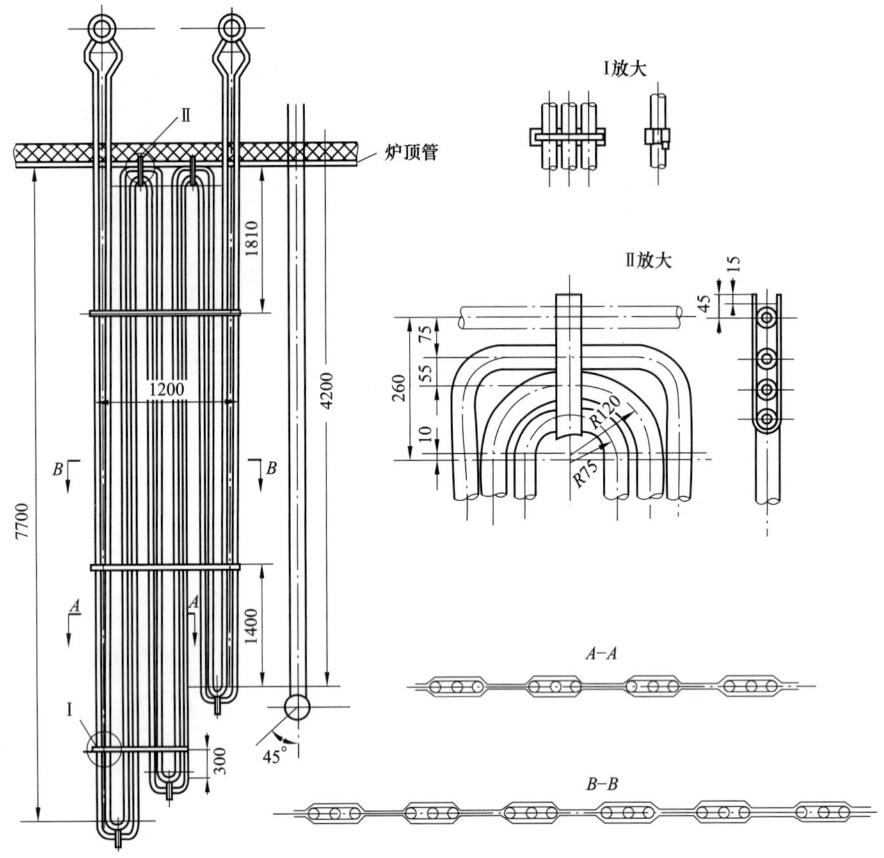

图 3-7　对流过热器结构

（5）再热器。再热器是把汽轮机高压缸（或中压缸）的排汽重新加热到一定温度的锅炉受热面部件。随着蒸汽压力的提高，为了减少汽轮机尾部的蒸汽湿度及提高机组的热经济性，超高压以上的机组中普遍采用再热器。按传热方式再热器也分为对流再热器与辐射再热器，与过热器不同的是它的压力较低(3～4MPa)，因而管壁较薄，对其阻力要求比较严，因而所用管径稍大（42～63.5mm）。

2. 空气预热器

空气预热器是利用锅炉尾部烟气的热量加热燃料燃烧所需空气以提高锅炉效率的热交换装置。它是现代大中型锅炉不可少的设备。空气预热器安装在锅炉后部，加热后的空气(热空气或挚风)温度达 200～400℃，这对改善燃料着火和燃料完全燃烧十分有利。锅炉煤粉制备系统也需要供给热风作为干燥剂和供输送煤粉之用。烟气流经空气预热器后温度下降到 100～200℃，然后通过烟囱排入大气。

空气预热器按传热方式可分为传热式和再生式两类。前者是通过壁面将烟气的热量连续地传给空气，最常用的为管式空气预热器；后者是冷、热介质（空气和烟气）交替流过作为储热质的受热面进行热量交换。再生式常用的有受热面回转式空气预热器和风罩回转式空气预热器两种。对于大型锅炉，受热面回转式应用较多。

管式空气预热器结构简单，易于制造，漏风小，运行维修方便；但体积庞大，笨重，在大型锅炉上布置不便，低温段腐蚀后更换困难。回转式空气预热器体积小、质量轻，便于布置，冷段腐蚀后更换方便；缺点是漏风较大，技术要求高，制造困难，有时卡涩不能转动，维修不便。大型锅炉多采用回转式空气预热器，三分仓回转式空气预热器如图 3-8 所示。

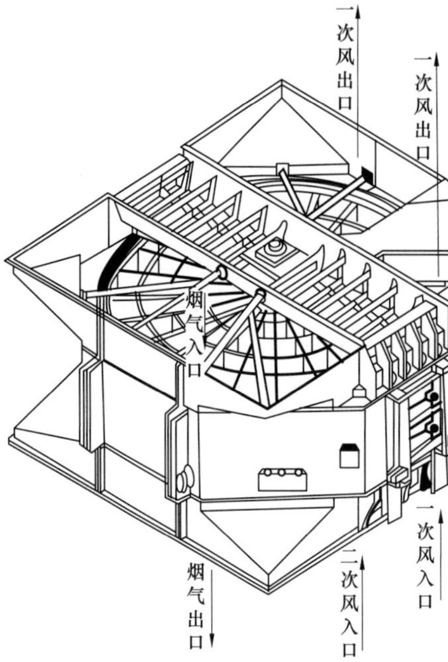

图 3-8 三分仓回转式空气预热器

3. 排渣装置

为保证锅炉连续安全运行，必须将炉渣不断从燃烧室排出。燃煤锅炉多数采用固态排渣，也有少数采用液态排渣。排渣量与锅炉容量、煤种及燃烧方式有关。锅炉排渣率主要取决于锅炉燃烧方式，同时也受燃料种类的影响。不同燃烧方式的锅炉排渣率见表 3-4。

表 3-4　　不同燃烧方式的锅炉排渣率

燃烧方式	层式燃烧	流化床燃烧		悬浮燃烧			
				固态排渣	液态排渣		
		泡床	循环床		开式和半开式液态排渣炉	立式旋风炉	卧式旋风炉
排渣率（%）	70～90	40～50	10～40	10～20	15～40	60～80	80～90

锅炉排渣一般有水力排渣和机械排渣。水力排渣是利用水力排出炉渣的方式，使用的设备主要有水力排渣槽，水封斗式排渣装置。机械排渣是利用机械设备捞出并输送炉渣的方式，主要设备有刮板捞渣机、螺旋出渣机和圆盘出渣机等。通常可根据锅炉燃烧方式和排渣方式进行选用。

（1）煤粉炉（悬浮燃烧）固态排渣炉排渣。炉内炽热固态炉渣经炉膛冷灰斗排渣口进入炉下专用排渣装置中。通常经过熄火、淬冷、破碎后由排渣装置用各种方式排至炉外灰沟或送入除灰系统，最后输送到灰场或炉灰用户。最常用的排渣设备是水力排渣槽、水封斗式排渣装置和刮板式机械排渣装置。大型锅炉多用后两种。

（2）煤粉炉（悬浮燃烧）液态排渣炉排渣。当燃用低于 1450℃低灰熔点煤时才采用液态排渣锅炉。在开式和半开式液态排渣炉的炉膛中或旋风炉的燃烧室中，黏附在壁面上的液态渣膜汇流于炉底熔渣池。液态渣从出渣口流出，由渣井落入粒化水箱，经急冷凝固裂化成为玻璃质的固态渣粒，用圆盘出渣机等除渣装置将其定期或连续地排出炉外。

（3）层燃炉排渣。原煤或经破碎的煤用人工或机械方法置于固定或可动炉排上燃烧时，炉排上少量细煤屑被空气吹到炉膛里进行悬浮燃烧，成为飞灰被烟气带走。一小部分煤中灰分经炉排间隙落至炉排下部成为炉底灰，煤中大部分灰分留在炉排上形成火床炉的炉渣。对于固定炉排或手动炉排锅炉，由于容量和渣量都很小，一般在用人工定期拨火时从炉门排出。对链条炉、振动炉排锅炉的可动炉排，其炉渣主要由炉排运载至炉排尾端并排至锅炉后部渣斗，与炉排下面渣斗灰渣一道进入下部排渣装置进行破碎、熄火、淬冷，而后排出炉外。排渣设备多用可碎推式（又称马丁式）出渣机，也可采用圆盘出渣机和螺旋出渣机。

（4）流化床锅炉排渣。经破碎的煤粒在床层上（鼓泡床）或炉膛内（循环床）由燃烧空气吹拂呈流态化状态进行低温燃烧。燃烧过的炉渣从料床上沿处的溢渣口或从炉膛底部的出渣口排至冷渣器进行冷却，从冷渣器排出的冷渣可用气力输送管道或刮板式运输机送出。

4. 锅炉构架

也即常说的锅炉钢结构。其作用除支撑锅炉本体外，构架还要承受风荷载、雪荷载、地震力、各种管道、运转层及炉顶结构的部分荷载。

（1）支承式炉架。用于重型炉墙或轻型炉墙的中小容量锅炉。

（2）悬吊式锅炉构架。常用于具有敷管炉墙的大中型锅炉。特点是锅炉本体主要部件通过吊杆悬吊在炉顶大板梁上，但尾部受热面如空气预热器、下级省煤器等仍支撑在尾部构架上。现代电站锅炉大都采用悬吊结构。20 世纪七八十年代，由于大型型钢进口价格比较贵，为了节省钢材、降低造价，露天锅炉常采用钢筋混凝土悬吊结构，大板梁及少量构架用钢材除外。但其施工期较长，综合经济效益不一定优越。故 20 世纪 90 年代以来，300MW 及以上机组的锅炉基本都用全钢结构。

中小型锅炉及以前的大型锅炉钢结构均采用焊接，为保证构架质量，减少现场焊接工程量，现在 300MW 及以上机组的锅炉都采用高强螺栓连接的钢结构，这样也加快了施工进度。

5. 锅炉炉墙

用耐火和保温材料敷设的锅炉包覆层。它与受热面炉壁（水冷壁、包墙管、顶棚管等）一起构成锅炉炉膛和对流烟道的外壳，对锅炉起密封及保温作用。内层要有足够的耐高温性能，外层要有良好的保温性能，以降低锅炉的散热损失和炉墙外表温度。

（1）重型炉墙。质量直接由基础承受，炉墙由 0m 一直砌到所需高度，炉墙高度通常在 12m 以内。一般由三层组成，内层为耐火砖，中层为保温砖，外保护层为红砖，总厚度为 500～840mm。

（2）轻型炉墙。通过铸铁托架将炉墙重均匀传递到锅炉钢架上，因而炉墙高度不受限制，用于中、小容量电站锅炉。常用砖结构轻型炉墙、混凝土结构轻型炉墙两种结构，厚度一般为 240～380mm。

（3）敷管式炉墙是炉墙材料直接敷设并固定在水冷壁或包墙管围成的炉壁上，随金属受热面一起膨胀。敷管炉墙用于悬吊式锅炉，是电站锅炉的主要炉墙结构。

光管敷管炉墙由耐火混凝土层、保温混凝土、保温板和抹面组成，总厚度 200～220mm。

膜式壁敷管炉墙，由于膜式壁将炉膛密封，炉墙材料不直接接触炉烟，因而不需要耐火材料及密封层，而仅用保温材料，通过保温钉、自锁压板、铁丝网把保温材料固定到膜式壁上。炉墙厚度为 150～200mm。由于仅用保温材料，炉墙重大大减轻。现代锅炉广泛采用这种结构。

（七）循环流化床锅炉的结构及布置

循环流化床锅炉的组成大致可分为两部分：第一部分由炉膛（流化床燃烧室）、气固体分离设备（分离器）、固体物料再循环设备（返料装置）等组成，上述部件形成了一个固体物料循环回路；第二部分为尾部对流烟道，它布置有过热器、再热器、省煤器和空气预热器等。

燃料和脱硫剂由炉膛下部进入锅炉，燃烧所需的一次风和二次风分别从炉膛的底部和侧墙送入，燃料的燃烧主要在炉膛中完成。炉膛四周布置有水冷壁，用于吸收燃烧所产生的部分热量。由气流带出炉膛的固体物料在分离器内被分离和收集，通过返料装置送入炉膛，烟气则进入尾部烟道。循环流化床锅炉燃烧系统如图 3-9 所示，循环流化床锅炉系统布置如图 3-10 所示。

1. 炉膛

炉膛燃烧以二次风入口为界分为两个区，即二次风入口以下为大粒子还原气氛燃烧区，以上为小粒子氧化气氛燃烧区。燃料的燃烧、炉内脱硫、氮氧化物的生成及分解过程主要在燃烧室内完成。燃烧室内布置有受热面，它完成大约 50%燃料释热量的传递过程。流化床锅炉燃烧室既是一个燃烧设备，又是一个热交换器，它集流化、燃烧传热与脱硫、脱硝反应一体。

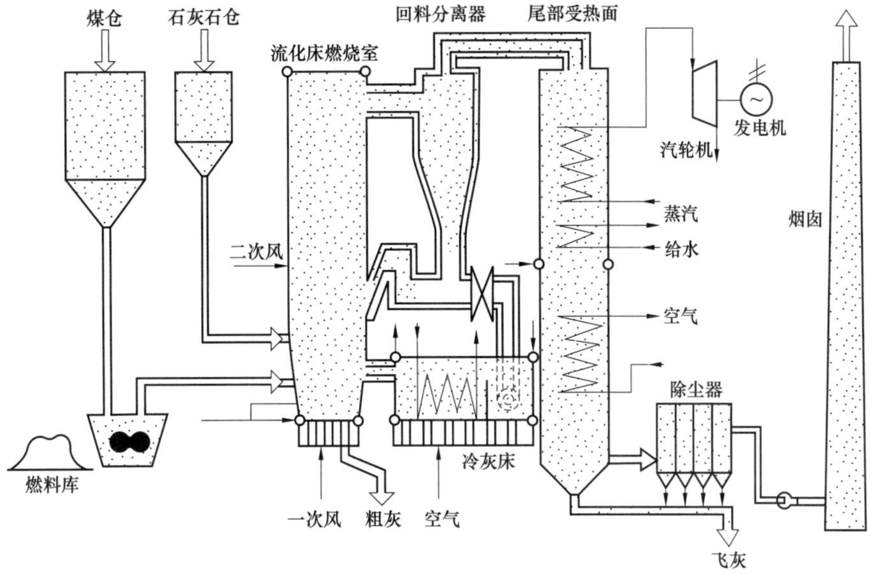

图 3-9　循环流化床锅炉燃烧系统

2. 分离器

循环流化床锅炉分离器是循环流化床锅炉燃烧系统的关键部件之一，它的形式决定了燃烧系统和锅炉整体布置的形式和紧凑性。它的性能对燃烧室的空气动力特性、传热特性、物料循环、燃烧效率、锅炉出力、负荷调节能力、锅炉启动时间等均有重要影响。

3. 返料装置

返料器的作用是将分离器分离下来的高温灰，从分离器下部的低压侧（负压侧）输送到燃烧室下部的高压侧（正压侧），锅炉返料装置常见的有 U 形阀和 J 形阀，它是循环流化床锅炉的重要部件之一。它的正常运行对燃烧过程的可控性，锅炉负荷的调节性能起决定性的作用，它的主要功能是将分离器分离后，收集下来的物料返回流化床上循环燃烧，并保证流化床内的高温烟气，不经过返料装置短路流入分离器。它既是一个物料回送器，又是一个锁气器，如果两个作用失控，物料循环过程就建立不起来，使锅炉燃烧效率大为降低，燃烧工况变差。

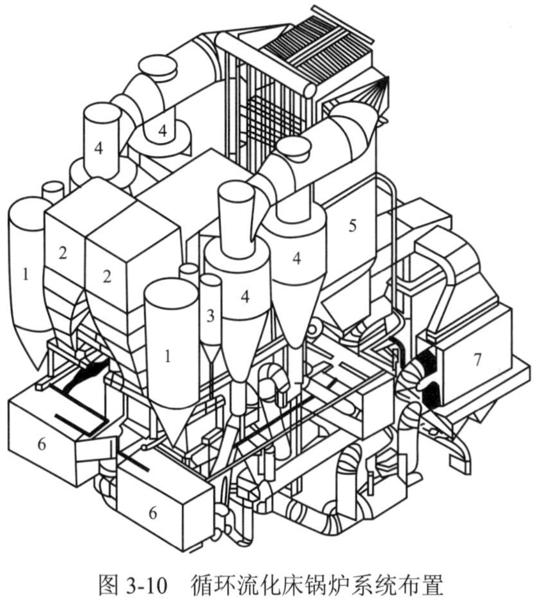

图 3-10　循环流化床锅炉系统布置

1—煤仓；2—炉膛；3—石灰石仓；4—旋风分离器；5—尾部烟道；6—外置换热器；7—除尘器

4. 外置换热器

有部分锅炉采用了外置换热器，它的作用是将分离下来的高温物料，通过其中装置将物料从 900℃冷却到 500℃左右，回收部分热量，然后经过返料器送至床内再燃烧，它可布置在烟道受热面中。

外置换热器的实质是一个细粒子鼓泡流化床热交换器；流化速度是 0.3～0.45m/s，它具有传热系数高、磨损小的特点，采用外置换热器有如下优点：

（1）可解决大型循环流化床锅炉床内受热面布置困难的问题。

（2）可作为主汽温度调节的辅助手段。

（3）增强了锅炉对燃料的适应性。

（4）节约高温受热面的金属消耗量。

（5）增加循环流化床锅炉的负荷调节范围。

二、锅炉主要辅助设备

（一）风机

风机是为锅炉燃烧、制粉系统提供空气并排出燃烧产物的通风设备，即为输送空气、烟气或压缩空气等气体的机械设备。

1. 按其工作原理及结构特点分类

按其工作原理及结构特点分为离心式风机与轴流式风机。

（1）离心式风机。离心式风机结构如图 3-11 所示，它主要由叶轮、外壳、进气箱、集流器、导流器、轴和轴承等到组成。气体由风机轴向进入叶轮，叶轮上装有叶片，旋转的叶片对其做功，气体沿径向甩出，压力升高，经风机蜗壳排出。离心式风机广泛用于电厂燃烧系统，其设计、制造、运行、检修经验都十分成熟，老式风机效率较低，近期引进技术生产的最高效率可达到 85%，它具有结构简单、运行可靠、造价较低、噪声较小的特点。但当其运行点偏离设计工况时，效率下降较快，即低负荷运行时很不经济。因此，大型离心风机常用双速电动机驱动，以改善低负荷时的效率。

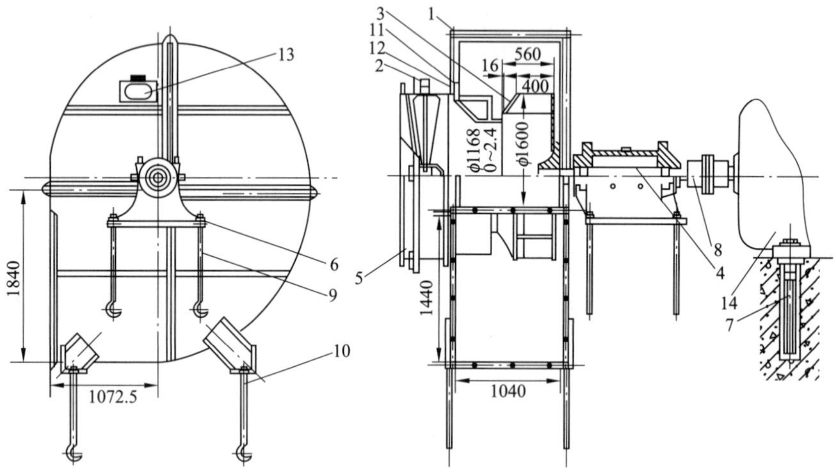

图 3-11　离心式风机结构

1—机壳；2—进风调节阀；3—叶轮；4—轴；5—进风口；6—轴承箱；7—地脚螺栓；8—联轴器；9、10—地脚螺钉；11—垫圈；12—螺栓及螺母；13—铭牌；14—电动机

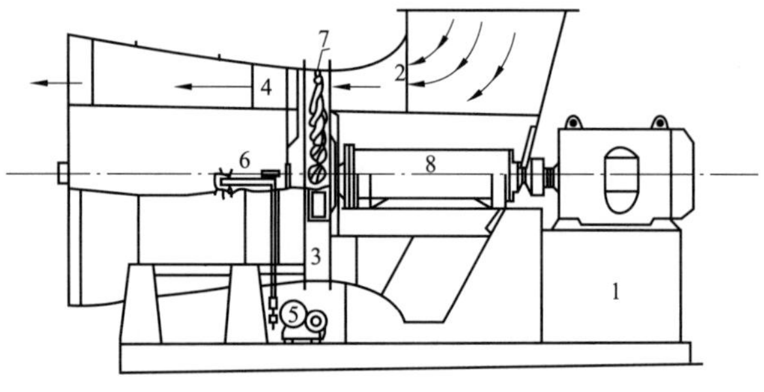

图 3-12　轴流风机结构图

1—带有电动机支座的底座；2—进风箱；3—机架；4—带有调节器的扩压器；5—伺服马达；6—叶片调节机构；7—叶轮；8—主轴承组合

（2）轴流式风机。轴流式风机结构如图 3-12 所示，它主要由叶轮、外壳、进气箱、集流器、扩压器、导叶、整流罩等组成。其工作原理是由气体沿轴向进入风机，在叶片旋转下压力升高，并轴向排出。它的最大优点是效率曲线比较平稳，低负荷时也能达到 70%以上的效率，且负荷调节比较方便，轴流式风机的制造比离心式要容易。由于大都是采用引进技术制造，设备质量、检修频率都比较令人满意。大型电站送风机、引风机广泛采用轴流式风机。

2. 按其功能及输送介质不同分类

按其功能及输送介质不同可分为送风机、一次风机、引风机、排粉风机、密封风机等。

（1）送风机、一次风机。送风机的作用是提供燃料在锅炉炉膛内燃烧时需空气。一般布置在空气预热器入口之前。其流程是：将吸入的冷空气送入空气预热器中，加热到设计温度，然后一部分直接经燃烧器送入炉膛（即锅炉二次风），另一部分进入煤粉制备系统作为干燥剂，并起到输送煤粉的作用，然后经燃烧器送入炉膛（即锅炉一次风或三次风）。大型机组常采用中速磨煤机正压直吹系统，此时燃烧空气分别由一次风机和送风机送入（三分仓式）空气预热器，经预热后，分别送入制粉系统（作为干燥剂和锅炉一次风）和炉膛（作为锅炉二次风）。因此送风机的选择，既要满足燃烧过程所需要的空气量，又要根据燃烧系统的配置要能承受系统的阻力。

通常一台锅炉配置两台送风机或另配两台一次风机，单台运行时应能满足锅炉负荷达 70%的要求。中小容量锅炉中，普遍采用离心式送风机，大容量锅炉普遍采用轴流式送风机。

（2）引风机。为减轻烟气中灰粒对风机的磨损，引风机都布置在除尘器之后，通常一台炉配两台引风机，单台运行时可满足锅炉负荷达 70%的要求。

中小锅炉都用离心式引风机，大型锅炉也有用轴流式的，但必须控制烟气中灰含量小于 150mg/Nm^3。因轴流风机叶轮被灰磨损后敏感性大于离心式，而采用静叶可调轴流风机耐磨性能要好些，静叶也易于更换。

离心式引风机仍然用得比轴流式多。大型离心式引风机都采用双侧进风、双支撑及双侧电动机驱动，以减小叶轮直径、提高抗振性能、改善低负荷时的效率。

随着我国近年来对环保日益重视，优化产业结构，为降低产业能耗、提高供电效率，汽动引风机的应用也逐渐兴起。传统的火力发电机组中，电动引风机是定转速静叶调节，在低负荷时引风机入口节流损失大，造成风机效率低、厂用电率上升等不利影响。目前大型火电机组越来越多地采用小汽轮机作为引风机的驱动动力，可保证运行的经济性，同时汽动引风机可以实现变转速调节负荷，减少节流损失，避免了电动引风机对厂用电系统的电压冲击。

（3）排粉风机。煤粉制备系统中输送干燥剂、煤粉或乏气的风机，主要用于中间储仓式制粉系统中，安装在细粉分离器之后。它使自磨煤机入口至粗粉分离器、细粉分离器和排粉风机入口之间的管路系统形成负压，并将给粉机供给的煤粉用废干燥剂作为一次风或者直接将乏气作为三次风送入锅炉炉膛。目前大型机组多采用正压中速磨煤机直吹式制粉系统，排粉风机则由一次风机所代替。

排粉风机采用离心式，由于细粉分离器不能把煤粉全部分离出来，废干燥剂中还含有 10%～20%的煤粉，特别是制粉系统为负压直吹系统时，全部煤粉通过排粉风机，故存在严重的磨损问题，风机的叶轮和叶片须采用防磨材料。

排粉风机输送的介质中含有煤粉，为使煤粉不致在管道中沉积，须采用较高流速。为克服管道和设备以及燃烧器阻力，维持制粉系统负压，排粉风机的提升压力需要较高数值，一般均在 10kPa 以上。

（4）密封风机。从一次冷风道将空气抽出排入磨煤机或者给煤机的风机，一般每台锅炉布置一用一备两台。密封风机一般采用离心式风机，通过提供正压风，主要用于磨煤机的磨辊、拉杆箱及给煤机密封。

风机规格型号及含义没有通用的标准，基本都是每个厂家自己定的。有些产品是根据一些大的企业一直使用，约定俗成了一些型号。

（二）除尘器

火力发电厂锅炉都装有除尘器，其作用是将飞灰从烟气中分离出来并加以捕集的装置，以减少对环境的污染，并防止引风机的急剧磨损。火力发电厂的除尘器按工作原理的不同分为机械式除尘器和电气除尘器。

电站锅炉烟气中的飞灰含量随不同的炉型而不同，固态排渣煤粉炉的飞灰占总灰渣量的 80%～90%，液态排渣煤粉炉的飞灰占 60%～80%，旋风炉的飞灰量仅占 10%～40%。电站锅炉最常用的炉型是固态排渣煤粉炉，对其飞灰的排放控制任务艰巨而重要。火电厂粉尘排放量占全国粉尘排放量的 30%左右。随着环保要求的提高，控制电厂粉尘排放的要求就更为重要。虽然电气除尘器的造价较高，由于它具有很高的效率及最小的阻力，在中国的燃煤电厂中现在已普遍采用。火电厂各种除尘器性能对照见表 3-5。

表 3-5　　火电厂各种除尘器性能对照

形式	适用粒径（μm）	总除尘效率（%）	阻力（Pa）	形式	适用粒径（μm）	总除尘效率（%）	阻力（Pa）
旋风除尘器	3～100	70～85	400～1300	袋式除尘器	0.1～20	≥99	1000～2000
水膜除尘器		85～90	600～1200	静电除尘器	0.05～20	≥99	100～300
文丘里除尘器	0.1～100	95～97	800～1700	电袋除尘器	＜10	≥99	850～1050

电气除尘器由放电极、集尘极、高压直流供电装置、振打装置和外壳组成。利用强电场使气体电离，粉尘荷电，并在电场力作用下分离而捕集粉尘。

根据气体流动方向静电除尘器分立式、卧式；按照集尘极形式分管形、板形；按照放电极的极性分负电晕、正电晕；按照粉尘的荷电与分离区的空间分布分为单区、双区；根据清灰方式分干式、湿式。火力发电厂一般采用负电晕、板形、卧式、干式清灰、单区静电除尘器。近年来对环保尤其是公共环境、健康的要求不断提高，根据 GB 13223—2011《火电厂大气污染物排放标准》规定，2012 年 1 月 1 日起新建的火力发电厂烟尘的排放限值≤30mg/Nm^3，特别排放限值≤20mg/Nm^3。根据国家发展改革委《煤电节能减排升级与改造行动计划（2014—2020）》的要求，新建工程烟尘均按天然气燃气轮机组标准进行控制，同步设置先进的烟气除尘措施，烟尘的排放限值按≤5mg/Nm^3 考虑。基于以上要求，静电湿式除尘器也逐渐兴起，有取代干式除尘器的趋势。

静电除尘器的主要特点是：除尘效率高（η≥99%）、阻力损失小（$\Delta\rho$=100～300Pa）、能耗小（0.2～0.6kWh/10^{3}m^3）、耐高温（t≤350℃）。缺点是：一次性投资高、耗钢量大、对粉尘的特性敏感，最适宜的粉尘比电阻范围为 10^4～5×10^{10}Ω·cm，此范围以外则应采取一定的措施才能取得必要的除尘效率；对制造、安装、运行要求严格；占地面积大。

静电除尘器由高压供电自动控制装置和静电除尘器本体两部分组成。

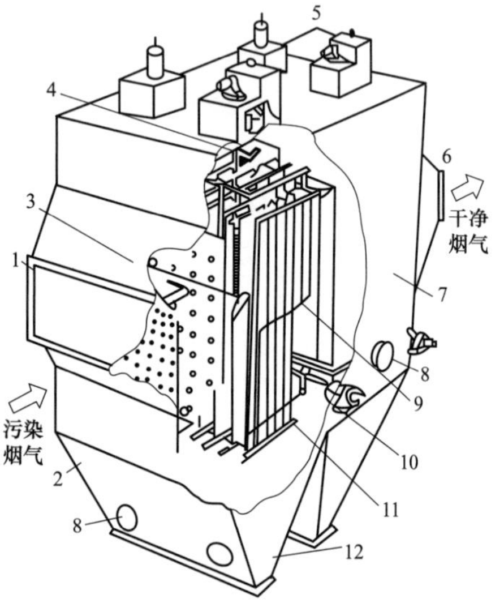

图 3-13　平板形干式静电除尘器结构

1—入口；2—气流分布板；3—气流分布板清灰装置；4—放电极清灰装置；5—绝缘子室；6—出口；7—除尘器外壳；8—观察孔；9—集尘极；10—集尘极清灰装置；11—放电极；12—集灰斗

高压供电自动控制装置根据气体和粉尘性质，随时调整供给静电除尘器的最高电压，使之保持在稍低于火花放电的平均电压下运行。它包括变压器、高压整流和电压自动控制系统。其中高压整流和电压自动控制系统的技术发展很迅速。高压整流经历了机械、电子管和固态（氧化铜、硒）整流几代产品后，现已普遍采用硅整流器；电压调整则经历了电阻调压、感应调压、饱和电抗和晶闸管调压的发展过程。目前，新型的供电装置，如调幅移相调压的高压整流装置、高压脉冲电源、微机控制电源等，都已进入工业应用阶段。

静电除尘器本体是完成气体净化过程的场所。平板形干式静电除尘器结构如图 3-13 所示。放电极（或尖刺）曲率半径很小，置于由薄钢板压制而成的集尘极之间并接负极性高电压，形成极不均匀的电场，放电极处电场强度很高，产生电晕放电形成大量负离子向集尘极运动。含尘气体进入电场后，由于碰撞和扩散作用使粉尘带上负离子而呈负极性，在库仑力作用下趋向接地的集尘极并沉积在其表面，由定期振打清灰使沉积的粉尘落入灰斗，集中后输送出本体外，净化的气体由出口烟箱排出。

大型锅炉处理的烟气量很大，为不使除尘器体积过大，一般每台锅炉选用两台（125～300MW 机组），甚至四台（600MW 机组）除尘器，每台除尘器又做成双室（即两个烟气通道）。而电场数要按当地环保的排放要求和煤灰的特性（如电阻）计算决定，一般用三电场、四电场，也有用五电场的。

电袋复合型除尘器是通过电除尘与滤筒式除尘有机结合的一种新型、高效的除尘器。前级电除尘在高压电场下，利用气体的电离，粉尘及水颗粒（电除尘器要求入口湿度≤10%）获得离子而荷电，并在电场力的作用下向极性相反电极移动，从而被捕集下来。由于烟气调质良好（温度、压力、湿度等因素），前级电除尘能有效去除 80%以上的粉尘。加上电除尘对各类除尘器在运行阻力上的优势，电袋复合式除尘器在技术上能互补。

湿式除尘器是当水覆盖放电极表面后，将原来的“金属—空气”界面分割成“金属—水”界面和“水—空气”界面，后两种界面的势垒比前一种界面势垒低很多，并且水中的多种杂质离子在电场作用下，也易越过表面势垒而成为发射离子。因此，当放电极表面带水后，可大大削弱表面势垒对自由电子的阻碍作用，使电子易于发射，从而使烟尘更易荷电。另一方面，由于烟气中雾滴的存在，易使雾滴与粉尘结合，从而降低粉尘比电阻，因此湿式静电除尘的工作状态会更加稳定。另外由于湿式静电除尘器没有振打装置，因此不会产生二次扬尘。随着技术的发展，湿式除尘器形成湿式水膜除尘器和湿式自流除尘器两个技术流派。

（三）制粉系统主要设备

制粉系统是指将原煤磨制成煤粉，然后送入锅炉炉膛进行悬浮燃烧所需设备和相关连接管道组成。制粉系统的主要设备有磨煤机、给煤机、粗粉分离器、细粉分离器和给粉机等。

1. 磨煤机

磨煤机是燃煤电厂制粉系统中最主要的辅助设备，是将自然煤磨碎至满足锅炉悬浮燃烧的细度的机械。煤被磨碎的方式有压碎、击碎和研碎三种。磨煤机除磨粉功能外，还兼有干燥功能。

依研磨件的转数，磨煤机可分为低速、中速和高速。低速有钢球磨机，高速主要有风扇磨煤机，中速的形式比较多，主要有碗式中速磨煤机（RP 或 HP 型）、轮式中速磨煤机（MPS 型）、平盘中速磨煤机（uⅥ型）和球型中速磨煤机（E 型）。

大容量机组在煤种适宜时，优先选用高、中速磨煤机。燃用低挥发分贫煤、无烟煤或磨损性很强的煤种时，通常选用常规的钢球磨煤机。对磨损性很强且易爆的烟煤及适合于采用直吹式制粉系统的无烟煤、低挥发粉贫煤。当技术经济比较合理时，也可选用双进双出钢球磨煤机。对高水分、灰分较低、磨损性不强的褐煤通常选用风扇磨煤机。

（1）筒式钢球磨煤机。筒式钢球磨煤机按进出料口装置的结构可分为单进单出钢球磨煤机（简称钢球磨煤机）和双进双出钢球磨煤机，如图 3-14 所示。

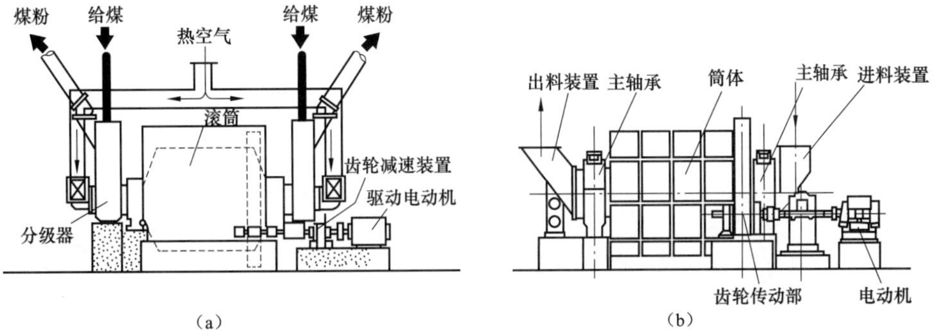

图 3-14　筒式钢球磨煤机简图

（a）双进双出钢球磨煤机；（b）DTM 型钢球磨煤机

当钢球磨煤机筒体转动时，在离心力和摩擦力的作用下，将直径为 30～60mm 配比数量不等的钢球被提升到一定高度后由于自身重力而下落，进入筒体内的煤块在下落钢球的冲击及钢球之间的挤压研磨作用下形成煤粉，借助干燥剂将煤粉带出磨煤机。

筒式钢球磨煤机的筒体转速一般为 15～25r/min，其主要结构部件包括进料装置、主轴承、筒体、齿轮传动装置、电动机及出料装置等。

筒式钢球磨煤机是世界上早期采用最为普遍的一种磨煤机，具有煤种适应性强、可靠性较高、运行操作方便、检修维护工作量少等优点。特别适用于磨制可磨系数低、磨损性强和煤粉细度要求较高的煤种，如高灰分劣质烟煤、贫煤和无烟煤。其缺点是磨煤电耗高（约 23～30kWh/t）、占地面积大、金属耗量大（钢球耗量为 300～500g/t 煤）、运行中噪声也大。

筒式钢球磨煤机常用于中间储仓式制粉系统，这样可以使磨煤机保持在高负荷下运转，以提高其经济性。同时，也便于采用热风送粉以改善可燃性差的贫煤和无烟煤的燃烧条件。

为改善筒式磨煤机的性能，已开发出双侧进煤、进风和出料的筒式磨煤机，如图 3-14（a）所示。该种磨煤机可以正压运行，消除了系统漏风对磨煤经济性带来的影响，且占地较普通钢球磨煤机少，同时在布置上较为灵活，适合大容量锅炉采用。因从磨煤机入口热风分出一旁路直接送入粗粉分离器出口一次风管内，提高了一次风风温，有利于难燃煤的燃烧。在直吹式制粉系统中用双进双出钢球磨时，比中速磨在燃烧方面更为有利，但电耗高，金属耗量大，运行噪声大仍是它的缺点。由于是引进技术，工艺也较复杂，其造价也较高。

（2）中速磨煤机。利用碾磨件在一定压力下做相对运动时，碾磨表面对煤的挤压作用来磨制煤粉的机械设备。中速磨煤机转速介于低速磨煤机和高速磨煤机之间，一般立轴转速为 20～330r/min。

在中速磨煤机里，磨盘（或磨环）在立轴带动下中速转动，煤进入磨盘并由磨盘一磨辊（或钢球）两个碾磨件的相对运动被碾磨，主要是被压碎，由于碾磨件的相对滑动，也有部分研碎作用。为加大对煤层的压力，除靠磨辊（或钢球）的自重外，主要是靠装有弹簧或液压缸的加载装置对碾磨件施压。

中速磨煤机的上部装有粗粉分离器，与下部碾磨区构成一个整体，安装在统一的密封壳体内。热空气由碾磨区下方经设在周边的进风环送入磨煤机，并在碾磨区将煤干燥，同时又将研磨过的煤粉送入分离器。合格的煤粉被气流携带送往锅炉燃烧器，粗粉粒再返回碾磨区重复碾磨。

中速磨煤机按结构可分为辊式和球式两类，当前得到广泛使用的有 MPS（ZGM 型与之类似）辊轮式磨煤机，RP 或 HP 型（RP 型的改进型）型碗式磨煤机，E 型球式磨煤机及 LM 平盘式磨煤机，结构如图 3-15～图 3-19 所示。

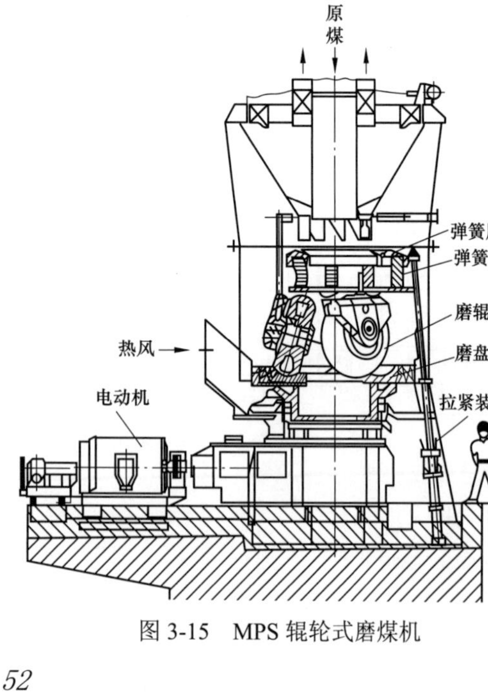

图 3-15　MPS 辊轮式磨煤机

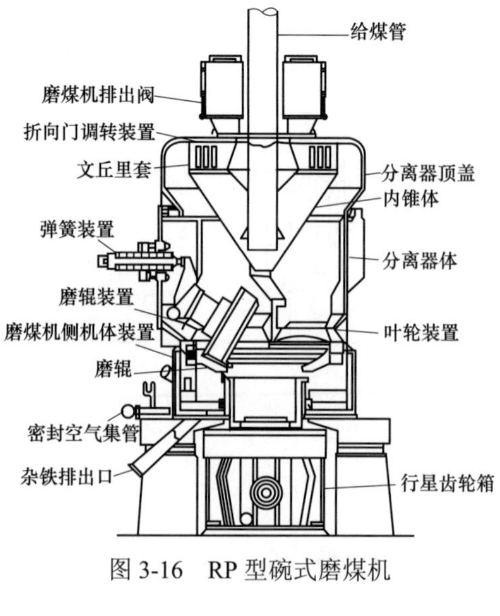

图 3-16　RP 型碗式磨煤机

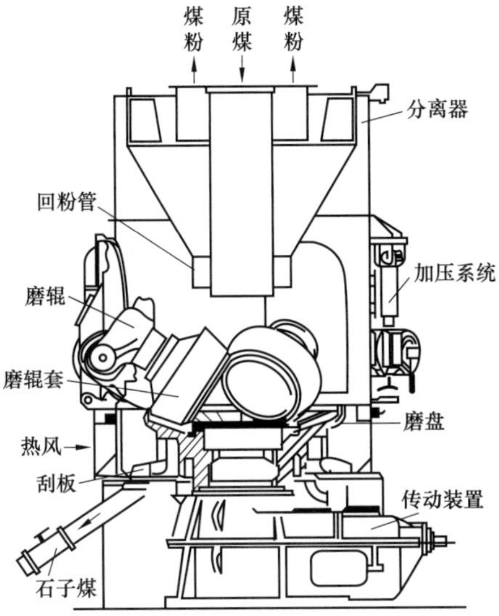

图 3-17　HP 型碗式磨煤机

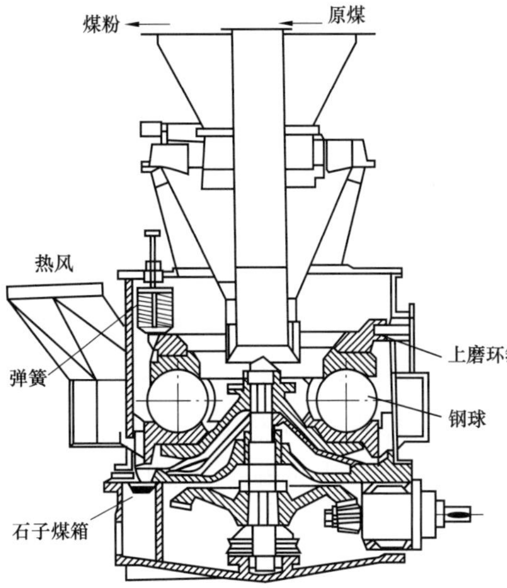

图 3-18　E 型球式磨煤机

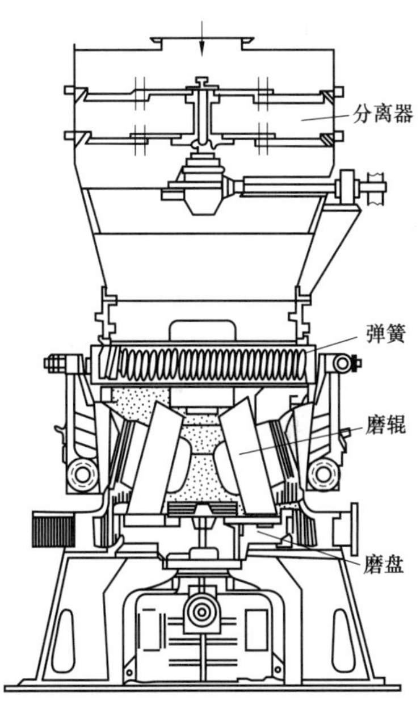

图 3-19　LM 平盘式磨煤机

中速磨煤机具有结构紧凑、占地少、金属耗量低（约为 10～20g/t 煤）、噪声小、密封性能好，适用于正压运行、电耗低（约为筒式磨煤机的 50%～75%）等优点。煤粉细度 R_{90} 可在 10%～35%范围调整。其缺点是进风温度不宜太高，煤与干燥剂接触晚，不易磨高水分的煤，煤种适用范围较窄，一般多用于磨制磨损不强的烟煤。另外设备结构复杂，运行维护要求严格，运行中需不断排出石子煤，制粉系统设计时应考虑相应可靠的输送装置。其中，MPS 磨煤机在容量大型化、碾磨件使用寿命、对煤种可磨性变化的敏感性、磨煤电耗和可靠程度等方面具有一定的优越性，但更换碾磨件工作量大、检修较 RP 型磨煤机为困难。中速磨煤机的研磨件用含镍铬钼等的合金制成，故造价及维修费用较高。

（3）风扇磨煤机。利用高速旋转的风扇式冲击叶轮将煤磨成煤粉的机械设备。原煤送入磨前的干燥剂管道中，借助高温炉烟或热风进行初步干燥，然后进入磨煤机。煤沿着冲击轮内缘进入，在与冲击轮撞击和煤粒相互摩擦作用下被粉碎。与此同时也完成了干燥过程。煤粉经粗粉分离器分离后，合格的煤粉由干燥剂带至燃烧器，分离下来的粗粉粒经回粉管回到磨煤机重新碾磨。

风扇磨煤机转速高达 420～1500r/min，叶轮周速在 85～90m/s，属高速磨速机。其冲击轮起着强烈的通风作用，使煤在磨煤机中多处于悬浮状态，干燥能力很强。冲击轮上的打击板与一般风机叶轮上的直叶片相似，旋转时可使风扇磨产生 1.4～2.0kPa 的自通风压头，利用这压头可抽取部分高温炉烟作干燥剂并可将风粉混合物作为一次风喷入炉膛，加入炉烟还能抑止煤粉爆燃事故。

风扇磨煤机适用于磨制高水分褐煤和易磨的硬煤。风扇磨煤机结构简单、尺寸紧凑、占地少、由于冲击轮的鼓风作用可省掉排粉风机（或一次风机），故电耗低，磨制褐煤时能耗为 11～13kWh/t。主要的缺点是高速旋转的冲击板磨损严重、寿命短，一般只有 500～3000h，因而需频繁检修，更换叶轮。因此电厂需配备有备用叶轮和完善的叶轮检修车间以及更换叶轮的专用工具。

国产钢球筒式磨煤机的型号为 DTM—×××/×××，字母含义：D——低速；T——筒式；M——磨煤机；×××/×××是一组数字，斜线上面是筒体直径（cm），斜线下面是筒体长度的厘米数。如

DTM-320/580 型表示：磨煤机筒体直径 3.2m，筒体长度 5.8m。还有一种钢球磨煤机的型号是 DZM 型，其中 Z 表示筒体为锥筒形。

2. 给煤机

按照负荷要求能准确调节磨煤机给煤量的机械设备称为给煤机。它布置在原煤斗与磨煤机之间，在直吹式制粉系统中，给煤量直接与锅炉负荷相适应。给煤机类型多种多样，按结构特点和工作原理有容积式和重力式两种。

容积式给煤机中应用较广的有圆盘式给煤机和刮板式给煤机，其结构如图 3-20 和图 3-21 所示。

圆盘式给煤机利用调节圆盘转速、调节内套管位置改变圆盘上的给煤量；调节刮刀角度以改变刮煤量。它具有结构紧凑、密封性好等优点，但遇高水分煤时易产生堵煤和打滑。

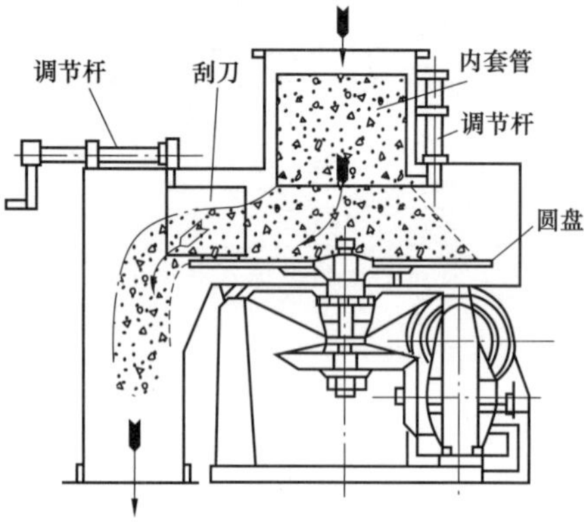

图 3-20　圆盘式给煤机

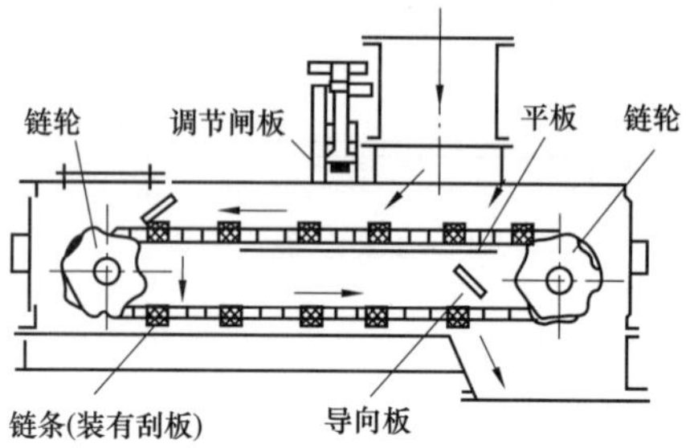

图 3-21　刮板式给煤机

刮板式给煤机通过调节给煤机转速和调节闸板位置实现调节给煤量。它可制成全封闭式，煤种适用性较广，但占地较大，运行中当煤压实之后刮板有时浮起，易被煤中木块、石块卡住而断煤。

皮带电子重力式给煤机是重力式给煤机中的一种，其结构如图 3-22 所示。它是由给煤机壳体内装设的两根称重托辊与皮带组成一个称重跨，在称重跨中的一个称重辊上面装有精密的称重传感器，可产生

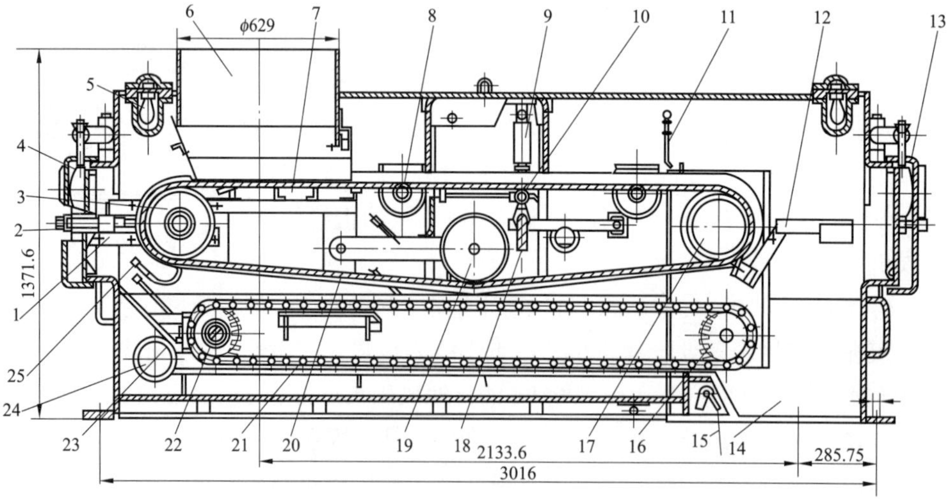

图 3-22　皮带电子重力式给煤机结构图

1—张紧滚筒座导轨；2—皮带张紧螺栓；3—张紧滚筒；4—进煤端盖；5—机内照明灯；6—进煤口；7—皮带支撑板；8—支撑跨托辊；9—负荷传感器；10—称重托辊；11—断煤信号装置挡板；12—皮带清洗刮板；13—排出端门；14－出煤口；15—堵煤信号装置挡板；16—驱动链轮；17—驱动滚筒；18—称重标准量块；19—张力滚筒；20—给煤皮带；21—清理刮板链；22—张紧链轮；23—刮板链张紧螺钉；24—密封空气进口；25—润滑管路

单位皮带长度上输煤重的载重信号。在主动皮带轮上装有光电测速传感器，产生速度信号。载重信号与速度信号输入乘法器，即可得到给煤率。当给煤率与所需的锅炉燃烧率不符时，可通过改变皮带速度满足要求。该给煤机还可显示某一运行期间的累积输煤量，具有称重精确（精度可达±0.5%）、运行可靠、尺寸紧凑、密封性好、适用于正压运行等优点，在大型锅炉机组上得到了广泛应用。此外还有电磁振动式给煤机和皮带给煤机。

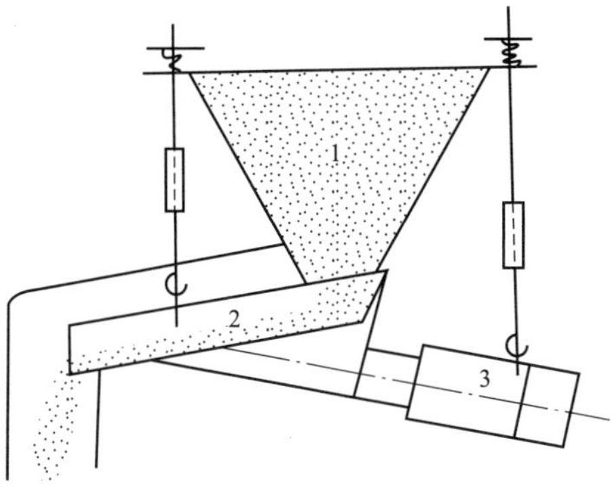

图 3-23　电磁振动式给煤机

1—煤斗；2—给煤槽；3—电磁振动器

电磁振动给煤机结构简单、质量轻、无传动部件、维护方便，如图 3-23 所示，但用于负压系统中漏风较大，入口小煤斗因断面收缩大而易堵煤。它适用于配有调风扇磨煤机和筒式磨煤机的中、小容量机组，但水分较高且黏结性强的煤不宜采用。

皮带给煤机不易堵塞、故障较少，但漏风较大、水分高、黏结性强的煤易在皮带上打滑。一般用于入口负压较小的筒式磨煤机制粉系统中。

3. 煤粉分离器

（1）粗粉分离器。粗粉分离器的作用是将由磨煤机出来的气粉混合物中粗粒煤粉分离出来，返回磨煤机重磨。它的另一个作用是可能调节煤粉细度。分离器形式很多，发电厂使用较多的是离心式分离器，如图 3-24 和图 3-25 所示。

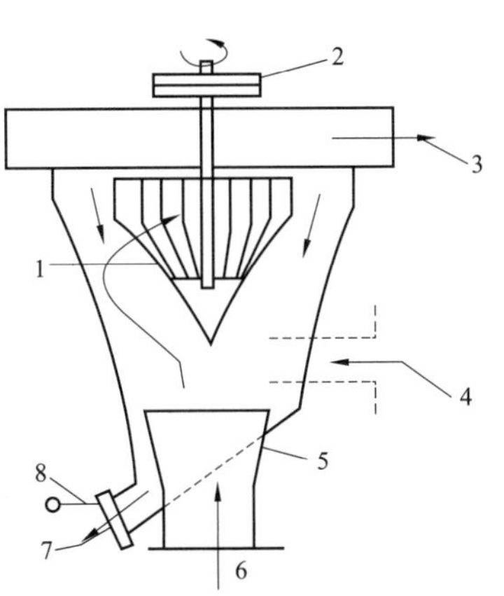

图 3-24　回转式粗粉分离器

1—转子；2—皮带轮；3—细粉空气混和物切向引出口；4—二次风切向引入口；5—进粉管；6—煤粉空气混和物进口；7—粗粉出口；8—锁气器

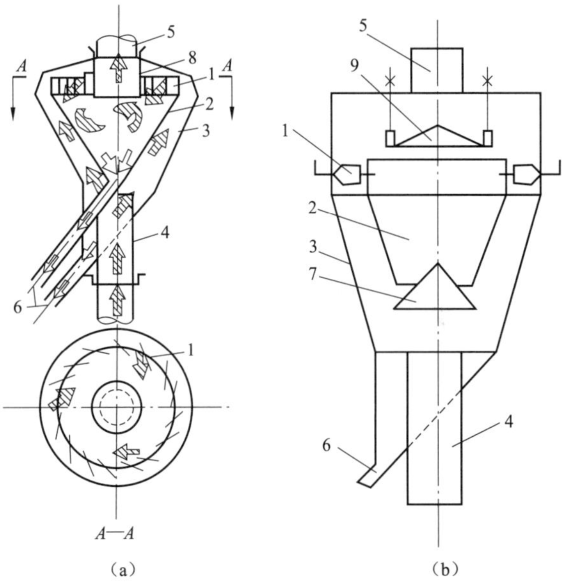

图 3-25　离心式粗粉分离器结构

（a）普通径向型；（b）轴向改进型

1—折向挡板；2—内锥体；3—外锥体；4—进口管；5—出口管；6—回粉管；7—锁气器；8—活动环；9—圆锥帽

粗粉分离器的工作原理：

1）重力分离。使煤粉气流速度降低时，动能下降，粗粉颗粒即被分离出来。如煤粉气流在管道中流速为 16～20m/s，进入分离器内外锥体之间的环形空间时，流速下降至 16～20m/s，粗粉粒在重力作用下首先被分离出来。

2）惯性分离。气流方向改变时，粗粒煤粉惯性力大，能从气流中分离出来。如气流在进入折向挡板及出口管时，方向都要改变。

3）离心分离。气流进入折向挡板时，产生旋转动力，粗粒煤粉的离心力大，会从气流中分离出来。

（2）细粉分离器。在中间储仓式制粉系统中，细粉分离器的作用是把煤粉从气流中分离出来，如图3-26所示。细粉分离器有防爆门与无防爆两种。它运行的好坏直接影响锅炉以及整个机组的经济性和可靠性。

细粉分离器又称旋风分离器，其工作原理为：由粗粉分离器出来的气粉混合物，多切向进入细粉分离器外圆筒的上部，旋转着向下流动，煤粉在离心力作用下被抛向筒壁落下，气流转向进入内套筒时，借惯性力再次分离出煤粉。分离出的煤粉由下部送入煤粉仓，分离后的干燥剂（乏气），由出口管引出送往排粉机。

4. 给粉机

在仓储式制粉系统中，在煤粉仓下面装有给粉机。给粉机的作用是把煤粉仓中的煤粉按照锅炉的需要均匀地送入一次风管，经燃烧器喷入炉膛燃烧。炉膛能否稳定燃烧在很大程度上取决于给粉量的均匀及适应负荷的调节性能。若用挡板调节粉量会引起煤粉的阻塞，工作不可靠，所以给粉量总是借助给粉机的转速来调节。火电厂广泛采用螺旋式和叶轮式两种给粉机。叶轮式给粉机如图3-27所示。

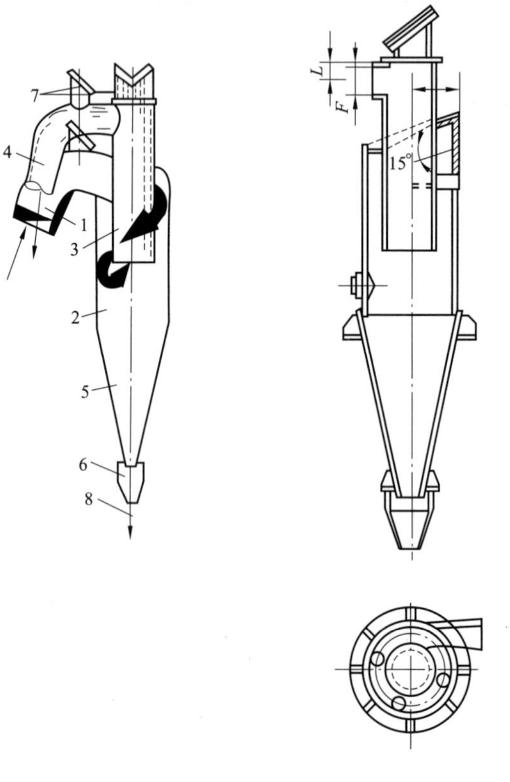

图3-26 细粉分离器

1—气粉混和物入口管；2—分离器筒体；3—内套筒；4—干燥剂出口管；5—分离器筒体圆锥部分；6—煤粉小斗；7—防爆门；8—煤粉出口

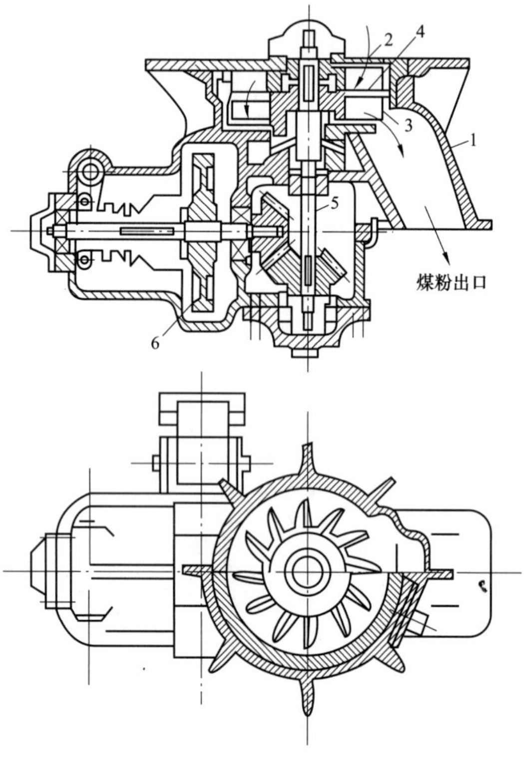

图3-27 叶轮式给粉机

1—外壳；2—上叶轮；3—下叶轮；4—固定盘；5—轴；6—减速器

5. 烟风煤管道

根据生产工艺，烟风煤管道可分成锅炉冷风道、热风道、制粉管道、送粉管道、烟道和原煤管道等，统称“六道”，也简称为烟、风、煤管道。除了上述“六道”主要工艺管道外，还有制粉系统消防及清仓管道。烟风煤管道由管道、管件及附件等组成，其中管道是薄壁、大截面的圆形或矩形管道，用薄钢板焊接而成；管件有弯头、三通、四通、变径等；附件有伸缩节、风门、挡板、传动装置、支吊架、螺栓及维护平台等。附件和中小截面管道在工厂加工制作。送粉管道附件包括金属补偿器、挠性接头、插板门、可调缩孔、煤粉取样装置等。大截面管道一般都是现场配置，除送粉管道设计为无缝钢管与带内衬材料的耐磨弯头外，其他方、圆管道及其弯头均是在现场加工配置。

现场配制的烟风煤管道在安装前均要对散件进行组合。组合时尽量将附件带上，以减少高空作业。烟风煤管道大部分是矩形或圆形的箱罐结构，一般采用3～6mm的钢板配制，具有体积大、质量较重、刚性差、易变形等特点。现场安装时，管道之间用焊接连接，管道与附件或与设备用法兰连接。因管道刚性差，吊装时要选好起吊位置焊好吊耳，有的要进行加固。安装要求是焊缝、法兰处无泄漏，风门挡板操作灵活。

（四）锅炉其他辅助设备

锅炉其他辅助设备主要指安装在锅炉及风机室的各种水箱、水泵、定期排污扩容器、空气压缩机、暖风器系统设备、电梯、起重机、检修搬运车等。

（1）定期排污扩容器。定期排污扩容器用于锅炉定期排污系统，将锅炉定期排污水扩器，分离二次低压蒸汽向空气排放以利用，剩下的低压饱和废热水经冷却排入下水道。

（2）空气压缩机。活塞式空气压缩机（L型）的结构分压缩机构、传动机构、润滑系统、冷却系统和调节控制机构五个部分。

螺杆式空气压缩机主要是由一对阴阳（主动和从动）转子及壳体组成。电厂配用的螺杆式空气压缩机多为整套组装在一个基框上整体供货。现场安装只需将空压机放在结实平整的基础上调平。

（3）启动锅炉。火电厂在启动时，不仅需要有电力来驱动大部分辅助设备，还要有蒸汽来驱动或者加热一些辅助设施及管道（如除氧器加热、轴封和空预器吹灰用蒸汽等）。当电厂内有其他机组运行时，启动的机组可以从正在运行的机组系统中抽取蒸汽，如果全厂的机组都没有运行，就必须用启动锅炉来供给上述蒸汽，以保证机组的正常启动。

启动锅炉一般采用链条炉或沸腾炉，由于燃烧介质的不同，除常规燃煤启动锅炉外，也有用天然气、燃油、煤气作为燃烧介质的启动锅炉（常见燃油的居多）。

燃气启动锅炉系统包括了系统包括除氧器、给水泵、省煤器、燃烧机、过热器、排污扩容器等主要设备。启动锅炉的燃料由管道引来，加热除盐水，生成一定压力、一定温度的过热蒸汽，送至全厂辅助蒸汽母管。

（4）低温省煤器。国内很多火电机组由于堵塞和腐蚀的原因取消了脱硫烟气换热器（GGH），但造成了烟气余热的巨大浪费，而在燃煤锅炉尾部受热面增设低温省煤器是降低排烟温度的可行方案。低温省煤器所吸收的热量可用来加热凝结水或通过暖风器加热空气提高送风温度，减少低压加热器或者暖风器的抽汽量，增加汽轮机做功，提高机组效率，并可根据季节和煤质灵活调节排烟温度，其在国内已有较广泛的成功应用。

低温省煤器主要由受热面蛇形管、箱板、机械清灰器和上下连箱四个部分组成。低温省煤器的安装位置应该根据锅炉的系统进行适当的调整。例如，对于安装了电气除尘器或者布袋除尘器的锅炉系统，在安装低温省煤器时就应该慎重考虑，一般来说应该安装在引风机和烟囱之间，或者安装在烟囱内部：一方面可以对受热面管表面的灰尘进行处理，另一方面可以提高热能的使用。如果锅炉系统中使用了湿式除尘器，因湿式除尘器在电站锅炉排烟清理中的应用还存在一定的问题，比如说在净化侵蚀气体时，容易使受热面管遭到损坏，所以需要低温省煤器的抗腐蚀性来对其进行有效的处理，即低温省煤器应该安装在锅炉和湿式除尘器之间，即可以避免二次污染，又可以对受热面管形成一个保护层。由此可见低温省煤器的安装位置应该根据锅炉系统除尘器的情况进行选择，保证安装的合理性和可行性，使其更好地发挥热能利用和降低能耗的价值。

（5）煤斗疏松机。燃煤电厂在运行过程中，受煤质及煤仓上宽下窄的结构影响，会出现频繁的堵煤情况，当煤仓出现堵塞不能自动下煤时，炉前给煤机出现断煤，造成锅炉负荷和运行参数波动，时间过长更会造成锅炉灭火，影响正常生产。在煤仓下部安装煤斗疏松机基本就可以解决上述问题。煤斗疏松机的组成主要包括犁式疏松器、油缸、断煤测控系统及油泵站等。疏松器中间有一根拉杆和油缸相连，拉杆上每隔一定距离装有犁式叶片，疏松器紧靠仓壁安装但保持一定距离不和仓壁发生摩擦。当出煤口出现断煤时，监测仪表立即将断煤信号传至 PLC 控制系统，控制系统发出信号启动齿轮油泵，通过进油和回油管路上电磁阀有顺序的开关，使油缸带动疏松器完成一次上下往复运动。疏松器的上下动作，破坏了煤层和仓壁之间的结合力和煤层的相互棚架作用，煤会很自然落下来，如图 3-28 所示。

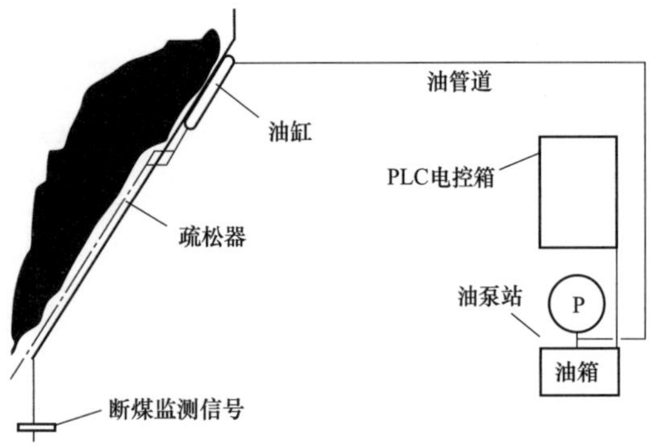

图 3-28　疏松机工作原理示意图

第二节　汽轮发电机组本体设备与辅助设备

一、汽轮发电机组本体设备

汽轮发电机组本体设备指汽轮机本体及汽轮发电机本体。

（一）汽轮机

汽轮机是以蒸汽为工质，并将蒸汽的热能转换为机械功的旋转机械，是现代火力发电厂中应用最广的原动机。它接收锅炉送来蒸汽，将蒸汽的热能转换为机械能，驱动发电机发电。它的转速可设计为定速或变速，变速汽轮机可用于驱动水泵、风机、压气机和船舶等。定速汽轮机则用于驱动同步发电机。

1. 工作原理

它按郎肯循环原理工作。蒸汽经主汽门和调节汽门进入汽轮机各级。蒸汽在每一级静叶膨胀加速，将热焓变为动能，即蒸汽压力和温度降低，形成高速汽流，冲击动叶片、推动转子旋转。蒸汽经动叶流道折转进入下一级静叶，再一次膨胀加速推动叶轮，直到末一级叶片出来排入凝汽器。排入凝汽器后被冷凝成水，由水泵经回热系统进入锅炉再加热，继续进入汽轮机做功，如此反复循环。

2. 基本结构

汽轮机本体由固定部分（静子）和转动部分（转子）组成。固定部分包括汽缸、隔板、喷嘴、汽封、紧固件和轴承等。转动部分包括主轴、叶轮或轮毂、叶片和联轴器等。固定部分的喷嘴、隔板与转动部分的叶轮、叶片组成蒸汽热能转换为机械能的通流部分。汽缸是约束高压蒸汽不得外泄的外壳。汽轮机本体还设有汽封系统。

（1）汽缸。小容量汽轮机本体为单缸结构。大容量汽轮机本体则为多缸结构，按蒸汽流程分别称为高压缸、中压缸和低压缸。新蒸汽首先进入高压缸，做功之后送至锅炉的中间再热器，再热后的蒸汽进入中压缸，做功后排出到低压缸继续做功，直到从末级排入凝汽器。汽轮机汽缸外形如图 3-29 所示。

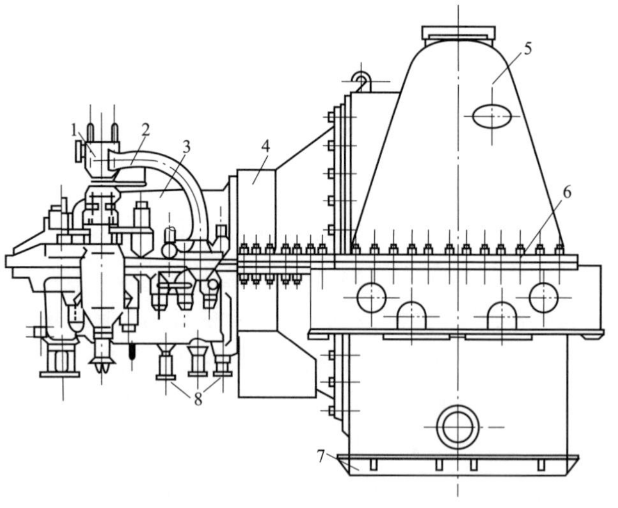

图 3-29　汽轮机汽缸外形图

1—蒸汽室；2—进汽管；3—汽缸高压段；4—汽缸中压段；5—汽缸低压段；6—水平中分面；7—排汽口；8—抽汽口

汽缸内的通流部分有单流和双流之别。双流结构是蒸汽从汽缸中部进入，分成相反方向的两股汽流由汽缸两端排出。采用双流结构是为了增加汽缸的通流面积而又平衡了推力。一般大容量汽轮机的低压缸均为双流结构。为了增加单缸功率，中压缸甚至高压缸也有采用双流结构的。

高压缸和中压缸的组合有分缸和合缸两种。高中压合缸是把高压缸和中压缸组合在一个汽缸内，好处是可以缩短机组的长度、减少损失，有利于调峰运行。高压转子和中压转子通常采用反向布置，可抵消部分推力。

目前300MW汽轮机一般采用1个高压缸、1个中压缸和1个双流低压缸的3缸结构，如高中压合缸则为两缸结构；600MW左右的机组则为2个低压缸（4个排汽口）的4缸或3缸（高中压合缸）结构，很少采用5个以上汽缸的结构；特大容量机组往往采用双轴结构，如当今世界最大的1300MW机组，有1个双流高压缸、1个双流中压缸和4个低压缸（8个排汽口），高压转子和中压转子分别连接2个低压转子，各带1台发电机，组成双轴结构。

（2）转子。转子是汽轮机旋转部件的组合体，由主轴、叶轮（或转毂）和动叶片组成。高速蒸汽流作用在叶片上产生的圆周分力，形成转矩由叶轮传递给主轴，经联轴器拖动发电机发电。

汽轮机转子按制造工艺分套装转子、整锻转子和焊接转子，其中套装转子用于小机组。中小机组也用整锻转子的后几级用套装转子的。当今的大容量机组，不少制造商对其高、中、低压转子都采用整锻结构。关键在于这种结构刚性好、运行适应性好，但要大型锻件，切削多、造价高。焊接转子由几个实心圆盘焊接而成，用于汽轮机低压转子。焊接转子的优点是锻件尺寸小、易于锻造、热处理和质量检查，缺点是制造工艺要求高、制造周期长。大型再热汽轮机转子一般由高压转子、中压转子和低压转子三部分组成，转子之间用联轴器连接，分别置于高、中、低压汽缸内。按结构需要，有的将高、中压转子合为一根，称高中压联合转子。各类型转子剖面如图3-30所示。

（3）调节系统。控制汽轮机转速（或包括抽气压力）和输出功率的组合装置。在电力系统中，汽轮机调节系统的作用是控制汽轮机的转速，使汽轮发电机能并入电网，接带负荷并保持指定的输出功率；当电网负荷变化时能按其特性曲线增减负荷，并可通过调节调整电网的频率；当机组运行中甩负荷时，能控制机组的飞升转速。汽轮机调节系统不仅是汽轮机的重要组成部分，也是影响整套发电机组运行性能好坏最关键的部件之一。

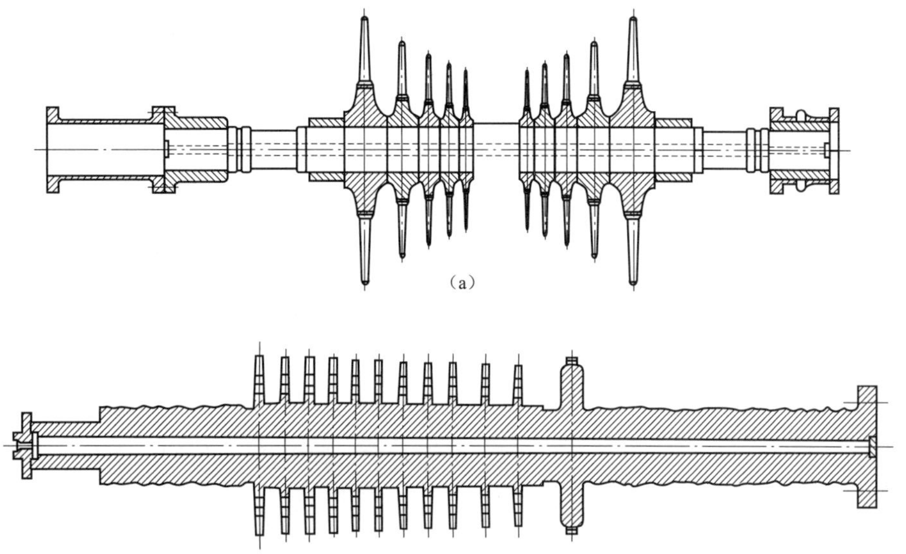

（a）

（b）

图3-30　转子剖面图（一）

（a）套装转子；（b）整锻转子

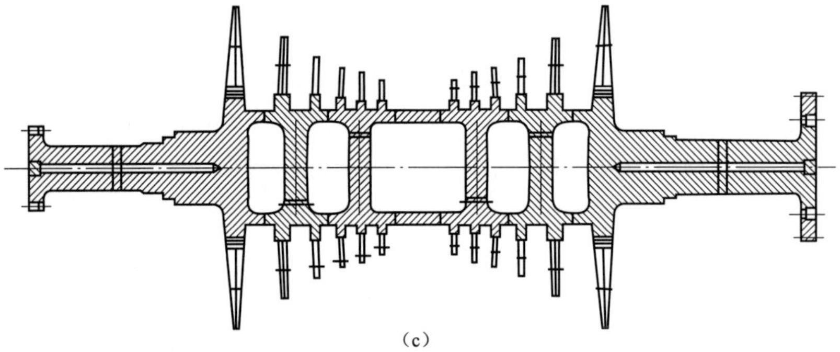

（c）

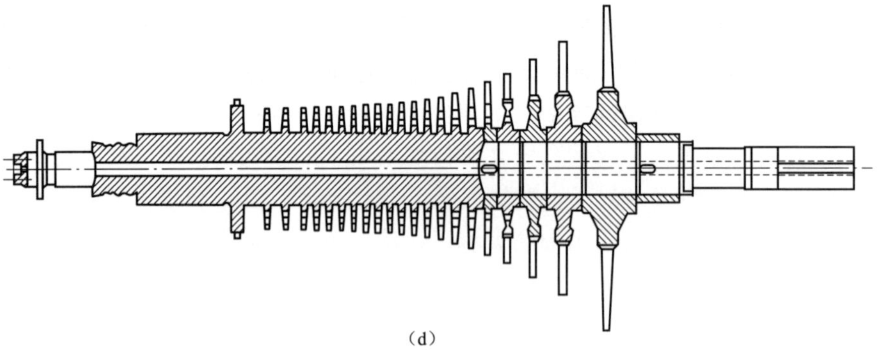

（d）

图 3-30　转子剖面图（二）

（c）焊接转子；（d）组合转子

（4）油系统。供给汽轮发电机组工作用油的一组设备。一般用汽轮机油作为机组轴承润滑、调节、保安、顶轴或发电机密封等处的工质，因而供油的质量和可靠性对机组安全运行至关重要。除现代大容量汽轮机的调节保安系统往往采用单独的高压抗燃油或用水作为工质的系统外，一般汽轮机油系统由油箱、油泵、冷油器、滤油机、排油烟机、阀门和管道组成。离心式主油泵供油系统如图 3-31 所示。

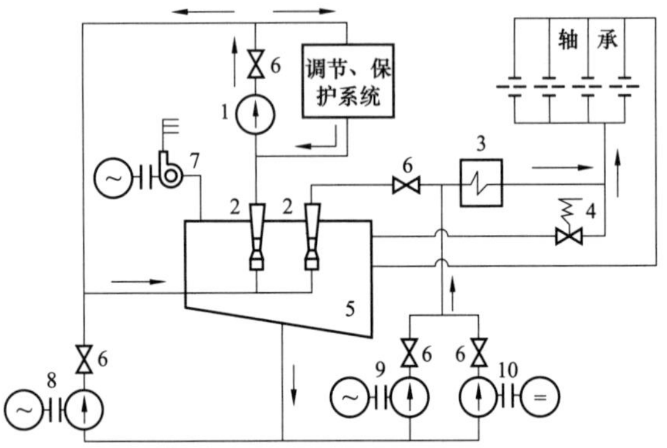

图 3-31　离心式主油泵供油系统

1—主油泵；2—注油器；3—冷油器；4—溢油阀；5—油箱；6—止回阀；7—排烟机；8—高压辅助油泵；9—交流润滑油泵；10—直流润滑油泵

1）油泵。油泵是油系统的核心。为了在各种情况下都能可靠地供油，油系统中除了配备汽轮机正常工作时由主轴带动的主油泵之外，还要配备汽轮机启动时使用的交流启动油泵或汽动油泵、停机时和停机后供给润滑油的交流润滑油泵，还有防止因停机而又失去厂用电时紧急备用的蓄电池供电的直流电动润滑油泵。

主油泵的可靠性至关重要。小汽轮机往往采用容积泵（齿轮泵、螺杆泵），因其启动前不需灌油，吸油可靠。容量较大的汽轮机所需油量较大，只能采用由主轴直接带动的离心泵。离心泵的缺点是油中如遇有气体可能因破坏吸程而断油。为了确保离心主油泵的可靠性，须保证其入口为正压，为此可在油箱中设置注油器。注油器为一以油作为工质的喷射泵。主油泵出口油分一路经注油器吸油增压送回主油泵的入口，也有在油箱中设置油涡轮泵向主油泵供油的，还有的主油泵为浸在油箱中的交流电动油泵、电源由安装在主轴上的永磁发电机供给。这些办法不仅使主油泵可靠吸油，而且使油箱的布置较为灵活。

主油泵出口的高压油供调节保安系统使用，高压油的另一部分经减压或经注油后供轴承润滑用。

2）油箱。为油系统的储油装置。油泵从油箱中取油，各系统用过的油返回油箱。为了使混入回油中的水、空气和其他杂物得以沉淀、析出，油箱中除装有隔板、过滤器等排除气泡的设施外，还要求油箱容积足够大，使其循环倍率（每小时全部油在油箱中的循环次数）达 8～10 次左右。油箱底部为斜坡，以便在最低处放出积水和其他沉淀物。

3）冷油器。汽轮机油在工作过程中温度逐渐升高，在油系统中设置冷油器以保持油温为 35～45℃。冷油器为表面式换热器，用循环水冷却。冷却水压应低于油压，以免水漏入油中。油系统中应设置两个以上冷油器，其中任一因故障退出运行时，其余的冷油器仍能保持油系统正常工作。

4）管路和其他设施。油管路应有足够的强度，压力油管可套在回油管内或外设护套，以免因漏油引起火灾。轴承回油管截面积要比油流断面大得多，回油管应向油箱倾斜，使油自流返回油箱。

油箱顶部、轴承箱、回油管等可能聚集油气之处应有抽油烟装置将其抽去。油系统中多处设置滤网，防止杂物进入调节保安系统和润滑油系统。油系统中应设置滤油机，可在运行时经常保持油的清洁。

油系统着火是发电厂常见的重大事故。除严格防止漏油着火以外，为减轻着火灾损害，还应设置泄油设施，遇有火警将油全部泄出。

（5）保安系统。汽轮机运行中必要时实行紧急停机的系统。汽轮机运行时，除调节系统跟踪负荷变化及时控制调节汽门开度之外，还有一套由保安装置组成的保安系统，时刻监视机组的运行状态，如发现危及机组安全的异常情况，如严重超速、油压过低、推力过大、真空急剧恶化、进水或进冷蒸汽、剧烈振动及大轴弯曲等，立即自动（或手动）关闭自动主汽门和调节汽门，紧急停机。

汽轮机保安系统由有关参数的感受元件、操动机构和油管路组成，最终是关闭自动主汽门和中压联合汽门，切断汽轮机进汽。自动主汽门的开启依靠调节系统的动力油（汽轮机油或抗燃油）。当操纵主汽门的错油门存在安全油压时，压力油可使主汽门开启，如泄去安全油压，压力油随之消失，主汽门立即关闭。保安系统中安排有三条途径泄去安全油压使主汽门和调节汽门立即关闭。

1）最基本的途径，即采用近似扳机的机构，平时由弹簧作用的危急断油错油门挂在扳机上，如扳机脱扣，危急断油门由弹簧拉下，立即泄去安全油压。

2）由油压或电磁线圈作用的断油错油门，当油压变化或电磁线圈带电时，断油错油门动作，泄去安全油压。由电磁线圈作用的断油错油门使用最为广泛。许多保安装置的感受元件都可转换为电气量，到动作位置时接通电磁线圈的电路，使断油错油门动作，引起机组跳闸。控制室远方手动操作紧急停机，或发电机保护动作要求汽轮机联动时也都使用这种方式。

3）设在机头上的手动紧急关闭自动主汽门（通称打闸）的装置。这种装置可以是用机械使危急断油错油门脱扣，也可以另设手动操作的断油错油门。

保安装置由有关参数的感受元件和操动机构组成。诸多保安装置中最重要的是危急保安器，保护汽轮机以免严重超速，因严重超速可能使汽轮机发生灾难性事故。轴向位移过大或差胀过大，润滑油压过低或真空过低等都可能造成汽轮机损伤，因而汽轮机一般还设有轴窜保护、低油压保护、低真空保护。此外，振动、轴弯曲、差胀、进水、温度偏差等则另设汽轮机监视仪表进行监测报警，甚至作用于跳闸。

危急保安器又称危急遮断器或超速保安器。常用的有飞环式和飞锤式两种，其结构如图 3-32 和图 3-33 所示。它们的工作原理是完全相同的。飞锤式危急保安器装在汽轮机轴端，由调整螺帽、偏心飞锤、弹簧组成。飞锤的重心与轴心偏离一定距离，飞锤由弹簧压住。汽轮机在正常工作时，飞锤的离心力不足以克服弹簧预紧力，飞锤不动。当转速飞升到额定转速 110%～112%时，飞锤的离心力大于弹簧预紧力，使偏心度增大，离心力也随之增大，飞锤向外飞出，撞击危急遮断器拉钩，危急遮断器动作，迅速关闭主汽门和调节阀，汽轮机立即停机，防止因超速而损坏设备。

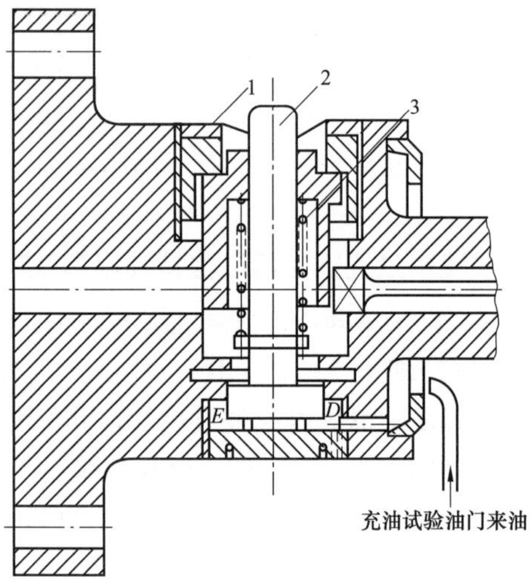

图 3-32　飞锤式危急保安器

1—调整螺帽；2—偏心飞锤；3—压弹簧

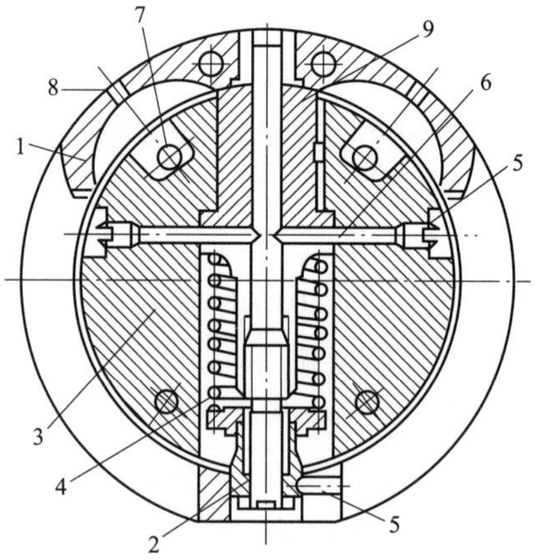

图 3-33　飞环式危急保安器

1—飞环；2—调整螺帽；3—主轴；4—弹簧；5—螺钉；6—圆柱销；7—油孔；8—排油口；9—套筒

3. 汽轮机分类

（1）按功能分类。

1）凝汽式汽轮机：指进入汽轮机的蒸汽在做完功之后除加热给水的蒸汽外全部排入凝汽器，其凝结水全部送回锅炉。凝汽式汽轮机的主要作用是发电。

2）抽汽式汽轮机：从汽轮机中抽出做了部分功的蒸汽来供给其他工厂或热用户使用，其余蒸汽仍排入凝汽器，这种汽轮机既能发电又能供热，称为抽汽式汽轮机，又分为单抽与双抽两种。

3）背压式汽轮机：把汽轮机的全部排汽送到热用户供生产或取暖用。这种汽轮机也可作为前置式机组，置于较低汽压的汽轮机之前，以提高电站的经济效益。它的特点是以热定（电）产，没有热负荷就不能运行，热负荷低时则电负荷也低。

4）抽汽背压式汽轮机：既有抽汽供热的功能，又有背压供热的特点。用一台汽轮机即能满足两种不同参数的热用户需要，运行比背压式汽轮机稍灵活。

（2）按汽轮机做功原理分类。

1）冲动式汽轮机：蒸汽仅在喷管中把热能转换为动能，以汽流对叶片的冲动作用而工作的汽轮机。

2）反动式汽轮机：蒸汽不仅在固定的导向叶片中有膨胀，而且在动叶片中也有很大的膨胀，汽轮机转子上的叶片不仅受汽流的冲击作用力，而且还受到很大的反作用力。

（3）按蒸汽参数分类有低压（2.4MPa 以下）汽轮机；中压（3.5MPa 左右）汽轮机；高压（9.0MPa 左右）汽轮机；超高压（13MPa 左右）汽轮机；亚临界压力（17MPa）汽轮机；超临界压力（24MPa 左右）汽轮机；超超临界压力汽轮机，压力尚无统一标准，一般大于 27MPa。

（4）按汽缸数分类。可分为单缸汽轮机和多缸汽轮机。只有一个汽缸的称为单缸汽轮机，具有两个或两个以上汽缸的称为多缸汽轮机。单缸汽轮机只用于中小容量机组，大容量汽轮机都为多缸结构，其汽缸可分为高压缸、中压缸和低压缸三种。有的高压和中压转子联合在一个汽缸内，称为高中压合缸。高、中、低压汽缸都有单流和双流之分。双流汽缸的蒸汽从中部进入由两端流出，这样可以增加汽缸的功率。由于离心力，汽轮机末级叶片的长度受到限制，因而汽轮机末级单排汽口的通流面积有限。大容量汽轮机的低压缸都采用双流，即每个低压缸有两个排汽口。现代大型汽轮机的每一个排汽口可通过的蒸汽约可发电150MW，故单机容量为300MW的汽轮机采用一个双排汽口的低压缸，600MW则要两个低压缸四个排汽口。汽轮机汽缸排列如图3-34所示。

（5）按汽轮机轴数分类，可分为单轴汽轮机和双轴汽轮机。这里所说的轴是指汽轮机转子与发电机转子用联轴器联成一根对中的轴系。一个轴系的称为单轴汽轮机，两个轴系的称为双轴汽轮机。为了降低末级叶片的离心力，增大排汽口面积，将低压转子的转速设计为高压转子转速的一半，组成另一轴系，形成两个轴系。两根轴系各带一台发电机运行，也有因发电机的容量限制设计成转速相同的双轴机组的。图3-35所示为1300MW双轴汽轮机配置示意图。

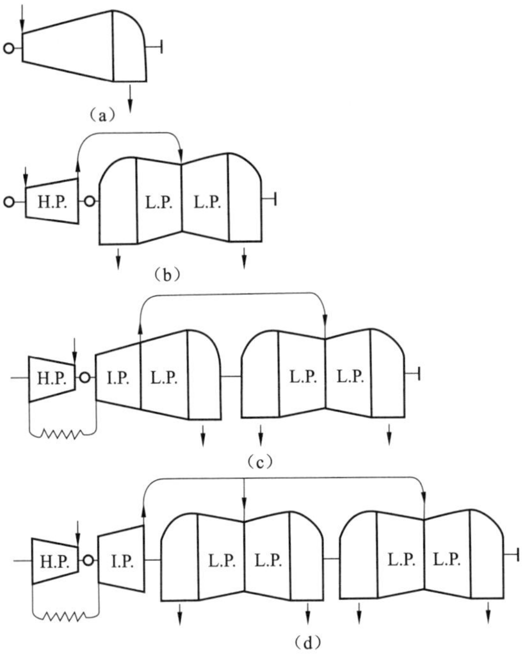

图3-34 汽轮机汽缸排列示意图

（a）单缸汽轮机；（b）双缸双排汽汽轮机；（c）三缸三排汽汽轮机；（d）四缸四排汽汽轮机

H.P.—高压缸；I.P.—中压缸；L.P.—低压缸；

-o- —推力轴承；ʌʌʌʌ —再热器

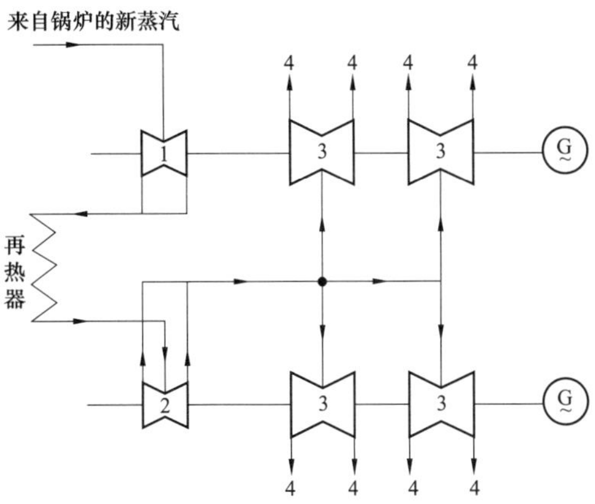

图3-35 1300MW双轴汽轮机配置示意图

1—双流高压缸；2—双流中压缸；3—双流低压缸；4—排入凝汽器

（6）按旋转速度分类。可分为全速汽轮机和半速汽轮机。全世界范围内电力频率只有50Hz和60Hz两种。中国为50Hz，美国为60Hz，故发电机的转速最高为3000r/min（50Hz）或3600r/min（60Hz），也可以是这个转速的1/2。转速为3000r/min或3600r/min的为全速汽轮机，1500r/min或1800r/min的为半速汽轮机。一般火电单轴机组都为全速，双轴汽轮机的低压轴则可能为半速。

4. 汽轮机型号

汽轮机型号由形式和功率、蒸汽参数、变型序号三部分组成。

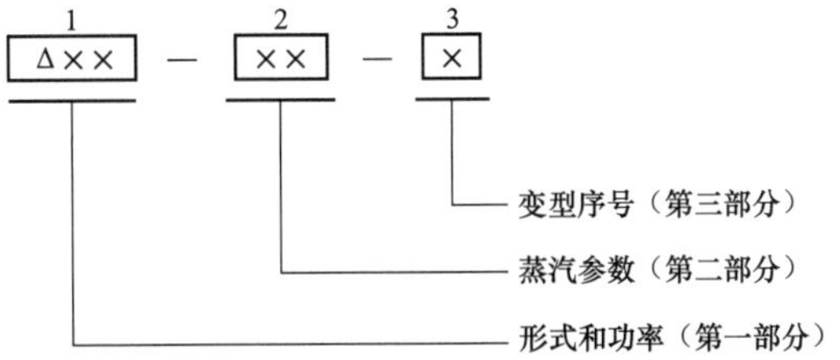

（1）汽轮机形式代号。汽轮机形式代号见表3-6。

（2）蒸汽参数。

1）凝汽式汽轮机型号的第二部分只表示蒸汽初压。凝汽式中间再热汽轮机型号的第二部分分为三段，第一段表示蒸汽初压，第二段表示蒸汽初温，第三段表示再热温度。如N600-25.4/566/566表示：凝汽式600MW、初压25.4MPa、初温566℃、再热温度566℃。

表 3-6　　汽轮机形式代号

形式	代号	形式	代号
凝汽式	N	移动式	Y
抽汽凝汽式	C	船用式	CY
双抽汽凝汽式	CC	地热式	D
背压式	B	湿蒸汽式	S
抽汽背压式	CB	核能凝汽式	FIN

2）抽汽凝汽式或双抽汽凝汽式汽轮机型号的第二部分分为两段或三段。第一段表示蒸汽初压，第二段及第三段表示抽汽压力。按抽汽压力的高低，自高而低，依次排列，如 C50-8.83/1.28 表示：抽汽凝汽式 50MW、初压 8.83MPa、抽汽压力 1.28MPa。

3）背压式汽轮机型号的第二部分分为两段，第一段表示蒸汽初压，第二段表示背压，如 B50-8.83/1.28 表示：50MW 背压机，初压 8.83MPa、背压为 1.28MPa。

4）抽汽背压式汽轮机型号的第二部分分为三段，第一段表示蒸汽初压，第二段表示抽汽压力，第三段表示背压，如 CBl2-3.43/0.49/0.17 表示：12MW 抽汽背压式汽轮机，初压 3.43MPa、抽汽压力 0.49MPa、背压 0.17MPa。

5. 汽轮机本体成套供货范围

汽轮机本体成套供货范围见表 3-7。超出常规供货范围的设备或部件，应在招标文件或合同中予以明确。

表 3-7　　电站汽轮机本体成套供货范围表

序号	附件名称	备　注
1	汽水分离器	原设计有者供应
2	主汽门	带操纵座及座架
3	抽汽门	汽缸各级抽汽出口的第一个阀门（自动关闭逆止阀或闸阀）
4	汽轮机清洗装置	原设计有者供应
5	放气泄水阀门	汽轮机各放气泄水地点均带放气和阀门
6	汽轮机主蒸汽管路	自汽轮机主汽门至汽轮机蒸汽室，附弹簧支架
7	汽封管路	自蒸汽接出至前后汽封（25 000mm 以上带汽封冷却器）
8	本体疏水管路	自汽轮机各疏水孔出口至疏水汇集箱或冷凝器
9	油系统管路	全套
10	汽动油泵	原设计有者供应
11	油箱及冷油器	油箱带油面指示器（排油烟机，原设计有者供应）
12	底座（座架或底盘）	带地脚螺钉
13	汽轮机罩壳	不包括石棉保温材料
14	手动油泵	原设计有者供应
15	发电机前轴承	按传统供应
16	电气自动控制元件	汽轮机电气自动控制之安全装置，应带电气自动控制元件（如触点开关或电磁装置）
17	电气传动用电动机	需电气传动之部件应带电动机（如调速电机及电动盘车装置的电动机）
18	汽轮机仪表盘	按传统供应
19	仪表	上述汽轮机本体范围内的压力表、真空表、温度计、表用针阀、旋塞阀及转速表

续表

序号	附件名称	备　注
20	转子顶起装置	设计有者供应
21	备件	前后轴承、推力轴承、叶片前后汽封弹簧、调速器及汽门用弹簧凝器管、汽缸中分面的部分螺钉螺帽等，其他暂按传统
22	工具	供应随机工具、起吊专用工具、铰刀等暂按传统供应

（二）汽轮发电机

由汽轮机带动以直流励磁的磁极转子旋转，使静止部分的定子绕组感应出交流电动势从而输出电力的交流发电机。发电机是利用电磁感应原理，使机械能转变为电能的旋转机械。它输出的交流电频率与转速之比为恒定值，与其他同步发电机并列运行时，频率必须相等，也就是必须同步旋转。它是电厂的三大主机之一。它的选型、参数等由电气专业确定，安装由汽轮机本体班进行，概预算编制由技经热力设备安装工程负责，故本册对其作一简介。

1. 基本构造

汽轮发电机由转子、定子两大部分组成。

（1）转子。转子呈细长圆柱形，由导电的转子绕组，即励磁绕组（包括引线、集电环），导磁的铁芯及转子轴身、护环、中心环和风扇等组成。其作用是在励磁绕组中通入励磁电流产生磁场，在汽轮机转子带动下旋转，切割定子绕组，感应出交流电动势。

励磁绕组嵌放在转子铁芯的槽内。空气或氢气外冷的绕组导线常用扁铜线；氢内冷的绕组直线部分也用扁铜线，中央铣有长方形孔，或在两侧铣出凹口作通风道；水内冷绕组则采用空心铜线。励磁绕组嵌入槽内后，打入槽楔，将绕组紧固在槽内。励磁绕组的端部有护环围护固定在转子上，而护环一端热套紧固在铁芯上，另一端固定在中心环上。转子铁芯和轴是一整体，多用高强度和高磁导率的Cr—Ni—Mo—V合金钢锻压而成。铁芯圆周上大约有2/3开有若干轴向槽，励磁绕组就嵌入这些槽内。转轴两端装有风扇，使冷却用的空气或氢气在机内循环。轴身部分由轴承支撑，并与汽轮机和励磁机相连接。

（2）定子。定子由电枢绕组、铁芯以及机座和端盖等组成。电枢绕组嵌放在定子铁芯的槽内，每相绕组由若干线圈串联而成，每个绕圈由两根穿进或嵌入铁芯槽内的线棒在端部焊接而成。线棒的导线由多股扁铜线组成。水内冷的线棒有部分扁铜线是空心的，而氢内冷的线棒除扁铜线外还有空心不锈钢管。线棒的绝缘多采用环氧树脂粉云母带。定子铁芯呈圆筒状，由高磁导率的硅钢片叠装而成，固定在机座的内圈。铁芯内圆周开有均匀分布的槽，是硅钢片叠装前冲出的。电枢绕组嵌进槽内，并用槽楔固定。铁芯沿轴向分段，段间用隔片构成径向通风道。整个铁芯两端用齿压板和压圈固定在机座内圈的定位筋上，使铁芯和机座连成一个整体。机座外壳与铁芯外圆周之间的空间内有环形中隔板形成交替的进、出风区。机座两端由端盖封闭，构成一个密闭循环通风系统。端盖中央部分是轴封。大型发电机的轴承座常焊装在端盖上。发电机引出线的瓷套管安装在靠励磁机一端的机座下部。

（3）汽轮发电机的冷却。汽轮发电机以何种冷却介质和何种冷却方法将发电机定子绕组、转子绕组和铁芯内由电磁损耗及机械损耗产生的热量带走，是个重要的技术问题。它决定发电机大部分主要部件的基本结构，并与发电机重、材料利用、可能制造的最大单机容量及运行可靠性有密切的关系，在转子锻件性能和尺寸一定的条件下，改进冷却方式是提高发电机单机容量的主要途径。

1）冷却介质。常用的冷却介质有空气、氢气和水。氢气比热容大、导热性能好、密度小，是良好的气体冷却介质。水的比热容更大、黏度低、化学稳定性好、便于获得，是理想的液体冷却介质。当前，功率超过250MW的汽轮发电机广泛采用氢、水或几种冷却介质分别冷却各个部件。功率介于100～250MW的汽轮发电机，除用氢或水冷却外，空气冷却也得到应用。至于容量较小的发电机则常用空气冷却。

2）冷却方式。冷却方式有单一冷却介质的，也有几种冷却介质相组合的方式。一种冷却方式能应用在相当宽广的容量范围内，同一容量等级往往可能有几种冷却方式。主要的冷却方式有全空冷、全氢冷、全水冷，还有定子、转子绕组及定子铁芯的冷却分别为水氢氢、水水空或水水氢。因为发电机的冷却方式和冷却介质决定其结构、尺寸、质量，故汽轮发电机的型号基本按冷却方式和冷却介质的不同来分类。

（4）汽轮发电机的励磁系统。向同步发电机提供可调节的励磁电流以建立发电机磁场的设备和装置。通常由励磁机（或其他励磁供电装置）、手动调磁装置、自动电压调节器、强行励磁装置、灭磁装置等设备及监视、保护装置组成。它的作用是：正常运行时供给、维持给定电压和一定无功输出所需励磁电流；当电力系统发生突然短路或甩负荷时，自动对发电机进行强行励磁或强行减磁，以提高电力系统运行稳定性、可靠性和安全性；当发电机内部短路时，对发电机励磁绕组进行灭磁，以避免事故扩大。

同步发电机的励磁电流可由直流励磁机直接供给，一般采用与发电机同轴的励磁机经换向器和电刷向发电机供电。用于 100MW 及以下的发电电机，也可采用交流励磁机经整流后供给，这两种方式称为他励式励磁系统。还可采用发电机的辅助绕组或发电机出线等交流电经可控或不可控整流器整流后供给，这种方式称为自并励整流励磁系统。

交流励磁机励磁可分为静止整流励磁和旋转整流励磁两种方式：

1）交流励磁机静止整流励磁是交流励磁机输出的电经整流器整流后供给发电机励磁电流。励磁机本身的励磁由同轴的永磁式或感应式中频发电机供给，即由副励磁机供电。它也属有刷励磁，但较直流励磁机的可靠性高，适用的发电机容量也大。

2）交流励磁机旋转整流励磁是发电机的励磁电流由交流励磁机经旋转整流器供给的励磁方式。由于无电刷、集电环，励磁电流可达很大，因而容量可不受限制，而维护工作量很小，已广泛用于大中型发电机上，但其励磁调节速度较慢，投资较大。

自并励整流励磁的励磁电流是由接在机端的励磁变压器经可控整流器整流后供给的励磁方式。励磁系统由励磁变压器、可控整流装置、自动电压调节器、启动装置及灭磁开关等组成。该系统结构简单，这种励磁方式也越来越普遍采用，其优点是造价低、运行维护方便、主机轴系短、正常运行时性能良好，但当电力系统短路超过 5s 时，供电电压将严重下降，甚至失磁。

励磁系统属电气装置，但其安装归属汽轮机本体班，定额包括在发电机安装内，因此机务技经人员应予以了解。

2. 汽轮发电机的分类与型号

（1）汽轮发电机的分类。汽轮发电机一般按冷却方式分类。

1）全空冷。定子、转子绕组与铁芯全用空气表面冷却，用于小型机组。

2）全氢冷。定子和转子绕组用氢表面冷却或内冷，定子铁芯氢冷。通常 250MW 以下采用转子氢内冷，250MW 及以上采用定、转子双氢内冷。

3）水氢氢。定子绕组水内冷，转子绕组氢内冷，定子铁芯氢冷。大型机组广泛采用这种冷却方式。

4）水水空。定子和转子绕组水内冷，定子铁芯空气冷却，又称双水内冷。

5）水水氢。定子和转子绕组水内冷，定子铁芯氢冷。

6）全水冷。定子、转子绕组以及定子铁芯均采用水冷，目前很少采用。

（2）汽轮发电机型号。国产汽轮发电机型号由形式代号、容量、极数三部分组成，国产汽轮发电机形式代号见表 3-8。

例如，QFSQ600-2 表示水水氢冷汽轮发电机，功率为 600MW，2 极。

（3）中国现有汽轮发电机标准系列。中国现有汽轮发电机标准系列见表 3-9。

表 3-8　　国产汽轮发电机形式代号

序号	产品名称	代号	代号汉字意义
1	全空冷汽轮发电机	QF	汽发
2	全氢外冷汽轮发电机	QFQ	汽发氢
3	氢内冷汽轮发电机	QFN	汽发内
4	水氢内冷汽轮发电机	QFSN	汽发水内
5	水水氢冷汽轮发电机	QFSQ	汽发水氢
6	双水内冷汽轮发电机	QFS	汽发水
7	燃气轮（汽轮）发电机	QFR	汽发燃

表 3-9　　中国现有汽轮发电机标准系列表

系列	有功功率（MW）	定子电压（kV）	功率因数 $\cos\varphi$	冷却方式			氢压（kPa）
				定子	转子	铁芯	
空冷	6	6.3	0.8	空冷	空冷	空冷	
	12/15*	6.3	0.8				
	25*30*	6.3	0.8				
双水内冷	50/60*	6.3/10.5	0.8	水内	水内	空冷	
	100	10.5	0.85				
	125	13.8	0.85				
	200	15.75	0.85				
	300	18.0	0.85				
氢冷	50	10.5	0.8	氢外	氢外	氢外	98.1
	100	10.5	0.85	氢外	氢外		196.2
	200	15.75	0.85	水内	氢外		294.3
	300	18.0	0.85	水内	氢外		294.3
	300	20	0.85	氢内	氢外		392.4
	600	20	0.90	水内	氢外		392.4

* 配抽汽式汽轮机。

3. 汽轮发电机供货范围

（1）空冷汽轮发电机供货范围。

1）发电机本体。

2）励磁机。

3）地脚螺栓1套（包括与其配合的螺母和垫圈）。

4）发电机端轴身上的键、紧固螺母及止动垫圈（联轴器按传动供应）。

5）温度计1套（包括进、出风温度计和进、出油温度计）。

6）励磁机到发电机滑环的电缆。

7）空气冷却器1套，包括每段有进、出水阀各1只和每段间的连接水管，但不包括冷却器本身以外的管道系统。

8）空气过滤器1套（仅限开启式循环）。

9）励磁装置1套，包括：①自动调节励磁装置；②自动灭磁装置，包括灭磁电阻、灭磁屏，附灭磁开关；③电压互感器、电流互感器；④励磁机磁场变阻器。

10）装拆时所需的特殊工具（对每电站同型发电机只供1套），包括：①装拆护环工具；②抽装转子接长轴。

11）汽轮发电机及励磁机的备品：①定子条形线圈上层4个，下层4个；②发电机后轴瓦1套；③励磁机轴瓦1套；④发电机刷盒2号，电刷2套；⑤励磁机刷盒4只，电刷2套；⑥励磁机电枢每电站同型号供应1个。

（2）氢冷汽轮发电机成套供应范围。

1）发电机本体。

2）励磁机。

3）地脚螺栓1套（包括与其配合的螺母和垫圈）。

4）发电机端轴身上的键、紧固螺母及止动垫圈（联轴器按传统供应）。

5）温度计1套（包括进、出风温度计和进、出油温度计）。

6）励磁机到发电机滑环的电缆。

7）氢、油控制设备，包括气体分析器，减压阀及差动气压表。

8）励磁装置1套，包括：①自动调节励磁装置；②自动灭磁装置，包括灭磁电阻、灭磁屏，附灭磁开关；③电压互感器、电流互感器；④励磁机磁场变阻器。

9）装拆时所需的特殊工具（对每电站同型发电机只供1套），包括：①装拆护环工具；②抽装转子接长轴。

10）汽轮发电机及励磁机的备品如下：①定子条形线圈上层4个，下层4个；②发电机后轴瓦1套；③励磁机轴瓦1套；④发电机刷盒2只，电刷1/2台份；⑤励磁机刷盒4只，电刷1/2台份；⑥气体冷却器1个；⑦氢气油密封瓦；⑧励磁机电枢每电站同型号供应1个。

（3）水冷汽轮电机成套供应范围。

1）发电机本体。

2）励磁机。

3）地脚螺栓1套（包括与其配合的螺母和垫圈）。

4）发电机端轴身上的键、紧固螺母和止动垫圈（联轴器按传统供应）。

5）温度计1套，包括进、出风温度计和进、出油温度计。

6）励磁机到发电机滑环的电缆。

7）水冷控制设备，包括：①水导电率测定仪；②水位信号器；③巡回测温仪；④检漏计。

8）外部水系统，包括：①冷却水泵；②冷水器；③隔膜阀；④逆止阀；⑤闸阀等；⑥水箱及水箱至冷却器的连接水管。

9）空气冷却器，包括段与段之间的连接管及阀门管件（不包括空气冷却器本身以外的管道系统）。

10）励磁装置1套，包括：①自动调节励磁装置；②自动灭磁装置，包括灭磁电阻、灭磁屏，附灭磁开关；③电压互感器、电流互感器；④励磁机磁场变阻器。

11）装拆时所需的特殊工具（对每电站同型发电机只供1套），包括：①装拆护环工具；②抽装转子接长轴。

12）汽轮发电机及励磁机的备品如下：①定子条形线圈上层4只，下层4只；②发电机后轴瓦1套；③励磁机轴瓦1套；④发电机刷盒2只，电刷1/2台份；⑤励磁机刷盒4只，电刷1/2台份；⑥励磁机电枢每电站同型号供应1个。

二、汽轮发电机组主要辅助设备

汽轮发电机组主要辅助设备主要包括凝汽器、高低压加热器、主油箱、冷油器、抽气器、减温减压装置、胶球清洗装置等。

1. 凝汽器

凝汽器本身实质上是个热交换器，当汽轮机乏汽排入凝器后，在冷却用的循环水作用下，很快冷却成水。凝结下来的水，经底部水箱汇集后，用凝结水泵抽走。凝汽器内部装有很多铜管（因铜本身传热性好，耐腐蚀），管内通冷却水（循环水），管外为汽轮机的排（乏）气。通过热传导过程，乏气凝结，而不能凝结的空气和其他气体则用抽气器抽走。

（1）凝汽系统简介。通常，凝汽器与循环水泵、凝结水泵、抽气设备以及连接管道组成凝汽系统见图 3-36。汽轮机排汽从进汽口进入凝汽器。冷却水从进水口进入凝汽器，并按箭头方向流经管束，从出水口流出。蒸汽和冷却管接触而凝结，因体积骤然缩小形成真空。凝结水集聚在热井中，并由凝结水泵抽出，送入锅炉给水系统。漏入凝汽系统和汽轮机真空部分的空气集中在凝汽器汽侧，由抽气器将这些不凝气体抽出，以维持凝汽器的真空。

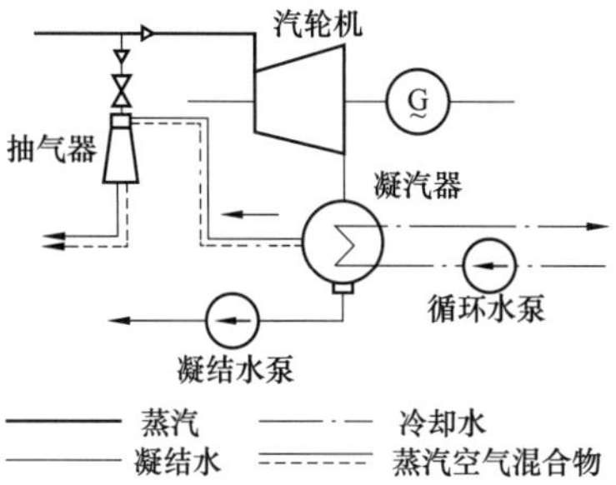

图 3-36　凝汽系统图

（2）凝汽器分类。

1）按热交换方式分类。凝汽器按汽轮机排汽凝结方式不同，可划分为混合式凝汽器和表面式凝汽器两类。在混合式凝汽器中，汽轮机排汽与冷却水直接混合接触而使蒸汽凝结。其优点是结构简单、制造成本低、能建立高真空；缺点是要求循环水的质量也要等同于凝结水。目前，这种凝汽器主要用于间接空气冷却凝汽系统。

表面式凝汽器的汽轮机排汽在冷却表面一侧凝结，而冷却工质在冷却表面另一侧流动，互不接触。一般表面式凝汽器以水作为冷却介质，其优点是传热系数高、能建立高真空且能保持凝结水洁净；缺点是消耗大量有色金属、制造成本高。现代火力发电厂和核电厂的汽轮机组几乎都采用水冷的表面式凝汽器。以下内容均属这类凝汽器。

2）表面式凝汽器的分类。按冷却水流程有单流程、双流程和多流程之分；按水室垂直隔板区分，有单一制和对分制；按冷却管排列方式有回热式和非回热式；按汽流在冷却管束中的流动方向有汽流向下式，汽流向上式、汽流向侧式和汽流向心式；按汽轮机排汽口压力有单压式和多压式等。火电厂中广泛应用的有双流程、对分制、回热、汽流向侧式和汽流向心式凝汽器。大功率汽轮机有的采用多压式凝汽器。

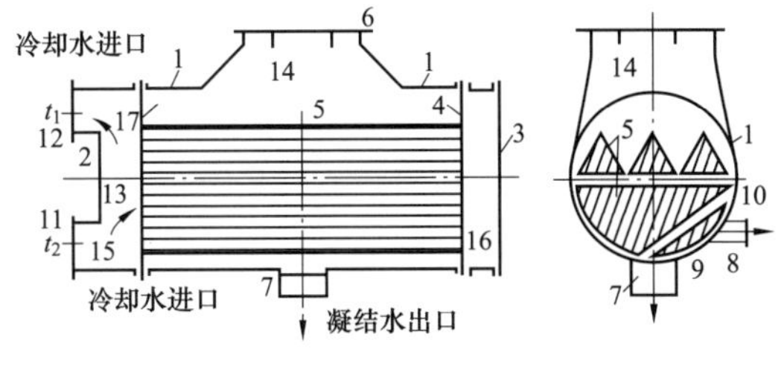

图 3-37　表面式凝汽器的结构简图

1—凝汽器的外壳；2、3—水室的端盖；4—管板；5—冷却水管；6—排汽进口；7—热井；8—抽除空气的管口；9—空气冷却区；10—凝汽器汽空间隔板；11—冷却水进口；12—冷却水出口；13—水室隔板；14—汽空间；15、16、17—水室

（3）基本结构。凝汽器基本结构由外壳、水室、管板、隔板、冷却水管等组成，如图 3-37 所示。外壳通常呈圆柱形或椭圆柱形，大容量汽轮机凝汽器则设计成方箱形。外壳两端连接端盖，并在两侧形成水室。在端盖和外壳间装有多孔的管板，管板的孔内装有许多冷却水管。在凝汽器内部还装有若干块中间隔板，下部设有热水井。

（4）管材。合理选择凝汽器冷却水管管材，对有效地提高汽轮机效率和运行经济性以及延长设备寿命，具有重要意义。凝汽器管材一般为多种牌号的铜锌锡合金，或不锈钢或钛合钢，管材的选择是根据冷却水质、水质变化情况、腐蚀可能性，并考虑相应的流速、清洁系数、凝汽器结构形式、防腐措施、清洗方法和管材性能价格等，通过技术经济论证或经过试验加以确定。

（5）布置。火电站凝汽器都布置在汽轮机低压缸下部。燃气—蒸汽联合循环的凝汽器优先考虑布置于汽轮机低压缸的侧面或低压缸排汽口，因为汽轮机下部无抽汽口。这样可降低汽轮机运转层标高或不设运转层。当然，也可布置在低压缸下面。

2. 凝结水泵

凝结水泵的作用是将凝汽器凝结下来的水汇入底部集水箱后将其抽走并升压送往除氧器或除盐装置。凝结水泵为离心低压冷水泵。抽吸的是处于真空、饱和状态下的凝结水，因而容易吸入空气和引起气蚀，因此要求叶轮要有良好的轴端密封和抗气蚀性能。为此第一设计轮往往制成双吸式，或者加装诱导轮。

由于凝结水泵扬程不太高，级数较少（一般 3 级以下），中小机组多用卧式泵。大容量机组都选用立式泵，以节约昂贵的主厂房面积。

凝结水泵是汽轮机的重要辅机，如发生故障，则热井水位上升，将迫使汽轮机停机，加之凝结水泵的有效汽蚀裕量很小，工作条件差，故一般汽轮机配有 2 台 110%容量的凝结水泵，互为备用。对供热机组也可选择 3 台 55%容量的凝结水泵，以使采暖期间凝结水量小时，保证水泵运行的经济性。

3. 循环水泵

发电设备需要大量的水，其中以凝汽器的冷却用水量最大，约占总水量的 95%左右，所以循环水泵供水主要是为凝汽器的用水服务。

在直流式供水系统中，循环水泵安设在河道或湖岸边的水泵房内。在循环式供水系统中循环水泵将冷却设备冷却的水抽回到凝汽器内，也就是使水在冷却设备和凝汽器之间往复循环。

4. 高低加热器

高低压加热器属于回热加热系统的设备。蒸汽在凝汽式汽轮机内做功后经过冷却变为凝结水，在返回锅炉前又被本汽轮机某些段后抽出的部分蒸汽加热，实现这一过程的设备称为回热加热系统的设备。

回热加热的意义在于使汽轮机部分工质的汽化潜热重新在循环中得到利用，减少工质冷源损失，提高循环热效率。加热设备有高压加热器、低压加热器、除氧器、轴封加热器等。

（1）高压加热器。位于给水泵与锅炉之间承受高的给水压力和温度的加热器，都是表面式加热器，是热力系统主要辅机，如因泄漏不能正常工作，将影响全厂热效率和机组出力。

表面式加热器有 U 形管管板式和螺旋管集箱式两种结构。

1）U 形管管板式。传热面常采用$\phi 16\times$（1.5～3）mm 等级的小直径管，与厚壁管板（大机组管板厚达 300～500mm，甚至有厚达 1000mm 的）相连接；管板厚重使得锻件制作、机械加工及深孔钻眼比较复杂和难度加大；具有圆柱形或半球形或环形形式的端部水室结构（其中以环形的管板弯曲应力最小），水室端盖有法兰螺栓连接结构、自密封人孔盖和自密封大顶盖结构等多种形式。

2）螺旋管集箱式。主要特点是采用大尺寸［（$\phi 25$～$\phi 32$）×（3～5）mm］的传热管子与连箱相连接，因而不存在薄壁管与厚管板的连接可靠性和端部水室密封问题，故其可靠性高，制造工艺难度小；螺旋管具有较大胀缩能力，抗振性好；螺旋管间距较大，易于检查和更换管子。但此种加热器体积较大，外壳端盖不易长期保持严密。

加热器按布置形式则可分为正立、倒立及卧式三种。

（2）低压加热器。汽轮机回热加热系统中位于凝结水泵至除氧器之间的加热器，有表面式和混合式两种。

1）表面式多为管壳式结构，被加热的水在管内流动，加热蒸汽在管外流动。它承受较低的给水压力和温度，加热蒸汽的压力和温度也较低，且没有或只有小的过热度，汽侧压力不高或处于真空状态，因而和高压加热器相比，其结构简单，部件采用普通材料，管束多为黄铜管和碳钢管，要求汽侧空气排除通畅。

2）混合式加热器借助蒸汽和给水直接混合来加热给水，加热器本体通常为直筒形，内部沿其高度装置几层带孔槽或另装雾化喷嘴，给水被分散成雨滴下落，并被逆流蒸汽加热后汇集于下部。混合式的优点是：给水温度相同条件下，其抽汽压力可为最低而电能生产可达最大，为热力学上最有利形式；构造简单，并可方便地汇集各种凝结水和给水。其缺点是：每个加热器后须有水泵；泵因抽汽压力变化工作不稳定，耗电多。现在300、500、1000MW机组上采用真空条件下的混合式加热器。表面式与混合式相比具有不设置多个水泵的优点，但理论经济性差，水侧阻力大且需额外疏水管道甚至疏水泵。但因其简单可靠，应用较普遍。

为方便大直径低压蒸汽管布置，大机组压力最低的1～2级低压加热器常置于凝汽器内。

5. 除氧器

回热加热系统中能除去给水内溶解气体的混合式加热器称为除氧器。给水中溶有气体，其中的氧气等对锅炉和汽水系统会造成严重腐蚀。因此要求给水进入锅炉前，在回热加热系统中使用汽轮机抽汽加热给水，以解析除去给水中的溶解气体。除氧器同时作为回热系统中的一级加热器，作为凝结水泵和给水泵之间的缓冲和储水装置，并为不同来源的高品位疏水、补充水进入热力系统提供汇集点。

除氧器包括除氧器本体（除氧头）和与之相连的储水箱。除氧的水一般从上部进入，蒸汽由底部或中部引入，除氧后的水落入储水箱，分离出来的气体从顶部排出。储水箱内设有启动加热用的沸腾管。目前已有将除氧器本体和储水箱结合为一体的所谓无除氧头的除氧器。除氧器是承压容器，在除氧器和储水箱上都装有弹簧安全门或在储水箱上装设水封管，保护该容器不会超压损坏。除氧器的除氧能力与锅炉最大蒸发量相适应：储水箱的有效容水量对200MW及以下机组是10～15min最大给水消耗量，200MW以上机组是5～10min最大给水消耗量。

除氧器以大气式和压力式最为常见。此外，近来在热电厂还广泛采用真空式除氧器。

（1）大气式除氧器。除氧器为立式，器内保持0.12MPa绝对压力，设有淋水盘5～8层，盘底钻有很多5～8mm的孔。大盘中部开有较大的通汽孔，大、小盘上下交错布置。凝结水、补充水和疏、回水送入上层淋水盘，高压加热器疏水的溶氧含量低，从中部引入，蒸汽由下而上逐层绕行，穿过水流边加热边凝结，把给水渐渐加热到104℃，使溶氧降到15μg/L以下。这种除氧器的除氧效能较低，仅在中、低压机组的回热加热系统中使用。

（2）压力式除氧器。用于高压及以上机组回热加热系统中，在单元机组上配1～2台压力式除氧器。除氧头有立式、卧式两种，配200MW及以上机组的大型除氧器多采用卧式结构（见图3-38），以避免在给水箱上开有大直径的孔，提高容器的安全性。其运行压力一般为0.6MPa及0.9MPa，其出水温度达到相应气压下的饱和温度。该除氧器上部为喷淋区，中下部为填料层，蒸汽从底部向上流动，送进来的水经过喷嘴分散成水滴和水膜与蒸汽相遇完成一次除氧。喷嘴最常用的有旋流式和弹簧恒速式。水落至淋水盘均匀进入填料层，进行二次除氧或称深度除氧，使溶氧降到5～7μg/L。填料层一般用不锈钢片弯成Ω形等多种形式，无规则堆放而成。

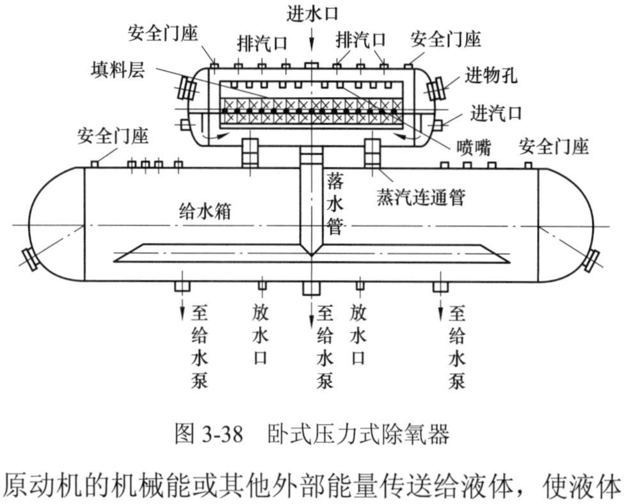

图3-38 卧式压力式除氧器

6. 给水泵

给水泵是输送液体或使液体增压的机械。它将原动机的机械能或其他外部能量传送给液体，使液体压力及能量增加。衡量给水泵性能的技术参数有流量、吸程、扬程、轴功率、水功率、效率等；根据不同的工作原理可分为容积水泵、叶片水泵等类型。容积水泵是利用其工作室容积的变化来传递能量；叶片水泵是利用回转叶片与水的相互作用来传递能量，有离心泵、轴流泵和混流泵等类型，火力发电厂的给水泵都是离心泵，如图3-39所示。

火力发电厂给水泵是将凝结水泵送入经低压加热器、除氧水箱的水再送入锅炉省煤器后注入汽包内使用，同时也可将化学水处理的补给水送入锅炉。

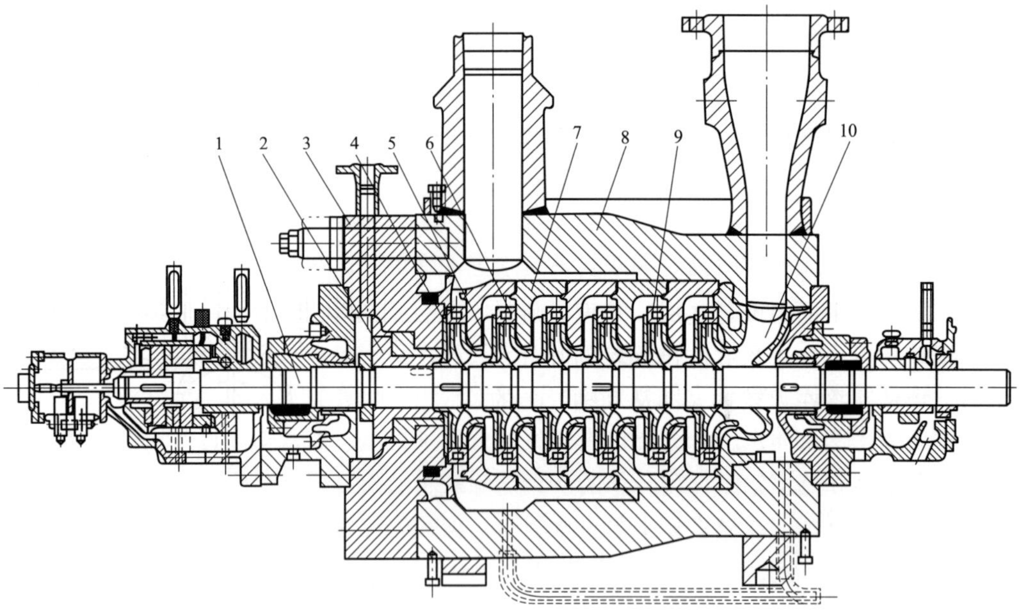

图 3-39　大型锅炉给水泵结构图

1—轴；2—双平衡鼓；3—泵盖；4—叶轮；5—导叶衬大度；6—叶轮密封环；7—内壳体中段；8—泵筒体；9—导叶；10—吸入段

给水泵属高温高压水泵，吸入的是除氧后的高温饱和水，送至锅炉省煤器入口。热力系统最高压力点是给水泵出口。由于电力生产的连续性以及锅炉不能缺水的要求，给水泵必须连续不断地安全运行，且能根据锅炉负荷的需要，相应改变给水流量，还要能维持在小流量下运行。给水泵是发电厂厂用电的最大用户，有的容量高达主机容量的 3%，故要求有较高的效率，并要求在不同流量时效率变化平缓。

（1）给水泵的配置。给水泵包括电动给水泵和汽动给水泵两种。一般火力发电厂给水泵配置见表 3-10。

表 3-10　　**给水泵组配置方式表**

机组类别（MW）	配　置　方　式				
300	1×100%汽动+1×50%电动	2×50%汽动+1×50%电动	2×50%汽动+1×30%电动	2×50%电动+1×50%电动	2×50%电动+1×30%电动
600	2×50%汽动+1×50%电动	2×50%汽动+1×30%电动	2×50%电动+1×50%电动	2×50%电动+1×30%电动	3×35%电动

注　表中百分号代表给水泵流量为最大给水量的百分比。

给水泵一般为多级离心泵，主要部件有叶轮、导叶、轴、平衡推力机构、吸入室、压水室、壳体、轴端密封等。根据泵体结构形式的不同，可分为圆环分段式、水平中开式和双层壳体圆筒式三种。大容量机组普遍采用双层壳体圆筒式给水泵。

（2）前置泵。大型高速给水泵必须汽蚀裕量较大，要求除氧器水箱布置高度可能达到难以满足的程度。这时往往在主给水泵前串联一低转速（一般为 1450r/min）的前置给水泵，其汽蚀裕量必须较小，相应除氧器水箱倒灌高度较低。前置泵多为单级双吸离心式泵。对于电动调速泵组，主泵与前置泵一般由同一电动机轴的两端分别驱动，保证了前置泵与主泵同时运转。对于汽动给水泵，前置泵通常用单独的电动机驱动，与主泵分别布置。

（3）液力耦合器。对采用定速泵的中小容量电厂，给水流量的调节都是使用阀门，即给水操作台。

在锅炉低负荷及启停炉时极不经济。选用液力耦合器或可变速的小汽轮机驱动，通过改变水泵转速的方式调节水泵流量，从而达到提高效率，提高电厂热经济性的目的。

液力耦合器是利用液力传递力矩的变速装置。液力耦合器设置在电动机和给水泵之间，一般用于传递力矩和改变给水泵的转速。在结构上它是一个独立的设备，具有自身的外壳和轴承，为适应高转速泵的需要，往往还带有升速齿轮。

液力耦合器的核心部分由具有叶片的泵轮和涡轮组成，两者形成工作腔室，如图 3-40 所示。液力耦合器的主动轴（即泵轮轴）与电动机轴相连（或经升速齿轮），将扭转力矩传递至泵轮的工作直叶片。叶片为径向型，分布在旋转轴平面上或与之成一角度。旋转的工作油由泵轮叶片甩出，进入并冲击涡轮的叶片系统，从而传递力矩使连接在涡轮轴（即从动轴）上的给水泵旋转。传递力矩的大小与工作油在工作腔室的油量有关。

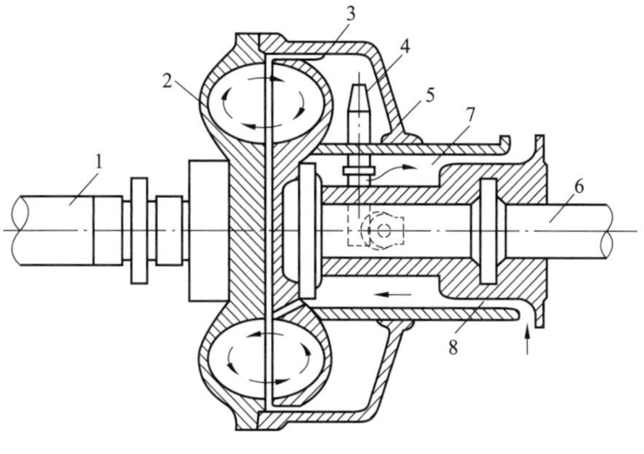

图 3-40　液力耦合器装置图

1—主动轴；2—泵轮；3—涡轮；4—勺管；5—旋转内套；6—从动轴；7—回油通道；8—控制油入口

（4）给水泵汽轮机。即驱动给水泵的汽轮机。相对主汽轮机而言，给水泵汽轮机又称小汽轮机，简称小机。它利用主汽轮机（容量 200～250MW 以上）的中间级抽汽作为汽源。给水泵采用小汽轮机驱动，它的负荷调节采用可靠的汽轮机的调速系统，不仅可获得比液力耦合器更好的转速可调效果，而且还提高了主汽轮机的热力循环效率，并可以大幅度节约厂用电，增加发电机的供电功率，大型发电机组普遍采用。

给水泵汽轮机有凝汽式和背压式两种类型。背压式又有采用再热前蒸汽或再热后蒸汽作汽源的冷背压式或热背压式两种。为了适应机组变负荷，要求给水泵汽轮机能在较宽的转速范围内运转，而没有临界转速的干扰。

7. 同步—自动—移位离合器（Synchro-Self-Shifting，SSS）

SSS 离合器是同步自换挡离合器的简称通常由 4 大主要组件组成，即 1 个输入组件、1 个主螺旋滑动组件、1 个继动螺旋滑动组件、1 个输出组件，它们之间通过螺旋槽导向（引导传动齿啮合或脱开），通过传动齿传递扭矩。SSS 离合器应用于单轴共用发电机的电厂设备连接中，可根据需要将汽轮机低压缸与高中压缸转子自动进行连接，或将两者自动脱开［参见图 3-41（a）］。也应用于燃气—蒸汽联合循环发电机组中，安装在单轴共用发电机机组上，以连接或断开汽轮机与发电机，而发电机的另一端连接燃气轮机［参见图 3-41（b）］。

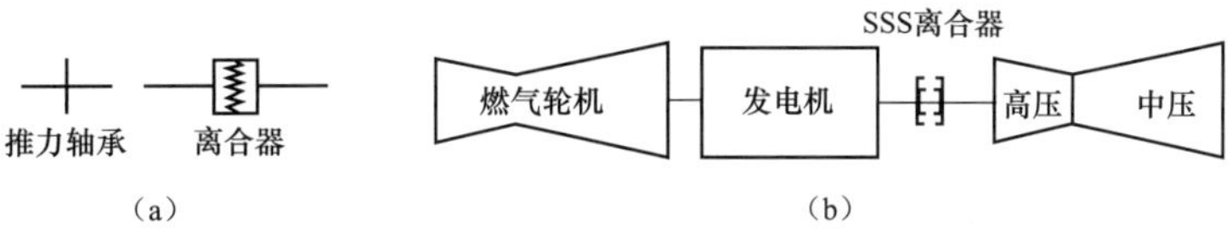

图 3-41　SSS 离合器连接方式二

（a）方式一；（b）方式二

（1）SSS 离合器的基本结构：在 SSS 离合器的输入组件与滑动组件间、滑动组件与输出组件间有类似螺栓的螺旋槽结构，滑动组件与输出组件间还设置有离合器齿（传动齿）及棘轮齿结构。

（2）SSS 离合器工作的基本工作原理可以用螺栓做示例，如果螺栓转动时螺母是自由的，则螺母将随螺栓一同转动。如果螺母受限制而螺栓继续转动，则螺母将沿螺栓做直线运动（螺栓代表输入端，螺母代表输出端），具体如下。

1）啮合：当输入侧的转速倾向超过输出侧时（相当于螺栓与螺母旋紧，螺栓可带动螺母转动），离合器啮合，输出侧被驱动。

2）脱开：当输入侧转速倾向相对于输出侧减少时（相当于螺栓与螺母完全脱离，螺栓不能带动螺母转动），产生反向力矩，离合器脱开。

（3）关于 SSS 离合器的应用价值：其在供热的汽轮发电机组中，可以使相应的汽轮发电机组 3 种运行模式，即背压运行模式（模式 1）、纯凝运行模式（模式 2）、抽凝运行模式（模式 3）之间无扰切换，满足发电厂的不同运行要求：当 SSS 离合器脱开时，汽轮发电机组在模式 1 条件下运行，这时汽轮机高中压转子与低压转子脱开，低压缸不出力工作，机组的供热最大，汽轮机中压缸的所有排汽进入热网；当 SSS 离合器啮合时，汽轮发电机组在模式 2、3 下运行，汽轮机处在纯凝或抽凝工况，汽轮机的高中压缸、低压缸一起工作，这时可保证汽轮机有很好的发电效率。此外 SSS 离合器可吸收输入轴与输出轴之间的相对位移，当 SSS 离合器设置在高中压转子与低压转子之间时，低压通流的轴向动静设计间隙可以减小。

其在单轴联合循环发电机组中，可以将汽轮机转子与发电机转子无扰连接或脱开，当联合循环机组中的汽轮机需要检修或冬季需要大量供热时，SSS 离合器可以将整个蒸汽轮机全部脱开，由燃气轮机独立工作或可利用燃气轮机的排气作为热源为热网供热；在机组启动时，蒸汽参数满足蒸汽轮机启动条件前，蒸汽轮机转子可以脱开，此时蒸汽机不会高速空转，系统无需单独给蒸汽轮机补充冷却蒸汽。

除以上应用外，SSS 离合器还可以用在燃气轮机组或蒸汽轮机组的盘车装置中，实现盘车装置与转子之间的动态啮合。

第三节　燃气—蒸汽联合循环发电机组设备

一、燃气一蒸汽联合循环机组主要设备

燃气—蒸汽联合循环机发电厂与常规火力发电厂的主要区别在于热力系统，其主要设备有燃气轮机、余热锅炉、蒸汽轮机。

（一）燃气轮机

燃气轮机的工作过程是：压气机（即压缩机）连续地从大气中吸入空气并将其压缩；压缩后的空气进入燃烧室，与喷入的燃料混合后燃烧，成为高温燃气，随即流入燃气涡轮中膨胀做功，推动涡轮叶轮带着压气机叶轮一起旋转；加热后的高温燃气的做功能力显著提高，因而燃气涡轮在带动压气机的同时，尚有余功作为燃气轮机的输出机械功。燃气轮机由静止启动时，需用启动机带着旋转，待加速到能独立运行后，启动机才脱开。

燃气轮机的工作过程是最简单的，称为简单循环；此外，还有回热循环和复杂循环。燃气轮机的工质来自大气，最后又排至大气，是开式循环。燃气轮机与其他热机相结合的称为联合循环。

燃气初温和压气机的压缩比，是影响燃气轮机效率的两个主要因素。提高燃气初温，并相应提高压缩比，可使燃气轮机效率显著提高。

燃气轮机是联合循环电厂的核心设备。燃气—蒸汽联合循环发展 50 余年来，目前燃气轮机的单机净出力可达 334MW。燃气轮机的初始工作温度高达 900～1430℃，工作条件极差，但由于超高的制造工艺及结构，优质的材料，燃气轮机的可靠性却是十分高的。

燃气轮机主要由压气机、燃烧室和燃气轮机三大部分组成的整体，同置于大型钢架梁上，极便于专用车辆运输以及在电厂现场安装。燃气轮机的内部结构如图 3-42 所示。

燃气轮机影响联合循环性能的关键特性是其比功率。比功率是燃气轮机每单位空气流量下所产生的功率，联合循环的热效率随燃气轮机的比功率增大而增加。燃气轮机的燃烧温度是决定比功率的主要因

素。联合循环热效率的改进是通过提高燃气轮机燃烧温度来实现的。而燃烧温度的提高依赖于耐高温、高强度材料、抗腐蚀涂层的开发和冷却技术的改进。联合循环的效率随燃气轮机技术的发展而提高。以前燃气轮机的初始温度长期为 700～900℃，效率不高。而现在的初始温度为 1200～1430℃，如 GE 公司的 STAG 系列燃机初始燃烧温度为 1426℃，其联合循环热效率达 58%～60%，压气机的压缩比为 23。

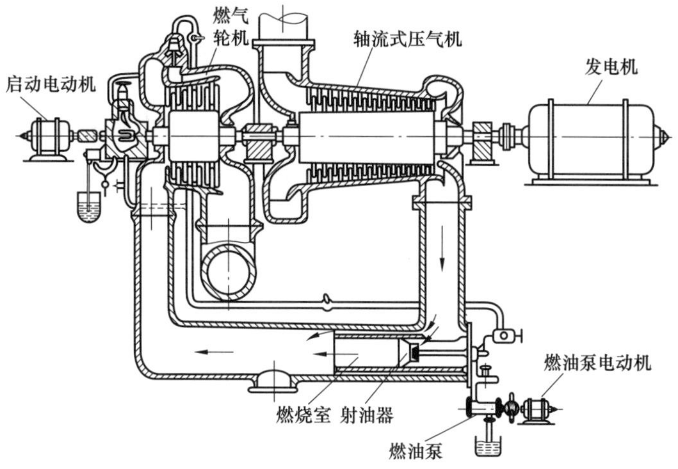

（a）

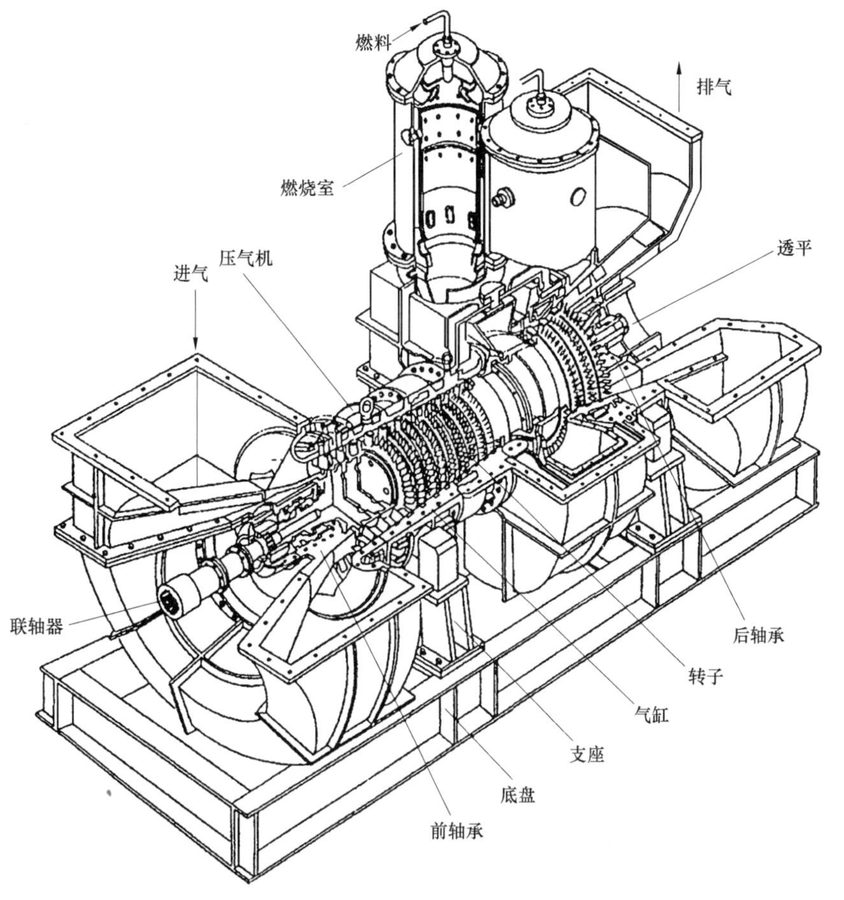

（b）

图 3-42　燃气轮机内部结构图

（a）形式一；（b）形式二

燃气轮机燃用气体及液体燃料，如天然气、煤气、轻油、重油、原油、渣油等。以燃用天然气为最优，投资也最少，效率最高，出力最大。在 STAG 联合循环中，以烧天然气为基准，若改烧精炼油，净出力下降 3%，热效率下降 2.1%；若改燃渣油，净出力下降 9.3%，热效率下降 7.6%。

燃气轮发电机组主要设备包括进气系统、排气系统、燃气轮机本体、燃气轮发电机、仪表与控制系统、燃气轮发电机组配套辅助设备。燃气轮机组辅助设备由燃气轮机气——水换热器、压缩空气模块、润滑油及调节油系统、燃料前置模块、水洗模块、CO_2 瓶架等构成。燃气轮机本体为露天布置，设备自带隔音保温罩。

（二）余热锅炉

余热锅炉是回收燃气轮机余热，提高燃气—蒸汽联合循环热效率，降低电厂单位造价的重要设备。通常，余热锅炉由省煤器、蒸发器、过热器等组成。

余热锅炉的水循环方式有强制循环和自然循环两种。强制循环方式的主要优点是：余热锅炉的高度可以设计得比较低，启动快而容易，有利于提高余热锅炉的效率。自然循环余热锅炉主要优点是不需设循环泵，运行可靠，厂用电耗低。

余热锅炉有采用补燃和无补燃的两种形式，采用补燃的目的是：增大整套联合循环装置的功率；在一定条件下也为了提高联合循环的效率。特别是在燃气轮机初始温度较低的情况下（如 800℃），其排汽温度也较低（395℃），若选择无补燃的余热锅炉，所匹配的汽轮机的进汽温度只能达到 365℃左右，汽轮机的效率必然低，联合循环的效率只能达到 35%～36%。若采用补燃技术，余热炉出口蒸汽温度可达到 530～540℃，联合循环的效率可提高到 37%～38%。但随着燃气轮机初始温度的提高，采用补燃技术除了能增大联合循环的功率外，提高效率的作用已经很少或没有，甚至会降低效率，故目前一般不采用补燃的余热锅炉。当为了提高联合循环机组的功率并在热用户负荷较大时，才有可能采用补燃型的余热锅炉。

在单压的余热锅炉中，仅能把排气终温度降至 160～200℃，为进一步降低排气终温度，充分利用余热，可采用“双压”或“三压”余热锅炉，使余热锅炉产生两种或三种压力的过热蒸汽供蒸汽轮机使用。这时余热锅炉的排气终温度可以降到 110～120℃。如果燃用含硫量低的燃料，由于低温硫的腐蚀问题较轻，则可进一步降低到 80～90℃。余热锅炉效率提高了，而余热锅炉、管道、蒸汽轮机等的基建费用当然也要增加。

为了进一步提高蒸汽轮机效率，余热锅炉也可以配合汽轮机采用再热循环的汽水系统。

双压、三压、再热汽水系统的选用原则：当燃气轮机的排气流量大于 120kg/s，排汽温度高于 510℃时，可以采用双压或三压的汽水系统；当排气温度高于 538℃后，可以采用有再热循环的汽水系统；当排气温度高于 593℃时，就可以考虑采用三压有再热循环的汽水系统。选择不同的循环方式其性能差异见图 3-43。

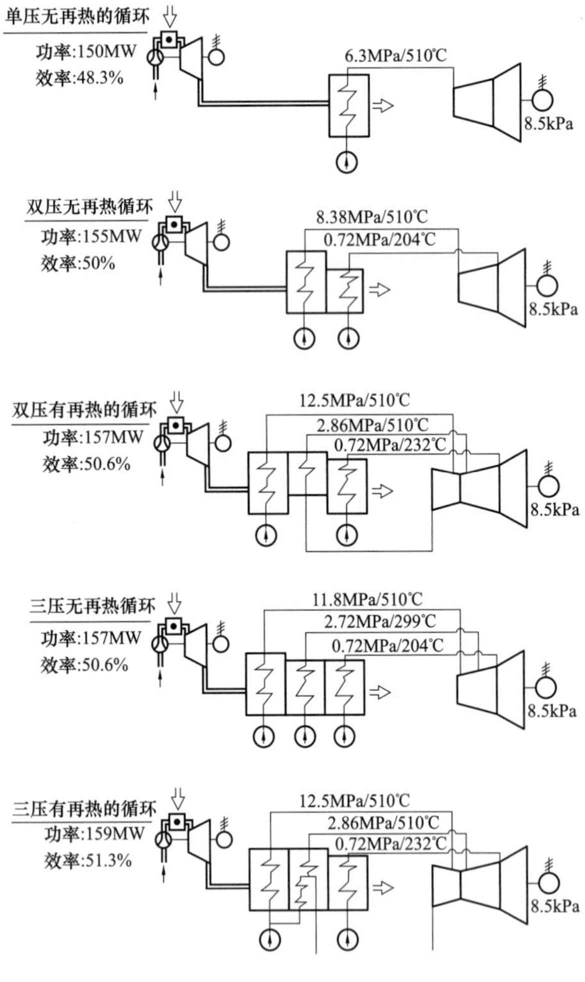

图 3-43　V84.2 燃气轮机组成的五种联合循环过程及机组性能指标

余热锅炉的主蒸汽出口温度一般要比燃气轮机的排汽温度低 20～40℃，蒸汽压力可根据汽轮机的要求选用。中压蒸汽及低压蒸汽的出口温度则比它们各自在余热锅炉中上游方向的燃气温度低 11℃左右。

余热锅炉的受热面都采用鳍片管，为了便于制造和安装，均采用模块结构，见图 3-44、图 3-45。有的余热炉外面的保温结构都由制造厂组装好运抵现场，以方便施工，如龙湾电厂余热锅炉（174t/h）的管束部分分为 6 块供货，整体吊装，施工极为方便。

为了保证余热锅炉故障或检修时燃气轮机也能正常地工作，在大多数联合循环装置中设置了旁路烟道，使燃气轮机的排气可以不经过余热锅炉而直接排向烟囱，但旁路烟道挡板不可能关得很严密，一般有 1%以上的泄漏量，这会导致联合循环的效率下降。因此，是否需要设旁路烟道，需要综合考虑。单轴布置的燃气—蒸汽联合循环是不需设旁路烟道的。

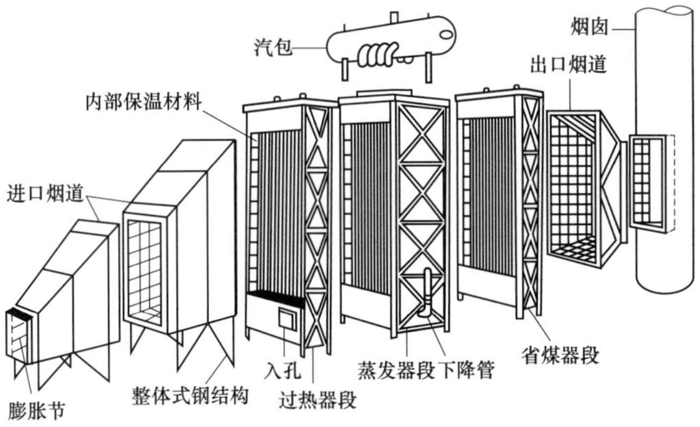

图 3-44　自然循环余热锅炉的组件构造

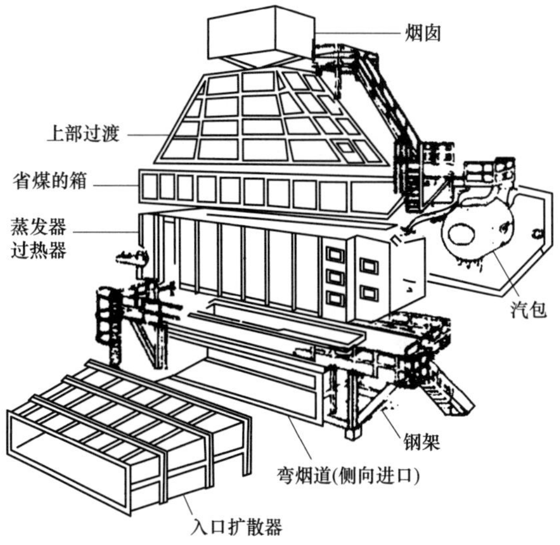

图 3-45　强制循环余热锅炉的组件构造

由于烟气中粉尘极少，故余热锅炉都不需要除尘装置。由于燃料中的硫含量都较低，从环保角度要求的烟囱高度都很低，因而余热锅炉的烟囱一般不超过 60m。烟囱及烟道材料均为钢材，由制造厂供货。

余热锅炉主要设备包括钢架模块、汽包、受热而管排、除氧装置、吹灰系统、给水泵、加药取样设备、排污系统、充氮保护系统、保温材料、照明装置、主烟囱等。

（三）蒸汽轮机

燃气—蒸汽联合循环中的蒸汽轮机与常规火电厂的蒸汽轮机有一定差别。

（1）一般不从这种蒸汽轮机中抽取蒸汽去加热给水。为了尽量降低余热锅炉的排气温度，给水可直接在余热锅炉中加热。由于无回热抽汽，排向凝汽器的蒸汽流量也就是主蒸汽流量，对双压或三压的汽水系统，其流量还要大于主蒸汽流量。因此，低压缸的设计及凝汽器的配置与常规汽轮机有所不同，而且一般还要求凝汽器具有除氧功能（也可在余热锅炉的给水加热系统中完成）。

（2）汽轮机必须适应快速启动的要求。特别是当采用燃气轮机、蒸汽轮机串联在一根轴上，共用一台发电机的单轴布置方案时更应如此。这就要求蒸汽轮机结构上必须采取相应措施。

（3）蒸汽轮机一般采用滑压运行，不装调节级，而采用全周进汽，这样可提高汽轮机的功率和效率。

（4）由于不设抽汽口，蒸汽轮机也可像燃气轮机一样安装在比较低的基础上，这样就可以避免汽轮机采用常规火电厂的高位布置，从而降低造价。此时的汽轮机排汽可选择轴向或侧向，而不是常规火电厂的向下排汽。

若要将常规火力发电厂的蒸汽轮机改为联合循环所用的蒸汽轮机，流道部分要做些改造。若不改，蒸汽轮机的功率要发生变化。

蒸汽轮机主要设备包括汽轮机本体、凝汽器、润滑油系统、EH 液压油系统、轴封系统、抽汽系统、疏水系统、高低压旁路二级减温减压装置、低压加热器及疏水排放系统等。

二、联合循环机组的布置

研究联合循环的布置主要是探讨燃气轮机及蒸汽轮机的布置及相对关系。在明确燃气轮机和蒸汽轮机的配置后，布置方式比较容易确定。在采用“二（燃气轮机）拖一（蒸汽轮机）”或“三拖一”的配置方案时，燃气轮机与蒸汽轮机肯定采用多轴布置，见图 3-46C、D 栏。采用“一拖一”配置方案时，可选择单轴布置，见图 3-46A 栏；也可选择多轴布置，见图 3-46B 栏。

单轴布置与双轴布置比较，燃气轮机和蒸汽轮机可共用一台发电机，节省投资。但要求汽轮机快速启动性能要特别好，以适应燃气轮机快速启动要求。在蒸汽轮机故障或检修时，燃气轮机无法单独运行，即运行灵活性较差。另外，单轴布置的蒸汽轮机的排汽必须与轴垂直，即向下或向侧面。

采用“二拖一”或“三拖一”时，在负荷较低的情况下，可以采用停 1 台或 2 台燃气轮机的运行方式，从而保证燃气轮机在较高的燃气轮机初温下运行，使电厂的效率较高。但投资会增加很多。要根据负荷性质和技术经济比较来选定燃气轮机和蒸汽轮机的配置方案。

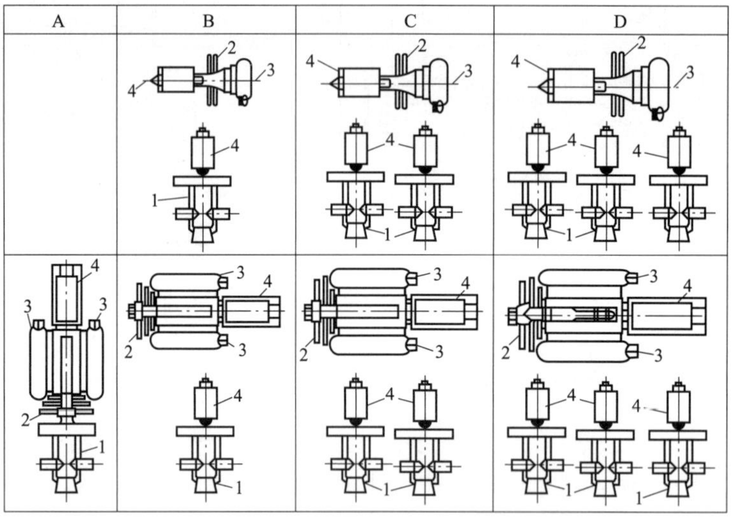

图 3-46　燃气轮机、蒸汽轮机和发电机的布局关系

1—燃气轮机；2—汽轮机；3—凝汽器；4—发电机

采用多轴布置时，燃气轮机多采用露天布置，蒸汽轮机为屋内布置。采用单轴布置时，一般将燃气轮机和蒸汽轮机布置在厂房内，国外也有露天布置的。余热锅炉都采用露天布置。

三、F 级改进型机组相关设备

随着节能环保理念进一步深化，高效率低排放的燃气—蒸汽联合循环发电机组逐渐成为电力行业的主要选项。美国通用电气（GE）公司、德国西门子公司和日本三菱公司均开发了更高等级的燃气轮机机组，目前已应用的有 H 级燃气轮机机组，国内比较普遍的是 F 级燃气机组，其中 6F 级和 9F 级燃气轮机机组参数对比见表 3-11。

表 3-11　　6F 级和 9F 级燃气轮机机组参数对比

级别	机组型号	功率负荷（MW）	初始温度（℃）	排气温度（℃）	压比
6F	PG6111FA	77	1327	603	15.8
9F	PG9351FA	255	1318	609	15.4

F 级燃气轮机均采用“冷端输出”，即发电机布置在压气机侧。其中，6F 级压气机转速高达 5232r/min，

通过减速齿轮箱将转速降低到 3000r/min 并带动发电机工作，以满足国内电网频率 50Hz 的要求。如此高的压气机转速是为了保持一定的圆周速度，使其处在最佳值。

9F 级燃气轮机压气机转速为 3000r/min，典型的 9F 级燃气轮机采用单轴布置，即燃气轮机与蒸汽轮机布置在同一根轴上，启动燃气轮机的同时带动蒸汽轮机一起转动，因此，需要配备辅助蒸汽对蒸汽轮机进行冷却，以防止鼓风摩擦损失。由于该机轴系较长，安装难度增大，运行中容易引起机组振动。

第四节　管道及阀门

一、管道

（一）主要设计参数

1. 设计压力

一般指管道运行中介质的最大工作压力。对水管道，应考虑水柱静压头的影响，但当其低于额定压力的 3%时，可不考虑，如主蒸汽管道，按锅炉额定蒸发量时过热器出口的额定工作压力；高温和低温再热蒸汽管道，均采用汽轮机额定功率时高压缸排汽压力的 1.15 倍；定速给水泵或其他水泵的出口管道，采用水泵特性曲线最高点的压力与进水侧压力之和，并应考虑水温对进水侧静压和出口压力的修正。

根据规定，电厂管道压力级别按设计压力 p 分级：高压管道 $p>8$MPa、中压管道 8MPa$\geqslant p>1.6$MPa、低压管道 $p\leqslant1.6$MPa。另外，高温再热及低温再热管道均视为高压管道。

2. 设计温度

一般指管道运行中介质最高工作温度，如主蒸汽、高温再热蒸汽管道分别取用锅炉额定蒸发量时过热器、再热器出口额定工作温度；低温再热蒸汽管道采用汽轮机额定功率时高压缸的排汽温度；汽轮机抽汽管道或背压机排汽管采用制造厂提供的最高工作温度。

3. 公称压力 PN

在某一压力下，不同材质的管道及管件随工作温度提高到某一温度以上后，允许的工作压力逐步下降，常用公称压力 PN 这一概念来表示这种变化关系。公称压力分为若干挡，以表示不同的压力级别，如碳钢管在 200℃以下，允许工作压力可以等于公称压力。20 号钢管及附件（阀门除外）公称压力、试验压力与允许工作压力的关系见表 3-12。

4. 试验压力 $p_{\mathrm{S}}^{\mathrm{q}}$

试验压力是指检验管道及附件强度及严密性时的压力，分强度试验压力及严密性试验压力，工作中所指的试验压力一般是后者。管道安装结束后，对管系要进行严密性试验，一般用温度不高于 100℃的水，故也称水压试验。水压试验压力一般取设计压力的 1.25 倍，并且不小于 0.2MPa。

5. 公称通径 DN

管道规格是按外径及壁厚表示的，外径用 ϕ 表示，相同外径不同壁厚的管道内径是不一样的，为了使管道管件的品种不要过多，也为了生产和选用的标准化，引入公称通径 DN 概念。管道、管件的选用应使用有公称通径的产品。不同参数、不同材质管道的公称通径见表 3-13。

6. 介质流速

介质流速是选择管道直径的基本参数。火电厂主要管道介质流速为：主蒸汽管道 40～60m/s；高温再热蒸汽管道 50～70m/s；至减压减温蒸汽管道 60～90m/s；低温再热及其他蒸汽管道 30～50m/s；超高压以上机组主给水管道 3～5m/s；其余水泵出口管道 1～3m/s；其余水泵进口管道 0.5～2m/s。

表 3-12　　20 号钢管及附件（阀门除外）公称压力、试验压力与允许工作压力的关系

公称压力 PN（MPa）	试验压力（用低于 100℃的水）p_S^q（MPa）	设计温度（℃）						
		≤200	250	300	350	400	425	450
		允许工作压力（MPa）						
		p_{20}	p_{25}	p_{30}	p_{35}	p_{40}	$p_{42.5}$	p_{45}
0.1	0.2	0.1	0.09	0.08	0.07	0.06	0.05	0.04
0.25	0.31	0.25	0.24	0.21	0.19	0.17	0.14	0.1
0.4	0.5	0.4	0.39	0.35	0.31	0.27	0.22	0.16
0.6	0.75	0.6	0.58	0.52	0.46	0.4	0.34	0.24
1.0	1.25	1.0	0.97	0.87	0.78	0.68	0.57	0.41
1.6	2	1.6	1.56	1.4	1.25	1.08	0.91	0.66
2.5	3.1	2.5	2.4	2.2	1.9	1.7	1.42	1.03
40	5	4.0	3.9	3.5	3.1	2.7	2.2	1.65
6.4	8	6.4	6.2	5.6	5.0	4.3	3.6	2.6
10	12.5	10.0	9.7	8.7	7.8	6.8	5.7	4.1
16	20	16.0	15.6	14.0	12.5	10.8	9.1	6.6
20	25	20.0	19.5	17.5	15.6	13.6	11.4	8.2
25	31.3	25.0	24.3	21.9	19.5	17.0	14.2	10.3
32	40	32.0	31.2	28.0	25.0	21.7	18.2	13.2
40	50	40.0	39.0	35.0	31.2	27.2	22.8	16.5
50	62.5	50.0	48.7	43.8	39.0	37.0	28.5	20.7

表 3-13　　不同参数、不同材质管道的公称通径

管道名称	一般中压管道	高压蒸汽管道	高压给水管道	超高压蒸汽管道	超高压给水管道
管道参数	PN=2.5.4（MPa）	p=9.81MPa t=540℃	p=17.15MPa t=230℃	p=13.73MPa t=540℃	p=22.56MPa t=251℃
管道材质	20 号钢	12Cr1MoV	20 号钢	10CrMo910	St45.8/Ⅲ
公称通径 DN（mm）	外径（mm）×壁厚（mm）	外径（mm）×壁厚（mm）	外径（mm）×壁厚（mm）	外径（mm）×壁厚（mm）	外径（mm）×壁厚（mm）
15	ϕ18×2	—	—	—	—
20	ϕ25×2	ϕ28×2.5	ϕ28×2.5	—	—
25	ϕ32×2.5	ϕ38×3	ϕ38×3	—	—
32	ϕ38×2.5	ϕ42×3	ϕ42×3.5	—	—
40	ϕ45×2.5	ϕ48×3.5	ϕ48×4	—	—
50	ϕ57×3	ϕ76×6	ϕ76×6	—	—
65	ϕ76×3.5	ϕ89×7	ϕ89×7	—	—
80	ϕ89×4.5	ϕ108×8	ϕ108×9	—	—
100	ϕ108×4	ϕ133×10	ϕ133×10	ϕ133×17.5	ϕ133×14.2
125	ϕ133×4	ϕ168×12	ϕ168×13	ϕ168.3×25	ϕ168.3×17.5
150	ϕ159×4.5	ϕ194×14	ϕ194×15	ϕ193.7×28	ϕ193.7×20
175	ϕ194×5	ϕ219×16	ϕ219×16	ϕ219.1×30	ϕ219.1×22.2
200	ϕ219×6	ϕ245×18	ϕ245×18	ϕ244.5×36	ϕ244.5×25
225	ϕ245×7	ϕ273×20	ϕ273×20	ϕ273×40	ϕ273×28

续表

管道名称	一般中压管道	高压蒸汽管道	高压给水管道	超高压蒸汽管道	超高压给水管道
250	ϕ273×7	ϕ325×25	ϕ325×24	ϕ323.9×45	ϕ323.9×23
275	—	—	—	ϕ355.6×50	ϕ355×36
300	ϕ325×8	ϕ377×28	ϕ377×28	—	—
325	—	—	—	ϕ406.4×55	ϕ406.4×55
350	ϕ377×10	ϕ426×30	ϕ426×30	DN340 ϕ419×57	—

（二）管材及管件

1. 管材

火电厂汽水管道应根据介质的压力和温度选用符合标准的钢材。一般低压及常温管道可选用普通碳素钢；450℃以下的蒸汽管道、主凝结水管道、给水管道、疏水管道、低温再热蒸汽管等都选用优质锅炉碳素钢；主蒸汽、高温再热蒸汽管道都采用耐热合金钢；超临界压力的管道选用高铬合金或奥氏体钢；超超临界压力的管道选用高合金钢管；化学除盐水管道采用碳钢管衬胶、衬塑或不锈钢等耐腐蚀材料；仪用压缩空气管道、发电机冷却水管道都选用不锈钢管；铸铁管只限于不重要的事故排油及地沟中的排水管道中使用。

2. 管件

（1）弯头。常用的有热压弯头和焊制弯头。按规定，PN≤6.4 的碳钢管，一般应选用热压弯头。热压弯头的弯曲半径按压力不同而异：PN＞10MPa 时，R=2DN；PN 为 10、6.4、4.0MPa 时，R=1.5DN；PN≤2.5MPa 时，R=DN+50mm。热压弯头的规范要标注材质、公称压力、公称通径及弯曲半径。不标注弯曲半径的可以按 1.5DN 计算。

焊制弯头俗称虾米弯，PN≤1.6MPa 的大口径管道上，其弯曲半径 R=DN+50mm。

（2）异径管。异径管也叫大小头，常见的有焊制大小头，用于 PN2.5、PN1.6、PN1.0MPa 的低压管道中。模压大小头，用于中、高压管道中。异径管的标示方法是以大小头两端的公称通径表示，如 DN1100×50。

（3）三通。三通的技术规范除表示公称压力、材质外，还需标明主管与支管的公称通径，如 DN1300×200×300。PN10、PN6.4 的管道一般采用厚壁或单筋加强焊制三通，PN4 的管道一般采用单筋加强焊制三通，口径较大的管道都用蝶式加强焊制三通。

（三）管道布置

管道布置需满足应力、位移、冷紧等设计计算上的要求，应便于安装和运行维护，不妨碍设备的起吊、检修，不阻碍运行通道，管道与管道、管道与电缆桥架、管道与建筑物或设备之间应统一规划，避免互相干扰，保持合理间距。为使管道在运行时安全稳固，需合理选择支吊架形式和间距，在必要的位置设置限位支吊架和减振支吊架。

高温高压大容量机组，在管道布置确定后，通常还要对价格昂贵的主蒸汽、再热蒸汽管道的直径进行优化计算，综合基建投资和运行费用确定最经济的管径。

对高温高压和其他重要管道，还要进行管系的应力计算与应力分析，使管道上各点的热胀、冷缩应力限定在钢材允许的强度范围内，并确认管道施加到所有连接设备上的作用力和力矩在允许的限度之内。

蒸汽温度大于 450℃的主蒸汽及再热蒸汽管道应装设蠕变监督段，监督段一般应设置在靠近过热器和再热器出口连箱的水平管段上。其目的是：预防金属发生高温蠕变破坏，保证安全运行并预测这些高温管道的剩余寿命。其任务是：通过定期蠕变测量和数据分析，及时掌握高温蒸汽管道金属的蠕变规律。当管道运行时间超过设计寿命后，为正确分析和预测管道的剩余寿命提供可靠依据。监督段上必须设置

3 个蠕变测量截面；主汽及再热蒸汽每一直管段上设一蠕变测量截面；每条管道蠕变测量截面不少于 10 个。每个测量截面要焊 4～8 个蠕变测点。

排汽管道需对其排汽时产生的振动、反力、噪声提出足够的技术安全措施，排汽口喷出的扩散汽流不得危及工作人员和邻近设施。

二、阀门

阀门的选择应满足汽水系统关断、调节和保证安全运行的要求，同时要照顾布置的需要。例如，双闸板闸阀只起关断作用，宜装于水平管道上，阀杆垂直向上；单闸板闸阀可以装于任何位置。升降式垂直瓣止回阀应装于垂直管道上；升降式水平瓣止回阀和旋启式止回阀一般装于水平管道上。一般工业管道用的阀门大致包括截止阀、闸阀、止回阀、蝶阀、旋塞阀、球阀、调节阀、安全阀、减压阀、疏水阀等。

阀门的种类很多，但按其动作特点分为驱动阀门和自动阀门两大类。

（1）驱动阀门是用手操纵或其他动力操纵的阀门，如截止阀、调节阀、闸阀、旋塞阀等均属这类阀门。

（2）自动阀门是借助于介质本身的流量、压力或温度参数发生变化而自行动作的阀门，如止回阀（逆止阀、单流阀）、安全阀、浮球阀、减压阀、跑风阀和疏水器等，均属自动阀门。

（一）常用阀门分类

1．截止阀

截止阀如图 3-47 所示，截止阀主要用于热水供应及高压蒸汽管路中，它结构简单、严密性较高、制造和维修方便、阻力比较大。

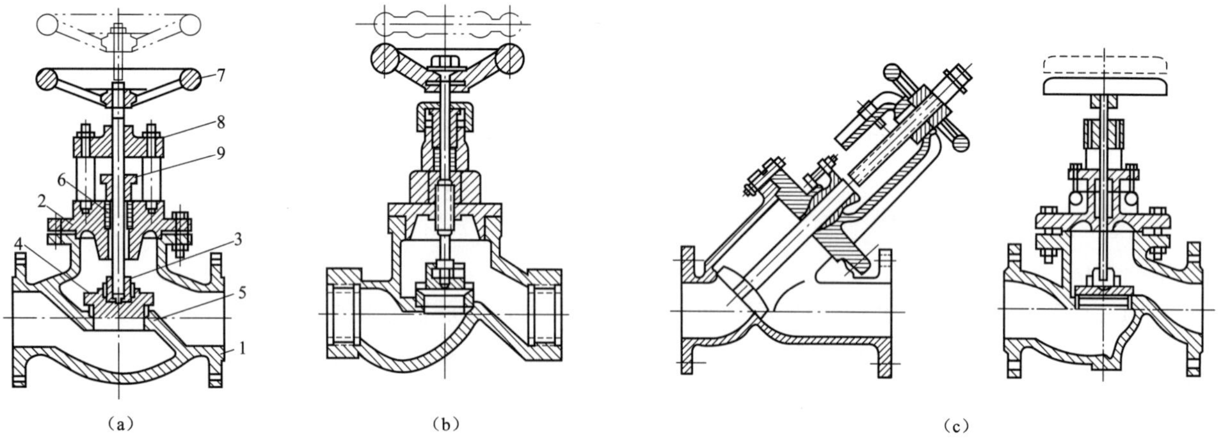

图 3-47　截止阀

（a）筒型阀体；（b）流线型阀体；（c）直流式阀体

1—阀体；2—阀盖；3—阀杆；4—阀瓣；5—阀座；6—阀杆螺母；7—操作手轮；8—填料；9—填料压盖

流体经过截止阀时要改变流向，因此水流阻力较大，所以安装时要注意流体“低进高出”，方向不能装反。

选用特点：结构比闸阀简单，制造、维修方便，也可以调节流量，应用广泛。但流动阻力大，为防止堵塞和磨损，不适用于带颗粒和黏性较大的介质。

2．闸阀

闸阀又称闸门或闸板阀，它是利用闸板升降控制开闭的阀门，流体通过阀门时流向不变，因此阻力小。它广泛用于冷、热水管道系统中，如图 3-48 所示。

闸阀和截止阀相比，在开启和关闭闸阀时省力，水流阻力较小，阀体比较短。当闸阀完全开启时，其阀板不受流动介质的冲刷磨损。但由于闸板与阀座之间密封面易受磨损，闸阀的缺点是严密性较差，尤其在启闭频繁时；另外，在不完全开启时，水流阻力仍然较大。因此闸阀一般只作为截断装置，即用于完全开启或完全关闭的管路中，而不宜用于需要调节大小和启闭频繁的管路上。闸阀无安装方向，但不宜单侧受压，否则不易开启。

选用特点：流体阻力小，开启、关闭力较小，也有调节流量的作用，并且能从阀杆的升降高低看出阀的开度大小，主要用在一些大口径管道上。

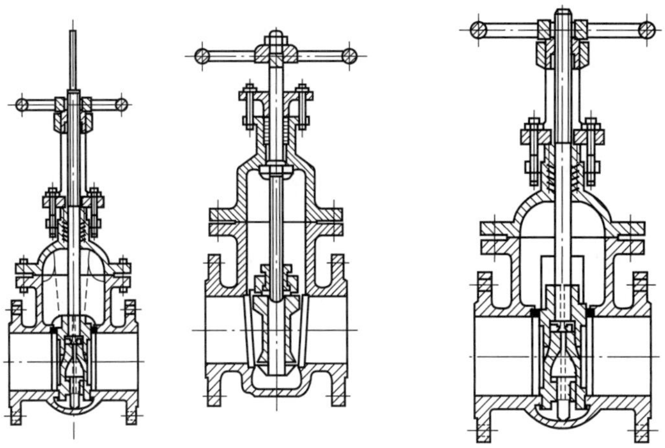
(a)　(b)

图 3-48　闸阀

(a) 楔型闸阀；(b) 平行闸阀

3. 止回阀

止回阀又名单流阀或逆止阀，它是一种根据阀瓣前后的压力差而自动启闭的阀门。它有严格的方向性，只许介质向一个方向流通，而阻止其逆向流动。用于不让介质倒流的管路上，如用于水泵出口的管路上作为水泵停泵时的保护装置。

根据结构不同止回阀可分为升降式和旋启式，如图 3-49 所示，升降式的阀体与截止阀的阀体相同。升降式止回阀只能用在水平管道上，垂直管道上用旋启式止回阀，安装时应注意介质的流向，它在水平或垂直管路上均可应用。

选用特点：一般适用于清洁介质，对于带固体颗粒和黏性较大的介质不适用。

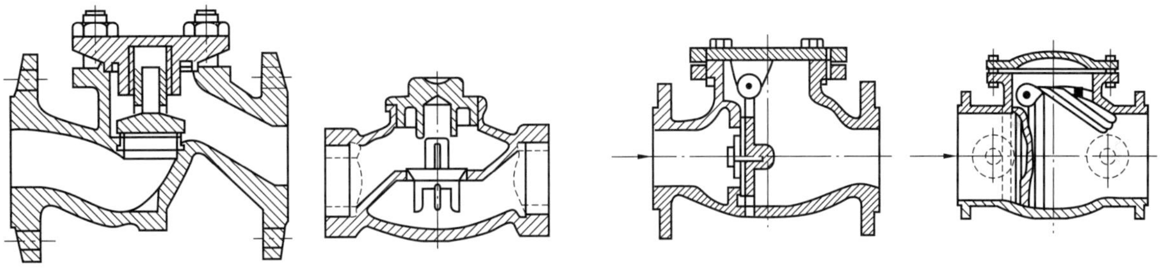
(a)　(b)

图 3-49　止回阀

(a) 升降式；(b) 旋启式

4. 蝶阀

蝶阀不仅在石油、煤气、化工、水处理等一般工业上得到广泛应用，而且还应用于热电站的冷却水系统。

蝶阀如图 3-50 所示，其结构简单、体积小、质量轻，只由少数几个零件组成，只需旋转 90°即可快速启闭，操作简单，同时具有良好的流体控制特性。蝶阀处于完全开启位置时，蝶板厚度是介质流经阀体时唯一的阻力，通过该阀门所产生的压力降很小，具有较好的流量控制特性。

常用的蝶阀有对夹式蝶阀和法兰式蝶阀两种。对夹式蝶阀是用双头螺栓将阀门连接在两管道法兰之间，法兰式蝶阀是阀门上带有法兰，用螺栓将阀门上两端法兰连接在管道法兰上。蝶阀适合安装在大口径管道上。

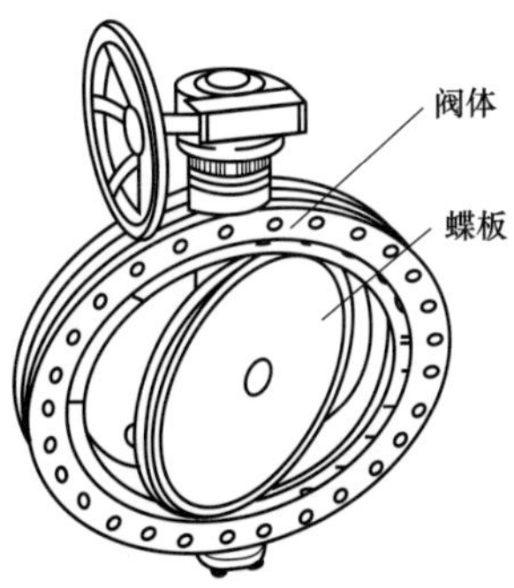

图 3-50　蝶阀

5. 旋塞阀

旋塞阀又称考克或转心门。它主要由阀体和塞子（圆锥形或圆柱形）所构成。图 3-51（a）所示为扣紧式旋塞阀，在旋塞的下端有一螺帽，把塞子紧压在阀体内，以保证严密。旋塞塞子中部有一孔道，当旋转时，即开启或关闭。旋塞阀构造简单，开启和关闭迅速，旋转 90°就全开或全关，阻力较小，但保持其严密性比较困难。旋塞阀通常用于温度和压力不高的管路上。热水龙头也属旋塞阀的一种。

选用特点：结构简单，外形尺寸小，启闭迅速，操作方便，流体阻力小，便于制造三通或四通阀门，可作分配换向用，但密封面易磨损，开关力较大。此种阀门不适用于输送高压介质（如蒸汽），只适用于一般低压流体作开闭用，不宜于作调节流量用。

6. 球阀

球阀分为气动球阀、电动球阀和手动球阀三种。三片式球阀如图 3-52 所示。球阀阀体可以是整体的，也可以是组合式的。它是近十几年来发展最快的阀门品种之一。

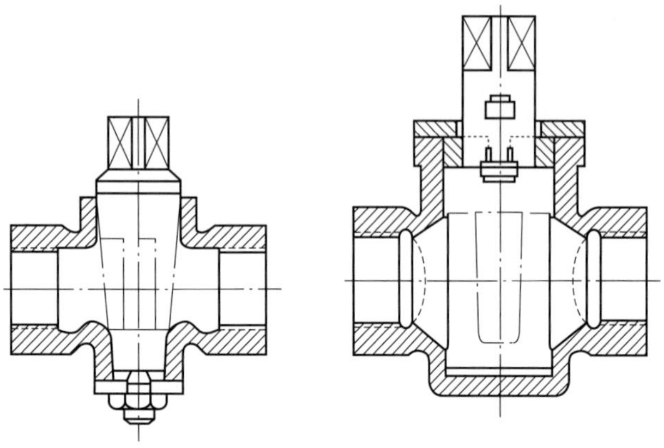

（a）　　（b）

图 3-51　旋塞阀

（a）扣紧式；（b）填料式

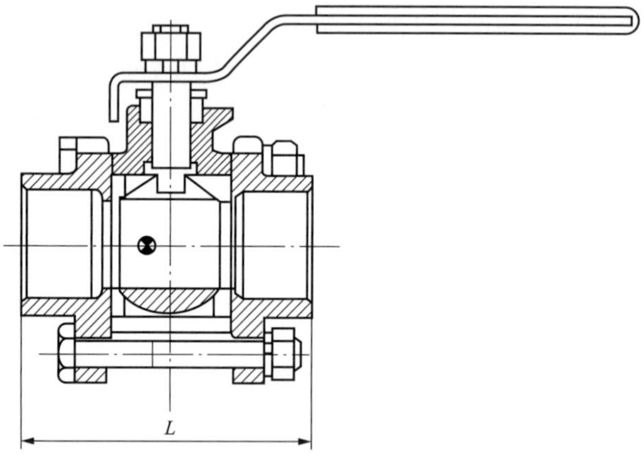

图 3-52　三片式球阀

球阀是由旋塞阀演变而来的，它的启闭件为一个球体，利用球体绕阀杆的轴线旋转 90°实现开启和关闭的目的。球阀在管道上主要用于切断、分配和改变介质流动方向，设计成 V 形开口的球阀还具有良好的流量调节功能。

球阀具有结构紧凑、密封性能好、结构简单、体积较小、质量轻、材料耗用少、安装尺寸小、驱动力矩小、操作简便、易实现快速启闭和维修方便等特点。

选用特点：适用于水、溶剂、酸和天然气等一般工作介质，而且还适用于工作条件恶劣的介质，如氧气、过氧化氢、甲烷和乙烯等，且特别适用于含纤维、微小固体颗料等介质。

7. 调节阀

调节阀如图 3-53 所示，它的构造特点是没有单独的阀盘，而是利用阀杆的端头磨光代替阀盘。调节阀多用于小口径管路上，如安装压力表所用的阀门常用调节阀。

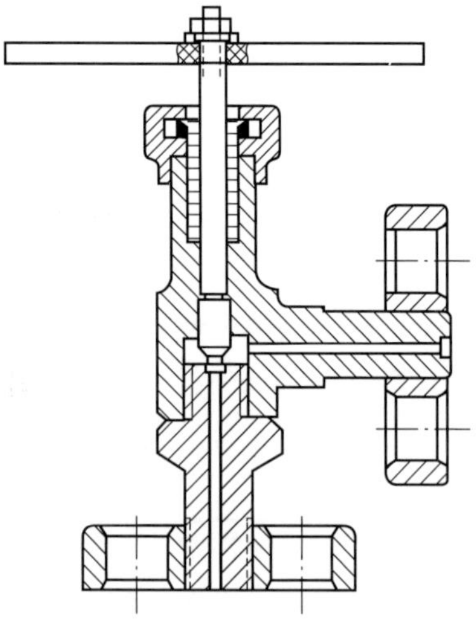

图 3-53　调节阀

选用特点：阀的外形尺寸小、质量轻，该阀主要用于节流；制作精度要求高，密封较好；不适用于黏度大和含有固体悬浮物颗粒的介质；

该阀可用于取样，其公称直径小，一般在 25.00mm 以下。

8. 安全阀

安全阀是一种安全装置，当管路系统或设备（如锅炉、冷凝器）中介质的压力超过规定数值时，便自动开启阀门排汽降压，以免发生爆炸危险。当介质的压力恢复正常后，安全阀又自动关闭。

安全阀一般分为弹簧式和杠杆式两种，如图 3-54 所示。弹簧式安全阀是利用弹簧的压力来平衡介质的压力，阀瓣被弹簧紧压在阀座上，平常阀瓣处于关闭状态。转动弹簧上面的螺母，即改变弹簧的压紧程度，便能调整安全阀的工作压力，一般要先用压力表参照定压。

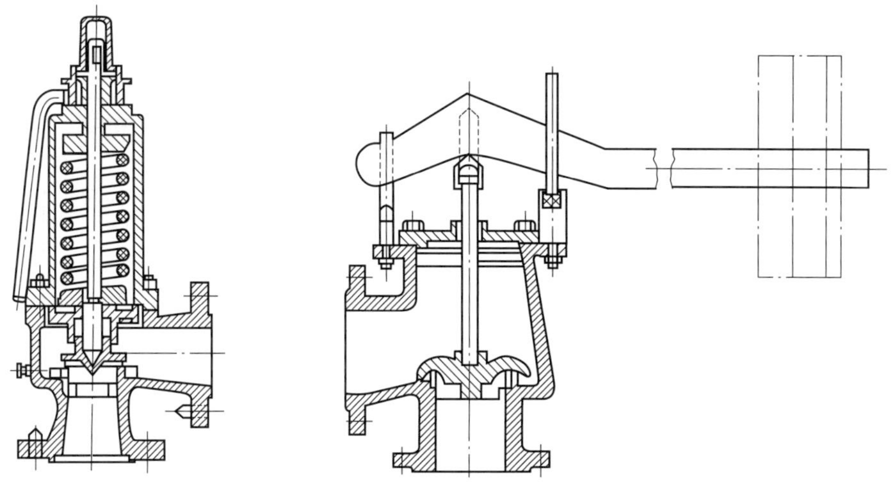

（a）　　（b）

图 3-54　安全阀

（a）弹簧式；（b）杠杆式

杠杆式安全阀或称重锤式安全阀，它是利用杠杆将重锤所产生的力矩紧压在阀瓣上。保持阀门关闭，当压力超过额定数值，杠杆重锤失去平衡，阀瓣就打开。所以改变重锤在杠杆上的位置，就改变了安全阀的工作压力。

选用安全阀的主要参数是排泄量，排泄量决定安全阀的阀座口径和阀瓣开启高度。由操作压力决定安全阀的公称压力，由操作温度决定安全阀的使用温度范围，由计算出的安全阀定压值决定弹簧或杠杆的调压范围，再根据操作介质决定安全阀的材质和结构形式。

9. 减压阀

减压阀又称调压阀，用于管路中降低介质压力。常用的减压阀有活塞式、波纹管式及薄膜式等几种，如图 3-55 所示。各种减压阀的原理是介质通过阀瓣通道小孔时阻力增大，经节流造成压力损耗从而达到减压目的。减压阀的进、出口一般要伴装截止阀。

选用特点：减压阀只适用于蒸汽、空气和清洁水等清洁介质。在选用减压阀时要注意，不能超过减压阀的减压范围，保证在合理情况下使用。

10. 疏水阀

疏水阀又称疏水器，它的作用在于阻气排水，属于自动作用阀门。它的种类有浮桶式、恒温式、热动力式以及脉冲式等，如图 3-56 所示。

阀门的形式应根据阀门的结构、制造特点和安装、运行、检修要求选择。对有特殊要求的阀门，可选公称压力级别较高的阀门，如高压除氧器和给水箱直接相连的管道阀门、给水泵进口阀门、低压蒸汽阀门，均应选用铸钢阀门。

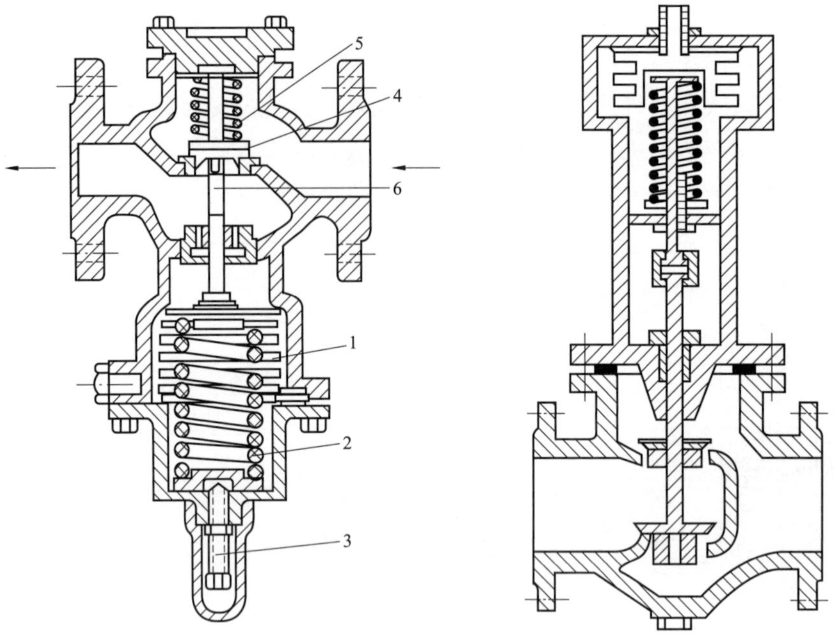

图 3-55　减压阀

1—波纹箱；2—调节弹簧；3—调节螺钉；4—阀瓣；5—辅助弹簧；6—阀杆

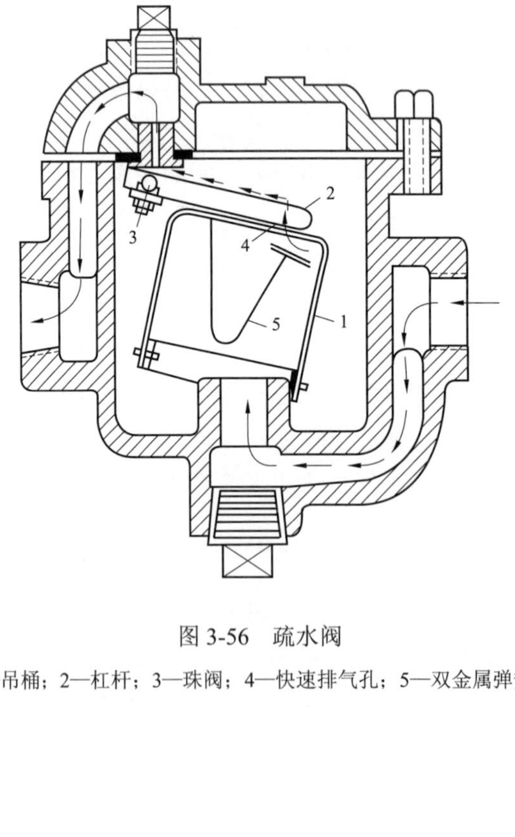

图 3-56　疏水阀

1—吊桶；2—杠杆；3—珠阀；4—快速排气孔；5—双金属弹簧片

（二）阀门型号表示方法

阀门型号表示方法如下：

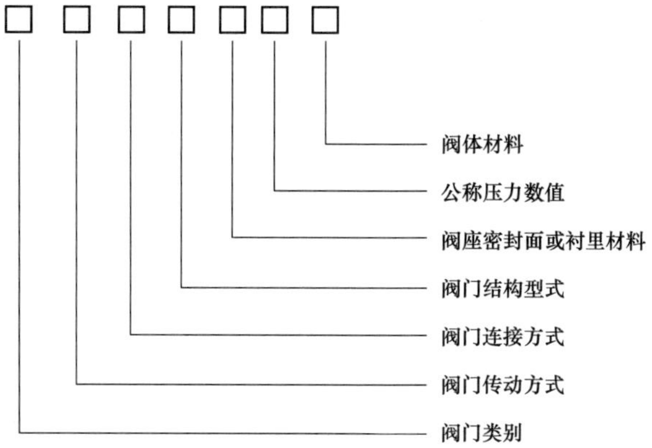

阀门型号含义见表3-14。

表3-14　　阀门型号含义

第1位	第2位	第3位	第4位	第5位	第6位	第7位
用汉语拼音字母表示阀门类别	用一位数字表示驱动方式	用一位数字表示连接方式	用一位数字表示结构方式	用汉语拼音字母表示密封里或衬里	用数字表示公称压力（×10MPa）	用汉语拼音字母表示阀体材料
Z—闸阀 J—截止阀 L—节流阀 Q—球阀 D—蝶阀 H—止回阀 G—隔膜阀 A—安全阀 T—调节阀 X—旋塞 Y—减压阀 S—疏水阀 HG—针形阀 DE—电磁阀	0—电磁传动 1—电磁一液压传动 2—电机一液压传动 3—涡轮传动 4—正齿轮传动 5．伞齿轮传动 6—汽动 7—液动 8—气一液联动 9—电机传动手轮、手柄、扳手无代号表示	1—内螺纹 2—外螺纹 3—法兰：用于双弹簧安全阀 4—法兰 5—法兰：用于杠杆式安全门、单弹簧安全门 6—焊接 7—对夹 8—卡箍 9—卡套	例如，对于闸阀，数字1表示明杆楔式单闸板，2表示明杆楔式双闸板，4表示明杆平行双闸板；对于截止阀，数字1表示铸造直通式，4表示锻造直角式；对于止回阀，数字1表示铸造直通升降式，4表示单瓣旋启式；对于球阀，数字1表示铸造直通式，2表示直角式，4表示三通式；对于隔膜阀，数字1通式，2表示直表示直角式	T—铜 H—合金钢 B—巴氏合金 Y—硬质合金 X—橡胶 J—衬橡胶 P—渗硼钢 D—渗氮钢 C—衬搪瓷 Q—衬铅 F—氟塑料 N—尼龙 W—无密封圈 S—塑料		Z—铸铁（一般不表示） K—可锻铸铁 Q—球墨铸铁 T—铜合金 I—铬钼钢 P—铬镍钛钢 R—铬镍钼钛钢 V 铬钼钒钢 C—碳钢（一般不表示）

第五节　耐火、保温及防腐材料

一、耐火材料

耐火材料用于锅炉炉墙砌筑、烟囱内衬等。常见的耐火材料有耐火砖、耐火可塑料、耐火混凝土。按耐火度分类可分为普通耐火材料（1580～1770℃）、高级耐火材料（1770～2000℃）、特级耐火材料（2000～3000℃）；按制造工艺方法可分为泥浆浇注制品、可塑成型制品、半干压型制品等；按耐火材料的外观分类可分为耐火砖（具有一定形状）、不定形耐火材料（简称散状料，无一定形状，包括耐火混凝土、可塑料等）、耐火泥（砌筑砖缝用材料，包括热硬性火泥、水硬性火泥等）。

耐火砖按制品形状和尺寸分类可分为标准型、普通型、异型、特异型等。

（1）标准型制品标准矩形尺寸为 250mm×123mm×65mm，230mm×113mm×65mm，250mm×123mm×65/55mm，230mm×113mm×65/55mm。

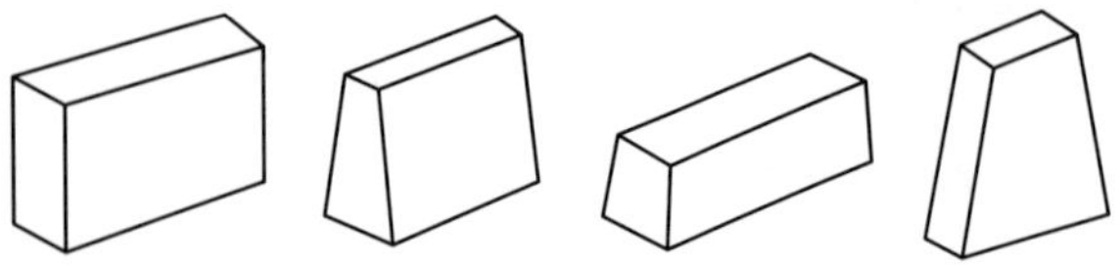

图 3-57　普通型制品

（2）普通型制品重为 2～8kg，具有不多于四个量尺，其外形尺寸的比例在 1:4 的范围以内（最小与最大尺寸之比例），不带凹角，孔眼或沟槽的制品算作普通型制品。形状如图 3-57 所示。

（3）异型制品：重为 2～15kg，其外形尺寸的比例在 1:6 范围以内，具有不多于两个凹角（包括角的顶点，或圆弧状的凹角）；或者具有一个 50°～75°的锐角；或带有不多于 4 个沟槽（按总数计）的制品，算作异型制品，形状如图 3-58 所示。

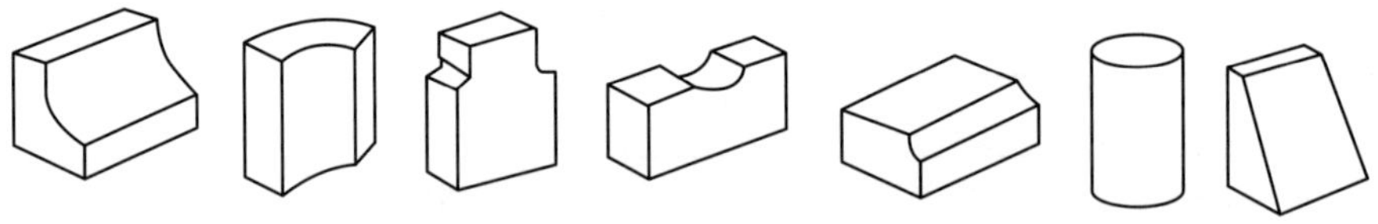

图 3-58　异型制品

（4）特异型制品：重为 1.5～30kg，其外形尺寸比例在 1:8 范围之内，具有不多于 4 个凹角（包括角的顶点或圆弧形的凹角）；或带有不多于 1 个 50°～30°的锐角；或带有不多于 8 个沟槽；或带有不多于一个孔眼的制品，算作特异型，形状如图 3-59 所示。

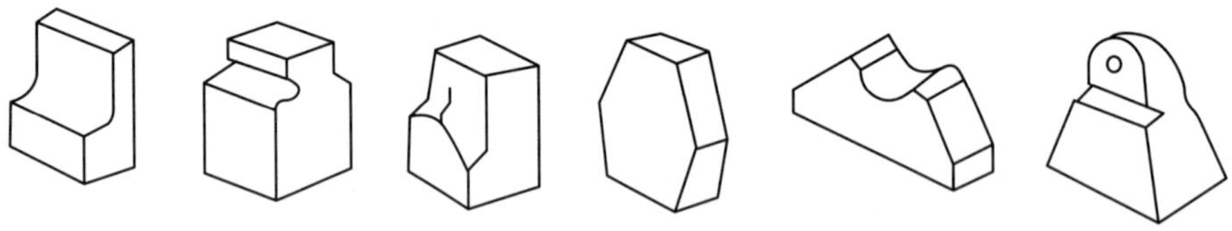

图 3-59　特异型制品

近代电站向大容量锅炉的发展，使炉墙结构向轻型保温化转型。一般锅炉本体炉墙筑炉与保温由锅炉制造厂设计。

二、保温材料

绝热材料是保温、保冷材料的统称，也即主保温层材料。绝热材料的性能要求如下：

（1）导热系数小。

（2）密度小。

（3）材料性能稳定，具有明确的导热系数方程式，有较大的适用温度范围。

（4）能耐一定振动，具有一定的机械强度。

（5）化学稳定性好，无腐蚀作用。

（6）防水性能好，吸湿性小。

（7）可燃成分少，应是自熄性或不燃性。

（一）保温层材料

火力发电工程中常用保温材料性能见表 3-15。

（二）保护层材料

敷设于主保温层外，保护主保温层的材料即是保护层材料。

表 3-15　　火力发电工程中常用保温材料性能

保温材料		密度（kg/m³）	推荐最高使用温度（℃）
硅酸钙制品		170	550
		220	550
硅酸钙制品岩棉复合	硅酸铝	150	650
	岩棉	150	320
岩棉、矿渣堡制品	棉	100	600
	缝毡	100	400
	板	120	350
	管壳	150	350
玻璃棉制品	缝毡	64	300
	板	80	300
	管壳	45	300
憎水膨胀珍珠岩制品		220	400
复合硅酸盐保温涂料		180（干态）	550

1. 保护层材料性能要求

保护层材料性能应符合以下要求：

（1）防水、防潮，抗大气腐蚀性能好。

（2）材料本身的化学性能稳定，使用年限长，不易老化变质。

（3）强度高，在温度变化及振动情况下不开裂，外观美观。

（4）燃烧性能应符合不燃类材料（A 级）的要求。

（5）抹面保护层的密度应小于 800kg/m³，抹面干燥后不得产生裂缝、脱壳等现象。

2. 常用的保护层材料

（1）抹面作主保温层的外护层或勾缝材料，密度小于 800kg/m³。一般抹面材料各类成分按质量配比：珍珠岩粉 45%、石棉粉 25%、水泥（400 号）25%、石棉绒 5%、麻刀（另加）2%。室外抹面，可适当增加水泥的比例，相应减少珍珠岩粉、石棉粉的比例。对微孔硅酸钙主保温层外则使用工厂生产的专用抹面。

（2）镀锌铁皮管道可选用 0.35～0.5mm 厚度，设备和矩形截面烟风道可选用 0.5～0.70mm 厚度。有钉口和挂口两种安装方式。

（3）铝合金板管道可选用 0.50～0.75mm 厚度，设备和矩形截面烟风道可选用 0.6～1.00mm 厚度。有钉口和挂口两种安装方式。

（4）对大截面矩形烟风道的金属保护层应采用压型板。

对金属罩壳来说，设备及直径大于 529mm 的管道有钉口和挂口两种安装方式，直径在 529mm 以下的管道采用钉口安装。

三、防腐材料

电厂的防腐蚀材料大致可以分为塑料制品、橡胶制品、玻璃钢复合材料等。

（一）塑料制品

塑料制品属于高分子类防腐蚀材料，是以合成树脂为基础，加上其他各种添加剂，在一定条件下塑制成的型材（如板、管、棒、薄膜）或制品（如泵、阀等）。防腐蚀工程常用的工程塑料有聚氯乙烯、聚乙烯、聚丙烯、聚四氟乙烯等。

（二）橡胶制品

橡胶制品属于高分子防腐蚀材料，具有较好的物理机械性能和耐腐蚀性能。在电厂用作化学水处理系统金属设备及管道的衬里或复合衬里的防腐层。常用的橡胶有以下几种。

1. 天然橡胶

化学稳定性较好，可耐一般非氧化性强酸、有机酸、碱溶液和盐溶液的腐蚀，但在强氧化性酸和芳香族化合物中不稳定。

2. 氯化橡胶

主要用来作涂料，在低于 70℃环境下使用。该涂料具有良好的耐酸碱、耐海水性能，具有不燃性，但不耐溶剂及氧化性酸的腐蚀。

3. 氯丁橡胶

具有耐日光、耐老化、耐摩擦、耐油、耐腐蚀等性能。可用作涂料，涂层具有耐水、耐磨、耐曝晒和耐酸碱性能。它对金属、塑料、木材、陶瓷、水泥、电线等都具有很好的附着力，能保护在地下、水下或有腐蚀性介质与潮湿环境下的各种物体。氯丁橡胶也可以制成胶板，供衬里使用。

4. 氧磺化聚乙烯橡胶

耐磨性能、耐大气、耐臭氧性能良好。耐热可达 120%，耐氧化剂性能仅次于氟橡胶。在强氧化、碱液、过氧化物、盐溶液及很多有机介质中稳定。但不耐油类、四氯化碳、芳香族化合物的腐蚀。用氯磺化聚乙烯橡胶制作涂料及衬里用的胶板。

5. 丁苯橡胶

丁苯橡胶可制成软板和硬胶板。丁苯橡胶不耐盐酸腐蚀。丁苯硬质橡胶可在温度 80℃、36%盐酸的长期作用下而不腐蚀，在 65℃以下可耐湿氯气腐蚀，在醋酸介质中稳定。

6. 丁脂橡胶

具有良好的耐油性能，耐腐蚀性与丁苯橡胶相似。

衬胶工艺：①设备衬胶前，必须进行表面处理；②被衬里设备表面应用喷砂法除去表面铁锈污物等杂质；③喷砂处理后的表面应用溶剂清洗，为防止在大气中重新锈蚀，应在 8h 内涂刷一遍胶液，搅拌器涂刷一遍和二遍胶。胶液干燥时间不少于 20min；④所用清洗溶剂为汽油或丙酮；⑤控制环境温度不低于 15℃，湿度不大于 80%。

（三）玻璃钢复合材料

玻璃钢是一种以玻璃纤维为增强剂、以合成树脂为黏结剂制成的复合材料。具有质量轻、强度高、耐腐蚀、成型性好和适用性强等优异性能，是电厂防腐工程广泛应用的材料之一。玻璃钢可用于储槽（如容器、酸洗槽、塔器、槽车、反应罐等）、管道及附件（如输油管、输气管、废气管、耐酸管、管配件等）、三废处理装置（如除尘设备、吸收装置等），定型产品（如冷却塔、板框压滤机、离心机、阀门、泵、风机、水塔等）。

（四）聚氨酯防腐

聚氨酯防腐涂料通常是通过一定的化学反应在基材上成膜和硫化交联的，因此聚氨酯防腐涂料属于反应型涂料，它主要分为单组分潮气固化型防腐蚀涂料、双组分聚氨酯防腐蚀涂料、聚氨酯粉末涂料等。

（五）牺牲阳极防腐

牺牲阳极防腐以牺牲阳极保护阴极的方法，常用于接地网、海水管道防腐等。牺牲阳极防腐是利用外部电流使被腐蚀金属电位发生变化从而减缓或抑制金属的腐蚀。根据电流来源不同分为外加电流法和牺牲阳极法两种。前者利用外加电源，将被保护金属与电源负极相连，通过辅助阳极构成电流回路，使金属发生阴极极化而达到防止金属腐蚀的目的。后者则是将被保护金属与电位更低的牺牲阳极直接相连，构成电流回路，从而使金属发生阴极极化，靠阳极的腐蚀溶解达到保护阴极的目的。

第四章

热力设备安装工程设计与工程识图

第一节　设计阶段概述和设计图纸类型

一、设计阶段概述

火力发电厂勘测设计的全过程一般划分为初步可行性研究、可行性研究、初步设计、施工图设计、施工配合、竣工图、设计回访总结、项目后评价八个阶段，可根据各工程具体条件确定。火力发电厂勘测设计阶段划分如图 4-1 所示。

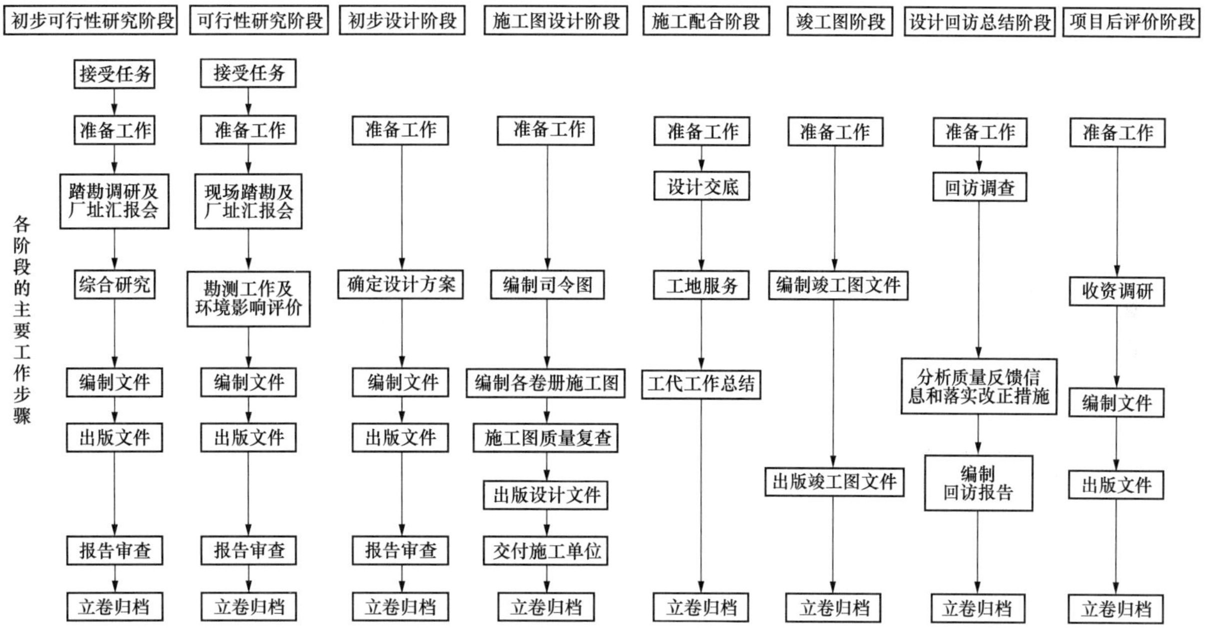

图 4-1　火力发电厂勘测设计阶段划分

（一）初步可行性研究的作用和任务

初步可行性研究是新建工程项目建设中的一个重要环节，是从国家电力发展规划、电力产业政策、区域资源优化配置及地区电力发展规划和市场需求研究，电网结构、资源情况（包括一次能源和水资源）和运输系统的现状与规划、环境状况等方面分析，在几个地区或指定地区分别调查可能建厂厂址的条件，并对可能造成厂址颠覆性因素进行论证；经过对多个厂址方案进行技术和经济比较，择优推荐出两个或以上可能建厂的厂址方案作为开展可行性研究的厂址方案。因此，初步可行性研究的工作是必要和重要的，是进一步编制项目可行性研究报告的依据。

初步可行性研究的任务是：论证建厂的必要性；进行踏勘调研、收集资料，必要时进行少量的勘测和试验工作，对可能造成厂址颠覆性因素进行论证，初步落实建厂的外部条件；新建工程应对多个厂址方案进行技术和经济比较，择优推荐出两个或以上可能建厂的厂址方案作为开展可行性研究的厂址方案；提出电厂规划容量、分期建设规模及机组选型的建议；提出初步投资估算与经济效益分析。

（二）可行性研究的作用和任务

可行性研究对项目的投资决策起着决定性的作用。可行性研究成果是投资方进行投资决策的重要依据；审定的可行性研究报告是编制项目申请报告的依据之一；在项目核准后，审定的可行性研究报告又是进行主机招标及开展初步设计的依据。因此，可行性研究是基本建设程序中为项目决策提供科学依据的一个重要阶段，发电厂新建、扩建或改建工程项目均需进行可行性研究，编制可研报告。

可行性研究的任务是：论证建厂的必要性和可行性；新建工程应有两个及以上的厂址，并对拟建厂址进行同等深度的全面技术经济比较，提出推荐意见；进行必要的调查、收资、勘测和试验工作；落实环境保护、水土保持、土地利用、接入系统、热负荷、燃料、水源、交通运输（含铁路专用线、码头及运煤专用公路等）、储灰场、区域稳定及岩土工程、脱硫吸收剂与脱硝还原剂来源及其副产品处置等建厂外部条件，并应进行必要的方案比较；对推荐厂址的总体规划、厂区总平面规划及各工艺系统提出工程设想，应论证并提出主机技术条件；投资估算应能满足控制投资的要求，并进行造价分析；财务评价所需的原始资料应切合实际，利用外资项目的财务评价指标，应符合国家规定的有关利用外资项目的技术经济政策。

（三）初步设计的作用和任务

工程实施的主要方案都是在初步设计阶段确定的，初步设计应重点做好设计方案的优化及控制工程投资，它是编制司令图与施工图、进行主要辅机及施工招标的依据。因此，初步设计工作对保证电厂的安全经济运行有着重要的作用。

初步设计的任务是：确定主要设计方案，作为施工图设计的依据；提出主要辅机招标和材料订货的技术条件；控制工程投资，概算不应超过审定的估算；满足施工准备和生产准备需要。

（四）施工图设计的作用和任务

施工图设计是落实前期各阶段所制定的技术原则，对工程进行细化设计，为现场提供施工图。施工图设计的任务是：在初步设计的基础上，在满足国家相关法规的前提下，细化设计，分系统、分卷册，完成满足现场施工需要的设计成品，确保工程建成后投资省、运行维护方便。施工图设计应做到设计方案、工艺流程、设备选型、设施布置、结构形式、材料选用等符合安全、经济、适用的要求，采用的新技术应落实可靠；应使用经过鉴定的计算机软件，计算项目齐全，计算公式和计算结果正确，图纸符合计算结果；设备材料表中的编号、数量、规格、质量应与图纸相符，正确无误；做好内外协调配合，提供资料应及时、准确，防止错、漏、碰、缺等质量通病的发生，认真执行设计成品会签制度；图纸套用应符合《电力工程勘测设计图纸管理办法》的有关规定。套用图纸应符合工程的设计条件，条件不相同时应进行核算；设计图纸应符合 DL/T 5028—2015《电力工程制图标准》，说明书应力求简洁清晰。

（五）施工配合的作用和任务

在施工图交付项目法人及项目实施阶段，需向项目建设工地派驻工地服务代表，为项目建设进行施工配合，并协助项目法人对施工质量进行监督。施工配合可以划分为土建施工、设备安装、运行调试三个阶段。施工配合是施工图的延续。施工图设计涉及多专业、多系统、多设备，为确保施工质量，设计人员需向施工人员交代设计意图、重点、难点、施工注意事项等。另外，由于现场实际场地情况可能与勘测报告有出入，设备订货、材料使用等可能与设计不一致，有时尚需适当修改设计以适应现场施工、安装的作业方式，加之施工图设计本身会有缺陷等原因，均需要设计人员随时在施工过程中解决。施工配合就是设计工地代表解决施工图过程中一切与设计有关的问题。

施工配合的任务是：设计人员进驻项目施工现场，向项目法人及施工单位交代设计意图、施工难点、施工注意事项等内容；作为项目参与单位，协助项目法人对工程建设过程的质量进行监督。

（六）竣工图的作用和任务

竣工图是以设计院的施工图为基础，将工程建设过程中的设计更改或施工、安装修改均在竣工图中反映出来，是与竣工验收一致的文件，它是以后工程运行、检修、改造、事故诊断的依据性文件，同时也是竣工结算的依据。

竣工图编制的任务是：根据工程施工图、设计变更通知单、设备、安装、施工单位、调试单位或项目法人的“工程联系单”和设计更改等的所有变更文件，编制一套完整的、符合工程竣工验收时实际情况的工程图。

（七）设计回访总结阶段

设计回访总结是工程设计、建设、调试、运行经受实际考验后的总结阶段，应按《新投产火电工程回访工作及情况报告暂行规定》进行回访，对勘测设计的经验和问题进行全面总结，其工作步骤可包括准备工作、回访调查、分析质量反馈信息和落实改正措施、编制回访报告、立卷归档。

（八）项目后评价的作用和任务

项目后评价一般是指项目投资完成之后所进行的评价。项目后评价是建设项目周期最后一个重要阶段，是项目管理的重要内容，主要服务于投资决策，是出资人对投资活动进行监管的重要手段。项目后评价的目的是，通过总结已完成建设项目的经验教训，为政府和投资方完善相关的政策措施、改进投资决策管理、提高管理水平提供支持；为今后投资方、融资方及其他参建单位更好地建设同类项目提供经验。后评价是对项目前评估进行的再分析评价，是项目决策管理的反馈环节。

项目后评价的任务是：对项目执行全过程每个阶段的实施和管理进行定量和定性的分析，重点包括法律法规、执行程序、工程质量、进度、投资、技术经济指标、社会环境影响、工程设计质量、宏观和微观管理等。

二、设计施工图纸类型

一般施工图设计阶段的成品（施工图设计文件）主要包括施工图设计说明书、施工图册、设备清册、材料清册四部分。

施工图设计说明一般可按照《大型火力发电厂施工图设计文件内容深度的规定》中的典型施工图目录要求，按专业卷册进行编制，并分别对施工图设计工作加以说明，明确各卷册的具体设计内容和技术要点。

施工图设计图纸一般按照 DL/T 5461《大型火力发电厂施工图设计文件内容深度的规定》的要求，按专业形成单独统一的卷册。一般施工图设计中热力设备相关设计专业应提供的设计图纸如下。

（一）热机专业

热机专业的设计图纸包括主厂房布置图，系统流程图（热力系统图、燃烧系统图、燃油系统图），主厂房内附属机械及辅助设备首页图、安装图（含平台楼梯、检修起吊等），锅炉烟风煤粉管道安装（布置图、零件加工图和支吊架安装图）；锅炉露天设施图（布置图、零件加工图组成）；高温高压汽水管道图（管道系统流程图、管道立体、剖面布置图、管道平、断面布置图、零件加工图和支吊架安装图）；中低压管道系统图（管道系统流程图、管道布置图、零件加工图和支吊架安装图）；其他管道系统图（管道系统流程图、管道布置图、零件加工图和支吊架安装图）；燃油系统布置及管道安装图（管道、设施组成图、首页图、设备安装图、零件、设备加工图、支吊架安装图；脱硫脱硝及附属生产工程系统布置与管道安装图；全厂保温油漆（说明、图纸、表格等）；套用典设部分图纸（辅助车间设备及管道安装典型设计的图纸；加工图纸）。

（二）输煤专业

输煤专业的设计图纸包括系统平断面布置图；卸煤设施布置图（火车卸煤设施平断面布置图、卸煤沟的胶带机布置图；汽车卸煤设施平断面布置图、卸煤沟的胶带机布置图、卸煤码头设施平断面布置图、卸煤沟的胶带机布置图）；煤场设施布置图（煤场设施平断面布置图、煤场胶带机布置图）；碎煤机室布置图（碎煤机室平断面布置图、设备安装图、落煤管安装图）；输送机布置图；转运站（筒仓）布置图、转运站（筒仓）平断面布置图、设备安装图、落煤管安装图；汽（火）车衡布置安装图（车间平断面布置图、设备安装图）；煤取样间布置及设备安装图（煤取样间平断面布置图、设备安装图）；水冲洗系统布置安装图（立体冲洗管道布置图、各个车间冲洗管道平面布置图）；加工定货图（特殊落煤管加工制造图）。

（三）除灰专业

除灰专业的设计图纸包括系统平断面布置图；炉底除渣设施布置图（刮板捞渣机、碎渣机、刮板输渣机、渣仓及管道布置安装图）；渣浆（水）泵布置及管道布置安装图［渣浆（水）泵及前池布置、渣浆（水）管道布置安装图、渣浆（水）泵安装图、灰渣沟镶板安装图］；浓缩机（澄清池）设备及管道布置安装图［浓缩机（澄清池）设备平断面布置图、设备安装图、管道安装图］；厂区渣水、污水、灰管、压缩空气管道布置安装图（除灰各种管道的布置安装图、排污泵安装图）；除灰冲洗水泵房设备及管道布置安装图；除灰冲洗水泵房平断面布置图，设备安装图；锅炉房内外冲洗水管道布置安装图；省煤器（空气预热器）灰斗、电除尘器灰斗下气力（水力）除灰设备及管道布置安装图；空压机室设备及管道安装图（空压机室平断面布置图、设备安装图、管道布置安装图）；灰库设备及管道布置安装图（灰库平断面布置图、设备安装图、管道布置安装图）；气化风机室设备及管道布置安装图；灰渣泵房设备管道布置安装图；石子煤水力输送系统布置安装图；石子煤机械输送系统布置安装图。

（四）化水专业

化水专业的设计图纸包括系统流程图［包括锅炉补给水处理系统图、凝结水精水处理系统图、循环冷却水处理系统图、水汽取样及化学加药系统图、氢气系统图、废水集中处理系统图、灰（渣）水防垢处理系统图、原水预处理系统图、布置图］；管道布置图（包括管道平面布置图、剖面布置图、防腐管道安装图、管道支吊架制造图）；设备制造及安装图（各类水箱制造图及定位图、水泵、风机等设备安装图、平台、楼梯、起吊设施等安装图）。

（五）供水专业

（1）循环水系统管沟（包括厂区内外）：首页图、布置图、剖面图、零部件图。

（2）自然通风冷却塔布置及安装：首页图、布置图、安装图、零部件图。

（3）循环水泵房布置及安装：设备布置平剖图、管路系统图、设备安装图、零部件图。

（4）取（排）水口布置及安装：首页图、布置图、剖面图。

（5）取（排）水构筑物总布置：首页图、布置图。

（6）防腐（含水泵、凝汽器及管件、阀门、金属管道）：首页图、布置图、零部件图。

（7）补给水系统：总图、布置图。

（8）压力管道布置及安装：首页图、布置图、断面图、零部件图。

（9）净化站系统布置：首页图、布置图。

（10）净化站处理构筑物布置及安装（含澄清池、滤池、污泥浓缩池等）：首页图、平剖面图、设备安装及埋件图。

（11）预沉池、调节池、清水池、复用水池布置及安装：首页图、平剖面图、埋件图。

（12）升压泵房布置及安装（含综合水泵房、中水回用泵房、复用水泵房、消防泵房、污泥泵房、雨水泵站、深井泵房、岸边取水泵房、中继泵房等）：首页图、设备布置平剖图、设备安装图、零部件图。

（13）污泥干化系统布置及安装：首页图、设备布置图、设备安装图、零部件图。

（14）加药、消毒系统：首页图、系统图、设备布置图、设备安装图、零部件图。

（15）灰场布置：说明、灰场布置图、容积曲线。

（16）厂区内外自流管道布置及安装：首页图、布置图、井表、大样图。

（17）事故排油系统布置及安装：首页图、布置图、构筑物平剖面图、井表、零部件图。

（18）生活污水处理系统布置及安装：首页图、建（构）筑物布置图、工艺系统图、设备布置图、设备安装图、零部件图。

（19）厂区建筑给水排水安装：首页图、管道布置图、系统图。

（20）含煤废水处理系统布置及安装：首页图、建（构）筑物布置图、剖面图、工艺系统图、设备布置图、设备安装图、零部件图。

（21）直接空冷系统空冷平台布置及附属系统管道安装：首页图、布置图、剖面图、工艺系统图、设备及管道安装图、零部件图。

（22）间接空冷系统布置及附属系统管道安装：首页图、系统布置图、工艺系统图、设备间布置及管道安装图、零部件图。

第二节　管路安装图

一、管路安装图的基本知识

（一）管路安装图的作用与内容

1. 管路安装图的作用

管路安装图是用于指导管路施工和管路安装的图样，是电力工程中一种重要的技术文件。

2. 管路安装图的一般内容

以抽气管路安装图（见图 4-2）为例，对其内容说明如下。

（1）一组视图。管路安装图采用视图、剖视图、断面图等表达，详细地表明管路的具体走向、管路的分支、管路与设备连接、支吊架的配置、管路与建筑物的位置关系等情况。管路安装图的视图分为立面图和平面图（平面图相当于俯视图，立面图相当于主视图或左视图）。

（2）足够的尺寸。管路安装图中一般注出下列尺寸：

1）厂房的总长、总宽及柱子的间距，并将柱子编号；

2）各设备间的相对位置尺寸及标高；

3）管子的公称通径与壁厚、管路的长度、转弯处的弯曲半径、水平管的安装坡度；

4）整个管路的高度和水平管路的标高；

5）设备、管路和建筑物的相对位置尺寸；

6）平台、楼板的标高。

（3）序号和明细栏。序号形式与装配图序号形式类同。

（4）标题栏。标题栏格式与装配图的标题栏类同。

（二）管路安装图的种类

图 4-3 所示为常见的几种管路安装图的图示方法，按图示方法对分类说明如下。

1. 双线管路安装图

按管子的粗细、按比例用两条粗实线表示管子的外径（中间点画线表示轴线），内径的虚线不画，见图 4-3（a）。这种图真实感强，但图线繁多，画图费时，识图时也感到不够清晰。

2. 单线管路安装图

用一根粗实线表示管子，管子粗细另用代号说明，见图 4-3（b）。因为这种图画图省时，图形简明清晰，因此被广泛采用。

3. 单线管路展开图

将立体管路的各管段在连接处进行行旋转，使各管段处在同一平面内所得出的投影图，称为管路展开图。旋转方向应使投影不重合为原则，见图 4-3（c）。这种图用来表明各管段的实长。

4. 单线管路轴测图

这种图形象直观，容易看懂，见图 4-3（d）。

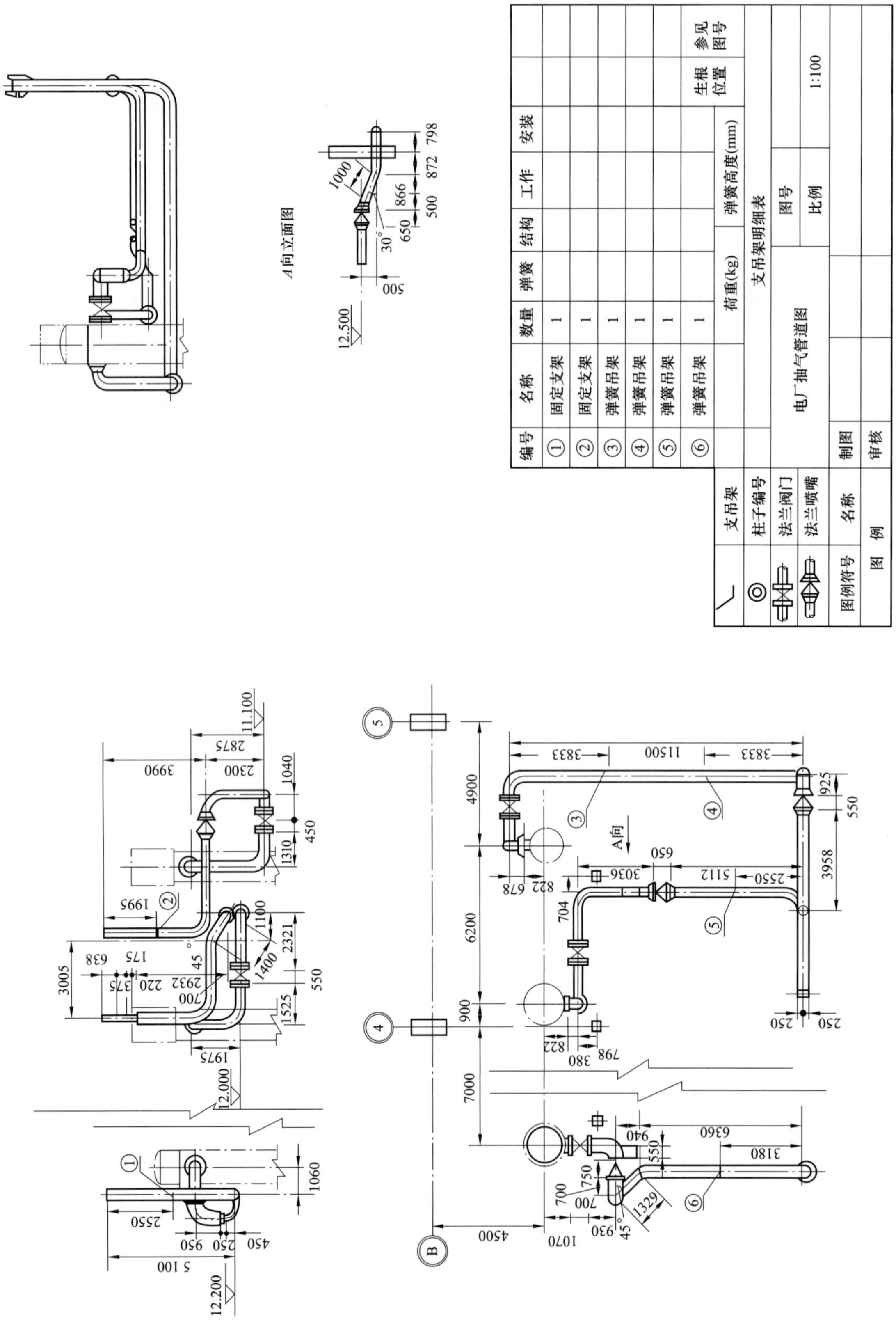
A向立面图
12.500
12.000
12.200
11.100
A向
电厂抽气管道图
比例 1:100
图号
制图
审核
支吊架明细表
编号 名称 数量 弹簧 结构 工作 安装 生根位置 参见图号
荷重(kg)
弹簧高度(mm)
① 固定支架 1
② 固定支架 1
③ 弹簧吊架 1
④ 弹簧吊架 1
⑤ 弹簧吊架 1
⑥ 弹簧吊架 1
支吊架
柱子编号
法兰阀门
法兰喷嘴
图例符号
名称
图 例

图 4-2 抽气管路安装图

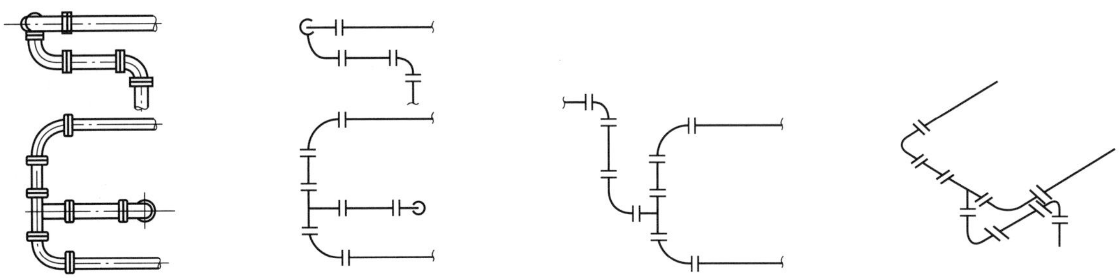

（a）　（b）　（c）　（d）

图 4-3　常见的几种管路安装图

（a）双线管路安装图；（b）单线管路安装图；（c）管路展开图；（d）管路安装轴测图

（三）管路图的规定代号

在管路图中，设备、管路及其附件、支吊架等都采用规定代号来表示，这种规定代号通常称为“图例”，表 4-1 为常用的管路安装图图例。

表 4-1　　常用的管路安装图图例

序号	名　称		双线管路安装图图例符号	单线管路安装图图例符号
1	管路倾斜方向及坡度符号		i=0.00n	i=0.00n
2	支吊架	固定支架		
		滑动支架	U	
		弹簧吊架		
		刚性吊架		
3	管道支吊点编号			
4	管道焊接位置			
5	冷紧口		××mm　××mm	××mm　××mm
6	大小头	焊接大小头		
		法兰大小头		
7	法兰连接			
8	法兰流量喷嘴			
9	阀门	法兰阀门		
		丝扣阀门		
10	三通	焊接三通		
		丝扣三通		

续表

序号	名称		双线管路安装图图例符号	单线管路安装图图例符号
10	三通	法兰三通	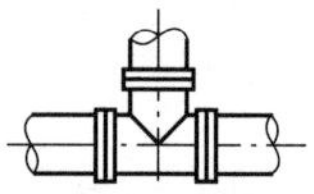	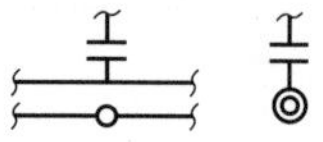
11	弯头	热压弯头		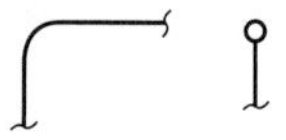
		焊接弯头	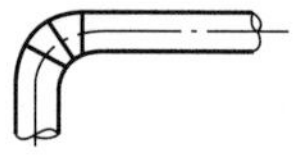	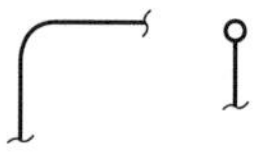
		丝扣弯头	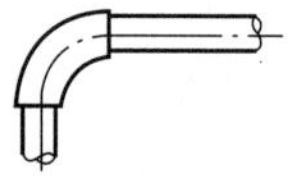	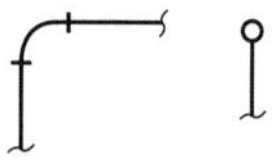
		法兰弯头	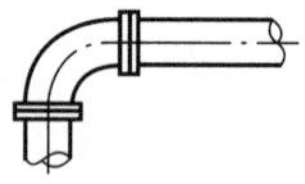	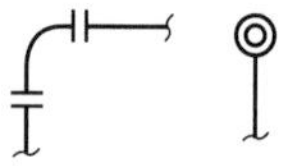

管路中常用管径及介质类别代号的标注方法，见图 4-4。

图 4-4　管径和介质类别代号的标注方法

S—蒸汽代号；W—水的代号；DN—公称通径

二、管路安装图的识读

（一）识读管路安装图的投影理论基础

直线段的投影特征是识读管路安装图的理论基础。

1. 平行位置直线段的投影特征（见图 4-5）

平行位置直线段的投影特征是：一个投影为倾斜于轴的直线段，且反映实长；另两个投影为平行于相应轴的直线段，比实长短。

2. 垂直位置直线段的投影特征（见图 4-6）

垂直位置直线段的投影特征是：垂直投影面上的投影积聚为一点；另两个投影为平行于同一轴线的直线段，且反映实长。

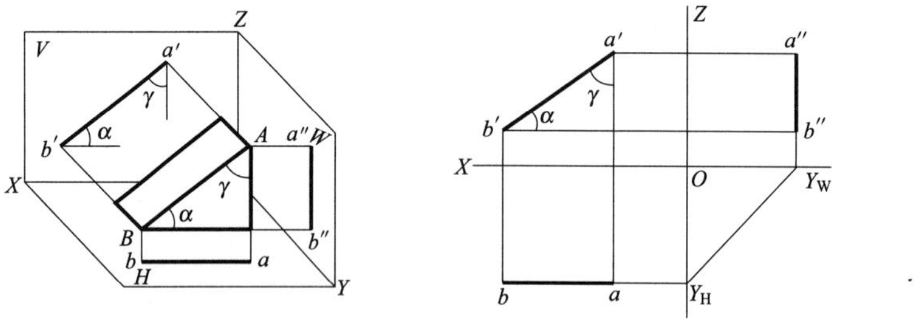

（a）

图 4-5　平行位置直线段的投影特征（一）

（a）正平线

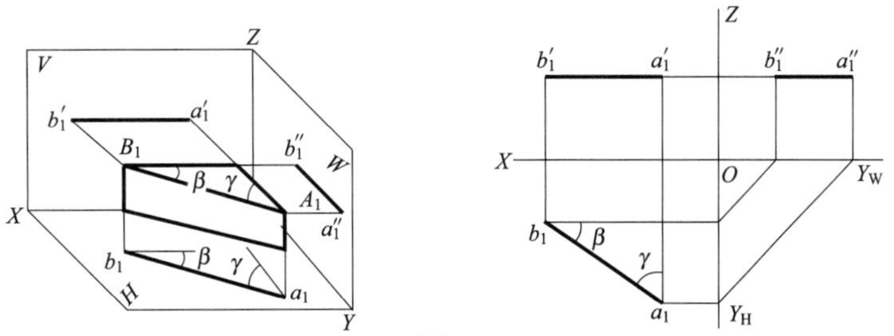

（b）

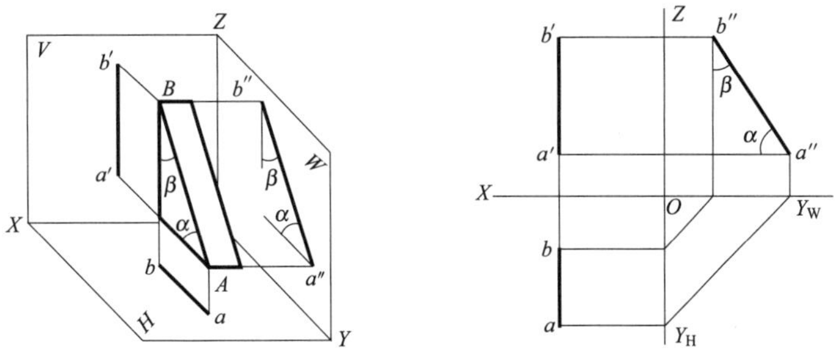

（c）

图 4-5　平行位置直线段的投影特征（二）

（b）水平线；（c）侧平线

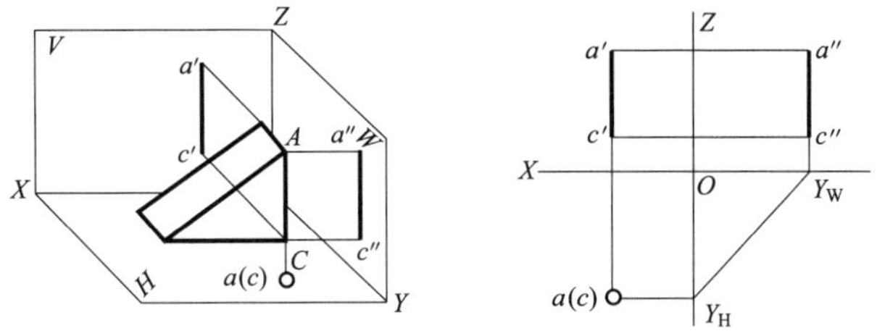

（a）

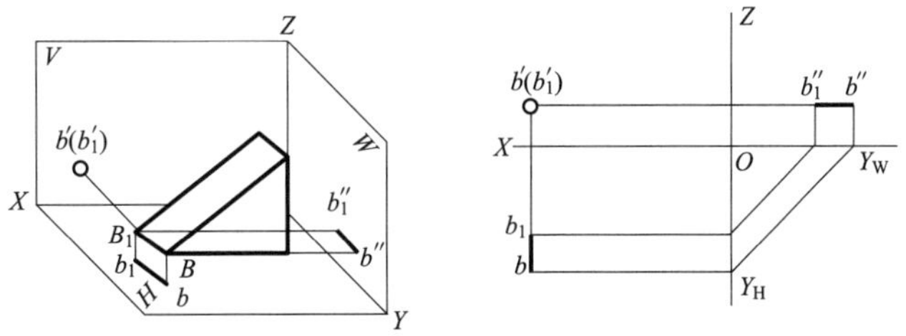

（b）

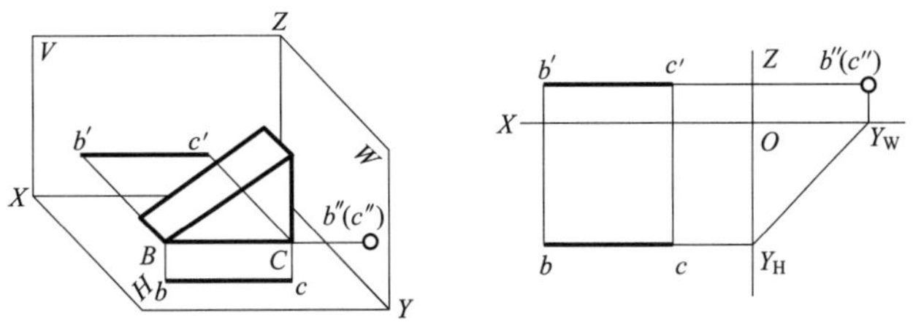

（c）

图 4-6　垂直位置直线段的投影特征

（a）铅垂线；（b）正垂线；（c）侧垂线

3. 一般位置直线段的投影特征（见图 4-7）

一般位置直线段的投影特征是：三个投影都与轴倾斜，且都不直接反映实长，比实长短。

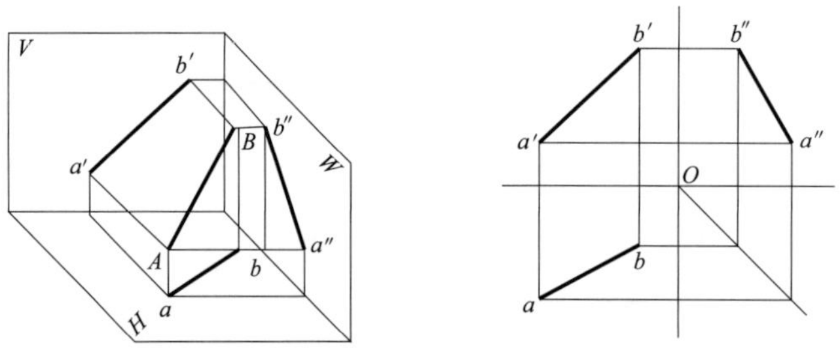

图 4-7　一般位置直线段的投影特征

掌握以上所述的直线段的投影特征，就能迅速正确地识读管路安装图。

（二）识读管路安装图的方法与步骤

（1）看标题栏和管路系统图。看标题栏，了解管路图的名称、复杂程度及其作用。因为管路系统图简明，能反映系统概况，所以要先看管路系统图。

（2）分析图形，想象管路的空间分布、具体走向、与设备的连接及支吊架的配置等情况。一般可从平面图出发联系立面图进行识读。

（3）分析尺寸。分析尺寸除了弄清各管段长度和空间位置外，要弄清与建筑物和设备的相对位置，以及管配件、阀门及仪表的平面布置和定位情况。

（4）看图总结，建立完整的印象。

综上所述，识读管路安装图时，应先从标题栏开始，结合系统图了解概况，然后通览全图，以平面图为主，结合立面图、管路轴测图进行识读。

（三）识读管路安装图举例

图 4-8 所示为某电厂主蒸汽管路单线安装图，图 4-9 所示为其单线轴测图。

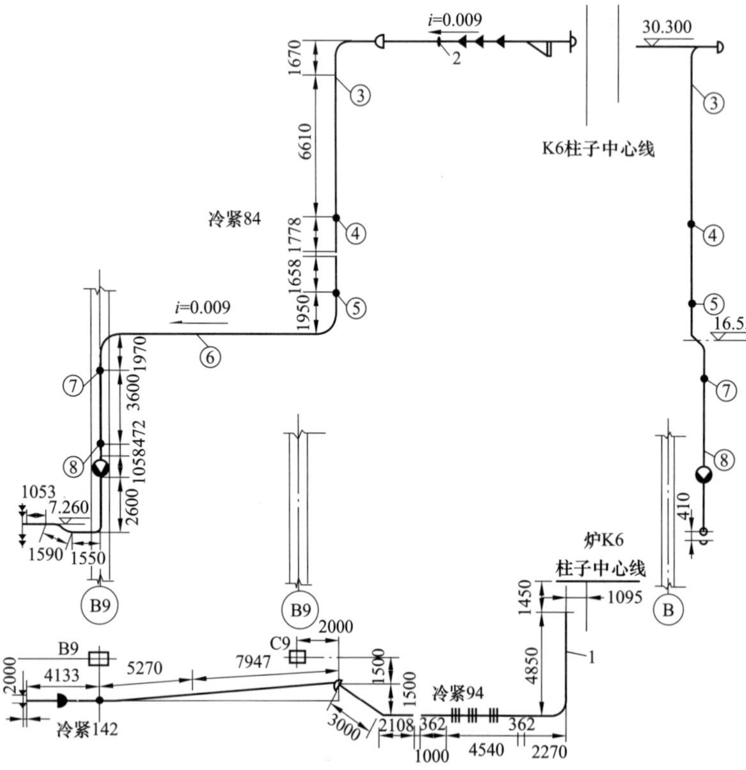

图例

图例	符号	名称
╫╫╫		监查管段
—◐—		流量测量喷嘴
⌞		支吊架编号
←		倾斜方向
○		柱子编号
◄◄ ◄◄		设计界限

支吊架明细表

编号	名称	数量	荷重(kg)		弹簧高度(mm)			参见图号
			弹簧	结构	工作	安装	生根位置	
①	弹簧支架	1	2880	4900	335	305	炉体本平台	
②	弹簧吊架	1	3000	4600	410	359	C排柱子梁上	
③	弹簧吊架	1	2806	4600	448	387	C排柱子梁上	
④	固定支架	1	/	4956	/	/	19 m平台	
⑤	固定支架	1	/	4300	/	/	19 m平台	
⑥	弹簧吊架	1	2230	2830	273	312	19 m平台梁	
⑦	弹簧吊架	1	1924	3320	288	323	B排柱子梁上	
⑧	弹簧吊架	1	1934	3320	288	319		

图 4-8　某电厂主蒸汽管路单线安装图

（1）看标题栏和参看系统图。了解主蒸汽管路是电厂热力系统的重要管路。

（2）分析图形。从平面图出发，对照立面图可知：两个立柱（B9 和 C9）及锅炉 K6 柱子的中心线，表示管路与建筑物及锅炉设备的相对位置。该管路用八种支吊架支撑，图中予以编号，还列出了支吊架明细表。管路中除弯管、弯头及其连接均按规定的代号或画法表示外，还用规定代号表示了管路监察管段、倾斜方向以及冷紧口等。管路的空间位置及走向在轴侧图中非常清楚。

（3）尺寸分析。每段管路的长度和厂房立柱、锅炉立柱的相对位置都注有尺寸；三段水平管的高度分别注以标高 7.260、16.550 和 30.300，其单位为 m；水平管的坡度 i=0.009，箭头表示倾斜方向。

（4）看图总结（略）。

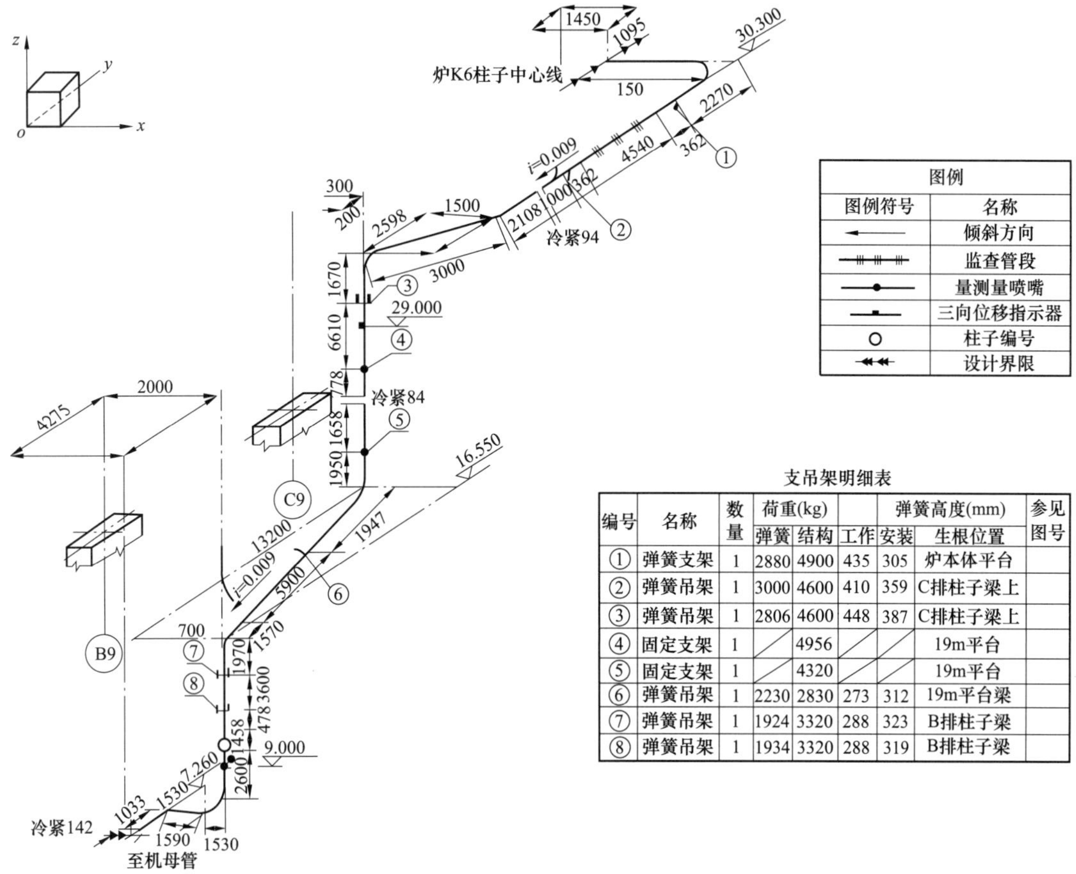

支吊架明细表

编号	名称	数量	荷重(kg)		弹簧高度(mm)			参见图号
			弹簧	结构	工作	安装	生根位置	
①	弹簧支架	1	2880	4900	435	305	炉本体平台	
②	弹簧吊架	1	3000	4600	410	359	C排柱子梁上	
③	弹簧吊架	1	2806	4600	448	387	C排柱子梁上	
④	固定支架	1		4956			19m平台	
⑤	固定支架	1		4320			19m平台	
⑥	弹簧吊架	1	2230	2830	273	312	19m平台梁	
⑦	弹簧吊架	1	1924	3320	288	323	B排柱子梁	
⑧	弹簧吊架	1	1934	3320	288	319	B排柱子梁	

图 4-9　某电厂主蒸汽管路单线轴侧图

第三节　设备安装图

一、概述

设备安装图用以指导在厂房内或基础上进行设备的安装，是设备安装工程的重要技术文件。

设备安装图的基本要求是：正确、合理地表明各种设备安装在厂房内或基础上的方向与位置，以及各设备之间的相互位置关系。

（一）设备安装图的内容

（1）按照房屋建筑图的有关规定，采用必要的视图，将安装设备的厂房（或车间）表达出来，并标注设备安装所需的相关尺寸。

（2）表明设备安装的方位与位置（各种设备只画大致的外形轮廓）。

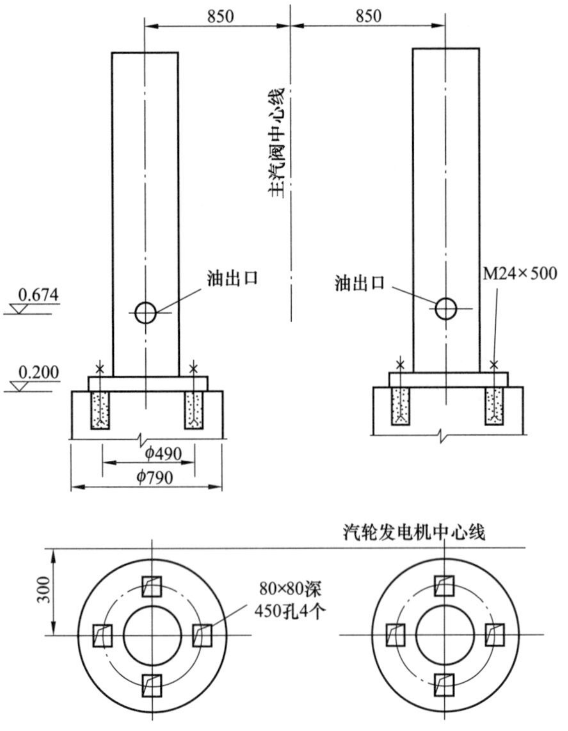

图 4-10　某厂冷油器安装图

（3）标注各种设备的安装定位尺寸。

（二）设备安装图的种类

在电力建设中，由于设备多、安装工作繁重，因此分为若干专业及工种。为适应电力建设的实际需要，设备安装图不仅需要有总体安装图，而且还需要各分部安装图。

图 4-10 为某厂冷油器安装图。这种安装图可供施工用，它的特点是以主机（或主要设备）为主要定位基准进行安装的。

二、设备安装图的识读方法与步骤

识读设备安装图的方法与识读机械图相类似，一般可按下列步骤进行（以图 4-10 为例）。

（1）看标题栏，进行概括了解。

（2）分析视图，了解表达方法及其作用。图 4-10 中采用了一个剖面图和一个平面图。详图表明了冷油器安装定位情况。

（3）分析各设备的安装位置情况。设备的安装位置均用尺寸注定。设备中心线与汽轮发电机中心线的距离为 300mm，与主蒸汽阀中心线的距离为 850mm。设备基础顶部标高和油出口标高分别为 0.2m 和 0.674m。

（4）进行总结，全面了解设备安装图。

第四节　热 力 系 统 图

一、概述

热力系统图是用来反映火电厂热力系统的图，它通过热力管道及阀门，将各主、辅热力设备有机地联系起来，并被广泛地应用于设计、研究和运行管理中。

（一）热力系统图的作用

根据其应用目的和编制方法的不同，热力系统图是设计、施工、运行的重要文件之一，它的主要作用归纳如下。

（1）热力系统图是发电厂能量转换过程的技术完善程度和热经济性的比较计算不可缺少的文件。

（2）根据热力系统图，汇总主、辅热力设备及各类管子及其附件的数量和规格，提出订货用清单，计算工程施工的工作量和施工周期。

（3）热力系统图是进行主厂房布置和各类管道施工设计的主要依据。

（4）热力系统图是现场工作人员熟悉及学习的重要资料。

（5）热力系统图又是机组进行热力设备及系统改进的基础资料。

（二）热力系统图的种类

热力系统图按范围划分，可分为全厂性热力系统图和局部性热力系统图两类：发电厂全厂性热力系统图是以汽轮机回热系统为核心，将锅炉、汽轮机和其他所有局部的热力系统有机组合而成的；局部性热力系统图又可分为主要热力设备的热力系统图（如汽轮机本体、锅炉本体等）和各种局部功能的热力系统图（如主蒸汽系统、给水系统、主凝结水系统、回热系统、供热系统、抽空气系统和冷却水系统等）两种。

热力系统图按用途来划分，可分为原则性热力系统图和全面性热力系统图两类。

1. 原则性热力系统图

原则性热力系统图实际上是一种原理性图。对机组而言，有汽轮机（或回热）的原则性热力系统图；对全厂而言，有发电厂的原则性热力系统图。对不同功能的各种热力系统，有主蒸汽、给水、主凝结水等系统。其原则性热力系统图则是用来反映该系统的主要特征以及采用的主辅热力设备、系统型式。

发电厂或汽轮机的原则性热力系统是工质完成热力循环所必需的热力设备间的线路图，它们的主要作用包括以下几条。

（1）表明能量转换和能量利用的过程，反映发电厂热功转换的技术完善程度。

（2）作为定性分析发电厂热经济性的依据。

（3）作为定量计算发电厂热经济指标的依据。在原则性热力系统图上标出各处的工质参数，即可进行热力系统计算。

原则性热力系统图是发电厂可行性研究报告及初步设计中不可缺少的重要文件。

2. 全面性热力系统图

全面性热力系统图是发电厂实际热力系统的反映，以反映该系统的安全可靠性、经济性和灵活性。因此，全面性热力系统图是施工和运行的主要依据。

发电厂全面性热力系统图能明确地反映电厂的各种工况及事故、检修时的运行方式。它按设备的实际数量（包括运行的和备用的全部主、辅热力设备及其系统）来绘制，并标明一切必需的接管路及其附件。以了解全厂热力设备的配置情况及各种运行工况时切换方式，既考虑热力系统中设备或管道及其附件的顺序连接，也考虑同类设备或管道及其附件的平行连接。

根据发电厂全面性热力系统图，汇总主、辅热力设备，各类类道（不同管材、不同公称压力、管径和壁厚）及其附件的数量和规格，提出订货用清单，并据此进行主厂房布置和各类管道的施工设计。因此，发电厂全面性热力系统图是发电厂设计、施工和运行工作中非常重要的技术资料。

（三）热力系统设备布置

1. 锅炉

（1）锅炉露天布置。锅炉露天布置在我国电站已广泛采用，在非严寒地区，锅炉宜采用露天或半露天布置。因此，在华北、华东、西南、华中甚至西北都广泛采用锅炉露天布置方式。按锅炉局部封闭程度划分，露天锅炉可分为以下几类：

1）在南方地区，运转层以下无冻结危险时，运转层以下也不封闭，甚至连运转层的平台结构也由锅炉厂供货。

2）炉前低封，即在炉前的燃烧器以上加雨棚防雨。

3）炉顶设置小室，运转层以下封闭，俗称“穿裙戴帽”。这是目前露天锅炉最常采用的方式。炉顶部分结构一般为制造厂供应。

4）紧身封闭，锅炉每侧采用双排柱间布置烟风煤管道，在外侧柱外挂压型钢板封闭，即每台炉有自己的紧身的“锅炉房”。这是目前在西北、华北风沙大的区域常用的封闭方式。

（2）锅炉房内布置。严寒地区的电站锅炉仍采用锅炉屋内的布置方式。小型电站锅炉，由于建设锅炉房增加的投资不是太大。所以，即使在不太严寒的地区也有采用屋内布置方式的。

（3）锅炉房运转层。对屋内锅炉房其炉与炉之间的运转层常常连通，形成大平台运转层。对于大型锅炉，由于汽轮发电机组之间的距离远长于锅炉之间的距离，锅炉又多采用露天布置，此时两炉间的运转层往往不连通，形成所谓的“岛式布置”。

2. 汽轮发电机组

（1）汽轮机屋内的布置。

1）纵向布置。这是国内200MW及以上机组最常采用的布置方式。较横向布置的最大优点是：减小汽轮机房及行车跨度，方便循环水管的进出，检修起吊时，其被吊部件不用跨越正在运行的机组。

2）横向布置。这是国内125MW及以下机组最常采用的布置方式。从俄罗斯及东欧进口的大型机组也有采用横向布置的，其机房跨度达50m左右。较纵向布置的最大优点是：主蒸汽及再热蒸汽管道短，发电机出线方便，汽轮机房与锅炉房的长度容易取得一致。

（2）运转层。汽轮机房过去常用岛式布置，即仅在汽轮发电机基础及加热器平台处设有运转层，其余部分为行车可以直接吊到零米布置的辅助设备。现在对300MW及以上机组则采用大平台型式，即在运转层上仅为安装与检修留有起吊孔，设备可以由此处起吊。大平台的设置大大方便了检修工作。

（3）给水泵布置。给水泵一般都布置在B排柱侧，电动泵都在零米层，对300MW及以上的机组的汽动泵，现一般都布置在汽轮机运转层。

3. 主厂房布置

当前，在新的设计思想指导下，主厂房布置优化方案较多，目的是减少主厂房体积和电缆、管道工程量，从而降低造价。常见的主厂房布置有常规布置和侧煤仓布置。

（1）常规布置方案。常用的主厂房布置方案是四列式，即汽机房、除氧间、煤仓间、锅炉房顺序平行排列，四列式布置厂房内整齐美观，工艺系统分区明确，运行、检修条件好，但占地面积及体积都较大；也有机组将除氧间和煤仓间合并形成汽机房、除氧煤仓间、锅炉房三列式布置，减少占地面积及体积，空间更加充分利用。

（2）侧煤仓方案。侧煤仓方案指汽机房、除氧间、煤仓间、锅炉房，其中煤仓间采取侧向布置方式，布置在两炉之间。侧煤仓布置方案，节省用地，减少主厂房体积，减少了电缆、管道工程量，节省投资。

二、热力系统图识图

（一）热力系统图识图的基本要求

读识热力系统图是发电厂热力工作者必须掌握的技能，其基本要求如下。

（1）具有热力工程方面的一般知识，同时应具备一定专业文化素质。

（2）对热力系统图用途、内容、意图能准确理解。

（3）掌握热力设备、管路、截门、附件的图形符号所代替的实际意义。

（二）常用热力系统图的图形符号

热力系统图的常用图形符号有热力设备图形符号（见表4-2）、热力系统管线图例（见表4-3）、热力系统阀门及附件图形符号（见表4-4）。

表4-2 热力设备图形符号

图形符号	名称与说明	图形符号	名称与说明
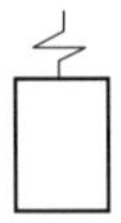	锅炉	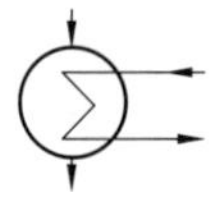	双流凝汽器
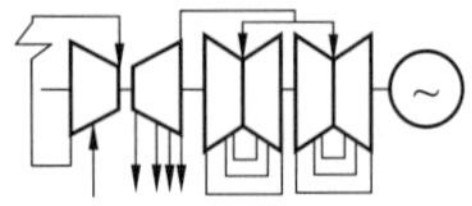	三缸汽轮发电机组	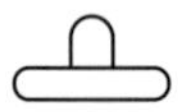	高压除氧器

续表

图形符号	名称与说明	图形符号	名称与说明
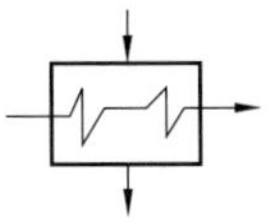	高压加热器	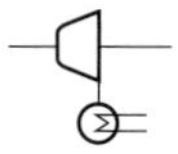	驱动给水泵的汽轮机
		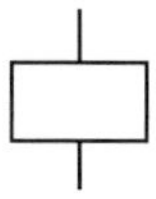	除尘设备
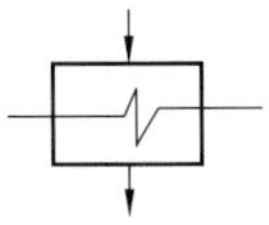	低压加热器	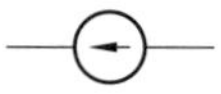	水泵

表 4-3　　热力系统管线图例

图形符号	名称与说明	图形符号	名称与说明
	主蒸汽（粗线）	—R—R—	采暖调整抽汽（标准线）
	冷再热蒸汽（粗线）		饱和蒸汽（标准线）
	热再热蒸汽（粗线）		给水管（中线）
—j—j—	级非调整抽汽（标准线）		凝给水管（中线）
—C—C—	生产调整抽汽（标准线）	—Δ—Δ—	热网供、回水管（中线）
—~—~—	生产回水管（中线）		生水管（细线）
	空气管（细线）		循环水管（细线）
	排气管（细线）		循环水沟道（细线）
	定期排污管（细线）		疏、放水、溢水（细线）
	连续排污管（细线）		工业水管（细线）
	软水、补充水管（细线）		除盐水、发电机冷却水（细线）

表 4-4　　热力系统阀门及附件图形符号

图形符号	名称及说明	图形符号	名称及说明
	减压阀	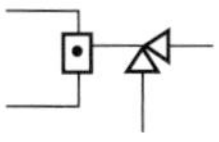	压力浮子式水位调节阀
	减温器		
	汽水分离器		水封阀
	自动主汽门		底阀
	蒸汽、空气过滤器		
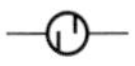	滤水器	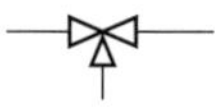	三通阀
	凝汽器真空破坏阀		
	蝶式调节阀	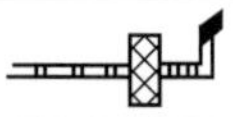	薄膜式安全排汽阀
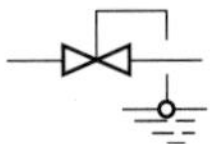	浮子式水位调节阀	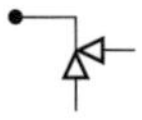	角式垂锤安全阀

续表

图形符号	名称及说明	图形符号	名称及说明
	角式弹簧安全阀		电动蝶阀
			蝶阀
	螺阀		液控蝶阀
	小机主汽门		止回阀
	手动门		气动止回阀
	电动阀门		气动调节阀
	电动调节门		气动薄膜阀
	电磁阀		气动薄膜调节阀
	胶球清洗收球阀		水封
	滤水器		水封阀
	减温减压器		疏水器
	多级节流孔板		气粉混合器
	流量测量喷嘴		插管门
	防爆门		安全阀
	人孔门		泵入口滤网
	锥式锁气器		排大气
	斜板式销气器		排水漏斗
	高压加热器水侧自动旁路		排地沟
	堵板		气动角式调节阀
	滤网		电动插板门
	普通调节阀		木屑分离器
（阀前） （阀后）	直接作用式调节阀		木块分离器
	普通角式调阀		换向挡板

（三）热力系统图识图的步骤

原则性热力系统图是电厂进行初步可行性研究和可行性研究时必须具备的文件。但对已建成的发电厂，则以全面性的热力系统图作为指导生产管理必须掌握的工具。为了便于掌握，又将全面性热力系统图划分为全厂性热力系统图和局部性热力系统图两类。

局部性的热力系统图又可按主要热力系统和各种局部功能系统进行分类，按主要热力系统分类，可分为汽机车间、锅炉车间；按各种局部功能系统分类，则汽轮机可分为主蒸汽及再热蒸汽、回热加热系统等，锅炉可分为主蒸汽系统、再热蒸汽系统、制粉系统等。

识读热力系统图的步骤如下：

（1）看清标题栏，了解系统图表示的意义，判断是全厂性热力系统图还是局部性热力系统图。

（2）了解热力系统图上的设备图形符号代表相对应的实际热力设备，包括数量、型号及参数。

（3）识读热力系统图的汽水流程，如从高压到低压、从蒸汽到水系统应仔细了解。

（4）识读管道上各类截门及附件编号的意义、数量、用途及相对位置。

（5）了解每个截门、附件在厂房或机组的实际位置。

（四）热力系统图识图示例

1. 某国产 N600-25.4/566/566 型发电厂全面性热力系统图

图 A-1 所示（见文后插页）的汽轮机为国产 N600-25.4/566/566 超临界一次中间再热单轴三缸四排汽凝汽式汽轮机。锅炉型号为 HG1890/25.4-YM4，容量为 1890t/h 直流锅炉。发电机冷却方式为水—氢—氢。

发电厂全面性热力系统有八级不调整回热抽汽，回热系统的特点是有三台高压加热器、一台除氧器、四台低压加热器。高压加热器疏水逐级自流至除氧器，低压加热器疏水泵逐级自流至次末级，并用疏水泵送往其出口。

除氧器为复合滑压运行，配两台 50%容量汽动主给水泵，电动给水泵作为启动和备用，均配有前置泵。给水泵汽轮机为凝汽式，排汽引入主凝汽器。

系统设有除盐装置和轴封冷却器。补充水引入凝汽器。

2. N600-25.4/566/566 型发电厂的局部性四大管道系统图

以主蒸汽、再热蒸汽、小机汽源及疏水系统为例（见图 A-2，见文后插页）。

主要流程：额定参数的主蒸汽由锅炉来，经过主汽门进入汽轮机的调速汽门（根据负荷决定开启程度），然后进入高压缸膨胀做功，高压缸排汽引入锅炉再热器（称再热冷段），加热后达到额定参数后（称再热热段），通过汽轮机中压汽门，送入汽轮机中压缸，再次膨胀做功，中压缸排汽通过中低压连通管进入汽轮机低压缸继续做功，乏汽排入凝汽器冷却为凝结水。

给水泵汽轮机汽源由汽轮机高压缸排汽或第四段抽汽或厂用连箱供给。

高压管道、汽门疏水通过扩容器去疏水冷却器。

3. N600-25.4/566/566 型发电厂的局部性给水系统流程图

如图 A-3 所示（见文后插页）给水系统的主要流程为：给水除氧器出口经前置泵、给水泵（汽动给水泵和电动给水泵）至 3、2 号和 1 号高压加热器中，进入锅炉省煤器进口连箱。

热力设备安装工程施工

第一节 施工组织设计

一、施工组织设计基本概念

施工组织设计是组织施工的总体计划部署，是指导其施工全过程中各项施工活动的管理、技术的综合性文件。施工组织设计应遵守和贯彻国家的有关法律法规和规章的有关规定。施工组织设计要从工程的具体条件出发，尽量发挥施工企业的优势，合理地组织施工，科学地进行管理，尽力采用施工新技术，有效地利用人力、物力，安排好空间和时间，组织安全、文明、有序施工，注意环境保护，以求实现安全、优质、准点、文明、低耗，取得更大的技术经济效果。

二、施工组织设计编制的依据

（1）工程施工合同及招、投标文件和已签约的与工程有关的协议。

（2）已经批准的初步设计及有关图纸资料。

（3）工程概算和主要工程量。

（4）设备清单及主要材料清单。

（5）主体设备技术文件及新产品的工艺性试验资料。

（6）现场情况调查资料。

三、施工组织设计编制的原则

（1）对工程的特点、性质、工程量、工作量及施工企业的特点进行综合分析，确定工程施工组织设计的指导方针。

（2）符合合同约定的建设期限和各项技术经济指标的要求。

（3）遵循基本建设程序，切实抓紧时间做好施工准备，合理安排施工顺序，及时形成完整的机组投产能力。

（4）在加强综合平衡，调整好各年度的施工密度，改善劳动组织的前提下，努力降低劳动力高峰系数，做到连续均衡施工。

（5）运用科学的管理方法和先进的施工技术，努力推广、应用新技术、新工艺、新材料、新设备，不断提高机械利用率和机械化施工的综合水平，不断降低施工成本，提高劳动生产率。

（6）在经济合理的基础上，充分发挥基地的作用，提高工厂化施工程度，减少现场作业，压缩现场施工场地及施工人数。

（7）施工现场布置应紧凑合理，便于施工，符合安全、防火、环保和文明施工的要求，提高场地利用率，减少施工用地。

（8）加强质量管理，明确质量目标，消除质量通病，保证工程质量，不断提高工艺水平。

（9）加强职业安全健康和环境保护管理，保证施工安全，实现文明施工。

（10）现场组织机构的设置、管理人员的配备，应力求精简、高效并能满足工程建设的需要。

（11）积极推行计算机网络在施工管理系统中的应用，不断提高现代化管理水平。

四、施工组织设计包括的主要施工方案

主要施工方案的合理与否，将直接影响到工程施工的安全、质量、工期和效率，同时也是体现施工企业能力和技术水平的重要标志，施工组织设计应对施工难度大、技术要求高，对整体工程项目起关键作用的主要施工项目拟定方案。

1. 机务安装主要施工方案的一般范围

（1）锅炉钢架吊装（包括大板梁）。

（2）锅炉受热面安装（包括汽包）。

（3）锅炉水压试验。

（4）焊接与检验。

（5）保温、油漆施工。

（6）汽轮机本体安装。

（7）汽轮机油系统冲洗。

（8）凝汽器组装就位。

（9）除氧器及加热器就位。

（10）发电机定子卸车（船）、拖运、吊装、穿转子。

（11）循环水管及四大管道安装。

（12）设备单体调试方案。

2. 主要施工方案编制时应考虑的原则

（1）遵守国家的有关法律法规和技术经济政策。

（2）体现科学性、先进性、合理性、针对性。

（3）安全可靠、易于操作、方便施工。

（4）努力应用新材料、新设备、新技术、新工艺。

（5）在满足安全、质量和进度的前提下努力降低成本。

（6）在经济合理的基础上尽可能采用工厂化施工。

3. 主要施工方案的编制依据

（1）设计图纸及有关资料。

（2）主要设备、材料、机械的技术文件和性能资料。

（3）工程的标书、合同。

（4）施工综合进度。

（5）相关的规程规范、技术工艺标准。

（6）主要设备、材料、施工图供应情况。

（7）施工环境及气象、水文、地质资料。

（8）类似工程的施工方案及工程技术总结。

4. 主要施工方案一般包括的内容

（1）概况及特点。

（2）主要工程量。

（3）施工机械的选用及场地布置。

（4）主要施工方法及工艺流程。

（5）施工控制进度。

（6）重要设备吊装的力学计算。

（7）主要质量标准、工艺要求、安全措施。

五、施工组织设计中的特殊施工措施

特殊施工措施是为特殊施工项目所制订的技术措施。特殊施工项目一般是指：

（1）常规施工方法或机械不能满足，需采用特殊方法或特殊机械设施的施工项目。

（2）施工中发生设计未预见的技术问题需采取特殊措施。

（3）对施工质量提出超过现行规程规范或合同约定的，有特殊施工质量要求的。

（4）在特殊施工环境中，需采取特殊技术、安全、环境措施的施工项目。

（5）首次采用或带有试验性质的“四新”项目。

（6）需采取特殊措施来缩短施工工期的施工项目。

如有特殊施工项目时，施工单位应制订特殊施工措施，并报建设（监理）单位审批。工程开工前可以预知的特殊施工措施应纳入施工组织设计。

第二节　施　工　机　械

火力发电工程热力设备安装需要的施工机械主要包括运输机械、吊装机械、动力机械、加工机械、焊接设备、过滤设备以及检验仪器、测量仪表等，还包括一些小型工器具。下面就安装中常用的主要机械进行介绍。

一、大型吊装机械

在热力设备安装中吊装机械具有关键的作用和地位，因为绝大部分设备重都超出了人力能搬动的范围，因此必须依靠吊装机械辅助才能进行安装。在相关安装施工中有“施工速度看起重，施工质量看焊接”的说法，可见吊装机械对锅炉等热力设备安装进度的重要。

在热力设备安装中，大型吊装机械的选择与吊装对象中最大单体设备的质量、尺寸和安装位置有关。主要的大件设备有锅炉顶板梁、汽包、分离器及储水箱、余热锅炉模块、发电机定子、除氧器、高低加热器、主变压器、燃机本体等，在综合考虑吊装机械的最大额定起重量、最大工作幅度、最大起升高度等技术性能及使用成本等经济因素后，确定吊装机械并制订吊装方案。

（一）吊装机械的分类

火电安装工程中常用的吊装机械有流动式起重机（履带式、汽车式、轮胎式、随车式）、塔式起重机（固定式和移动式）、桥式起重机、门式起重机等类型。

1. *流动式起重机*

（1）履带式起重机。履带式起重机是在行走的履带底盘上装有起重装置的起重机械，是自行式、全回转的一种起重机械。它具有操作灵活、使用方便、稳定性好、与地面接触面积大、对地面的平均比压小、在一般平整坚实的场地上可以载荷行驶作业的特点。它的额定起重量范围 50～4000t，是吊装工程中常用的起重机械，适用于没有正式道路的工地、野外等场所。除做起重作业外，在臂架上还可装打桩、抓斗、拉铲等工作装置，一机多用。因此，履带起重机广泛应用于各行业的安装作业、基础工程及转运构件等作业。

（2）汽车式起重机。汽车式起重机是将起重机构安装在通用或专用汽车底盘上的起重机械。它具有汽车的行驶通过性能，机动性强，行驶速度快，可以快速转移，是一种用途广泛、适用性强的通用型起重机，特别适应于流动性大、不固定的作业场所。汽车式起重机按起重量大小可分为轻型汽车式起重机（起重量在 5t 以下）、中型汽车起重机（起重量在 5～15t）、重型汽车起重机（起重量在 5～50t）、超重型汽车起重机（起重量在 50t 以上），目前国内已生产出 2000t 级起重机；按支腿形式分蛙式支腿、X 形支

腿、H 形支腿。蛙式支腿跨距较小，仅适用于较小吨位的起重机；X 形支腿容易产生滑移，也很少采用；H 形支腿可实现较大跨距，有利于整机的稳定性，因此我国生产的液压汽车起重机多采用 H 形支腿。按传动装置的传动方式分机械传动、电传动、液压传动三类。按起重装置在水平面可回转范围（即转台的回转范围）分全回转式汽车起重机（转台可任意旋转 360°）和非全回转式汽车起重机（转台回转角小于 270°）。按吊臂的结构形式分折迭式吊臂、伸缩式吊臂和桁架式吊臂汽车起重机。

（3）轮胎式起重机。轮胎式起重机是一种装在专用轮胎式行走底盘上的起重机，它行驶速度低于汽车式，高于履带式，转弯半径小，越野性能好，上坡能力达 17%～20%；一般使用支腿吊重，在平坦地面可不用支腿，可吊重慢速行驶；稳定性能较好。车身短、转弯半径小，适用场地狭窄的作业场所，可以全回转作业，它与汽车式起重机有许多相同之处，主要差别是行驶速度慢，对路面要求较高。它适宜于作业地点相对固定而作业量较大的场合。国内使用不多。

（4）随车式起重机。随车式起重运输车，俗称随车吊，是一种通过液压举升及伸缩系统来实现货物的升降、回转、吊运的设备，通常装配于载货汽车上。

随车吊一般由载货汽车底盘、货厢、取力器、吊机组成。按吨位分为 2、3.2、4、5、6.3、8、10、12、16、20t 等。按吊机类型分为直臂式和折臂式，通常折臂时随车吊比同吨位直臂式随车吊贵。随车式起重机的优点是机动性好、转移迅速、可以集吊装与运输功能于一体，提高资源利用率。缺点是工作时需支腿，不适合在较大坡度、松软或泥泞的场地上工作，吊装性能比不上汽车式起重机。随车式起重机可装载各类抓辅具，如夹木抓斗、吊篮、夹砖夹具、钻具等，以实现多场景作业。随车式起重机因其灵活多用的特点，近年来在电建现场的使用逐渐增多。

2. 塔式起重机

塔式起重机简称塔机或塔吊，是机身为塔架型结构的可回转臂架型起重机。塔式起重机的类型很多，按有无行走机构可分为固定式和移动式两种。前者是固定在地面或建筑物上，后者则按其行走装置可分为履带式、汽车式、轮胎式和轨道式四种；按其回转型式可分为上回转和下回转两种；按其变幅方式可分为水平臂架小车变幅和动臂变幅两种；按其安装型式可分为自升式、整体快速拆装和拼装式三种。目前，应用较广的是下回转、快速拆装、轨道式塔式起重机，以及能够一机四用（轨道式、固定式、附着式和内爬式）的自升塔式起重机。拼装式塔式起重机因拆装工作量大逐渐被淘汰。塔式起重机是工业、民用建筑机械施工的重要设备，同时也广泛用于电站、港口、料场、仓库等建筑工程施工、安装、装卸和堆垛等。

3. 桥式起重机

桥式起重机是以水平布置的桥形主梁结构（桥架）作为主要承载构件来承担吊装载荷的，其主梁形状似桥，被称为桥式起重机，俗称为天车、行车。桥式起重机主要有电动双梁桥式起重机和电动单梁桥式起重机。

电动双梁桥式起重机主要部件为桥架部分、桥架运行机构和行车部分，主要用于厂矿、仓库、车间，在固定跨度间作起重装卸及搬运重物之用。桥式起重机在厂房内外起重量大于起吊设备的重量时，可直接使用单台桥式起重机吊装；如吊装设备载荷较大，桥式起重机起重能量不足时，可用两台桥式起重机抬吊设备。

4. 门式起重机

门式起重机是在桥式起重机的基础上，多了将桥架架在高空中的支腿，其主梁通过支撑在地面轨道上的两个支腿，形成一个可横跨铁路轨道或货场的门架，从外形来看就像是一个门，所以被称为门式起重机，实质上就是在地面轨道上运行的，依靠支腿架高的桥式起重机，俗称龙门吊。

门式起重机具有场地利用率高、作业范围大、适应面广、通用性强等特点，在组合场得到广泛使用。其分类为：

（1）按门框结构型式分为门式和悬臂门式起重机。门式起重机分为全门式和半门式。悬臂门式起重机分为双悬臂门式和单悬臂门式。

（2）按主梁型式分为单主梁和双主梁门式起重机。

单主梁门式起重机结构简单，制造安装方便，自身质量小，主梁多为偏轨箱形结构。与双主梁门式起重机相比，整体刚度弱。当起重量 $Q \leqslant 50t$、跨度 $S \leqslant 35m$ 时，可采用这种型式。单主梁门式起重机门腿有L型和C型两种型式。L型的制造安装方便，受力情况好，自身质量较小，但吊运货物通过支腿处的空间相对小一些。C型的支脚做成倾斜或弯曲形，目的在于有较大的横向空间，以使货物顺利通过支脚。

双主梁门式起重机承载能力强、跨度大、整体稳定性好、品种多，但自身质量与相同起重量的单主梁门式起重机相比要大些，造价也较高。根据主梁结构不同，又可分为箱形梁和桁架两种型式。

（二）吊装机械的选用和布置原则

机械化施工可以减少现场施工人员，降低劳动强度，提高劳动生产率，加快施工进度。采用先进的机械装备和工器具对提高工程质量、安全和文明施工等有较大的促进作用。要在可能的条件下，尽量提高机械化施工水平。施工机械的选型应兼顾适用性和经济性，在满足施工要求的前提下，尽量选用性能好、费用低、能耗低、能一机多用、符合环保要求、安装拆卸和运输方便的机械。吊装机械选择与布置的一般原则如下：

（1）锅炉安装区域主吊机械的选择应根据工程进度要求、设备最大单件重量、设备组合吊装方式、吊车需要覆盖的吊装范围及场地条件等因素综合考虑。总体来说，在技术性能满足要求的情况下，锅炉的吊装机械选择原则为：施工场地狭小的机组优先选用固定式塔式起重机，施工场地宽敞的机组选用轨道式塔式起重机；百万机组和塔式锅炉选择起升高度占优的固定式塔机；施工工期长的大型燃煤电站锅炉优先选用塔机（固定式或轨道式），使用的综合成本低经济性好；联合循环机组的余热锅炉和小容量机组锅炉宜选用履带式起重机，因使用工期短，进出场方便，综合效益较高。

（2）大型起重机械的布置要考虑到设备运输通道和地下设施的施工等因素，避免出现吊装盲区。有轨起重机械的轨道基础应经核算。大型移动式起重机械需经过的道路和停放的区域应进行满足相应承载能力的处理。

（3）机械配备力求上下工序配套，生产能力协调。现场布置应能缩短运距，使流程合理。

（4）优先选用先进高效的施工机械，尽量用轻便的专业机具代替大型机械。

（5）机械的配备应综合考虑企业自有资源和社会资源，对非常用机械和施工高峰不能满足需要时可以考虑租赁。

（6）努力扩大先进的中小型机械和工器具的配备率，提高作业机械化。

（三）热力设备安装主要吊装机械

1. 轨道式塔式起重机

（1）火电工程200～300MW发电机组锅炉主力吊装机械。DBQ2000塔式起重机，主要参数见表5-1。

表5-1　DBQ2000塔式起重机主要参数

项目		技术参数
主钩	最大额定起重量（t）	80
	最大起升高度（m）	85
	最大工作幅度（m）	46
	起升速度（额定/空载，m/s）	（0.1～0.11）/（0.16～0.18）
副钩	最大额定起重量（t）	20

续表

项目		技术参数
副钩	最大起升高度（m）	89
	最大工作幅度（m）	52
	起升速度（m/s）	0.25～0.27

（2）火电工程200～600MW发电机组锅炉主力吊装机械。DBQ3000Ⅱ、QTS-3150B塔式起重机主要参数分别见表5-2、表5-3。

表5-2　　DBQ3000Ⅱ塔式起重机主要参数

项目		技术参数
主钩	最大额定起重量（t）	100
	最大起升高度（m）	118
	最大工作幅度（m）	55
副钩	最大额定起重量（t）	10
	最大起升高度（m）	121
	最大工作幅度（m）	58.5

表5-3　　QTS-3150B塔式起重机主要参数

项目		技术参数
主钩	最大起重力矩（kN·m）	31 500
	最大额定起重量（t）/幅度（m）	125/（23.6～25.7）
	额定起重量（t）/最大幅度（m）	32/50
	起升高度（m）	118
副钩	额定起重量（t）	16
	工作幅度（m）	26.7～56

（3）火电工程300～1000MW发电机组锅炉主力吊装机械。DBQ4000塔式起重机主要参数见表5-4。

表5-4　　DBQ4000塔式起重机主要参数

项目		技术参数
主钩	最大额定起重量（t）	125
	最大起升高度（m）	125
	最大工作幅度（m）	58
副钩	最大额定起重量（t）	16
	最大起升高度（m）	128
	最大工作幅度（m）	62

2. 固定式塔式起重机

（1）FZQ系列动臂变幅塔式起重机。FZQ1250、FZQ1380、FZQ1650、FZQ1800、FZQ2000Ⅱ、FZQ2000Z、FZQ2400型塔式起重机主要技术参数分别见表5-5～表5-11。

表 5-5 **FZQ1250 型塔式起重机主要技术参数**

项　　目		技　术　参　数
主钩	最大起重力矩（t·m）*	1350
	最大额定起重量（t）/幅度（m）	50/27
	额定起重量（t）/最大幅度（m）	18/52
	起升高度（m）	145
副钩	额定起重量（t）	10
	工作幅度（m）	55

* 1t·m≈9800N·m。

表 5-6 **FZQ1380 型塔式起重机主要技术参数**

项　　目		技　术　参　数
主钩	最大起重力矩（t·m）	1380
	最大额定起重量（t）/幅度（m）	63/（7～22）
	额定起重量（t）/最大幅度（m）	18/50
	最大起升高度（m）	151
副钩	额定起重量（t）	12.5
	工作幅度（m）	12～54
	最大起升高度（m）	155

表 5-7 **FZQ1650 型塔式起重机主要技术参数**

项　　目		技　术　参　数
主钩	最大起重力矩（t·m）	1650
	最大额定起重量（t）/幅度（m）	75/（10～22）
	额定起重量（t）/最大幅度（m）	23/50
	最大起升高度（m）	152
副钩	额定起重量（t）	15
	工作幅度（m）	9.8～58
	最大起升高度（m）	158

表 5-8 **FZQ1800 型塔式起重机主要技术参数**

项　　目		技　术　参　数
主钩	最大起重力矩（t·m）	1800
	最大额定起重量（t）	80
	工作幅度（m）	10～59
	最大起升高度（m）	143
副钩	额定起重量（t）	16
	工作幅度（m）	12.1～54
	最大起升高度（m）	146

表 5-9　　FZQ2000Ⅱ型塔式起重机主要技术参数

项　　目		技　术　参　数
主钩	最大起重力矩（t·m）	2000
	最大额定起重量（t）/幅度（m）	80/25
	额定起重量（t）/最大幅度（m）	23/52
	最大起升高度（m）	145
副钩	额定起重量（t）	10
	工作幅度（m）	55

表 5-10　　FZQ2000Z 型塔式起重机主要技术参数

项　　目		技　术　参　数
主钩	最大额定起重量（t）/幅度（m）	80/（10～25）
	额定起重量（t）/最大幅度（m）	25/50
	最大起升高度（m）	150.2
副钩	额定起重量（t）	10
	工作幅度（m）	12～62
	最大起升高度（m）	160.2

表 5-11　　FZQ2400 型塔式起重机主要技术参数

项　　目		技　术　参　数
主钩	最大额定起重量（t）/幅度（m）	100/（10～24）
	额定起重量（t）/最大幅度（m）	32.5/50
	最大起升高度（m）	177
副钩	额定起重量（t）	16
	工作幅度（m）	11.8～54
	最大起升高度（m）	181

（2）ZSC 小车变幅平头系列塔式起重机。ZSC40320、ZSC60300、ZSC70260、ZSC80320 平臂式起重机主要技术参数分别见表 5-12～表 5-15。

表 5-12　　ZSC40320 平臂式起重机主要技术参数

项　　目		技　术　参　数
吊钩	最大起重力矩（kN·m）	10 000
	最大额定起重量（t）/幅度（m）	50/21
	额定起重量（t）/最大幅度（m）	23/40
	起升高度（m）	90

表 5-13　　ZSC60300 平臂式起重机主要技术参数

项　　目		技　术　参　数
吊钩	最大起重力矩（kN·m）	20 000
	最大额定起重量（t）/幅度（m）	80/25
	额定起重量（t）/最大幅度（m）	30/60
	起升高度（m）	115

表 5-14　　ZSC70260 平臂式起重机主要技术参数

项　目		技 术 参 数
吊钩	最大起重力矩（kN·m）	20 200
	最大额定起重量（t）/幅度（m）	100/20.2
	额定起重量（t）/最大幅度（m）	26/70
	起升高度（m）	115

表 5-15　　ZSC80320 平臂式起重机主要技术参数

项　目		技 术 参 数
吊钩	最大起重力矩（kN·m）	28 000
	最大额定起重量（t）/幅度（m）	140/20.5
	额定起重量（t）/最大幅度（m）	32/80
	起升高度（m）	138

3. 履带式起重机

履带式起重机主要用于配合主吊机械进行锅炉钢架、板梁及尾部受热面吊装，一般布置在锅炉尾部，同时也作为现场其他大型设备的吊装机械。按其吊装重量、起升高度等，一般做如下配置：

（1）作为 1000MW 机组锅炉安装的辅助吊车：可选 SCC9000/900t 履带式起重机、SCC7500/750t 履带式起重机、SCC6500/650t 履带式起重机、CC2800-1/600t 履带式起重机等类似性能的履带吊，同时作为除氧器、钢屋架、尾部烟道、加热器、主变压器等大型设备的吊装机械。

（2）作为 600MW 机组锅炉安装的辅助吊车：可选 CC2500-1/500t 履带式起重机、CC2500/450t 履带式起重机等类似性能的履带式起重机，同时作为除氧器、钢屋架、尾部烟道、加热器、主变压器等大型设备的吊装机械。

（3）作为 300MW 机组锅炉安装的辅助吊车：可选 SCC3200/320t 履带式起重机、CC1400/250t 履带式起重机、CKE2500/250t 履带式起重机等类似性能的履带式起重机，同时作为除氧器、钢屋架、尾部烟道、加热器等大型设备的吊装机械。

（4）作为联合循环机组余热锅炉安装的主要吊装吊车：根据余热炉的结构特点和模块重量，一般选择 SCC6500/650t 履带式起重机、CC2800-1/600t 履带式起重机、CC2500-1/500t 履带式起重机、CC2500/450t 履带式起重机等作为模块吊装的主吊机械使用。

4. 门式起重机

（1）MDG 型 63t 门式起重机。MDG 型 63t 门式起重机为刚性腿+柔性腿形式、无悬臂、单主梁桁架式龙门起重机，主要布置在锅炉组合场，用于锅炉烟风道、锅炉受热面管排的组合等施工；也可布置在钢结构加工场，作为循环水管道、烟风道、钢煤斗等金属结构加工制作的施工机械，同时承担钢结构加工场内设备、材料装卸车等工作。63t/42m 龙门式起重机主要性能参数如下：

1）主钩额定起重量：63t。

2）副钩额定起重量：10t。

3）主钩起升高度：14.7m。

4）轨道跨距：42m。

5）最大行走距离：150m。

（2）MDG 型 40t 门式起重机。MDG 型 40t 门式起重机为刚性腿+柔性腿形式、单悬臂、单主梁桁架式龙门起重机，主要布置在锅炉组合场，用于锅炉烟风道、锅炉受热面管排的组合等工作；也可布置在设备、材料存放场进行装卸车工作。40t/42m 龙门式起重机主要性能参数如下：

1）主钩额定起重量：40t。

2）副钩额定起重量：10t。

3）主钩起升高度：14.7m。

4）轨道跨距：42m。

5）最大行走距离：100m。

5. 其他特定辅助吊装机械

现场吊装中，会因吊件及场地等原因，用到一些特定辅助吊装机械，如：

（1）对于锅炉汽包、发电机定子、燃气轮机本体、立式余热锅炉模块、大型组合件等大件设备吊装，受施工场地、设备结构特点等条件限制，目前多采用钢索式液压提升装置进行吊装。同时也有天车、卷扬机等各类机械组成的组合式吊装机械。

钢索式液压提升装置是以液压油为动力，推动液压缸活塞往复运动，使与活塞上端连接的上卡紧机构和与缸体下部连接的下卡紧机构之间进行载荷转换，从而实现提升（或下降）重物的一种特殊的起吊设备。因其选用结构型式为 $1\times7-\phi15.2$mm 的高强度预应力钢绞线作为卡紧机构内的承力件，故定名为“钢索式液压提升装置”，以汉语拼音字头“GYT-××型”表示。早年进口的“劳辛格”，就是此类机械。

另外在燃气轮机本体吊装上，目前移动式液压顶升装置也有较多的应用。

（2）炉顶起重机：受炉型、场地条件等影响，有时需要借助炉顶起重机进行吊装，如下：

1）LQ-300Ⅱ型炉顶起重机，主要作为1000MW及以下容量机组锅炉炉顶受热面吊装机械。LQ-300Ⅱ型炉顶起重机的基本参数：①最大额定起重力矩：300t・m；②最大起重量：30t；③最大额定起重工作幅度：8m；④最大工作幅度：20m。

2）K50-50/20t 建筑吊，主要布置在锅炉炉顶，进行受热面的安装。K50-50/20t 建筑吊塔身高 15m、伸臂长 30m，起重性能参数见表 5-16。

表 5-16　K50-50/20t 建筑吊起重性能参数表

工作幅度（m）	3.9～23.4	27	30
起重量（t）	20	17	15

现场实际施工中，往往因地制宜采用卷扬机组合，甚至在炉顶布置汽车式起重机等方式来起到炉顶起重机的作用。

二、场内运输机械及辅助机械

现场施工中，热力设备到货后大部分都存放在设备场，需经过二次搬运才能到达安装位置，因此必须依靠场内运输机械转运。

（一）挂车

挂车分为全挂车与半挂车（栏板半挂车、平板半挂车、低平板半挂车等）两种，两者区别见表 5-17。

表 5-17　全挂车与半挂车比对

项　目	全　挂　车	半　挂　车
与牵引车连接方式	载荷由自身承担，与牵引车仅用挂钩连接，牵引车只提供牵引动力，不承担挂车载荷	需要牵引车提供一个支撑点，牵引车除负责提供牵引动力外还需负担一半的挂车载荷
直立方式	依靠自身轮胎直立	必须靠前面的支腿
车桥（轴）	前、后各一组	后面一组
有无前轮	有	无
应用场景	一般用于短距离场内货物的运输，常用于工厂、仓库、码头等短距离大宗货的周转运输	一般用于货物长途运输

施工现场较常用的是长度为 5m/7m/9m 的 10t/20t/40t 的全挂车，对于个别质量、尺寸特殊的设备使用 13.75m/17.5m 的 40～60t 平板半挂车运输。对于其他重大件则采用重型低平板半挂车或 SMPT 运输。

（二）辅助机械

一般常用的辅助机械有汽车式起重机、随车式起重机和叉车，以及根据施工特点自行配置的其他机械。

叉车是指对成件托盘货物进行装卸、堆垛和短距离运输作业的各种轮式搬运车辆。通常可以分为内燃叉车、电动叉车和仓储叉车。火力发电厂施工一般常用 3t 和 5t 的普通内燃叉车，近年电动叉车也逐渐增多。

因施工场地、具体施工项目及成本等方面原因，施工单位还多配有自行配置的其他机械，如拖拉机改装的拖挂车、自行制作的手推车等辅助机械，其优点是灵活轻便，缺点是操作安全方面监管有难度。

三、小型工器具

为了提高施工效率和施工质量，高效的小型工器具是施工必不可少的装备。目前常用的小型工器具有自动坡口机、管道切断坡口机、阀门研磨机、砂轮切管机、角向磨光机、直磨机、电动扳手、液压弯管机、螺旋千斤顶、液压千斤顶、手动液压搬运车（也称手动托盘车，俗称地牛）等。

第三节　锅炉及辅助设备安装

由于大型电站锅炉部件多、体积大、质量大，受运输条件限制，只能在制造厂加工成零部件或运输能力允许的组件，在现场进行组合装配成能够投产运行的完整锅炉，使它能在额定参数下安全、稳定运行，各项技术指标达到要求，而且热膨胀正常，汽、水、烟、风、油、煤、灰系统没有泄漏。这种组合装配的全部工序就是锅炉安装。锅炉安装工程量大，一般占热力系统安装工程量的 40%～45%；工期长，一般为建设总工期的 60%。锅炉安装的各项主要工作均处在施工关键路线，如大件吊装、汽包就位、锅炉整体水压试验、化学清洗、点火吹管等。主要安装工作是：锅炉构架和受热面的组合、吊装找正、连接、焊接，燃烧器安装，空气预热器和烟风道的安装，锅炉整体水压试验，炉墙保温施工。

一、锅炉本体安装

（一）锅炉钢结构安装

大中型锅炉多为悬吊结构，受热面悬挂于构架横梁之下。构架有钢结构和钢筋混凝土结构两类。大型电站锅炉一般采用钢结构。

锅炉钢架是炉体的支撑构架，它支撑着所有受热面、炉墙及炉体其他附件的质量，也是本体及其他部件安装找正的依据和基础，故构架的安装质量直接影响锅炉整体的安装质量。锅炉钢架为全钢结构，由立柱、横梁、水平支撑、垂直支撑、顶板等组成的立体井架。钢结构构件采用扭剪型高强螺栓连接，主要安装内容包括钢结构柱底板安装、各层钢结构安装、大板梁安装、压力层钢结构安装、平台扶梯栏杆、电梯井架等附属设施安装，工艺有构件检查、校直、吊装、找正、连接等。

（1）施工条件。锅炉组合安装时，主要考虑内容有合理选择布置组合场地；运输车辆进出吊装现场的道路；电、水、氧气、乙炔、压缩空气、蒸汽及氩气等力能的布置；供应及起重机械配置等。

（2）吊装找正。立柱与横梁可组合成片或单根吊装，吊装时以钢丝绳或硬支撑临时固定，找正后焊接或用高强度螺栓连接。逐层找正验收，当顶板钢架吊装完成，进行钢架的整体找正。吊装完毕后炉顶的中心应和地面的中心重合，其误差应符合制造厂规定。构架应在适当位置预留出吊装开口，供受热面进入，开口的位置与大小涉及构架负载以后的稳定性，所以应征得制造厂同意。

（3）炉顶大梁起吊。锅炉钢架安装中经常使用的主要机械有门式起重机、塔式起重机和移动式起重机等。大型机组大板梁单件质量大、安装位置高，起重机能力不够时需采取特殊吊装方法。一般需要多台吊机配合吊装，吊装时根据具体质量和吊机的站位对大板梁进行负荷分配，并根据炉膛结构合理安排大板梁的吊装顺序、大板梁的进入炉膛方向和吊装方向，如图 5-1 所示。

图 5-1　大板梁吊装示意图

（4）高强度螺栓连接。高强度螺栓俗称高强螺栓，通常分为大六角头高强度螺栓和扭剪型高强度螺栓，螺栓紧固一般分为初拧、终拧两步进行，初拧扭矩为终拧扭矩的50%左右，对于大型节点的螺栓紧固应分为初拧、复拧、终拧三步进行，复拧扭矩与初拧扭矩相同，终拧用力矩扳手拧至标准力矩。扭剪型高强度螺栓的终拧至螺栓尾部切口处断裂，表示已达到设计扭矩。构件连接是靠连接板结合面间的摩擦力受力的，螺栓只紧固连接板，不承受剪力。

（二）锅炉受热面组合安装

锅炉受热面主要包括汽包（亚临界）、汽水分离器（超临界或超超临界）、下降管、水冷壁（通常设计成垂直管屏和螺旋管屏并用）、过热器、再热器、省煤器、循环泵（超临界或超超临界）、锅炉启动疏水扩容器（超临界或超超临界）等设备、部件。

（1）锅炉受热面安装主要是根据其结构特点、起重设备的布置、组合场地的实际情况而定，可分为组合安装和分散安装。

1）组合安装。大型锅炉一般采用组合安装方式。先在组合场进行预先组合，拼装成便于安装的组合件，再把组合件运到安装地点起吊、就位、安装。这种方式能减少高空作业，易于控制施工工艺质量，加快锅炉安装进度。组件重应控制在起重机的起吊额定负荷之内。组合场一般设置在锅炉房扩建端，并配备门式起重机 1～2 台。组合件用平板车运到起重机起吊范围之内。

2）分散安装。在锅炉房内按图纸的顺序依次进行设备吊装，将分散部件起吊到安装的设计位置，进行相互连接。锅炉大扳梁、高强螺栓连接的炉架一般采用这种方式。这种吊装方式不用组合场地，不使用有轨高架重型起重机，但工期长，消耗的劳动力也大。

（2）汽包吊装。汽包是亚临界自然循环锅炉和强制循环锅炉蒸发设备中的主要设备，是锅炉受热面中最主要的部件，也是最重的部件。大型机组汽包一般采用直接悬吊在钢梁上的吊挂方式。汽包安装工序一般为检查画线、吊环（吊杆）安装、吊装、找正。汽包的吊装有水平起吊、转动起吊、倾斜起吊三种方法。大型锅炉的汽包吊装大都采用倾斜起吊方法。汽包安装要进行卸车、转正翻转、零米移位、倾斜起吊、垂直提升、高位调平、移动就位等步骤。一般情况都超过起重机的能力，需用特殊的措施起吊。常用的方法是用 2 台卷扬机牵引挂在大梁上的滑车组起吊，也可用数台液压顶升装置并联顶升。汽水分离器、锅炉启动疏水扩容器及一些较大连箱的检查画线、起吊、安装就位等工序基本与上述步骤相同。

（3）受热面安装。锅炉受热面包括省煤器、水冷壁、过热器、再热器和连接管等部件。受热面管子均由无缝钢管弯制而成，端部和汽包或连箱相连。安装焊口数万个。受热面组合及安装的一般程序为设备清点检查、通球试验、连箱找正画线、管子就位、对口、焊接、热处理。

1）组合。大多数受热面设备都需要组合后再吊装，按照已批准的组合吊装方案的施工步骤，先在组合场地进行组合。组合件的布置应根据吊装顺序进行安排。因组合件是在“组合架”上进行组装的，所以搭设“组合架”时要进行仔细找正、找平，确保其几何尺寸正确，并能承受组合件的质量，以保证组合件尺寸正确。

组合前设备清点检查：设备清点编号后，将设备按组合和安装顺序摆放；检查设备表面应无碰伤、压扁、裂纹、龟裂、砂眼和分层等缺陷，管子外径与壁厚符合设计要求；合金钢部件逐个进行光谱分析；主要部件的制造焊口焊缝外观良好；连箱长度及弯曲度符合要求；受热面设备无运输和长期存放造成的变形或严重锈蚀现象。

通球试验：受热面管子在组合和安装前必须逐根进行通球试验检查，ϕ89mm 以下小口径管子通球试验采用钢球，通球一般使用压缩空气进行。试验时不得将球遗留在管内，对每个球都必须编号及严格实行发放、回收管理，通球合格后所有管口都应做好可靠的“封口”措施。

水冷壁和包墙过热器组合：组合件的大小是由吊装机具的起吊额定负荷和施工场地的大小决定的。把单片管排放到组合架上拼接对口，按设计调整水平、位置和对角线尺寸。膜式水冷壁管排焊接后的收缩量大，先焊的管子收缩变短会使未焊管子的对口间隙变小甚至顶住，会影响焊接的进行。所以焊接时要先焊间隙合格偏小的，后焊间隙大的。用氩弧焊工艺可减小热应力和收缩量。焊接结束后进行校平并复核外形尺寸，并再进行一次通球试验及封口保证措施。然后在各片间拼缝，焊后需再次校平。排管组合后进行刚性梁和相关部件安装，应注意其滑动面保证膨胀自由。

管子就位、对口、焊接：锅炉受热面管子多、工作量大，主要包括受热面管段与管段之间、管子与连箱之间、管子与其他铁件之间的焊接。

蛇形管排组合：包括屏式过热器、对流过热器、再热器和省煤器。有水平排列及垂直排列，形式多种。一般是先把连箱放到组合架找平找正，再以连箱为基准，把管排逐片与连箱对口焊接。焊接前进行一次通球试验，通一排焊一排。组合后从连箱开始再做二次通球试验，以保证管内清洁。因密集排管的焊接位置狭小，要一排焊好再装一排。排管组装时可用临时夹板夹牢，装完后将吊挂铁板等固定铁件安装上去，用以保证管间距离正确，使运行时烟气流均匀，防止受热不均使管壁超温损坏。

以上施工中，对于焊接的质量要求很高，焊前、焊后的热处理工艺步骤必须及时跟上，尤其是超临界、超超临界等应用较多高等级合金材质机组，更是如此。

2）吊装。

a．吊装前准备工作：在锅炉构架安装完成并验收合格后；管排的组合工作结束，组合件经验收合格（分多个组件的，一边组合，一边吊装）；吊装机具已做过负荷试验。

b．起吊：锅炉受热面的吊装是由每个锅炉的结构型式和各施工单位的吊装机具装备情况决定的，施工中根据具体情况灵活进行。无论单片或组合件，大多数在运输时是平卧的，起吊就位则是竖立的。在竖直过程中，组件受到的弯矩最大会发生变形，所以对组合件要采取加固措施。一般用型钢作桁架与组合件连成一体，在起吊时由桁架承受弯矩，在就位时则易于脱开。单片起吊应选择好吊点或多点起吊，使起吊产生的变形在弹性变形范围之内，竖直后能恢复原状。受热面吊装时，炉顶钢梁已装好，在吊物平移时吊钩钢丝绳会被横梁或其他设备阻挡，所以一般要在就位途中，临时放置于某处，换钩再行起吊一次或数次才能就位。有时也采用空中换钩的办法，越过横梁继续吊运。有的排管的悬挂固定点在横梁之下，就位时可用专用工具三角吊架，也可在附近挂手拉葫芦斜拉就位。

c．吊装顺序：应考虑各部件吊运途中和就位时，先吊装的部件不要妨碍后吊装的部件，并且要求中间搁置、换钩次数最少。对在构架上部预留吊装开口的，要尽早使开口封闭，以保证构架稳定。大型锅炉膜式水冷壁分上、下段吊装的，应在上部找正固定，并与刚性梁连接完毕后再吊装下部的，以保证炉膛尺寸正确。

d．螺旋管圈水冷壁安装：炉膛下辐射区采用螺旋盘绕上升管圈结构的锅炉，螺旋管圈吊装应在上部膜式水冷壁找正之后进行。管圈一般是每圈分四段供货，安装时把四段对口焊接，并与上部水冷壁焊接。所以安装焊口遍及炉膛各部，对口焊接工作需搭设特制的悬吊脚手架进行。

3）找正固定。直流锅炉的受热面找正，以大梁的纵横中心线为平面的基准，汽包锅炉则以汽包为基准，汽包则要以大梁中心线为基准先行找正。立面标高以立柱上的标高画线为准，找正工作是先找正炉膛再找正尾部烟井。对悬吊结构锅炉，先保证上部的准确性，然后再找正中部和下部。对每一部件，先找正连箱的位置、标高和水平并予以固定，再找正排管部分。在永久支吊架安装完毕后，割除临时支吊架。因炉顶大梁的挠度将随着荷重的增加而增加，对早期吊上的组件的标高，一般调整到比设计值偏高5～15mm，待全部吊完后再做整体二次找正。最后进行炉膛及烟井四周管屏的拼缝工作。

（三）燃烧器安装

通常采用的燃烧器有直流式煤粉燃烧器和旋流式煤粉燃烧器两种。直流式煤粉燃烧器布置在炉膛的四角，要求从四角喷射的燃料在炉膛中心形成一个旋转燃烧的圆形火焰。安装工作在水冷壁找正固定后进行。先在炉膛中心搭设一个模拟中心切圆的台架。从燃烧孔口拉钢丝至切圆体呈切线。以此为基准，先把燃烧器的框板找正固定，再调整燃烧器位置在框板上固定。

旋流式煤粉燃烧器固定在大风箱上，安装在炉膛的前墙和后墙。为避免炉内气流偏斜，相邻燃烧器的气流旋转方向应相反，所以在大风箱上组装燃烧器时，要排好旋转方向不同的燃烧器位置。由于锅炉结构关系，在水冷壁就位后，大风箱组合件无法吊入，因此在吊装水冷壁前应先行吊入。在水冷壁安装结束后，再就位安装。

（四）回转式空气预热器安装

回转式空气预热器有转子回转和风罩回转两种，前者使用较多。转子回转空气预热器的组成部分主要是上横梁、下横梁、转子、外壳和动静部件之间的密封装置等。它的直径有10m左右，重数百吨。因为起重机能力限制，大型锅炉的预热器一般采用单件安装，中小锅炉如使用大型起重机的，可组合起吊安装。安装要求是转动平稳、密封好、漏风小、效率高。

单件安装顺序是：先吊装承受总重的下横梁，找正后与锅炉构架固定，然后安装轴承、主轴和拼装转子，再安装外壳和传热元件。找正要点是：主轴的垂直度，转子和外壳的椭圆度、垂直度以及对主轴的同心度，做到外壳与转子间各部分间隙均匀，以防止漏风。安装外壳时要留出一个开口，以便在转子的扇形仓格内安装传热元件。安装传热元件时盘动转子，从开口位置装完一仓格再装一仓格，最后安装密封装置。组合起吊是在地面上组合外壳和转子，起吊就位要和锅炉构架交叉进行。因组合件的刚度较差，起吊前需要进行加固。起吊在下横梁就位后进行，顺序是先吊外壳再吊转子，再安装传热元件。

（五）锅炉水压试验

为检查锅炉受热面的严密性和强度，在受热面和本体管道安装完毕之后，进行整体水压试验。试验范围包括锅炉本体全部承压部件及与其相连的进出口二次门以内的全部管路、附件，一般从给水进口到蒸汽出口主汽门或汽轮机进口主汽门的所有汽水管道和阀门，中间再热锅炉还有二次汽系统。直流锅炉除一、二次汽系统外，还有启动分离系统，三个系统分别做水压试验。试验压力按照制造厂规定。无规定时则按：汽包锅炉为汽包工作压力的1.25倍；直流锅炉为过热器出口连箱设计压力的1.25倍，且不低于省煤器进口连箱设计压力的1.1倍。再热器为进口连箱设计压力的1.5倍。另外，如果制造厂对其所制造的锅炉水压试验压力有具体要求时，应以制造厂要求的锅炉水压试验压力值执行。

水压试验使用除盐水，为防止设备腐蚀，进水过程中还要加入适量的氨，以降低水中的残余氧。因用水量很大，故事先应计算出试压范围的水容量，准备临时储水容器和足够的水。在水压试验时如有泄漏，需要放水后才能处理，这样工作量太大，所以水压试验前先做一次气压预试验。由于空气的泄漏能力比水大很多倍，所以气压达到0.2～03MPa即可，待气压预试验无泄漏后再做水压试验。

水压试验前开启放空气门，关闭所有疏放水门和本体管路的二次门。向锅炉进水，当放空气门溢水后关闭放空气门，检查无泄漏后启动升压泵升压。升压至试验压力的10%时，进行一次全面检查；升至工作压力时，再进行一次全面检查；确认无泄漏和异常情况后，则升压到规定试验压力值，保持20min，再降到工作压力，进行全面检查。若无破裂、变形及渗漏现象即为合格。水压试验后利用锅炉内水的压力冲洗排污管、取样管、疏水管和仪表管，以保证其畅通。

（六）锅炉的化学清洗

采用化学方法清除锅炉水汽系统中的各种沉积物、金属氧化物和其他污物，并使金属表面形成保护膜的技术。它是减少锅炉因受热面结垢和沉积附着物所造成的腐蚀、导热不良和对水汽的污染，保证锅炉安全经济运行的一项重要技术措施。对锅炉的清洗一般采用酸性介质，又称酸洗。

对新建机组主要是清除受热面管内壁在轧制过程中形成的高温氧化皮，清除管内在加工时引入的润滑剂及在储运、安装过程中产生的锈蚀产物、焊渣、油脂、泥砂等污物。对运行锅炉主要是清除金属受热面水侧表面上积结的钙镁水垢、氧化铁垢、铜垢、硅酸盐垢和油垢等各类沉积物。

1. 清洗范围

新建锅炉酸洗范围主要是根据锅炉参数、结构特性和管内壁的锈蚀程度来决定。通常对直流锅炉和过热器出口压力为 9.8MPa 及以上的汽包锅炉，在投产前必须进行化学清洗；压力在 9.8MPa 以下的汽包锅炉，一般不进行酸洗，但必须进行碱煮。再热器一般不进行酸洗，但出口压力 17.4MPa 及以上的锅炉再热器，可根据情况酸洗。锅炉过热器、炉前给水系统、凝结水及给水系统，一般根据设备锈蚀程度等情况决定是否进行化学清洗。

2. 清洗介质

清洗介质包括清洗剂、缓蚀剂和添加剂。

（1）清洗剂有无机酸和有机酸，常用的无机酸有盐酸、氢氟酸；有机酸有柠檬酸、乙二胺四乙酸（EDTA）。

1）无机酸：

a．盐酸对铁的氧化物和含钙、镁、铜等成分的沉积物有较强的溶解能力，盐酸与金属基体反应产生的少量氢气有助于对被清洗物的剥离。采用盐酸清洗价格便宜，清洗工艺简单，废液易于处理，酸洗液需加热温度只需 60～65℃即可。盐酸不能用来清洗奥氏体钢材质的设备。

b．氢氟酸对铁的氧化物和以硅化合物为主要成分的沉积物具有较强的溶解能力，即使在较低的浓度和温度下溶解速度也较快。通常是采用开式清洗方式，将清洗液一次流过清洗设备。氢氟酸清洗时间短，清洗用的临时装置简单，对金属腐蚀性小。但氢氟酸毒性较大，废液处理较困难。

2）有机酸：有机酸清洗不会出现大量沉渣或悬浮物，能清洗奥氏体钢。

a．柠檬酸在柠檬酸清洗液中加入氨，调 pH 至 3.5～4.0 可生成柠檬酸单胺。柠檬酸单胺与铁离子能生成易溶的络合物，能避免清洗时可能出现的沉渣造成管子堵塞，故常用来清洗较复杂的新建锅炉及系统。清洗用的临时装置简单，不需要对阀门采取防护措施，使用中对人体危害性很小，适用于清洗奥氏体钢材设备，但柠檬酸价格较贵。

b．乙二胺四乙酸（EDTA）清洗温度一般是 100～135℃，其溶垢能力在低温（65℃）时不如盐酸。而在高温下，对含铁、铜、钙、镁等成分的沉积物都有较强的清洗能力，且清洗时间短，清洗后吹管的次数也较少，但不宜用于清洗含硅量很高的沉积物。清洗时临时装置较简单，药品价格较贵，清洗后应予回收。

（2）缓蚀剂。缓蚀剂的选择及其添加量与酸洗剂的种类、浓度和清洗温度、流速有关。选用的缓蚀剂应有较高的缓蚀率（一般应在 96%以上），对金属的腐蚀速度应低于 10g/（m^2·h），无针状点蚀，不残留有害薄膜，有良好的水溶性，使用安全无毒，对去除沉积物的能力无影响，清洗后排放废液不会造成环境污染。

每种缓蚀剂都有其适用的温度和流速范围，缓蚀效果是随温度升高、流速增大而降低。目前中国的商品缓蚀剂适用于盐酸清洗液的有胺系、醛、酯及含硫有机化合物，适用于柠檬酸清洗的缓蚀剂有二邻甲苯硫脲和 2—巯基苯骈噻唑等。采用氢氟酸和 EDTA 作为清洗剂时，常采用复合缓蚀剂（如吡啶、硫脲和噻唑的衍生物等）。

（3）添加剂。

1）还原剂：为防止氧化性离子（Fe^{3+}、Cu^{2+}）对钢铁基体在清洗过程中的腐蚀，需考虑在酸液中添加还原剂和络合剂。当酸液中 Fe^{3+}较多时（一般高于 500mg/L 时），在盐酸清洗液中加入氯化亚锡，在有机酸清洗液中加入联氨，以便将 Fe^{3+}还原为 Fe^{2+}。酸液中 Cu^{2+}较多时，可加入硫脲作为铜离子络合剂，防止铜在钢铁表面析出腐蚀金属基体，发生镀铜现象。

2）助溶剂：为促进沉积物溶解在酸液中，添加氟化物如 NH_4F 等溶解促进剂，以提高对难溶物的溶解能力。

为提高清洗效果可在碱溶液或酸溶液中添加具有清洗油脂和润湿金属表面等效果的表面活性剂。

（4）钝化剂。酸洗后的金属表面呈活化状态，很易产生锈蚀。因此酸洗后要做钝化处理，使金属面整成钝化保护膜。用作钝化剂的有亚硝酸钠、联氨、磷酸盐等。

（5）除脂剂。为了清除新建机组锅炉设备中的油脂和含硅化合物，在进行酸洗前，需要对锅炉进行碱洗或碱煮。常用的除脂剂有 Na_3PO_4、NaOH 及各种表面活性剂等。由于游离氢氧离子对奥氏体钢材的应力腐蚀敏感因素，目前大机组的碱洗常采用低 pH 值的磷酸盐或不含游离氢氧离子的表面活性剂为主组成的清洗剂。

3. 清洗方式和步骤

根据锅炉及热力系统的结构和材质特点，设备内部腐蚀和沉积物的状况，废液处理的难易程度及现场的具体情况，经技术经济比较而定。工艺条件应通过试验确定。

化学清洗方式可分为循环清洗、开式清洗及浸泡清洗三种，一般情况下采用循环清洗或开式清洗。

化学清洗系统应以简单、操作方便、临时管道设备及阀门的用量少、安全可靠为原则。选择清洗溶液箱、清洗循环泵等装置时应能满足清洗工艺条件的要求。

清洗程序一般为水冲洗、碱洗、碱洗后的水冲洗、酸洗、水冲洗及漂洗、钝化和水冲洗等步骤。

4. 环境保护

（1）化学清洗方案中必须阐述符合国家和相应地方政府的法律法规、标准等的相关环境保护内容，该方案必须经施工单位总部、监理、业主审核批准并通过业主申请取得相应地方政府环保部门的许可。

（2）化学品及含有化学品的特殊材料一律采用封闭式容器盛装和使用，杜绝泄漏或遗洒，对有害的化学品进行专门的储存和处理。

（3）化学清洗工作完毕，必须将所有盛装化学药品的桶、袋等垃圾全部及时清理干净并分类回收、存放、处理，剩余的化学药品及时回收并按规定妥善保管。

（4）要做好化学清洗过程中的设备、法兰、管道、系统等泄漏点的应急处理措施，能隔离的系统应及时隔离，不能及时隔离的系统、设备应采用耐酸、耐腐蚀、耐温材料进行扎紧、封堵等应急措施，漏液必须及时清理干净。

（5）化学清洗前后的冲洗、清洗以及所产生污水、药液的排泄、沉淀、中和等处理直至最终排放都必须按照既定方案逐步实施。

（6）废液排放必须符合环保要求，电厂一般要修建中和池，达到排放标准后再排至厂外或按当地环保部门要求的方式处理。

（7）化学清洗后的废液处理和排放必须符合 GB 8978《国家排放标准》的规定。

（七）蒸汽吹洗

汽包的吹洗范围是从饱和蒸汽管开始至其后全部蒸汽系统。蒸汽吹洗的重点是锅炉过（再）热器系统。

吹洗方式一般分为一阶段吹洗和二阶段吹洗两种。吹洗方法有稳压吹洗和降压吹洗两种方法。稳压吹洗一般适用于一阶段吹洗。吹洗是尽量保持压力、温度、流量、水位稳定。为保证冲管有足够动量，一般吹洗流量应高于额定流量的 2/3 以上，对燃烧煤粉锅炉，必须投入制粉系统。降压吹洗投入燃料量较少，一般为额定负荷的 15%～20%。将锅炉升压至能满足吹洗要求的足够高的压力，然后速开吹洗控制门，采取突然释放方法，获得短时间内较大动量。

吹洗的临时设施有临时控制门、旁路门、临时连接管和排气管及支吊架、集粒器、靶板器、消音器等。

二、风机安装

火力发电厂的风机都是典型的卧式转动机械，安装工艺也是转动机械的通用工艺。

（一）离心风机安装

风机安装方法的选定与设备结构、质量和现场起吊运输能力、通道、厂房封闭条件等有关。基本原则是尽可能组装成组件，再就位安装。安装时必须先安装基准件，再安装其他部件。基准件是以机体或主要做功部件及组件的重要程度来确定的，一般以主轴、轴承、机框的组件为基准件。

安装程序是：基础准备、下机壳、主轴组件、地脚螺栓二次灌浆、地脚螺栓拧紧、轴水平复查、上机壳、集流器、调节门、电动机、二次灌浆、地脚螺栓终紧、找正复查。

将已经画好纵横中心线的基础清理干净，摆放地脚螺栓和垫铁。组件就位，检查、调整使机框中心对准基础中心线，同时使用调整垫铁的办法，使机框呈水平状态。主轴找中心用移动轴承机框的纵横位置来调整。机壳安装是在转子安装前先把机壳下半部临时就位，转子就位找正后，机壳对转子叶轮找正，使圆周间隙和进风口处的轴向间隙符合规定，找正时要保持机壳垂直。集流器在机壳进风处，也以叶轮为准找正其相对的径向圆周间隙和轴向位置，找正后与机壳连接。集流器前的调节挡板安装时，要注意挡板偏转方向，使气流通过挡板后的流向与叶轮旋转方向一致，否则气流在此急转弯造成很大风压损失。

（二）轴流风机安装

轴流式风机具有流量大、全压低的特点。供货情况一般是：机身分为进气室、叶轮壳、静叶段和扩散器四段，此外还有转子和动叶调节器。轴流风机的安装顺序一般是：基础准备、进汽室、轴承组件、叶轮、扩压器、电动机、二次灌浆、找正复查。

转子两端的轴承是固定在进气室两端的，所以先把进气室就位找正并固定；然后转子穿入进气室，放在两轴承上。此后安装叶轮壳，以叶轮为中心找正后与进风口连接。最后，再装静叶段和扩散器。扩散器安装前应先装好下面的轨道，轨道要求平直以保证扩散器热膨胀时前移无卡涩。动叶调节器安装时，要使其连接杆与立轴同心，转换体在导柱上滑动灵活，动作试验检查调整方向正确，动作灵活。

三、静电除尘器安装

静电除尘器体形大、质量重，供货方式都是散件。部件多，组装工作量比较大。安装工作包括钢架、墙板、进出口烟罩和集灰斗部分及极板的振打装置等的安装。安装的一般程序为：钢结构吊装、支承轴承组合安装、底梁安装、灰斗组合安装、中壳体安装、部纵梁及带顶梁内顶盖安装、进出口封头组合安装、电除尘阴阳极系统安装、阴阳极振打和传动装置安装、阳极板的吊装、顶盖安装、检修单轨吊安装、内件清理及检查、电气除尘器升压试验。钢结构施工是常规工艺，极板的组合、校正和安装是静电除尘器施工的重点。

（1）极板组合与校正。散件供货的需在现场组合，组合使用特制模具和组合架，以保证尺寸正确。阴极（放电极）大框架的组合和校正工作要保证框架四边的尺寸、对角线及吊挂中心垂直度正确。阴极小框架要求平面平整、电晕线上芒刺方向整齐，电晕线紧度调整适宜后，将螺母点焊固定。阳极板（集尘极）要求平面度合格并将夹件和承击砧组合成阳极排。吊装前还需经过直立（工况）校准，即作悬挂状态平面校核。焊缝处不得有毛刺、尖角。

（2）极板吊装。吊装时使吊装架受力，以防止极板在吊装过程中变形。吊装方法一般有：把阴阳极各一排扎成一组，从中部顶梁空档进入；或在构架顶部临时设二字钢作电动葫芦导轨，使极板从侧向进入；也有以一个电场为单元，先把阳极板吊入临时就位，再将阴极板框架进入，吊完后再逐个电场作极距调整。极距宜用特制量规测定，每排极分上、下两半部，分别测 6～8 点并调整到规定范围内。

（3）振打装置安装。在阴极框架、阳极板、槽形板、气流分布装置上均有振打装置。安装时各振打装置的布置要按照机械振打程序排列，振打到极板上的力量均匀、固定牢固，防止在振打多次后松动脱落。

（4）安装完后的试验：

1）壳体，灰斗等部位做焊缝渗油试验和无损检测检查，最后做整体气密性试验。

2）灰斗采用电加热装置的，在保温前必须做通电试验，确认完好无误。采用蒸汽加热的，管路系统必须做水压试验。

3）整体气密性试验结束后，可根据需要做冷态气流分布试验，并根据结果做必要的调整，保证入口气流分布均匀性符合规定。

4）当电气部分施工完毕后，进行空载带电升压试验。

四、磨煤机安装

（一）钢球磨煤机安装

钢球磨煤机由传动装置、主轴承、转动部件及进出料装置等部分组成，是锅炉辅机中最复杂、最笨重、最精密的设备之一，其安装的工作量大、周期长，相互配合的环节多。主要的安装程序：主轴承安装、大罐安装（包括钢瓦安装）、传动部分（大齿轮、传动机、减速器以及电动机）安装、进出料斗安装、润滑油系统和冷却水系统安装。

钢球磨煤机是低速、重载的转动机械，在运转时发生轴承合金熔化故障较多。安装时：首先把前后轴承座就位，找正位置和标高，用拉钢丝法找正两轴承座纵向中心；然后吊入轴瓦，轴瓦球面与球面座的接触面应光滑，并有足够的接触面积；再把重数十吨的筒体吊装在轴承上面。在校正筒体水平的同时调整各台板垫铁的松紧，要求达到接触密实，使承重时不变形，以保持载荷转动时球面自动调位的功能。检查轴颈与轴瓦接触角和接触面积应符合规定，否则应进行研刮，以保证在有热风的工况下承载运转时轴瓦能建立油膜，做到稳定运转不发热。筒体安装后即可在筒体上安装齿圈，注意调整好轴向和径向的晃度使其最小，齿圈与小齿轮应咬合良好，以避免运转时振动。然后在筒体内安装衬板（钢瓦），其数量较多，可穿过筒体两端空心轴拉一根钢绳，在筒外将两端拉紧固，在绳上走滑车吊运衬板进入筒内，逐块安装。最后安装空心轴内套和进出口料斗。筒式磨煤机有专用油系统，油系统清洁十分重要，安装前应进行酸洗或喷砂处理；焊接应采用氩弧焊工艺；安装完毕后应进行吹扫。

电动机、减速机空转合格后，磨煤机进行 8h 的空负荷试运转，合格后，方可装钢球。

（二）中速磨煤机安装

国内电厂锅炉采用最多的三种中速磨煤机为 RP 磨、MPS 磨、E 磨。磨煤机沿高度方向分传动装置、碾磨装置、干燥分离和煤粉分配装置。

中速磨煤机有多种形式，但其基本结构相似。供货都是组合件，各制造厂供货情况各不相同，但大体上是：底座和传动装置（包括主轴和下磨盘）组件，各磨辊和加压装置单件，框架组件，顶部进煤口、出粉口和分离器组件。安装是自下而上顺序安装。底座组件就位后要检查和调整下磨盘（下转台）的水平和转动时的晃度，然后逐个安装磨辊和加压装置。加压装置有气、液压或弹簧数种，调整到各磨辊相对下磨盘的高度一致，各加压装置的压力一致，以保证工作时主轴在各方向受力均匀，运转稳定。此外还需调整好空气密封装置与主轴同心度，防止热风逸出。

（三）风扇磨煤机安装

其结构近似离心风机，安装工艺也可参照离心风机。

五、烟风煤管道安装

烟、风、煤管道根据生产工艺可分成锅炉冷风道、热风道、制粉管道、送粉管道、烟道和原煤管道等统称“六道”，也简称为烟、风、煤管道。除了上述“六道”主要工艺管道外，还有制粉系统消防及清仓管道。烟风煤管道由管道、管件及附件等组成。其中管道是薄壁、大截面的圆形或矩形管道，用薄钢板焊接而成。管件有弯头、三通、四通、变径等。附件有伸缩节、风门、挡板、传动装置、支吊架、螺栓以及维护平台等。附件和中小截面管道在工厂加工制作。大截面管道一般都是现场配置，除送粉管道设计为无缝钢管外，其他方、圆管道及其弯头均是在现场加工配置。其图纸有来自设计院部分及锅炉厂部分，配制、安装时要注意接口。

现场配制的烟、风、煤管道在安装前均要对散件进行组合。组合时尽量将附件带上，以减少高空作业。烟、风、煤管道大部分是矩形或圆形的箱罐结构，一般采用 3～6mm 的钢板配制，具有体积大、质量较重、刚性差、易变形等特点。现场安装时，管道之间用焊接连接，管道与附件或与设备用法兰连接。因管道刚性差，吊装时要选好起吊位置焊好吊耳，有的要进行加固。安装要求是焊缝、法兰处无泄漏，风门挡板操作灵活。

烟、风、煤管道配制、安装焊接结束后，均应按照相应规程、规范的规定对焊缝进行渗油试验和无损探伤检测，检验合格后应及时进行防腐施工。

第四节　汽轮发电机组安装

一、汽轮机本体安装

汽轮机安装示意见图 5-2。汽轮机分部件运到施工现场，各组合部件在汽轮机基座进行整体装配工作，通过清洗、刮削、校正、检测、连接、平衡等工艺手段使汽轮机各支撑点荷载均衡，汽轮机各汽缸与发电机轴系中心一致，汽缸内部各项间隙正确，在高温、高压、高转速的工作条件下能安全、经济运行，不产生振动、摩擦、泄漏、温升过高等不良现象。汽轮机安装的主要工作有基础处理、台板就位、汽缸组合找正、轴承调整、负荷分配、转子安装、通流部分调整、汽缸扣盖及附属系统安装等。

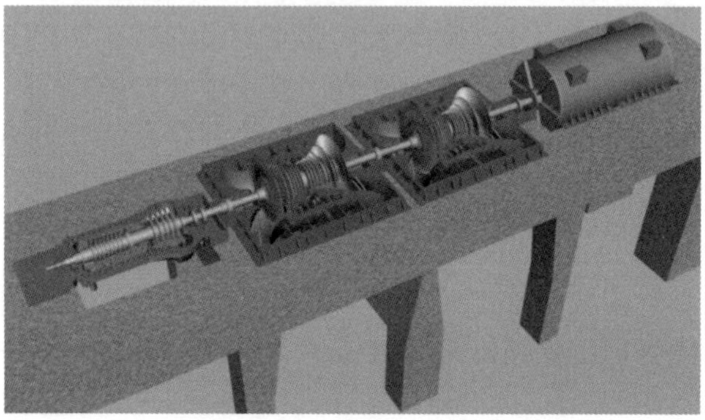

图 5-2　汽轮机安装示意图

汽轮机安装一般流程：设备清理检查→基础验收→垫铁布置（砂浆块制作）→台板就位→低压缸拼缸就位、轴承座就位、下缸接钢丝找中心、高中压缸就位→半缸/合缸找中心→轴承调整→转子初找中心→隔板调整→低压缸与冷凝器连接、下半导汽管安装→各部间隙检查调整→扣缸→转子复找中心→基础二次灌浆→联轴器连接→轴承座扣盖→上部导汽管、连通管安装→油冲洗后翻瓦、盘车装置安装、轴承座扣盖→罩壳安装。

（1）基础安装。基础框架安装：基础地脚螺栓、螺栓套管及定位件由土建负责安装，集中检查会签后整体预埋。运行层两侧设置沉降观测点，定期观察基础不均匀沉降，对基础的不均匀沉降对缸体的影响进行评估。安装开始前要对汽轮发电机基础进行验收复查。基础复查的项目有外观检查；复查各层标高；复查地脚螺栓孔；检查基础的纵横中心线；预埋件配合；基础各标高处沉降观察测点的设置。基础混凝土强度达到70%时即可布置垫铁。垫铁一般按制造厂图纸布置。钢制垫铁一般加工为平面和楔形垫铁，每叠垫铁用一块平垫铁和一对斜垫铁组成，如遇特殊情况最多不能超过5块。混凝土垫块的配置按制造厂的要求或有关规范进行制作。

（2）台板就位。台板及垫铁是支撑汽缸和轴承座的部件。通过对垫铁部位的二次灌浆与基础联为一体，使整机稳固地支托在基础上。台板不但支撑汽轮机全部重，运行时还承受汽缸膨胀所引起的推力和汽轮机运行时蒸汽对汽缸所施加的反作用力。基础台板采用砂浆块或垫铁支撑，砂浆块用流动砂浆制作。利用调整台板下的垫铁、砂浆上的垫片或螺栓千斤顶对台板找正、找平，以达到标高、扬度符合要求，并且轴承座与台板承力面间、汽缸与台板承力面间没有间隙，纵、横销间隙正确，使汽轮机热膨胀不受阻碍。通常台板就位是汽轮机安装开始的标志。

（3）设备检查。汽缸、轴承、转子及隔板安装前进行外观检查，合金钢部件（转子除外）做光谱复测，螺栓硬度检查，轴瓦钨金面进行PT检查，轴承座做水平结合面和法兰面的检查研刮、内部清理并渗油检查，轴封进出口检查确认，对设备上的可疑部位做进一步的探伤检查。

（4）低压缸拼缸。低压缸外缸一般分三部分在现场拼装，外下缸在基础台板上组合，外上缸在下外缸上组合。外下缸拼装前将排汽短接就位并切割调整高度，外下缸拼装后进行焊接。

（5）汽缸、轴承座找正。汽缸找正的目的是使汽缸和轴承座的纵向中心线处在同一个垂直平面上，并使各中心线在垂直平面中形成一条连续轴线。汽缸找正都以前后轴承座为找正基准件，轴承座油挡洼窝中心为找正基准点。轴承座就位后用连通水准仪设定标高，高、中压下汽缸就位前，必须使低压缸初步找正结束和轴承座按图纸要求标高初步找平、找正就位。高中下缸就位后拉钢丝初步调整，最终用转子找中心。将高中压转子吊入汽缸，找高中压转子与低压转子的中心，根据找中心后高、中压转子的扬度，调整前轴承座和汽缸，使汽缸轴封洼窝和轴承油挡洼窝，均与转子中心同心，再按转子扬度找正高中压缸和前轴承座，要求纵向扬度应与转子扬度一致。

（6）负荷分配。安装时将汽缸的重力合理分配到各个承力面上去，称为负荷分配。多支撑面的汽缸在找正、找平后，并不能表明汽缸各支撑面受力均衡。为防止由于个别支撑面不受力或少受力而产生运行时汽缸不稳定现象，在安装时还需用猫爪垂弧法或测力计对汽缸支撑面的荷载重新分配。缸体一般在合半实缸状态下做负荷分配。在合缸过程中检查缸体中分面间隙。汽轮机外缸找正、找平结束后，即可吊入内缸，检查内缸支撑于外下缸的各支撑点，均接触密实。在内缸处于不受外力的自由状态下，采取拉钢丝或假轴找中心法，经调整使内缸和外缸中心重合。当汽缸找平找正后，即可配置滑销系统的各滑销。

（7）轴承调整。汽轮机轴承有支撑轴承和推力轴承两种，用汽轮机油润滑，使轴颈与轴承间、推力盘与推力轴承间形成油膜，以减少摩擦力，并把摩擦产生的热量带走。为形成良好的油膜，在安装时必须使轴颈和轴瓦光洁，并有符合规定的油隙、接触宽度及装配紧力。

轴承调整的工序：轴承清理检查→轴承球面或垫块研刮→轴瓦乌金面（轴承合金）的研刮→轴瓦间隙的测量和调整。

检查轴瓦与轴承座接触面，检查瓦面与转子的接触情况。在转子初次就位前拉钢丝找正轴瓦中心，确保转子安全。推力瓦随转子定位，检查推力间隙。

安装测温元件时应注意与轴瓦的固定是否稳固，要保护好测温元件引出导线，不要拉得过紧，引出口处应有防止渗油的措施。电控专业做绝缘等试验需要安装人员跟踪配合，以免损伤测温元件。

（8）转子检查。转子清点和表面清理后，仔细检查轴颈表面无锈迹和碰痕；叶片和覆环无松动和损伤变形；转子两端的平衡加重块及转子中心孔的堵板不得松动。测量轴颈的锥度和椭圆度；轴颈及联轴器径向晃度；端面瓢偏度；转子大轴弯曲。

（9）通流间隙调整。主要是指汽缸内部蒸汽流动经过的喷嘴、隔板、轴封与汽缸和转子相对位置的安装。这是一项细致的工作，装配质量对汽轮机运行的经济性和安全性有极大影响。汽轮机通流部分的安装分隔板、轴封套找正和通流部分间隙调整两个部分。

隔板、轴封套找正在转子按轴封洼窝对中后进行，对多缸机组在各转子联轴器中心调整后进行。找正的目的是使隔板静叶片的中心对正转子动叶片中心，并使隔板、汽封套在汽缸内的间隙均匀、准确，隔板的中分面与汽缸中分平面平行。找正方法可直接用转子找中，但由于叶轮与隔板间的距离较小，测量及调整都较困难，因此一般采用拉钢丝或激光找正或用假轴找正。用拉钢丝或激光找正时，要考虑到汽缸和转子自重下垂值；用假轴找正时，还要考虑到假轴自重的挠度。根据测得的中心数据，变更隔板、隔板套、轴封套下的挂耳垫片厚度或销钉位置来调整其位置，使之达到要求。用转子压铅法检查其径向间隙，最后合缸状态下用贴胶布盘转子法确认其最小径向间隙。按制造厂提供的基准值转子轴向定位，将轴向定位基准尺寸引至缸体外侧两端。测量各级轴向通流间隙，测量上下隔板的错位，用轴窜法确认其最小轴向间隙。测定对轮垫片厚度。

（10）滑销系统安装调整。滑销系统包括轴承座、外内缸的支撑面及其纵横销、隔板销、进汽管配合等。检查滑销系统的配合间隙、接触面情况、滑动裕量、顶部膨胀间隙及低压缸与基础间的膨胀裕量。

（11）汽缸与外界的连接。一般底部导汽管及抽汽管在扣缸前完成与汽缸的连接，上部导汽管在扣缸后与汽缸连接，汽缸在合缸状态完成与导汽管的连接，连接时监控汽缸的变化。低压缸与凝汽器的焊接在扣缸前完成，焊接时实时监控汽缸的变形。

（12）扣缸。汽缸扣盖是上下汽缸的最终闭合工作。为防止意外事件的发生，在汽缸扣盖前需进行严格检查，以确认汽缸内部安装质量和清洁程度。为了使汽缸扣盖工作顺利进行，扣盖前应进行试扣，以检查汽缸内部及轴封套处是否会发生碰擦和上缸扣上后是否能自由落下。在正式扣盖时，每道工序经过检查确认，对机工具的使用进行控制。扣缸过程中对于用上猫爪支承方式的汽缸，要预先配好上缸猫爪下部的工作垫片。有内缸时，内缸支撑承垫片也要配好。为便于设备在今后检修中拆卸，汽缸内隔板、轴封套的洼窝、隔板及轴封套的表面以及所有的销钉、螺栓，都应用干燥的鳞状石墨粉或二硫化钼擦拭。紧固高压缸螺栓要采用热紧，以施加一定的初紧力。一般分两步进行：第一步将汽缸水平接合面的螺栓冷态拧紧，消除汽缸自重引起的结合面间隙；第二步用专用工具加热螺栓或拉伸螺栓，伸长后用标准长度的扳手，将螺帽旋紧或旋转一个规定长度的弧。

（13）转子安装。汽轮机转子安装主要是轴封洼窝按转子找中心及转子按联轴器找中心。

轴封洼窝按转子找中心，目的是使转子中心线与汽缸轴封洼窝中心线之间在安装时保持一相对位置，使运行时两中心线尽可能重合。汽轮机从冷状态向运行状态过渡时，由于轴承座及汽缸在垂直方向的热膨胀、汽缸的热变形、汽轮机基础框架受热变形、轴颈下油膜厚度的变化及凝汽器内真空的形成，都会使中心位置变化，在安装时必须考虑到这种变化，才能真正达到找中心的目的。

转子按联轴器找中心是在联轴器外圆柱面及端面上选取测点，用百分表、塞尺及其他附件进行测量。在多轴系中，转子的找正要考虑各轴承在运行后的温差及联轴器自重对中心的影响，合理选择轴颈扬度，使轴系中心在运行状况下成一匀滑的曲线和轴承荷载符合设计要求。

扣缸后复查对轮中心，完成基础的二次灌浆，再复测中心，完成对轮的连接，连接过程中及连接后检查对轮的晃动量。

（14）盘车装置的安装。汽轮机在启动前和停机后的一段时间，需要开动盘车装置，使转子慢速旋转，以防止转子因上、下部分受热不均匀，而产生弯曲变形。盘车装置是汽轮机的重要部套，只有在盘车设备能正常投入和退出的情况下，机组才能投入运行。

（15）汽轮机油系统安装。汽轮机油系统包括润滑油、顶轴油、发电机的密封油和控制油系统，其中汽轮机润滑油系统和密封油系统连通。最重要的是汽轮机油系统的清洁，如果油质不洁或供油不畅将会使轴承损坏、调节系统卡涩、造成事故；此外，还要求整个系统严密不漏，以避免发生火灾。

设备检查：油箱内部及油站上的连接件解体检查，泵体解体检查，确保运行时无渗漏。

油管道安装：自行配置的油管道要经过酸洗后钝化。管道焊口100%PT检查，安装时管道的敞口及时加封临时盖，安装过程进行监控，确保内部清洁。顶轴油管道的管件要进行工艺检查，要做系统的耐压试验。

油冲洗：油循环采用分阶段冲洗，在扣缸前进行第一阶段冲洗，在扣缸后进行第二阶段冲洗。用分路、变温、锤击等物理方法加强冲洗效果。冲洗过程保证每路管道有足够的冲洗时间，并要制订严格的安全、消防、巡检责任制，防止漏油、着火、进水。油循环结束、系统恢复后继续冲洗、维护，保油质合格。

控制油系统安装：控制油系统采用不锈钢油管，焊接时充氩气保护，安装过程中用酒精清洗管道设备内部，控制油系统的冲洗效果分路确认，并做耐压试验。

汽轮机安装完成示意图见图5-3。

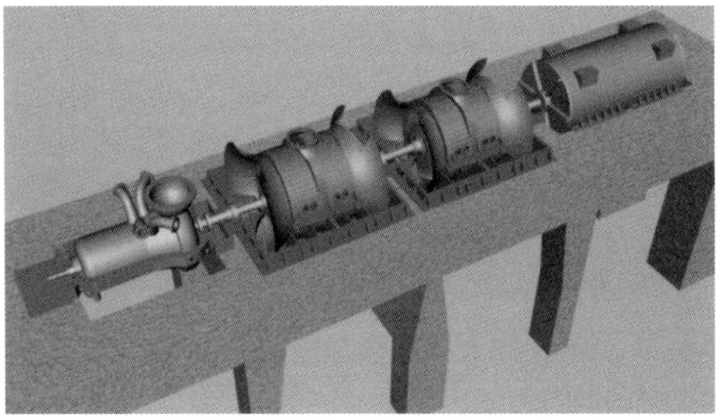

图5-3　汽轮机安装完成示意图

二、汽轮发电机及其辅助系统安装

汽轮发电机安装在运转层平台上，其转子与汽轮机转子为同一轴系，连成一体。发电机定子是电厂最重的单件，起吊就位需采取特殊措施。安装时其轴系找中心工作与汽轮发电机本体安装同时进行。施工内容还有穿转子、定子对转子找中心、轴承座绝缘、氢冷或水冷系统安装及密封试验、发电机电气检查、电气试验、干燥等。其中后三项工作属电气专业。

（1）安装前应完成的工作：①基础处理，调整支柱千斤顶下基础表面铲平；②根据千斤顶垫块布置图，制作混凝土底座固定千斤顶垫块；③台板的安装调整；④定子起吊路径的确定。

（2）定子吊装。在汽机房屋架安装到一定程度，屋架强度经核实后进行定子吊装。定子重一般都超过汽机房桥式起重机的额定起重量，定子起吊前应对桥形吊车进行核算，确定起吊方案。定子就位常用的方法有：

1）在桥式起重机的桥架上增加一台临时起重小车，配合原有小车一起抬吊；或者在行车大梁上安装液压提升装置吊装。

2）利用两台桥式起重机抬吊定子。

3）用液压顶升机将定子从零米逐步顶升到运转层，再用滚筒或滑板将其平移到基础底板上，然后顶升就位。

4）厂房外利用定子提升架抬升定子到运转层铺设的轨道上，再拖运定子到基础。定子就位前出线罩必须吊装到位。

当发电机定子缓缓落到台板上时，应缓慢将定子负荷转移到千斤顶丝上去，各个千斤顶丝上的载荷应均匀。定子就位后，用拉钢丝法对定子初步找正。

定子就位后，检查发电机定子内的水冷系统的进出水汇流总管及各支管，对内水冷系统做风压试验；对四台氢气冷却器进行解体检修，组装后做水压试验；组装发电机定子端盖；轴承及密封瓦腔室检修。

（3）转子安装。穿转子前由电气专业检查转子线排间所有通风孔洞，清除杂物；测量转子绕组的绝缘；机务专业进行外观、尺寸检查，测量转子轴颈的椭圆度和不柱度及联轴器圆周晃动度、端面的瓢偏。

发电机穿转子可根据设备的具体情况，用不同的方法来穿装发电机转子。接轴法采用预先将发电机后轴承座和转子装配在一起，从而将整个转子的重心移向后轴承座一侧，然后在转子的另一端接上特制的短轴，在发电机静子铁芯内装设弧形钢板，并在钢板与静子之间垫如橡皮之类的软性材料。另外可利用厂供工具滑移穿装转子：用一台行车将转子部分穿入，转子汽端搁置在定子内部的滑板上，从励端推动滑行，直到汽端用另一台行车接出，用两台行车抬吊到位。

（4）轴承及密封瓦安装。在定子单独气密性试验结束后，组装支持轴承。安装方法类似汽机轴承。

氢冷发电机的转子两端有密封瓦装置，是使用比氢气压力略高的油将氢气与空气隔绝，防止氢气外泄。密封瓦的组装主要是密封瓦座水平接合面组装检查；密封瓦的结构式样有两种，安装时都要求密封油室内的任何接触面都接触良好。对盘式轴密封，安装密封瓦应与轴垂直并贴紧密封盘，盘动转子检查干磨痕迹来判断接触情况，不良者加以研磨；对环式轴密封，应保证轴向位置正确，径向与转子同心。

（5）发电机间隙的调整。转子就位于轴承上后测定调整轴向、径向位置。在汽轮发电机组联轴器中心找好后调整空气间隙和磁力中心，以减少运行时不均衡磁拉力引起振动和不均衡电流对定子绕组引起局部过热。空气间隙测量时选择发电机两端同一截面上的上、下、左、右四周上的相互垂直的四点上测量，通过调整尽可能使气隙值相等为宜。磁力中心是调整定子绕组两端与转子套箍之间的距离。由于运行时会产生发电机转子的热胀伸长和汽轮机的相对胀差，在冷态调整时给定子和转子中心留一个偏装量。可采取将发电机转子轴向移动的方法，使磁力中心达到要求值。如发现转子轴向移动可能造成转子联轴器间垫片过薄或过厚时，应同时移动定子和转子。

（6）发电机氢气冷却系统。氢气冷却系统由氢气供气系统、二氧化碳气置换系统和压缩空气冲入系统组成。氢气由制氢站供氢或由瓶装氢气供氢，经供氢母管引至主厂房内发电机设备基础零米层，接入发电机本体供氢系统，进入发电机定子内的顶部。二氧化碳置换系统由设置于发电机基础零米层的瓶装二氧化碳供气站供气，通过管道系统，进入发电机定子内下部供气母管。压缩空气供气系统是从压缩空气站引入仪用空气，经空气干燥器干燥后，系统与供氢主管相接，以备停机后，发电机定子内氢气置换成二氧化碳气后，充入压缩空气。氢系统上的所有阀门经严密性检查，所有法兰连接经检查确认，氢系统管路经过冲洗确保内部清洁度。氢气管道系统安装完毕后，需做水压试验或气压试验。

发电机氢气投入前，发电机端盖及出线罩在冷态注胶，在热态补注。氢气管道做严密性试验，发电机密封油系统经油循环合格；发电机整体系统的漏氢试验泄漏量合格；环境清理及消防器材准备。采用气体置换法投氢，不允许用真空法充氢。

（7）发电机的油密封系统。油密封系统一般包括：发电机端盖上的双流环式密封瓦、氢侧油系统的油箱和油泵以及冷油器、空侧油系统的油泵及冷油器等设备，通过管道连接后组成密封油系统。空侧油油源由机组润滑油回油系统上氢油分离箱引至两台交、直流空侧密封油泵，经油泵升压后，经油冷却器、油过滤器、差压阀调整油压，进入发电机两端的密封瓦内的空侧油腔室。回油流入氢油分离箱内。氢侧油箱由氢油分离箱下部连通管将油补入氢侧油箱内，油从氢侧油箱引至氢侧交、直流油泵，升压后经冷却器、过滤网和平衡调节阀，进入密封瓦内的氢油环室内，形成靠近氢气侧的油密封。回油回到氢侧油箱内。另外，还设有备用供油系统。密封油系统的安装与汽机润滑油系统类似。

（8）发电机水冷却系统。发电机定子绕组冷却的外部冷却水系统，是由冷却水箱、两台冷却水泵、两台油冷却器、两台过滤器后，进入发电机内进水汇流总管，冷却后水从排水汇流总管排出至回水箱。冷却水源为经化学处理的除盐水。管材采用不锈钢。安装完毕后，先做系统的水压试验，后对系统进行水循环冲洗。冲洗时，先冲外部系统，水质合格后方准系统与发电机定子进出水管相连，再次进行水循环。

第五节　其他辅助系统设备安装

一、化学水处理系统设备及安装

预处理系统安装包括容器、泵类、管道的安装，安装程序如下：

（1）容器安装：基础检查验收→容器本体就位安装、找正→容器严密性试验→附件安装。

（2）补给水管道、管件制作：放样→下料→卷制→点焊、焊接→校正椭圆度→组合管节。

管道安装参考中低压管道安装。泵类安装参考通用泵类安装。

1. 各类箱罐安装

（1）各类箱罐检修。设备容器运到现场后，对其防腐衬里应做全面检查，用电火花检测仪做深度的检查。检查的重点是表面不平整部位和衬里搭接部分，特别是设备里面支撑件型钢上的衬里。衬胶容器各法兰面的检查应符合规范要求。

（2）各类箱罐配制或组装。配制、组合场地平整或平台已搭设完毕，钢材、型材或半成品设备、材料验证合格，焊工、焊材、焊机、无损检测设备、起吊设备等齐备。配制、组装的部件应横平竖直，几何尺寸、圆度、角度等指标需符合设计要求，加固肋齐全牢固，门孔部位准确、尺寸精确，各个部位的焊接均应符合设计或焊接技术规程的规定，无损检测应及时跟上施工进度，检测比例应符合相关规定。组件完成后应按设计或规范要求进行渗油、负压、风压、水压等试验验证，合格后按设计要求进行除锈、防腐施工，有做电火花试验要求的必须及时检测合格。配制或组装的组件在整体验证合格后方可交付下道工序。具体配制或组装工艺要求应符合 DL 5190.8—2019《电力建设施工技术规范　第 8 部分：加工配制》的规定。

（3）各类箱罐安装。箱罐拖运、吊装时保护好橡胶层和水位计。箱罐安装垂直度测量；中心偏差以出水法兰中心为准；标高以进水法兰中心为准。箱罐内部件检查无脱落、无堵塞、无损坏并符合设备图纸要求。反渗透装置到货后应进行保护，防止设备的损坏；特别是渗透膜元件，渗透膜元件应存放在独立的房间内。

（4）衬胶（衬塑）管道安装。组装前对管段、阀门及管件进行外观检查，并进行 100%“漏电”性能检测，发现缺陷及时处理。橡胶管道受到玷污时，不能使用溶解橡胶的溶剂处理。法兰结合面平整、无径向沟槽。安装时分段组合、吊装，坡度及坡向正确。螺栓排列方向：阀门弯头对向、立管朝下、平管顺向。阀门填料材质符合输送介质的耐腐蚀性能。逐只按阀门公称压力进行严密性试验。在敷设管道、安装支吊架时应充分考虑管道的膨胀，设置Π、Ω补偿器，支架采用导向支架，管道活动自由。

（5）系统严密性试验：装有隔膜阀的承压系统以系统的工作压力试压。不承压系统通水后在设计流量下全面检查。

（6）系统冲洗：整个化学水按分系统进行冲洗，达到出水澄清。

（7）加填料前，必须进行外观检查。在填装前要逐件核对，填装时要有专人负责，保证型号及数量正确。各容器内填料高度应符合要求。填装树脂时，可直接由上部入孔加入，但离子交换器内必须加缓冲垫层，水层高度应能保护底部及中间排水装置。

2. 机械搅拌澄清池

（1）澄清池上部集水槽孔眼中心线在一水平线上，清水槽的隔板焊接严密。

（2）取样管伸入器内的管端向下弯 100mm。取样点位置符合设计，布置牢固，阀门便于操作。

（3）第一反应室、第二反应室与澄清池中心线的偏差，小于澄清池直径的 0.25%。搅拌装置的主轴中心线与第二反应室中心线偏差小于反应室直径 0.5%。

（4）机械搅拌澄清池部件的制作和安装：浆板的加工尺寸及连接角度；叶轮升降调节器底部冲洗整定及喷嘴角度的调整；投药管、泥渣浓缩斗、排泥管的插入高度符合设计。

二、凝结水精处理设备及安装

凝结水净化系统一般由前置过滤器、离子交换除盐装置和后置过滤器三部分串联组成。前置过滤器一般有砂过滤器、覆盖过滤器、阳离子交换器、管式微孔过滤器和电磁过滤器等，凝结水离子交换除盐装置一般多采用阳离子床加深层混合床或用混合床净化装置，在使用混合床净化装置实现除盐要求有困难时，也可采用复床除盐系统。混合床净化装置较多采用深层高速（120m/h）混合床，也有用粉末离子交换树脂净化装置的。后置过滤器一般多用管式精密过滤器，有时可用树脂捕集器取代。

凝结水精处理安装程序：设备到货检查→设备就位、找正→衬胶设备电火花检验→设备底部灌浆→管道及管件安装→系统各项试验。

1. 设备的就位、找正

凝结水精处理的设备利用吊机及链条葫芦就位。设备吊装前对土建提供的数据进行复查，各基础的中心标高应符合图纸要求和规范。设备就位找正后通过垫铁调整纵横水平度和铅锤度。参考一般箱罐和泵类设备安装。

2. 管道及管件安装

凝结水精处理系统管道较多采用不锈钢，钢管道安装必须按要求打好坡口方可对接，支吊架必须与管道同步安装，管道连接采用套接焊接。安装方法可参考中低压管道安装。

三、供水系统设备安装

1. 循环水泵安装

循环水泵的安装工序一般为：设备检查（解体检查）→基础处理及垫铁布置→水泵壳体的安装→泵轴及其部件的安装→（电动机定子的安装→吊入电动机转子）→推力轴承安装→连接靠背轮法兰、测定机组摆度→连接靠背轮螺栓、装好导轴承。

（1）安装前清理检查。检查零件是否有缺陷，清理油污、锈斑，涂上防锈油，水泵底座已预埋。

（2）水泵壳体的安装。测量基础混凝土的标高。放置垫铁，使垫铁与基础接触密实。把中间接管、导叶体吊到支墩上，喇叭口连接，找平中间接管法兰面。找正水泵轴承孔的同心度，是方法用垂钢丝找正。合格后地脚螺栓的二次浇灌。达到强度后将楔形垫铁、中间连接管上基础台板点焊，台板二次浇灌。

（3）泵轴及部件安装：将橡胶轴承清理干净，把泵轴吊到上导轴承法兰上的三个千斤顶上，在下部安装叶轮。用千斤顶调整轴的位置高度，使叶轮和外壳之间间隙均匀，水泵靠背轮法兰面的标高和中心作为计算电动机定子安装的标高和调整中心的基准。动叶轮和动叶头连接紧密。盘根密封箱和出水弯管的接触面装上橡皮垫圈后，应无间隙。盘根与轴间隙均匀一致。

（4）电动机定子安装：根据安装好的水泵靠背轮的法兰面的标高定出电动机定子基础的标高。把电动机的定子、下机架和基础台板吊入机坑，用垂钢丝以法兰中心为准找正定子中心。

（5）吊入电动机转子，调整电动机空气气隙。

（6）推力轴承安装，安装靠背轮法兰，测量调整电动机的摆度。

（7）连接靠背轮法兰，测量调整机组摆度。合格后连接靠背轮螺栓，安装上、下导轴承。最后复测一次靠背轮摆度。

（8）泵辅助系统安装。泵辅助系统包括水泵冷却水系统、油润滑系统、泵房排水系统等。

2. 循环水管制作、安装（包括间冷塔储水箱）

（1）循环水管道制作。钢板的下料采用自动气割机。直管的卷制同一筒节上的纵向焊缝不大于两道。

弯头的制作采用样板下料。在卷管过程中，防止板材表面损伤。管内加临时运输和吊装支撑。焊缝经过渗油试验检验合格。按设计要求进行内、外防腐。

（2）管段的预加工。在管段预加工过程中，应注意将管段上的各种开孔（如热工测点、疏放水孔等）应首先做好，开孔后，应将管子内部清扫干净。另外，支吊架管部固定用的豆腐块也应根据图纸要求焊在相应的管子上。若不影响管段抛锚，还应把接管座、支吊架卡块一起焊在或卡紧在管段上，便于施工。

管道组合就在安装位置附近的地面上进行。管道组合主要考虑吊装能力及空间、组合后所留安装焊口的位置不增加施工难度、应尽可能地扩大组合的范围，以减少安装时脚手架搭拆的工作量。

（3）管道抛锚。配管和预组合结束后，随着主厂房结构和设备就位进行吊装。抛锚前根据管线布置画线定位，制订相应的抛锚方案，准备起吊工具和抛锚工具。管道抛锚时，可考虑支吊架同时到位。抛锚定位后，即可进行对口施工。

（4）循环水管的安装参考中低压管道安装。

（5）循环水管的安装焊接结束后，均应按照相应规程规范的规定对焊缝进行渗油试验和无损探伤检测，检验合格后应及时进行防腐施工。

四、脱硫系统设备安装

（一）吸收塔系统安装

吸收塔系统的设备包括吸收塔本体、事故浆液箱、氧化风机、循环浆液泵等。氧化风机和循环浆液泵为整体到货，在现场按一般泵与风机的安装工艺进行施工即可。吸收塔筒体壁板在平台分层组装成环形。各层钢板对接时应按筒体的展开图进行，焊缝位置应正确。

吸收塔安装施工步骤：设备清点检查→设备基础检查、验收→底板安装→壳体安装→吸收塔内件安装，以下只讲叙后三步。

（1）底板安装。将底板焊接在角钢骨架上，每块底板拼装前其底部应按设计要求进行防腐，在底板对接焊缝单边，将焊接垫板与底板点焊牢固，按就位位置摆放到基础上进行拼装焊接，焊接完成后，对焊接位置进行防腐。底板组装后，在筒体中心及边缘四等分点处用样冲打出铳眼，作为底板及以后吸收塔筒体找正的基准点。

（2）壳体安装。底板验收结束后，吸收塔分层预组装、焊接、吊装工作，吸收塔壳体安装和预组装工作如此循环进行。内衬部分内部焊缝的打磨工作与组装安装工作同步进行；吸收塔安装过程中必须仔细检查各段的各项尺寸，如筒体的垂直度、椭圆度，烟气入口和烟气出口，管口的位置和倾角都应符合有关规程标准。内部支撑钢梁随壳体同步吊装。内部焊接结束经打磨至符合防腐要求，验收合格后，移交防腐单位进行防腐施工。

（3）吸收塔内件安装。安装除雾器，除雾器从安装门运入。安装完成除雾器后进行喷淋层和托盘的安装，吸收塔内部脚手架拆除完成后，安装吸收塔搅拌器和塔内氧化风管，完成后并采取保护措施移交防腐单位进行吸收塔底部防腐。

（二）烟气系统安装

烟气系统安装施工步骤：烟道钢结构安装→脱硫烟道制作→脱硫烟道安装与检验→增压风机安装。

（1）烟道钢结构安装。钢基础交接验收和画线、基础标高及钢结构框架柱画线、钢结构的吊装和调整、结构二次灌浆、走梯平台安装。钢结构是烟道的载构件，同时为相关设备的对接提供了合适的高度，还为各种配套设备的安装提供了空间。

（2）脱硫烟道制作。脱硫烟道放在冷作平台上进行制作，它除了部分烟道内部需要做内衬外，其他与一般的烟道并没有太大的差别。

（3）脱硫烟道安装与检验。支吊架基础复测、支吊架清点检查制作、组合件清点检查、挡板门检查、脱硫烟道临抛、脱硫烟道安装就位（烟道主体及附件安装、烟气系统完善验收）。

烟道安装焊接结束后，均应按照相应规程规范的规定对焊缝进行渗油试验和无损探伤检测，检验合格后应及时进行防腐施工。

（4）增压风机安装。增压风机设备分为电机、进气箱、集流器、主轴承、护轴管、主轴、传扭中间轴、可调前导叶、动叶轮、扩散器、冷风装置、润滑装置、附件等部分。安装工艺流程为：基础复测、验收→垫铁布置→进口箱与扩散器拼装、就位调整、一次灌浆→风机主轴承清洗、组装→主轴承临时就位、中心线调整→主电动机临时就位、导轨一次灌浆→叶轮风筒组装→油站及密封风机安装→外部调节系统安装→主轴承二次调整、轴承调整垫板测定、联轴器热套→轮毂清洗、组装→主轴承固定→轮毂热套→叶片安装→叶片顶间隙测定、叶轮风筒矫正→轮毂及调节系统剩余部件安装、叶片角度调整→膨胀节安装→主电动机初步调整、一次灌浆→联轴器终调、主电动机二次灌浆→液压刹车安装→油站油管、密封空气管等附属件安装。

增压风机安装的工作一般包括：①设备、零部件数量、规格进行清点、检查；②在现场组装增压风机的支撑构架，在支架上定出支架安装位置，核对无误后将轴承座及电机支架放至支撑构架上就位和进行初步找正，在找正结束后点焊固定；③将电机及风机的支座底面和构架的上表面清洗干净，分别在电机轴与转子轴上套好联轴器，将电机就位于支撑构架上，初步找正电机位置，测量两个联轴器的间隙，紧固各连接螺栓，安装联轴器罩壳与其他附件。清理风机内部，不得遗留任何杂物，进行系统验收和人孔门的封闭。

（三）石灰石粉制备及输送系统

石灰石粉制备及输送系统俗称磨石粉厂，它包含的设备有风道、排粉风机、排粉管道、暖风器、立磨机、提升机、料斗、粉库等。在所有的设备中，风道、粉管、风机都为锅炉中的常见设备，现重点描述立磨机，它与磨煤机功能相似但结构有所不同。

立磨机的齿轮箱底座和电动机底座框架、架体支座采用厂家提供的工字钢进行支撑，其安装先后顺序依次为齿轮箱底座、框架、架体支座→电动机基座→减速器→架体下部→基础灌浆→磨盘座→密封锥→刮板→架体上部→张紧杆架及架体法兰→磨盘衬板→喷口环→张紧杆→磨辊与辊支架→压力框架→密封空气管路→张紧装置液压管路→分离器→主电机和减速器联轴器→辅助减速器和超越离合器→立磨机的调整和试运。在大件吊装过程中穿插进行各部件的安装及找正调整工作。

（四）设备的附件安装

主要是泵组本身的冷却水、密封水等管道安装，密封填料的检查，润滑油的加填等工作。设备安装结束后要进行手动盘车检查，仔细观察或倾听泵内有无摩擦等杂音。

（五）箱罐安装

钢板铺设前应在平台上放出底板四等分线，四等分线按罐体就位纵横中心线画出，并在底板相应部位上表面打出铳眼，用带颜色的笔做出明显标记。安装时底板的四等分线与基础四等分线对正。

五、脱硝装置安装

脱硝装置一般布置在锅炉尾部省煤器和空气预热器之间的高温烟道内，锅炉尾部高温烟气在省煤器出口处被平均分为两路，进入锅炉尾部脱硝装置。烟气经均流器后进入催化剂层，脱去烟气中的 NO_X，后由空预器、电除尘器、引风机和脱硫装置及烟囱排入大气。

脱硝反应系统由进、出口烟道，氨喷射器，混合管，SCR 反应器等部分组成；氨气制备系统包括液氨卸料压缩机、储氨罐、液氨蒸发槽、氨气缓冲槽、稀释风机、混合器、氨气稀释槽、废水泵、废水池等。

（一）脱硝装置支架安装

锅炉板梁安装完毕，开始锅炉尾部脱硝钢支架安装，尾部钢架安装按自下而上，从前向后的顺序，分区域进行安装，每层钢架找正验收完毕后，方可进行上一层钢架的吊装。为了保证结构稳定，应先吊装一个“井”字方格，当立柱与炉前钢架形成整体后，再扩大吊装范围。

上层区域钢架吊装前，下层钢架的高强度螺栓必须终紧结束，钢架验收合格，并做好标记。

立柱吊装用立柱上部的螺栓孔做吊装孔，使用专用吊具，吊装螺栓数不得少于1/3总数。吊装用钢丝绳必须固定牢固，并且满足荷载要求。

横梁、斜撑、水平支撑吊装脱钩前螺栓的安装数不得少于1/3的总数，并且不少于2只。

为了减少高空作业，加快安装进度，尽可能在地面组合。

垂直支撑与立柱连接处的垫板，安装时可进行调整。

钢柱对接、高强度螺栓仅起固定位置的作用，柱与柱必须顶紧，局部间隙不得超过规程的规定值，并保证有75%以上贴紧面。

每根立柱吊装后应及时用链条葫芦进行垂直度找正，找正时应兼顾顶紧面的接触面积，每一层的每一区域吊装完毕后也应进行垂直度、间距、对角线的找正，待一层全部吊装完毕后进行整体找正。总之，找正工作应与吊装同时进行，找正结束后换装高强度螺栓，并初紧至设计值的60%，再次进行复测，无变形后则可终紧。

钢架的安装与预热器及烟风道安装交叉进行，钢架安装至相应标高后，及时进行平台扶梯、预热器及烟风道的存放，然后进行上部钢架的安装。

脱硝装置顶部的水平支撑及连梁缓装，留作脱硝装置吊装开口，其余钢架安装完毕，整体找正验收合格后，即可进行脱硝装置的安装。

（二）脱硝装置安装

根据设备重量可采取分段方式进行组合，首先在平台上按图纸要求放样，对于厚度超过8mm的钢板要加工坡口。

脱硝装置外壳下段在组合平台上采取大口朝下方式组合，外壳内部支撑，附件、定位装置及支座安装并焊接完毕后，利用250t履带式起重机和50t汽车式起重机配合翻转，检查组件各部尺寸符合要求后，由250t履带式起重机将组件缓慢吊起。

组件由炉后钢架顶部预留开口吊入，就位在锅炉尾部脱硝装置支撑梁上，组件与钢架采取刚性固定牢固后，在接口部位四周搭设脚手架。然后进行外壳上段的吊装。

外壳上段在组合平台上进行组合，外壳上段及定位装置组合焊接完毕，按自下而上的安装部分内部装置，内部装置安装数量视吊车起吊性能而定，组件全部焊接完毕后由250t履带式起重机将组件上段吊装就位。

外壳上段就位后，利用定位销将外壳上、下段找正并进行固定后，按周长均匀分布八点对称进行焊接。焊接强度符合要求后，解除250t履带式起重机吊装索具。

剩余内部装置由脱硝装置顶部烟道入口处吊入后进行安装，内部装置全部安装焊接完毕并清理干净后，即可安装脱硝装置入口烟道。

脱硝装置入口烟道垂直段和上部水平段组合为整体组件，由50t汽车式起重机配合250t履带式起重机扳起，由250t履带式起重机吊装就位，倒链接钩找正并焊接完毕，脱硝装置安装全部完成。

第六节 管 道 安 装

管道安装是按照工程设计对管道、管件、阀门及设备之间的连接工艺过程。火电厂热力系统管道和供水、除灰、燃油、化学水等系统的管道规格品种多样，大型电站管道的数量达数千吨甚至万余吨。

一、四大管道安装

四大管道主要包括主蒸汽、再热蒸汽管道（包括再热热段和再热冷段）、高低压旁路管道、高压给水管道。主蒸汽及再热蒸汽管道系统采用单元制系统，均采用“双管、单管、双管”的布置方式。四大管道采用工厂配管、编号。考虑到四大管道开工时，整个厂房钢结构安装基本结束，大多数管道以单根吊入为原则，再进行现场组装。

四大管道施工流程：配管厂配管→清点领用（合金钢管子及其附件应进行光谱复查）→地面组装→临抛→管子就位→对口（根据冲管方案缓装部分管道）→预热→焊接→热处理→拍片合格→γ孔塞焊接→支吊架安装→保温→水压试验→支吊架调整（整定销拔除）→管道冲管→系统恢复。

一般安装顺序：从锅炉侧→除氧煤仓间→汽机房，标高从炉顶（高）到地面（低）安装。

（1）安装前检查。配管管段在清点领用时，需复测其规格和壁厚、长度尺寸、椭圆度以及内外表面质量。管段上的疏水管接座和热工仪表管接座是否有遗漏或在运输过程中是否因碰撞而损坏。合金钢管、管段上的管接座及合金钢支吊架部件均在临抛前做光谱复查，并做合金钢标识记录。

（2）管道、支吊架安装。四大管道汽机房部分管道采用行车、卷扬机配合临抛方式；锅炉房部分，由履带起重机或附臂起重机临抛；处于煤仓间的管子由履带起重机或附臂起重机吊至煤仓间，再由卷扬机配合临抛。管道安装应保证管道内的清洁度，宜从上至下安装，封口封好。管道自然对口。支吊架安装宜与管子安装同步进行。在所有支吊架安装后再进行冷拉口的安装。四大管道氩弧焊打底之后，电焊覆盖至少两层以上才能暂停焊接工作。为了消除焊接时的应力，对于合金钢管焊接之后，进行热处理。

（3）系统水压。主蒸汽管道参与锅炉一次系统水压，端口为主汽门、高旁门阀芯；热段参与锅炉二次系统水压，端口为中压汽门、低旁阀芯；冷段不参与水压。抽汽管道与加热器汽侧一同水压。

（4）系统冲洗。主汽、再热汽管及高低旁管道参与锅炉冲管。临时管道经应力校核，采用必要的弹簧支撑。

二、中低压管道安装

主厂房中低压管道主要包括抽气管道、辅助蒸汽管道、低压及中压给水管道、加热器疏水及排汽管道、凝汽器抽真空管道、轴封及门杆漏汽管道、杂用水管道等。中低压管道的安装流程：管道及附件检验→管道（下料）组合→管道临抛→管道对口安装→管道支吊架制作安装→疏水、放气管道安装→水压试验→管道冲洗→保温→支吊架调整。

（一）安装前的检验

安装前对管子、管件、附件及阀门要进行质量检查。合金钢管、管件、附件、阀门应逐件进行光谱复查并做出材质标记。

中低压管道在配管前必须进行酸洗（不包括不锈钢管道、孔网钢塑管道、涂塑管道、内部已进行防腐的管道及厂家已酸洗完成的管道）。

所有阀门的外观必须满足要求，填料符合设计规定或电力行业标准。阀门安装前必须进行严密性试验，试验压力为阀门铭牌压力的 1.25 倍。

（二）管道安装

管道安装主要工作是管子下料、坡口、组合、就位、对口、焊接或连接、管件及阀门安装、支吊架安装，可分为施工现场下料安装和工厂化组合件安装两种情况。

（1）坡口的加工。管道在焊接以前必须在焊接处先开坡口，坡口的形式按设计图纸规定，中低压管道焊接中常用的坡口形式有 V 形、U 形和双 V 形等。V 形坡口是中低压管道安装中最常用的坡口形式，可在安装现场用火焰切割后将割口表面的氧化铁、溶渣打磨干净而成。坡口加工完成后，应保证坡口有适当的钝边量。

（2）管道的现场安装。对口前检查管子和管件的坡口区域，用塞块、钳制板或锲形铁等对口，使两根被焊接的管子平直对口。管子对口完毕后，用样板尺或钢直尺检查对口中心线的偏差值，点焊固定牢靠，交付施焊或热处理。

支吊架管部位置不得与管子对接焊缝重合，管子接口应避开疏、放水及仪表管等的开孔位置，管道在穿过隔墙、楼板时，位于隔墙、楼板内的管段不得有接口。管道安装时，必须保证水平段的坡度方向和坡度大小符合要求。疏、放水及排气管道的安装一般在主管道完成后进行。

（3）法兰的安装。法兰安装前，应对法兰密封面及密封垫片进行外观检查，将准备好的法兰焊接到管子上，应使法兰与管子中心保持同心，法兰平面应与管子轴线相垂直，组装水平管道的法兰时，先将下部的螺栓穿入螺孔内，再放入密封垫片，然后再将其余螺栓全部穿入螺栓孔。

（4）阀门的安装。阀门安装前，应按设计要求核对型号并按介质流向确定其安装方向。阀门安装前应清扫干净，保持关闭状态。

（5）支吊架安装。先安装根部、管部，再安装拉杆弹簧等连接件。支吊架安装宜与管子安装同步进行。

（6）管道系统严密性试验。管道安装后，为检验安装质量，应对管道系统进行严密性试验，一般采用水压试验。进行水压试验前应完成以下工作：整个管道系统的完整性检查，加固或增加临时支吊架，加置盲板并标记。开启试验系统内所有排空气阀，并打开试验系统内所有阀门。开启水压试验系统进水阀门，待系统内空气排干净后，关闭排空气阀并关闭进水阀，对试验系统进行升压。当系统压力达到试验压力后应保持 5min，然而降至设计压力，对所有接头和连接处进行全面检查。

（7）管道系统的清洗。为了清除管道系统内的污垢和杂物，对水压试验合格后的管道应进行清洗（水冲洗，蒸汽冲洗，化学清洗）。清洗前应将系统内易磨损或影响流量的部件，如流量孔板（或喷嘴）、节流阀阀芯、滤网和止回阀阀芯等拆除，洗完后再复装。不参加清洗的设备和管道应妥善隔离。水冲洗的放水管应保证排泄畅通和安全，化学清洗排水应流向中和池，符合排放要求后再排放。蒸汽吹洗时应设吹管排汽消声器，以降低排汽噪声对周围环境的影响。清洗顺序是先主管、后支管，最后疏放水管。

三、焊接管道无损检测

焊接管道无损检测是利用声、光、磁和电等特性，在不损害或不影响被检焊接管道使用性能的前提下，检测焊口是否存在缺陷或不均匀性，给出缺陷的大小、位置、性质和数量等信息，进而判定焊接质量是否合格。目前常用的管道无损检测方法有射线照相检验（RT）、超声检测（UT）、磁粉检测（MT）、渗透检测（PT）和涡流检测（ET）。

RT 适用于碳素钢、低合金钢、铝及铝合金、钛及钛合金材料制机械、器件等的焊缝及钢管对接环缝。射线对人体不利，应尽量避免射线的直接照射和散射线的影响。UT 系指用 A 型脉冲反射超声波探伤仪检测缺陷，适用于金属制品原材料、零部件和焊缝的超声检测以及超声测厚。MT 适用于铁磁性材料制品及其零部件表面、近表面缺陷的检测，包括干磁粉、湿磁粉、荧光和非荧光磁粉检测方法。PT 适用于金属制品及其零部件表面开口缺陷的检测，包括荧光和着色渗透检测。ET 适用于管材检测，如圆形无缝钢管及焊接钢管、铝及铝合金拉薄壁管等。MT、PT 和 ET 统称为表面检测。

金属管道无损检测是管道安装施工的重要环节，也是检验管道焊接质量的必要工序。焊接管道采用的无损检测方式及检验比例依管道材质、管道壁厚、设计压力、焊缝类型等因素而定，具体要求可查阅 DL/T 869—2012《火力发电厂焊接技术规程》。

管道焊接无损检验发现不合格的焊口时，应加倍检验当日同批次焊口，不合格焊口要进行返修处理，返修焊口检验比例为 100%。

第七节 保温、防腐施工

一、设备保温工程

锅炉、汽轮机、各热力设备及管道的保温，在安装工作基本完毕、严密性试验合格后进行。保温施工包括锅炉本体，汽水系统，烟、风、煤、粉系统及机炉附属设备、电除尘等设备及管道，具有施工范围广、工程量大、施工部位复杂、质量要求高的特点。

设备、管道保温一般施工流程：保温前中间工序交接签证→设备及管道表面清理→钩钉、铁件和托架安装→主保温层敷设及固定→铁丝网敷设弯倒钩钉→连接角钢焊接→保温外护板安装→角衬板安装。

（一）钩钉、铁件和托架安装

垂直管道和设备为支撑保温层重，防止在运行中脱节，控制其承重托架的间距。

大型设备和直径大于600mm的管道必须焊接$\phi 4 \sim 6$mm的钩钉，钩钉焊接固定在设备和管道严密试验前进行，当不准焊接时可按设备技术文件规定进行。

烟风道保温钩钉焊接前先用粉线在设备或管道表面上横平竖直的画出钩钉布置位置，单位面积内均匀错列布置且焊接必须牢固。

烟风道的保温支撑铁件的安装应根据外护板的布置图进行安装，焊接部位一般选择在设备的加固筋上，膨胀节与直管段的保温支撑铁件应分开布置，在矩形截面设备的顶部应保证外护板有一定的斜度设置，利于雨水向两侧排出。

炉墙上保温钩钉和铁件的焊接必须在锅炉水压之前完成。

（二）主保温层敷设及固定

设备上的短管、法兰和人孔要露出保温结构之外，伸出短管的保温与连接管的保温一致，施工时将设备上的铭牌留出，并在其周围做好防水处理。

管道蠕胀测点、流量测量装置、阀门、法兰、堵板补偿器等处的保温做成可拆卸式结构，以满足运行检查和检修需要。其中所有需要保温的阀门都应按各种阀门的外形和保温厚度，制作成特殊的可卸式阀门套。

（三）保温层绑扎及铁丝网敷设

保温层用镀锌铁丝绑扎固定，保证每块保温瓦有两道双股铁丝加以绑扎。铁丝铰接头必须放在轴向对缝处，拧紧后的铁丝铰接头要随时嵌入缝内。镀锌铁丝的选用视保温层外经尺寸而定。

（四）保温外护板安装

管道金属外壳的加工顺序为：下料→轴向接缝加工→环向接缝加工→圈圆。

（五）角衬板安装

角衬板采用抽芯铝铆钉连接，需保证所有紧固件横平竖直，间距为300mm左右。

二、设备管道油漆及防腐工程

（一）油漆

电厂所有设备出厂前均已油漆，由于运输及安装过程的碰损，或因不同厂家供应的设备油漆颜色不协调时，机组在投产前一般都要再漆一遍。

（1）需油漆的设备及管道表面上的灰尘、油垢、铁锈等杂物应清除干净。

（2）油漆前基材外表面采用机械或喷砂除锈，除锈等级按不同的设计要求必须达到Sa2.5级或St3级。

（3）第一道底漆涂刷。油漆按一定的比例进行调配，必要时可加入一定量相应的稀释剂，调配完成漆料须在8h内用完，环境温度过高或过低时还应进一步缩短使用时间。

基材外表面除锈经验收合格后应尽快涂刷第一道底漆，要求涂刷均匀，不得漏涂。

（4）第二道底漆涂刷。第一道底漆表干后即可涂刷第二道底漆，时间过长影响与面漆的黏结力。若底漆已实干，用砂纸打毛后再涂刷第二道底漆。

（5）面漆的施工方法与底漆的施工方法相同，同一条管路或同一台设备应一次施工完成，避免外表色泽存在差异。

（6）同一台设备一道油漆施工完成，在进行下道油漆施工前对漆膜破损处必须进行补伤。补伤时用砂纸打毛后补漆部位后再刷漆，以免影响漆膜的黏结力。

补口的施工工艺要求同油漆施工的工艺要求。

（二）防腐

埋地管道、海边钢管及设备要选用防腐涂料、防腐结构或阴极保护（电气部分的工作）等措施，火电工程常用的防腐涂料有环氧煤沥青和氯磺化聚乙烯。

钢管防腐结构施工一般采用工厂或现场集中预制，管头处常留有10～20cm不做防腐，在管道焊好并检验合格后进行现场防腐补口。

防腐施工流程：油漆外表面清理→基材外表面机械（喷砂）除锈→第一道底漆涂刷→第一道面漆涂刷→第一层玻璃丝布缠绕→第二道面漆涂刷→第二层玻璃丝布缠绕→第三道面漆→涂刷→第四道面漆涂刷→补伤、补口→整体验收、签证。

（1）钢管在防腐、油漆之前都应除锈，并清除表面的焊渣、毛刺、油脂和污垢等附着物，除锈的方法有人工、喷砂、机械及化学除锈。

直埋管道防腐施工时面漆涂刷后即可缠绕玻璃布，玻璃布应成螺旋状包扎到管道上，且应全面拉紧，使玻璃布与涂料紧密粘结贴实，无折皱、鼓包，玻璃布每环搭边要均匀。

（2）玻璃布缠绕后即可涂刷第二道面漆，要求漆量饱满，玻璃布所有网眼均应灌满涂料。

（3）其余工艺流程的操作工艺要求与油漆施工相同。

第八节　燃气—蒸汽联合循环发电机组设备安装

一、燃气轮机安装

燃气轮机（简称燃机）安装标准步骤：基础检查→安装及对中燃机支撑件→安装及就位进气道下半→燃机就位及初找中→安装中间轴→安装排气扩散器→完成燃机支撑及管路安装→安装油管路并进行油冲洗→燃机与发电机精找中→机组调试→完工检查。以下重点讲述关键环节。

（1）燃机就位，就位之前需要完成的工作：①进气道下半已经安装就位；②压气机左右支撑已就位；③燃机本体疏水箱已就位；④中心导向支撑块已放入基础坑槽中；⑤气动模块经就位气动模块已经就位；⑥压气机透平临时支撑已就位；⑦排气扩散器已连接至燃机排气扩散器已连接至燃机。

（2）放风管路及冷却空气管路的安装：①所有管路在安装前必须仔细检查内部清洁，若不合格必须清理干净才能安装；②金属膨胀节必须严加保护，防止现场受损；③安装结束后，拆除膨胀节固定运输支架（红色部分）；④根冷却空气管与3根放风管长度需根据阀门安装间距现场调整，并现场焊接；⑤所有螺栓必须按图纸力矩拧紧；⑥阀门安装时需注意气流方向；⑦机组运行之前，弹簧支撑固定架需拆除。

（3）燃气环管安装：①燃气环管安装前需检查内部清洁；②环管安装必须保证完全垂直，并测量环管至压气机轴承座及死点距离；③确保环管被完全固定，保证所有的减振器被压缩有6mm变形；④管夹部分异种金属之间需加金属箔片防护。

（4）燃气软管安装：①波纹软管安装过程中应注意保护，防止受损；②软管安装之前需用压缩空气进行吹扫；③预混气活法兰需对齐，管路位于活法兰中央；④预混气活法兰之间的缠绕垫片仅能使用一次，受压后必须更换。螺栓两侧都需安装齿形垫片；⑤每个软管都有固定编号，需按编号进行安装；

⑥注意按图纸拧紧力矩要求拧紧紧固件，镀银螺母不需润滑，其他螺纹用润滑剂润滑；⑦软管之间的所有硬性接触部分都需缠绷带保护。

（5）盘车装置安装：①盘车装置初装时不加垫片，根据齿轮间隙（0.3+0.1）mm 调整顶丝确定垫片的厚度，测量间隙时必须使用轴承端盖上的观测孔，因此最好选择长度 200～300mm 的塞尺；②调整过程中，可根据简单几何原理确定垫片厚度。利用顶丝调整时需注意保持端盖水平；③现场配有两块安装垫片（厚度分别为 12.5mm 和 14mm），根据最终间隙确定需加工的垫片；④测量间隙时需保持一侧完全接触，可利用盘车装置上的螺栓微调齿轮间隙；⑤齿轮端面需保持水平，可根据塞尺所受阻力进行判断；⑥间隙检查结束后，利用红缎粉检查其中一齿的接触情况；⑦轴端盖所有接触面需涂密封胶，最后打锥销将盘车装置定位。

二、余热锅炉安装

余热锅炉设备主要包括锅筒、过热器、减温器、水冷壁、省煤器、预热器、锅炉钢结构与护板、平台扶梯等。

余热锅炉的安装同大型电站锅炉安装工艺基本一致，安装顺序为：钢架安装→受热面安装（过热器、再热器、省煤器、水冷壁等）→锅筒安装→管道安装→水压试验→砌筑保温→烘炉煮炉。

三、蒸汽轮机安装

蒸汽轮机分部件运到施工现场，各组合部件在汽轮机基座进行整体装配工作，通过清洗、刮削、校正、检测、连接、平衡等工艺手段使汽轮机各支撑点荷载均衡。汽轮机各汽缸与发电机轴系中心一致，汽缸内部各项间隙正确，在高温、高压、高转速的工作条件下能安全、经济运行，不产生振动、摩擦、泄漏、温升过高等不良现象。汽轮机安装的主要工作有基础处理、台板就位、汽缸组合找正、轴承调整、负荷分配、转子安装、通流部分调整、汽缸扣盖及附属系统安装等。

安装一般流程为：设备清理检查→基础验收→垫铁布置（砂浆块制作）→台板就位→低压缸拼缸就位、轴承座就位、下缸接钢丝找中心、高中压缸就位→半缸/合缸找中心→轴承调整→转子初找中心→隔板调整→低压缸与冷凝器连接、下半导汽管安装→各部间隙检查调整→扣缸→转子复找中心→基础二次灌浆→联轴器连接→轴承座扣盖→上部导汽管、连通管安装→油冲洗后翻瓦、盘车装置安装、轴承座扣盖→罩壳安装。

第六章

热力设备安装工程调试

第一节 调 试 概 述

在建设火力发电厂过程中，一般在工程项目确定后都要经过设备选型、初步设计及审查、工程设计、土建施工、设备安装、调整试验，最后移交生产运行等阶段。机组的启动调整试验就是对机组的各种设备安装后进行试验性运行，以考核所有设备的各项性能指标是否符合要求。各项预定功能是否能实现各种设备和系统是否能协调工作，从而保证整个机组的性能指标满足要求，实现安全、稳定、经济的运行。机组的启动调整试验作为基建工程移交生产的最后一道工序，处于十分重要的地位，担负着很重要的作用。机组的调试一般分为锅炉、汽机、热工、电气、化学等专业来分别进行。

按照 DL/T 5437—2009《火力发电建设工程启动试运及验收规程》，机组的调试一般分为分部试运（包括单机试运、分系统试运）和整套启动试运（包括空负荷试运、带负荷试运、满负荷试运）两个阶段。

分部试运阶段应从高压厂用母线受电开始至整套启动试运开始为止。分部试运包括单机试运和分系统试运两部分。

单体调试是指设备在未安装时或安装工作结束而未与系统连接时，为确认其是否符合产品出厂标准和满足实际使用条件而进行的单机试运或单体调试工作，即单机试运的目的为检验该设备状态和性能是否满足其设计和制造要求的单台辅机的试运行。

分系统试运是指工程的各系统在设备单机试运或单体调试合格后，为使系统达到整套启动所必须具备的条件而进行的调试工作。

整套启动试运阶段是指工程的设备和系统在分系统调试合格后，从炉、机、电等第一次联合启动时锅炉点火开始，到满负荷试运合格移交生产运行为止，所进行的调整试验和试运行工作。

机组调试的基本目的和任务包括如下内容：

（1）对各类辅机和系统进行单项试运和调整，对各种转动部件进行单体试运转，进而对各单体组成的系统进行调整和试运，检查各单体部件和辅机的安装质量，并通过对它们运行的技术指标确认其制造质量是否满足要求，为机组的整套启动试运奠定基础。

（2）在单体和分部分系统试验的基础上，对主机进行各项检查试验，对主辅设备的自动调节系统、各项保护连锁进行认真的检查和静态试验，确认各种自动调节系统和保护连锁功能可以具备投入条件，以确保机组能正常进行整套启动。

（3）按机组启动程序实现机组的整套启动运行，并按照启动试运大纲的要求，完成各阶段的调整试验，实现锅炉点火、汽机冲转、发电机并网、机组带负荷，并逐步投入所有主辅设备和各种系统，考核各主辅设备的性能和机组的带负荷能力。对在机组带负荷运行中主辅设备出现的问题进行原因分析和处理；对安装质量和系统设计中不合理的地方提出修改和处理意见，以保证机组具备正常连续稳定的带负荷能力。

（4）机组调试期间，对各项技术性能进行考核试验，也是必须的调试任务。通过调整和试验，考核机组的各项技术性能指标是否达到合同、设计和有关规定的要求。检验机组自动调节负荷的能力和出现（辅机故障减负荷 RB）工况时维持机组安全稳定运行的能力。调试结束后，将已形成生产力的可连续安全稳定运行的机组移交生产单位正式投入运行。

（5）对于 300MW 及以上机组应进行 168h 满负荷运行试验。在对机组各项功能试验完成后，对带负荷试运中出现的问题和设备缺陷进行处理和消缺后，让机组带满负荷，投入所有设备和系统，投入所有自动调节系统和各种保护连锁，使机组在断油条件下并处于自动控制中带满负荷连续运行 168h。考核机组连续带额定负荷运行的能力，确认机组具备移交试生产运行的条件。

（6）为了保证机组调试工作的顺利进行，调试单位在调试开始前应按照调试大纲的要求，编写各系统及整套启动的调试方案和试运的技术措施，作为调试的技术依据。调试工作结束后，应提出各系统的调试报告、整套启动试运的技术报告、试运过程记录和各项试验报告，为机组竣工验收提供依据，并作为机组建设的原始资料存档。

第二节　分 系 统 调 试

火力发电厂中，机组分系统调试是指机组各系统在设备单机试运或单体调试合格后，为使系统符合设计要求和整套启动条件而进行的调试工作。本节涉及分系统调试工作主要包括汽轮机分系统调试、锅炉分系统调试、化学分系统调试、热控分系统调试。

汽轮机分系统调试工作主要包括冷却水系统调试、凝结水系统调试、给水系统调试、蒸汽系统调试、真空系统调试、汽轮机油系统调试、发电机氢油水系统调试、汽轮机旁路系统调试、空冷系统调试。

锅炉分系统调试工作主要包括风烟系统调试、制粉系统调试、灰渣系统调试、燃油系统调试、等离子系统调试、锅炉冷态通风试验、锅炉蒸汽管道吹管、脱硫系统调试、脱硝系统调试。

化学分系统调试工作主要包括净水处理系统调试、预脱盐处理系统调试、锅炉补给水处理系统调试、机组的化学清洗、凝结水精处理系统调试、制（供）氢系统调试、废水处理系统调试、冲管阶段水汽品质的控制及化学监督以及各相关水系统的水处理及加药系统调试。

热控分系统调试工作主要包括数据采集系统（DAS）调试、顺序控制系统（SCS）调试、模拟量控制系统（MCS）调试、炉膛安全监控系统（FSSS）调试、数字式电液控制系统（DEH）调试、旁路控制系统（BPS）调试。

一、汽轮机分系统调试

（一）冷却水系统调试

冷却水系统主要分为循环水系统、闭式冷却水系统、开式冷却水系统，冷却水系统流程示意图如图 6-1 所示。

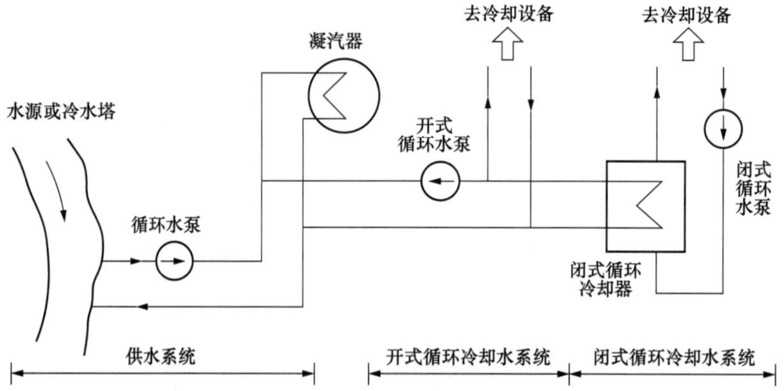

图 6-1　冷却水系统流程示意图

1. 循环水系统调试

循环水系统调试主要包括循环水系统注水、循环水泵试转、循环水泵停运、冷却塔配水扇区投用、冷却塔停运，循环水系统示意图如图 6-2 所示。

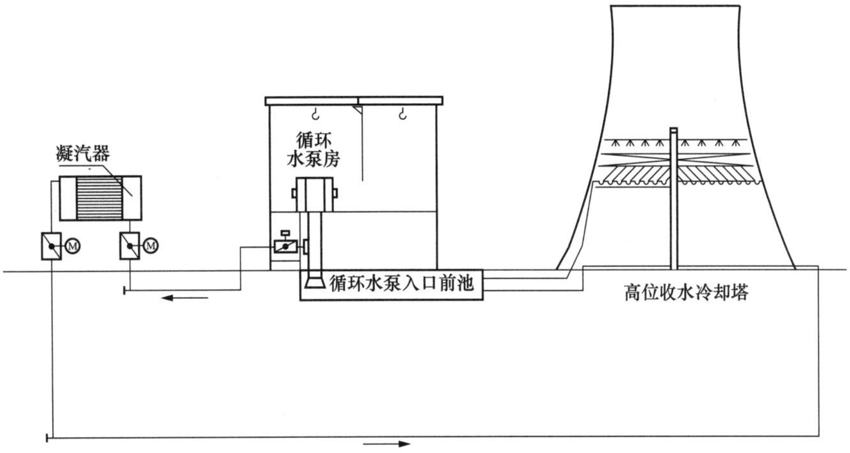

图 6-2　循环水系统示意图

2. 闭式冷却水系统调试

闭式冷却水系统调试主要包括闭冷水系统查漏、闭冷水系统静压冲洗、闭式水泵试转、闭式水系统冲洗、闭式水系统投运，闭式冷却水系统示意图如图 6-3 所示。

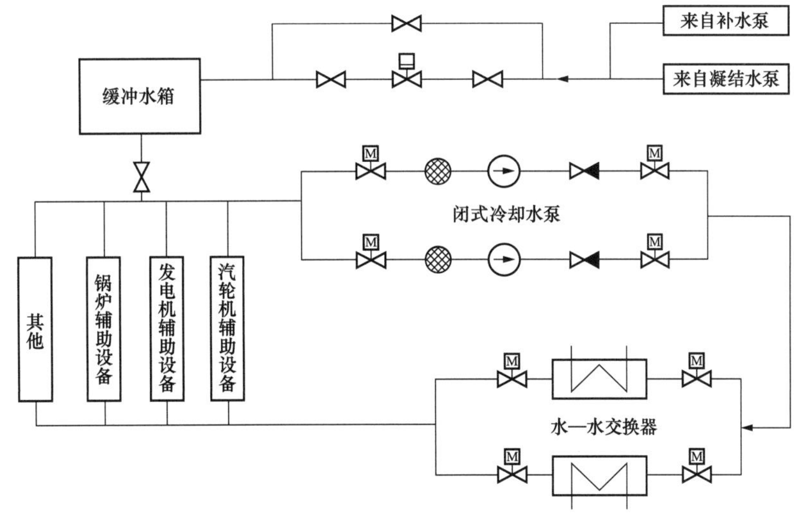

图 6-3　闭式冷却水系统示意图

3. 开式冷却水系统调试

开式冷却水系统调试主要包括滤水器调试、开式水泵试转及系统冲洗，开式冷却水系统示意图如图 6-4 所示。

（二）给水系统调试

给水系统根据驱动方式不同，分为电动给水泵系统、汽动给水泵系统。给水系统流程示意图如图 6-5 所示。

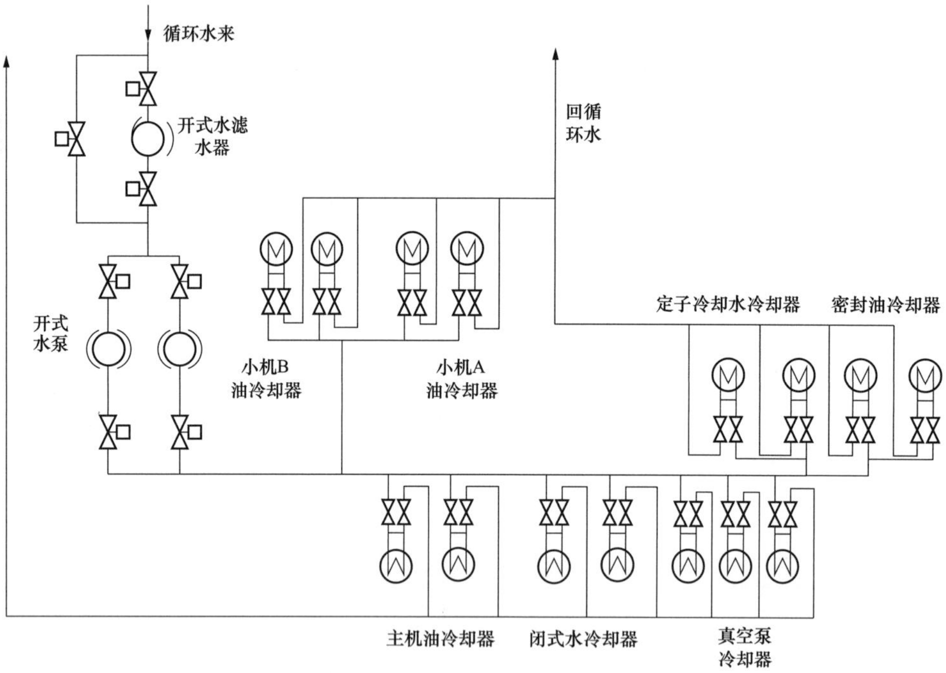

图 6-4　开式冷却水系统示意图

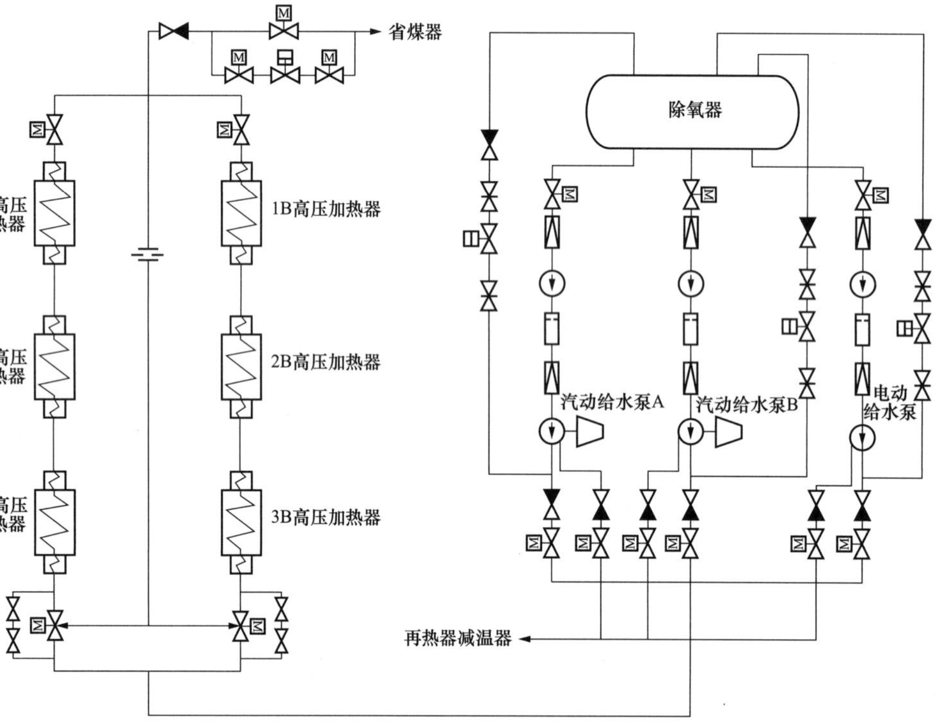

图 6-5　给水系统流程示意图

1．电动给水泵系统调试

电动给水泵组主要设备包括前置泵、电动机、给水泵、液力耦合器。给水泵由电动机通过液力传动装置驱动和调节转速，前置泵则由电动机另一端直接驱动，与给水泵同步启停。

电动给水泵系统调试主要包括泵组油系统调试、电动给水泵组试转、电动给水泵组停运。

2．汽动给水泵系统调试

汽动给水泵组主要设备包括前置泵、给水泵、驱动汽轮机、变速箱。前置泵由驱动汽轮机通过变速箱驱动和调节转速，给水泵由驱动汽轮机另一端直接驱动。

汽动给水泵系统调试主要包括泵组润滑油系统调试、盘车调试、驱动汽轮机调节保安系统调试、驱动汽轮机冲转、汽动给水泵组试转、汽动给水泵停运。

（三）蒸汽系统调试

1. 抽汽回热系统调试

抽汽回热系统是指从汽轮机某中间级抽出一部分蒸汽，送到给水加热器中对锅炉给水进行加热，抽汽回热系统流程示意图如图 6-6 所示。抽汽回热系统调试主要包括加热器水侧调试、加热器汽侧调试、疏水泵试转。

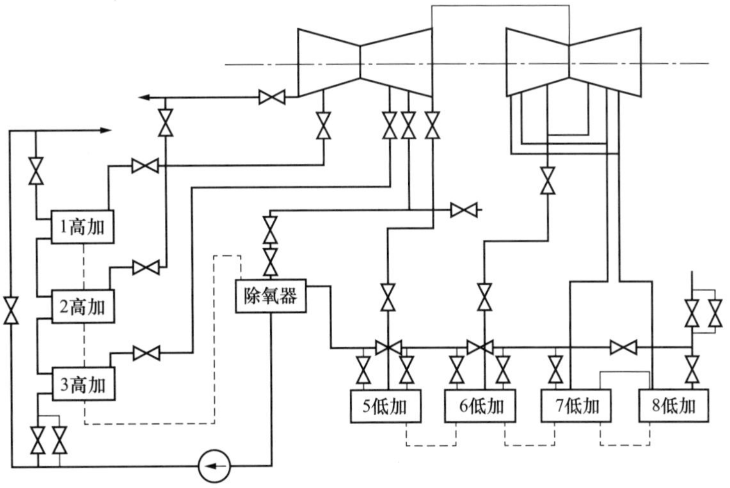

图 6-6　抽汽回热系统流程示意图

2. 辅助蒸汽系统调试

辅助蒸汽系统的作用是保证机组安全可靠地启动及停机，以及在低负荷和异常工况下提供必要的、参数和数量都符合要求的汽源，同时向有关设备提供生产加热用汽。辅助蒸汽系统调试主要包括辅助蒸汽管道吹扫、辅助蒸汽管道暖管、辅助蒸汽用户投运调试。

3. 轴封系统调试

汽轮机轴封系统的主要作用是防止蒸汽沿高、中压缸轴端向外泄漏，甚至窜入轴承箱致使润滑油中进水；防止空气漏入汽缸而破坏机组的真空。轴封蒸汽系统流程示意图如图 6-7 所示。轴封系统调试主要包括轴封系统投用调试、轴封系统停运。

（四）发电机氢油水系统调试

发电机定子绕组、铁芯、转子绕组的冷却方式，可采用水、氢、氢的冷却方式，也可采用水、水、氢的冷却方式，近年来还有采用空气冷却的方式。

密封油系统专用向发电机密封瓦供油，并且使油压高于发电机内氢压（气压）一定数量值，以防止发电机内氢气沿转轴与密封瓦之间的间隙向外泄漏，同时也防止油压过高而导致发电机内大量进油。

1. 发电机氢气系统调试

发电机内的氢气在发电机端部风扇的驱动下，以闭式循环方式在发电机内做强制循环流动，使发电机的铁芯和转子绕组得到冷却。期间，氢气流经位于发电机四角处的氢气冷却器（氢冷器），经氢冷器冷却后的氢气又重新进入铁芯和转子绕组作反复循环。氢冷器的冷却水来自闭式循环冷却水系统。发电机氢气系统示意图如图 6-8 所示。发电机氢气系统调试主要包括二氧化碳置换空气调试、氢气置换二氧化碳调试。

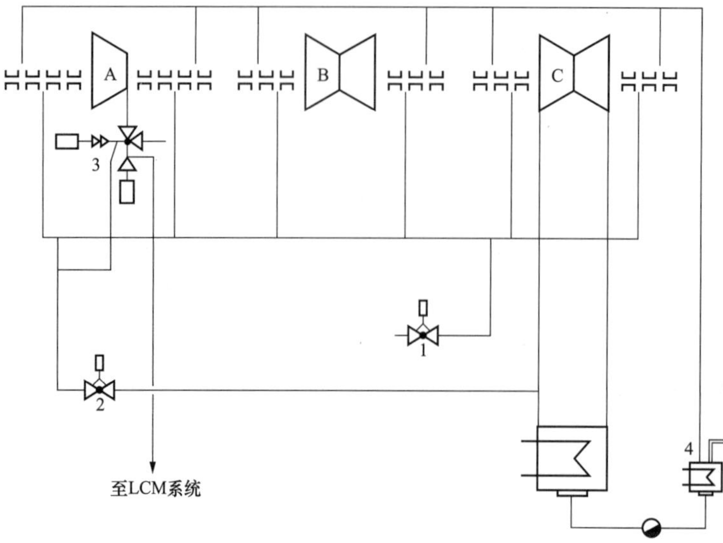

图 6-7 轴封蒸汽系统流程示意图

A—高压汽轮机；B—中压汽轮机；C—低压汽轮机；1—供汽调节阀；2—溢流调节阀；3—进汽阀门；4—汽封冷却器；5—风机

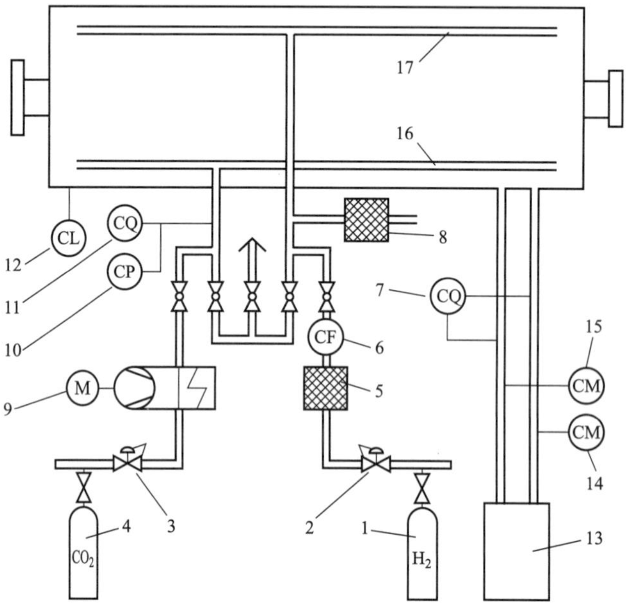

图 6-8 发电机氢气系统示意图

1—氢瓶及氢气汇流排；2—氢气减压阀×2；3—CO_2减压阀；4—CO_2瓶及其汇流排；5—氢气过滤器；6—氢气流量仪；7—绝缘过热监测装置；8—空气过滤器；9—CO_2蒸发器；10—压力变送器；11—气体纯度分析仪×2；12—漏液检测装置×10；13—双塔吸附式氢气干燥器；14—湿度仪（干燥器出口）；15—湿度仪（干燥器入口）；16—发电机底部CO_2分流管；17—发电机顶部氢气分流管

2. 发电机冷却水系统调试

定子绕组冷却水系统的主要功能是保证冷却水（纯水）不间断地流经定子绕组内部，从而将该部分由于损耗而引起的热量带走，以保证温升（温度）符合发电机的有关要求。同时，系统还必须控制进入定子绕组的压力、流量、温度、水的电导率等参数，使之符合相应规定。发电机冷却水系统调试专业包括系统注水、系统投运调试、系统停运。发电机定子冷却水系统示意图如图 6-9 所示。

3. 发电机密封油系统调试

发电机密封瓦（环）所需用的油（其实就是汽轮轴承润滑油），人们习惯上按其用途称之为密封油。

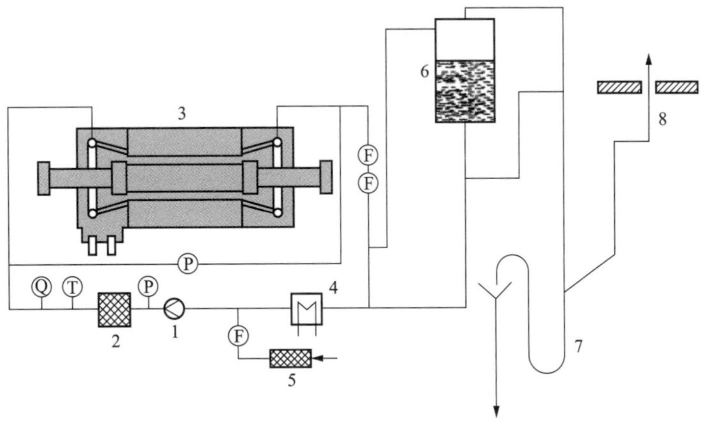

图 6-9　发电机定子冷却水系统示意图

1—水泵×2；2—过滤器×2；3—发电机；4—冷却器×2；5—补水过滤器；

6—定子水箱；7—水封溢水管；8—排气管

密封油系统专门向发电机密封瓦供油，且使油压高于发电机内氢压（气压）一定数量值，以防止发电机内氢气沿转轴与密封瓦之间的间隙向外泄漏，同时也防止油压过高而导致发电机内大量进油。密封油系统是根据密封瓦的形式而决定的，最常见的有双流环式密封油系统和单流环式密封油系统。发电机密封油系统调试主要包括密封油系统注油调试、真空油箱真空泵试转、密封油系统压力设定、密封油系统运行。发电机密封油系统示意图如图 6-10 所示。

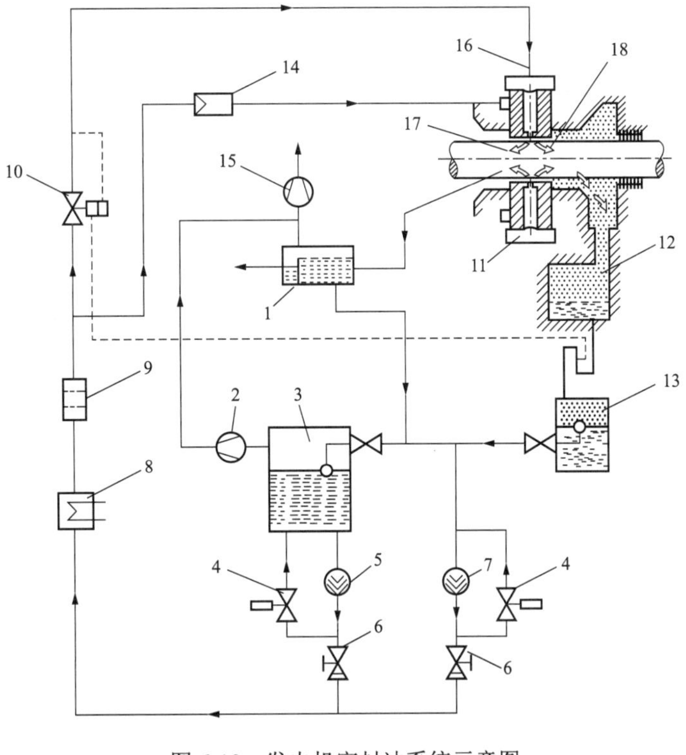

图 6-10　发电机密封油系统示意图

1—密封油储油箱；2—真空泵；3—真空油箱；4—压力调节阀；5—主交流油泵×2；6—止回阀；7—备用直流油泵；8—油冷却器×2；

9—油过滤器×2；10—压差阀×2；11—密封环；12—发电机消泡室；13—氢侧回油箱；14—浮动油流量阀×2；15—排油烟机；

16—密封环进油；17—密封环空侧排油；18—密封环氢侧排油

二、锅炉分系统调试

（一）制粉系统调试

制粉系统的作用是将锅炉燃烧磨制合格的煤粉送入炉膛燃烧，制粉系统主要由给煤机、磨煤机、密封风机等设备组成，其中给煤机向磨煤机给煤，磨煤机磨制煤粉，密封风机为磨煤机和给煤机需要密封的部位提供密封风，然后合格的煤粉经由一次风机来的一次风送入炉膛燃烧。制粉系统调试主要包括给煤机调试、磨煤机调试、密封风机调试、煤粉细度调整等。

（二）启动系统调试

对于超（超）临界机组锅炉须配特有的启动系统，用以保证锅炉启停和低负荷运行期间保护炉膛水冷壁管，同时满足机组对蒸汽流量的要求。启动系统主要由汽水分离器、储水罐、大气式扩容器、扩疏泵等组成。启动系统调试包括储水罐水位调节阀调试、扩疏泵试运等。

（三）风烟系统调试

锅炉风烟系统主要由送风机、一次风机、引风机、风门挡板及连接烟、风道等组成，其中送风机向锅炉提供燃烧用的二次风，一次风机送入磨煤机内，将合格的煤粉干燥并吹送至炉膛进行燃烧，引风机将燃烧后产生的烟气引出炉膛并送入烟囱排放。风烟系统调试主要包括送风机及其油站调试、一次风机及其油站调试、引风机及其油站调试、锅炉冷态通风试验等。

（四）锅炉蒸汽吹管

（1）吹管范围：①过热器、再热器；②主蒸汽管道、再热蒸汽冷段及热段管道；③汽轮机高压旁路系统管道；④汽动给水泵等辅机高压汽源管道；⑤汽轮机轴封高压汽源管道；⑥炉本体吹灰系统管路。

（2）吹管方法。①稳压吹管：维持锅炉输入和输出的能量平衡以及给水量和蒸发量之间的质量平衡，锅炉蒸发系统压力相对稳定的一种吹管方式；②降压吹管：在锅炉降压过程中，利用锅炉储能快速释放产生蒸汽动量的一种吹管方式；③一段式吹管：将过热器、主蒸汽管道和再热蒸汽冷段管道、再热器、再热蒸汽热段管道串联吹扫，一步完成的蒸汽吹扫方式。吹管采用串冲形式进行，即过热器和再热器成为一个回路，再热器进口加装集粒器。

（3）吹管系统流程为：启动分离器→各级过热器→过热器集汽集箱→主蒸汽管道→临时管→临冲门→临时管→低温再热管路→集粒器→低温再热管路→各级再热器→高温再热管路→临时管→靶板器→临时管→消音器→排大气。吹管流程示意图如图 6-11 所示。

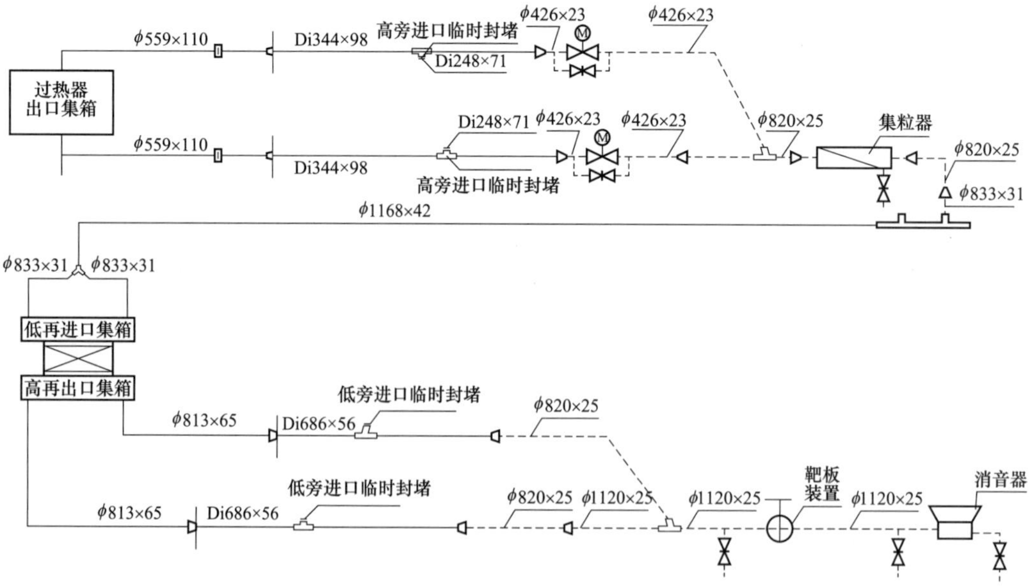

图 6-11　吹管流程示意图

（五）脱硫系统调试

在电力行业中，湿法烟气脱硫 FGD 具备脱硫反应速度快、效率高、脱硫吸收剂利用率高等优点，适合大型燃煤电站的烟气脱硫。目前，FGD 技术逐步发展成为当今世界上燃煤发电厂采用的脱硫主导技术，占总烟气脱硫的 85%，并逐年增加的趋势。其主要系统有工艺水系统、烟气系统、二氧化硫吸收系统、石灰石粉储存及浆液制备系统、石膏脱水系统、废水处理系统。

（1）石灰石粉浆液制备系统调试主要包括试运前的检查、阀门传动检查、石灰石浆液箱注水、流化风机试运、石灰石粉浆液制备系统试运。

（2）烟风系统调试主要包括烟气挡板试运、烟气换流器（GGH）换热器试运、增压风机试运、烟风系统冷态试运。

（3）二氧化硫吸收系统调试主要包括吸收塔、事故浆液箱内部检查，阀门传动检查，系统冲洗，除雾器系统调试，吸收塔注水，浆液循环泵试运，氧化风机试运，各类搅拌器试运，事故浆液箱、吸收塔地坑注水，系统设备试运，石膏浆液排出泵试运。

（4）石膏脱水系统调试主要包括石膏脱水系统的注水试验、真空皮带脱水机系统启动、石膏排出系统和石膏旋流站启动、石膏浆液排出系统停止程序。

（六）脱硝系统调试

大型火电机组脱硝工艺使用的还原剂主要有液氨和尿素两种。液氨一般采用纯度为 99.5%无水氨，通过液氨槽车运输至电厂，储存于液氨储罐内。液氨是国家规定乙类危险品，具有腐蚀性、毒性及爆炸危险，对安全方面要求极其严格。尿素是一种稳定、无毒的固体物料，对人和环境均无害，可以被散装运输并长期储存。尿素无运输和储存的特殊要求，使用时不会对人员安全和环境产生不良影响。

以下主要介绍以液氨蒸发及尿素热解这两种脱硝工艺系统的调试。

（1）液氨储存与制备系统调试主要包括阀门检查试验，连锁保护试验，喷淋系统调试，氨泄漏检测仪调试，液氨蒸发槽带水、带蒸汽调试，氮气吹扫，氮气置换，液氨卸载。

（2）尿素储存与制备系统调试主要包括尿素颗粒卸载、储存及输送系统调试，尿素溶液储存与循环系统调试，尿素站蒸汽加热系统调试，尿素站疏水回收系统调试，尿素站废水排放系统调试。

（3）SCR 催化反应系统调试。

1）以液氨为还原剂的 SCR 催化反应系统调试主要包括阀门检查试验及连锁保护试验、稀释风机试运及其风量的调整试验、喷氨格栅流量均匀性的调整、声波吹灰器的调试、蒸汽吹灰器的调试。

2）以尿素为还原剂的 SCR 催化反应系统调试主要包括尿素计量分配模块调试、气气换热器及一次风量的调整试验、AIG 喷氨格栅流量均匀性的调整、声波吹灰器的调试、蒸汽吹灰器的调试。

三、化学分系统调试

（一）净水处理系统调试

净水处理系统是火力发电厂水处理系统的第一阶段水处理，它是指原水从取水口到净水处理系统，经过混凝、沉淀和过滤的工艺处理，产出达到处理要求的出水系统，也可称作原水处理系统。净水处理系统主要包括澄清器系统、过滤器系统。

1. 澄清器系统调试

澄清器系统主要包括澄清池、凝聚剂加药设备、助凝剂加药设备。其工作原理就是通过添加凝聚剂和助凝剂，使原水在澄清池中发生混凝反应，并通过沉淀作用去除水中的悬浮物和胶体。

澄清器系统调试主要包括加药量烧杯试验、加药系统试验、澄清池进水及加药调试。

2. 过滤器系统调试

过滤器系统主要包括过滤器、反洗设备。其工作原理就是让通过澄清池处理后的水经过过滤器中多层不同粒径的过滤层过滤，使其出水中悬浮物含量进一步降低，满足后道工序水处理的进水水质要求。

过滤器系统调试主要包括过滤器启动前的准备工作、滤池出力及出水水质试验、滤池运行周期测定、滤池反洗试验、滤池稳定后逐步投程控。

（二）锅炉补给水系统的调试

锅炉补给水系统是发电厂化学制水的最后一道工艺，其出水直接供给热力系统，因此它的质量将直接影响机组的水汽品质，对机组安全稳定运行具有非常重要的作用。目前绝大多数电厂锅炉补给水系统还是采用离子交换技术工艺，或与膜技术混合为主。离子交换除盐水中所含各种离子与离子交换树脂进行化学反应而被去除的过程称为水的离子交换除盐。锅炉补给水系统中采用膜技术主要是用二级反渗透和电除盐（也成为 EDI）来替代离子交换器作用，如二级反渗透系统+混合离子交换器、二级反渗透系统+阳离子交换器+阴离子交换器+电除盐。

1. 一级除盐系统的调试

一级除盐系统主要由一级除盐系统阳离子交换器、阴离子交换器、进水泵、再生系统组成。其工作原理是当水中的各种阳离子和阳离子树脂反应后，水中阳离子就交换到阳树脂上，阳树脂上的 H^+被交换下来；水中的阴离子和阴离子树脂反应后，阴离子就交换到阴树脂上，阴树脂上的 OH^-离子被交换下来，H^+和 OH^-相互结合生成水，则实现了水的化学除盐。

一级除盐系统调试主要包括离子交换器水冲洗、水压试验和空塔布水试验、再生系统的调试、树脂的预处理、首次再生、一级除盐系统的投运。

2. 混床调试

混床系统包括混合离子交换器、再生系统。其工作原理是在同一个交换器中，将阴、阳离子交换树脂按照一定的体积比进行填装，在均匀混合状态下，进行阴、阳离子交换，从而除去水中的盐分。

混床调试主要包括混床水冲洗、水压试验和空塔布水试验，混床再生系统的调试，混床树脂的预处理，首次再生，二级除盐系统的程控调试。

（三）机组的化学清洗

热力设备化学清洗是保持受热面内表面清洁，防止受热面结垢、腐蚀引起事故，以及提高电厂水汽品质的必要措施之一。锅炉的化学清洗就是使用某些化学药品的水溶液来清除锅炉水汽系统中的各种沉积物，并使金属表面上形成良好的防腐保护膜的过程。新建锅炉通过化学清洗，可除掉设备在制造过程中形成的氧化皮和在储运、安装过程中生成的腐蚀产物、焊渣，以及设备出厂时涂覆的防护剂（如油脂类物质）等各种附着物，同时还可除去在锅炉制造和安装过程中进入或残留在设备内部的杂质，如砂子、尘土、水泥和保温材料的碎渣等，它们大都含有二氧化硅。

1. 化学清洗工艺条件的确定

（1）确定清洗范围：热力系统是否需要进行化学清洗、哪些设备及系统需要进行化学清洗，应根据热力设备的垢量、结构特点、材质种类、现场条件以及相关的技术规定等多方面考虑后确定，目前主要依据的技术规定 DL/T 794《火力发电厂锅炉化学清洗导则》。

新建锅炉的清洗范围：

1）直流炉和过热蒸汽出口压力为 9.8MPa 及以上的汽包炉，在投产前必须进行化学清洗；压力在 9.8MPa 以下的汽包炉，当垢量小于 150g/m^2 时，可不进行酸洗，但必须进行碱洗或碱煮。

2）再热器一般不进行化学清洗，出口压力为 17.4MPa 及以上机组的锅炉再热器，可根据情况进行化学清洗，但必须有消除立式管内的气塞和防止腐蚀产物在管内沉积的措施，应保持管内清洗流速在 0.15m/s 以上。

3）过热器垢量或腐蚀产物量大于 100g/m^2 时，可选用化学清洗，但必须有防止立式管产生气塞和防止腐蚀产物在管内沉积的措施。

4）机组容量为 200MW 及以上新建机组的凝结水及高压给水系统，垢量小于 150g/m^2 时，可采用流速大于 0.5m/s 的水冲洗；垢量大于 150g/m^2 时，应进行化学清洗。机组容量为 600MW 及以上机组的凝结水及给水管道系统至少应进行碱洗，凝汽器、低压加热器和高压加热器的汽侧及其疏水系统也应创造条件进行碱洗或水冲洗。

（2）清洗介质的确定：化学清洗介质的选择，一般根据垢的成分，锅炉设备的构造、材质、清洗效果，缓蚀效果，经济性的要求，药物对人体的危害以及废液排放和处理要求等因素进行综合考虑。一般应通过小型试验选用清洗介质，以便确定介质浓度、清洗温度、清洗流速等参数。为此必须首先从现场取得水冷壁管的管样，可以割取已安装的水冷壁管，也可以取用现场的备用管，但一定要有代表性。

目前国内化学清洗可选用的清洗介质主要有盐酸、硫酸、磷酸、硝酸、氢氟酸、柠檬酸、EDTA（铵盐或钠盐）、氨基磺酸、羟基乙酸+甲酸、高硅垢清洗剂、除垢钝化混合清洗剂、螯合清洗剂和蒸汽加氧吹洗等。

（3）化学清洗方案的制订：化学清洗是一项技术要求较高的工作，要求清除沉积物等杂质的效果好，对设备的腐蚀性小，排出的清洗废液易于处理，并且应力求缩短清洗时间和节省药品等费用。为此，首先应选取合适的清洗药品和制订一个较好的化学清洗方案，做好清洗的准备工作。化学清洗方案的制订，主要是在割管检查和小型试验的基础上，确定清洗系统和拟订化学清洗的工艺条件。

2. 化学清洗的实施与监督

（1）化学清洗的准备工作。

（2）化学清洗工艺步骤：水冲洗→碱洗→碱洗后水冲洗→酸洗→酸洗后水冲洗→漂洗→钝化。

（3）化学清洗过程中的测试项目：锅炉清洗过程中化学分析项目的测试按 DL/T 794 提供的方法进行。

（4）化学清洗后的工作：①系统清理与检查；②系统恢复；③监视管、腐蚀指示片检查、腐蚀速率计算；④废液的处理。

（5）化学清洗效果的评价。

（四）凝结水精处理系统调试

凝结水精处理系统可以有效地、连续地去除机组在正常或非正常运行情况下，热力系统中的金属腐蚀产物或因凝汽器微量泄漏而进入系统的盐分，从而提高机组的效率，延长酸洗周期。在机组启动时，凝结水精处理系统还可以大大地缩短机组的启动时间，减少机组启动时的大量排水损失。凝结水精处理技术作为适应大机组的发展而产生的水处理技术，随着机组容量及参数不断增大，凝结水精处理技术也得到了不断发展，具有代表性的处理方式为前置过滤器+高速混床。

（1）前置过滤器的调试主要包括：前期工作、前置过滤器系统静态控制试验、空塔程控试运行、前置过滤器的投运、前置过滤器的反洗、前置过滤器除 Fe 效率试验、配合进行控制系统程控调试。

（2）高速混床的调试主要包括：前期工作、混床系统静态控制试验、空塔程控试运行、树脂的加载与预处理、高速混床的投用、树脂的失效及输送、树脂的再生、高速混床化学仪表投用、混床试运行阶段控制和工况记录、高速混床制水周期试验、配合厂家进行控制系统程控调试。

四、热控分系统调试

（一）数据采集系统（DAS）调试

采用数字计算机系统对工艺系统和设备的运行测量参数进行采集，对采集结果进行处理、记录、显示和报警，还可对机组的运行参数进行计算和分析，并提出运行指导的数据采集和处理系统。

数据采集系统（DAS）调试主要包括输入信号的调试、输出信号的调试、操作员站、历史数据站调试。

（二）顺序控制系统（SCS）调试

顺序控制系统（SCS）调试是按照规定时间或逻辑顺序，对某一工艺系统或辅机的多个终端控制元件进行一系列操作的控制系统。

（1）冷态调试主要包括辅机及阀门（电动门、气动门、电磁阀）联调、连锁保护及顺控逻辑校验。

（2）热态调试：根据控制系统的实际应用来确认控制策略和动作时间、组级程序每步等待时间设定的合理性，并对应用中的不合理部分提出修改意见。

（三）模拟量控制系统（MCS）调试

模拟量控制系统（MCS）是对锅炉、汽轮机及辅助系统的过程参数进行连续自动调节的控制系统的总称，包含过程参数的自动补偿和计算、自动调节、控制方式无扰切换，以及偏差报警等功能。

在自动控制系统的方案已经确定，调节器和调节机构已选定并已安装好以后，调节质量取决于控制系统的整定。MCS 是由调节对象和调节器共同构成的闭环调节系统。控制系统整定的任务就是根据调节对象的动态特性选择最佳的调节参数，以使调节过程具有最佳的品质指标。

1. 静态试验

静态试验的目的就是检查整个控制系统的各个环节是否正确、各种参数的静态配合是否适当，确保进行动态投入时系统能够稳定运行，不至于因为自动控制系统的投入而导致异常情况发生。

静态试验主要包括跟踪试验、逻辑试验功能、参数检查、调校执行机构调试。

2. 动态整定

经过静态试验验证的模拟量控制系统，运行工况满足后，便可进行动态投运，在投入运行过程中进行动态整定。动态整定的主要任务就是整定调节器参数。

由于各个厂家生产的控制设备（尤其是 DCS 设备）实现的 PID 算法稍有不同，整定前一定要对采用的 PID 算法认真理解；无论是用理论计算还是工程整定方法所求得的整定参数，都要在实践中根据系统实际工作情况加以修正。

动态整定的基本程序：根据运行经验及阀门特性曲线，确定一组调节器参数，并将系统投入闭环运行，然后人为地加入阶跃扰动（如改变调节器的给定值），观察被调量或调节器输出的阶跃响应曲线。参数整定的顺序：一般先是调整比例参数，然后调整积分参数，最后在必要时，才加入微分作用。若认为控制质量不满意，则根据各整定参数对控制过程的影响改变调节器参数。这样反复试验，直到满意为止。

（四）炉膛安全监控系统（FSSS）调试

保证锅炉燃烧系统中各设备按规定的操作顺序和条件安全启停、投切，并能在危急工况下迅速切断进入锅炉炉膛的全部燃料（包括点火燃料），防止爆燃、爆炸等破坏性事故发生，保证炉膛安全的保护和控制系统。炉膛安全监控系统包括炉膛安全系统和燃烧器控制系统。

FSSS 是一个较为复杂的系统，调试工作分为控制柜内和现场两部分。柜内工作主要为模件型号和数量、模件电源的检查及模拟试验；现场部分分为一次元件校验，回路查线，现场设备检查、通电和试验。

（五）数字式电液控制系统（DEH）调试

汽轮机数字电液控制系统（DEH）分为电子控制部分和液压调节保安部分。电子控制主要由分布式控制系统 DCS 及 DEH 专用模件组成，它完成信号的采集、综合计算、逻辑处理、人机接口等方面的任务。液压调节保安部分主要由电液转换器、电磁阀、油动机、配汽机构等组成，它将电气控制信号转换为液压机械控制信号，最终控制汽轮机进汽阀门的开度。

DEH 调试主要包括控制装置测试、功能测试、液压系统联调、保护相关功能试验。

（六）旁路控制系统（BPS）调试

旁路控制系统（BPS）调试是汽轮机旁路系统的自动投切控制及旁路出口蒸汽压力、温度模拟量控制系统的总称。

1. 旁路控制系统检查

（1）检查从就地到柜内的电缆布置是否正确，各电缆的标识牌要重点检查。要避免强电窜入信号线内，否则有可能烧坏模件。另外，还要检查所有信号电缆的屏蔽线是否接好。

（2）对旁路控制系统的安全运行有至关重要影响的信号，应该进行特别抽查。首先检查这些信号的变送器或传感器是否完好，然后检查这些信号的就地接线盒内接线及到机柜的接线是否正确。若有从其他控制系统机柜来的信号，应与这些系统的调试负责人员核对该信号的量程及其他有关情况。若采用了硬接线方式，还要检查接线的正确性。

（3）检查各电动、气动、液动执行机构和阀门的安装、调试情况，检查这些设备的安装是否正确、设备的外部接线是否正确，对这些执行机构或阀门进行就地手动操作试验。然后，可用热工现场校验仪、信号源和万用表等工具在现场进行调试，检查机构可否动作、动作方向是否正确、控制信号与反馈信号与机构实际位置是否一一对应等。对一些有特殊要求的机构，则根据生产厂提供的调试说明进行检查。高压旁路调节阀、低压旁路调节阀、高压旁路喷水调节阀及低压旁路喷水调节阀不在上述检查之列，这些重要机构要单独进行分体试验。

（4）检查控制机柜的设备及安装情况。

2. 重要设备的单体调试

严格按照设备供应厂的技术试验规范，对旁路压力调节阀、旁路减温水隔离阀及旁路减温水调节阀进行单体调试。对各阀进行开、关调试，并调校各阀位置反馈变送器及行程开关等。根据旁路各阀门的要求进行快开/快关功能试验，并调整各阀门动作时间。

3. 模拟试验

对可以进行冷态离线试验的项目，在可以保证安全的基础上，进行实动作试验，测试各项报警整定值、逻辑回路、输入信号与输出信号是否正确。对不具备冷态离线试验的项目，可以用热工现场校验仪或信号源在就地加模拟信号，测试各项报警整定值、逻辑回路等是否正确。

对于旁路系统的连锁保护功能需调试合格，特别是阀门快开、快关的动作时间需满足设计要求，并完成相关记录及签证。

4. 整体联调

旁路控制系统的整体联调，应由施工单位人员、设备供应商的现场工程师、机务调试人员和热工调试人员共同来完成。在试验之前，必须根据旁路控制系统的技术规范制订出详细、周密的试验计划。该计划主要由设备供应商的现场工程师、机务调试人员和热工调试人员共同制订。计划中应包括试验条件、试验步骤及安全措施等部分。机务调试人员和热工调试人员还要根据整体的试验计划分别制订自己的试验计划。

5. 热态调试

因为旁路可投入是机组整套启动的必要条件，所以旁路控制系统在整套启动之前必须达到可以手动操作的状态。在整套启动之前，必须制订旁路的启动计划，做好对各项意外事件的准备工作，并报请启动委员会批准，与运行人员协商旁路控制系统的操作规程，重新复查关键组态和参数的设定情况。

在整套启动过程中，调试人员要严格监视控制系统的状态，通过工程师站或专用调试工具来监视控制组态中各关键参数。在发生突发事件时，旁路控制系统由调试人员指挥协调，运行人员完成操作。

在整套启动中，应对旁路控制系统进行各项必要的热态试验，考察保护回路、连锁逻辑、调节参数是否正确或合适。根据旁路运行要求，对旁路压力调节回路及温度调节回路的 PID 参数进行动态整定，以满足旁路控制系统调节品质的要求。如有条件，要进行仿真试验。在修改参数之前和之后，必须通知运行人员。在修改过程中，要求运行人员积极配合并事先通告运行人员紧急情况的处理办法。

第三节 整套启动调试

一、汽机整套启动调试

汽机整套启动是通过对汽机现场静态和动态调试，使系统及设备长期安全可靠地运行，达到设计规定的要求，满足汽轮发电机组商业运行的要求。汽机整套启动调试工作应至机组完成满负荷试运行为止。

汽机整套启动调试包括汽机分系统投运，主机冲转前检查（冷态启动），主机冲转、并网及空负荷技术指标控制调整，发电机充氢及冷却系统运行，超速试验，主机带负荷调整试验，汽机辅助设备及附属系统带负荷调整试验，轴承及转子振动测量，机组甩负荷试验，带负荷热控自动投用试验，汽机 168h（或72h+24h）满负荷连续试运行。所有项目均根据图示数量以机组“台”为单位计量

（1）汽机分系统投运。汽机整套启动前需投入汽机各分系统，同时检查机组公用系统，即工业水系统、消防水系统、厂用压缩空气系统、锅炉排污扩容器、机组排水槽及排水泵处于运行或备用状态。

（2）主机冲转前检查（冷态）。汽机冲转前检查（冷态）是对汽机本体及相关附属系统的全面检查，确保系统满足汽机冲转系统要求，或符合汽轮机制造厂家要求。

（3）主机冲转、并网及空负荷技术指标控制调整。

（4）发电机充氢及冷却系统运行。

（5）超速试验。通过对汽机调节安全系统空负荷试验，检查 103%OPC 超速和 110%电超速保护动作的准确性；检查并调整机械超速保护装置的动作转速，使其在合格的范围内，以防止汽机超速。

（6）主机带负荷调整试验。主机带负荷调整试验包括汽机带负荷阶段试验、真空严密性试验、主机阀门运行检查、机组停运试验、调节系统空负荷、带负荷特性试验、机组启动方式试验。

（7）汽机辅助设备及附属系统带负荷调整试验。汽机辅助设备及附属系统带负荷调整试验包括主机辅助设备带负荷调试、驱动用汽机及给水泵组试转调试、主机附属机械带负荷调整和主机热力系统带负荷调试。

（8）轴承及转子振动测量。振动是汽轮发电机组的重要运行参数，直接影响机组的安全、可靠运行。通过测取机组各阶段的轴承和相关的运行参数，为机组故障诊断和以后运行提供原始数据，保障机组整套启动调试工作的顺利进行。

（9）带负荷热控自动投用试验。

（10）汽机 168h（或 72+24h）满负荷连续试运行。

二、锅炉整套启动调试

锅炉整套启动调试，全面检查锅炉及其配套设备的设计、制造、施工、调试和生产准备工作质量，了解锅炉和主要辅机设备等的运行特性，检验锅炉控制系统、保护系统的可靠性、整定参数的合理性，初步确定锅炉及辅机设备满负荷运行的适应能力，发现锅炉及辅机设备等的重大缺陷，以便及时采取有效的措施，同时培训相关运行人员，为生产运行打好基础。锅炉整套启动调试是保证今后锅炉安全、可靠、经济运行的必要步骤，主要包括以下内容。

（1）锅炉整套启动，从锅炉上水冷态冲洗开始，直至锅炉满负荷，机组 168h 试运行合格。

（2）锅炉燃烧初调整。在满足汽机出力需要的蒸汽量、蒸汽参数和合格的蒸汽品质的前提下，保证锅炉运行安全性的基础上，通过改变锅炉燃烧的各个手段，找到能够提高机组经济性的运行方式。

（3）燃烧初调整试验。

（4）脱硫系统整套启动调试。整套启动试运阶段从脱硫系统通烟气开始，到完成 168h 满负荷试验为止，目的是为了检验调整系统的完整性、设备的可靠性、管路的严密性、仪表的准确性、保护和自动的投入效果，检验不同运行工况下脱硫系统的适应性，考验石灰石浆液储存及制备系统、工艺水系统满足脱硫系统整套运行情况，进行烟风系统、SO_2 吸收系统热态运行和调试，进行石膏脱水、废水处理等系统带负荷试运和调试，完成 pH 调节、密度计显示和调节、增压风机热态动、静叶调试、石膏脱水系统调节、液位控制等热控自动化性能。

（5）脱硝系统整套启动调试。脱硝整套启动的投入点是在机组带上负荷后烟气温度到达允许条件后，

向烟气中开始喷氨为标志。以液氨为还原剂的包括液氨储存与制备系统和SCR催化反应系统，以尿素为还原剂的包括尿素储存与制备系统和SCR催化反应系统。

三、化学整套启动调试

机组整套启动时，从汽机冲转至并网发电过程中，应尽可能地减少从机炉中带入腐蚀产物和硅化物（直流炉尤为重要）。因此，要求汽机通汽以热力系统和锅炉冲洗达到标准（重点要控制铁的指标）为前提。化学专业在整套启动阶段的主要工作就是控制与监督热力系统的水汽品质，确保机组整套启动试验顺利完成。其主要的监督工作就是通过人工取样、在线仪器化验各水汽系统的水汽品质数据情况，并通过数据分析水汽品质的好坏及变化趋势；主要的控制工作就是通过加药、排污及控制负荷等手段来改变水汽质量。

（1）机组洗硅运行操作。当锅炉升压达到洗硅压力后，锅炉进入洗硅运行。锅炉升压、升负荷、排污或锅炉降压、排污，控制、降低炉水中的含硅量，如此反复，直至达到额定参数对应的蒸汽二氧化硅值，洗硅过程结束。

（2）汽轮机冲转前的蒸汽质量测试。

（3）整套启动期间需控制的其他水质测试。

四、热控整套启动调试

（一）协调控制系统（CCS）调试

协调控制系统（CCS）是能够对动态特性差异较大的锅炉、汽轮发电机组进行整体负荷平衡控制，使机组尽快响应调度的负荷变化要求，并保持主蒸汽压力和机炉各主要运行参数在允许的范围；在特定工况下，通过保护控制回路和控制方式转换保持机组的稳定和经济运行；主要包括机组负荷指令控制、机炉主控、压力设定、频率校正、辅机故障减负荷等控制回路；它直接作用的执行级是锅炉控制系统和汽轮机控制系统。

协调控制系统一般包括四种运行模式，即基本方式（BASE）、汽轮机跟随方式（TF）、锅炉跟随方式（BF）和协调控制方式（CCS）。

（二）一次调频试验

一次调频是指当电网频率发生一定程度的扰动时，发电机组通过控制系统自动增、减发电机有功功率以维持电网频率稳定的功能。一次调频功能由DEH系统及CCS共同完成。CCS中功率控制部分由汽机数字电液控制系统DEH完成，在电网频率正常波动时，汽机控制系统调节汽机高压调门来控制汽轮机进汽量，使机组功率能更好地满足电网频率变化的要求，锅炉控制部分在DCS中实现，调节机组的风、煤、水，使机组主汽压力稳定。

第四节　特　殊　试　验

一、辅机故障减负荷（RB）试验

辅机故障减负荷（RB）是针对机组主要辅机故障采取的控制措施，即当主要辅机（如给水泵、送风机、引风机）发生故障部分退出工作、机组不能带当前负荷时，快速降低机组负荷的措施。

RB试验内容为磨煤机（给煤机）、引风机、送风机、一次风机、空气预热器、炉水循环泵、给水泵等逻辑检查、静态模拟试验、功能动态试验。

二、单元机组自启停控制（APS）试验

单元机组自启停控制（APS）试验是对包括锅炉、汽轮发电机组及相应辅助系统和辅助设备的单元机组，按启停的操作规律实现自动启动和自动停止的控制，通常在整个启停顺序中设置若干各需要人工确认的断点。

三、供热系统调试

（一）抽汽供热系统调试（工业抽汽）

火力发电厂抽汽供热系统主要是对外提供品质稳定的热蒸汽，用户一般为常年需要蒸汽用于工业生产的化工区等，主要调试内容为：①工业抽汽管网施工及调试前系统隔离检查；②工业抽汽蒸汽管路吹扫；③配置回水管路工业抽汽系统回水管路冲洗；④工业抽汽系统正式投运前系统隔离；⑤工业抽汽减温减压站冷态调试；⑥工业抽汽系统管路暖管及热态投运。

（二）热网抽汽系统调试（采暖抽汽）

火力发电厂热网抽汽系统主要是对外提供品质稳定的热水，用户一般为采暖单位或者城市居民，主要调试内容为：①低压除氧器及相关管路冲洗；②热网补水系统管路冲洗；③热网循环水滤水器试运；④热网循环水系统注水；⑤热网循环水泵试转，管路及加热器冲洗；⑥热网疏水系统冲洗及投运；⑦热网加热器供汽管路系统吹扫；⑧热网系统投运；⑨热网系统停运。

四、发电机转子通风试验

火力发电厂中为了确定转子氢冷系统的可靠性，通过现场进行转自通风试验，了解发电机转子绕组氢冷系统的通风情况，发现问题及时解决，避免在以后机组运行过程中，出现电机转子绕组局部超温现象，确保机组正常投入商业运行。试验在发电机穿转子前完成。

主要试验内容为：①使用通风布袋连接鼓风机与转子检测部位；②启动鼓风机进行鼓风；③用风速仪在风斗出口测量风速；④分别对转子端部通风道及转子槽部通风道进行检测。

五、冷态空气动力场试验项目

（1）旋流燃烧器旋转方向及同心度检查符合设计要求，内、外二次风挡板设定在正确位置，燃烬风各喷口挡板位置已正确设定。

（2）直流燃烧器水平位置一致性符合设计要求，摆动灵活，不卡涩，执行机构联动试验时各角燃烧器同步操作，角度一致。

（3）风烟系统及制粉系统严密性检查无漏点、不漏风。

（4）烟风、制粉系统各热工测点、表计显示准确；阀门、挡板动作试验，动作灵活、开关状态与就地一致。

（5）锅炉冷态工况下测量的炉内切圆居中，大小符合设计。

（6）贴壁风速不超设计值，水平烟道或尾部烟道流场均匀。

（7）二次风挡板风门特性试验满足锅炉燃烧时要求。

第二篇　计量与计价

第七章

发电工程概预算编制

第一节 计 价 依 据

计价依据是指运用科学、合理的调查统计和分析测算方法，从工程建设经济技术活动和市场交易活动中获取的可用于预测、评估、计算工程造价的参数、量值、方法等，具体包括由政府设立的有关机构编制的工程定额、指标等指导性计价依据、建筑市场价格依据、企业（行业）自行编制的经验性计价依据，以及其他能够用于科学、合理地确定工程造价的计价依据。

建设预算由投资匡算、投资估算、初步设计概算、执行概算、施工图预算、工程结算、竣工决算等组成。

投资匡算是项目建议书阶段初步计算投资，是最粗略的投资测算，供项目开发决策使用。

投资估算是指以可行性研究文件、方案设计为依据，按照《火力发电工程建设预算编制与计算规定》(简称《预规》及估算指标或概算定额等计价依据，对拟建项目所需总投资及其构成进行的预测和计算。经具有相关专业资格人员根据建设预算编制办法进行编制，形成的技术经济文件为投资估算书。

初步设计概算是指以初步设计文件为依据，按照《预规》及概算定额等计价依据，对建设项目总投资及其构成进行的预测和计算。经具有相关专业资格人员根据建设预算编制办法进行编制，形成的技术经济文件为初步设计概算书。

执行概算是根据已签订的合同及工程项目实际情况，对批准初步设计概算进行调整编制的概算，是工程项目从筹建到竣工投产可能发生的全部费用总和，也可称为管理概算。

施工图预算是指以施工图设计文件为依据，按照《预规》及预算定额等计价依据，对工程项目的工程造价进行的预测和计算。经具有相关专业资格人员根据建设预算编制办法进行编制，形成的技术经济文件为施工图预算书。

工程结算是指根据合同约定，对实施、终止、竣工的工程项目，依据工程资料进行工程量计算和核定，对合同价款进行的计算、调整和确认。经具有相关专业资格人员根据合同和电力行业工程结算规定进行编制，形成的成品文件为工程结算书。

竣工决算是指建设工程项目完工交付之后，由项目法人单位根据有关规定，编制综合反映建设项目从筹建到竣工投产为止的全部建设费用、建设成果和财务状况总结性文件的过程。按照规定格式编制竣工决算，反映建设项目实际造价和投资效果的成品文件为竣工决算书。

本书主要介绍初步设计概算和施工图预算编制相关知识。

一、火力发电工程计价标准体系

目前我国电力工程计价依据体系是按照电力工程造价管理的需要，已逐步形成并完善了费用项目划分与计算方法体系、定额体系、价格信息体系、工程计价方法体系、项目实施评估体系。火力发电工程计价依据如下。

（1）费用项目划分与计算方法计价依据为《火力发电工程建设预算编制与计算规定》。

（2）定额的计价依据为《电力建设工程概算定额》（包括建筑工程、热力设备安装工程、电气设备安装工程、调试工程等）、《电力建设工程预算定额》（包括建筑工程、热力设备安装工程、电气设备安装工程、加工配制品、调试工程、通信工程等）。

（3）材料价格的计价依据为《电力建设工程装置性材料预算价格（2018 年版）》《电力建设工程装置性材料综合预算价格（2018 年版）》《电力行业 2018 年定额基准材料库》《电力行业 2018 年定额基准施工机械台班库》《火电工程限额设计参考造价指标》等。

（4）设备价格计价依据依次按合同价格、建设预算编制基准期电力行业定额（造价）管理机构发布的信息价格、限额设计参考造价指标中的价格、市场价格、同类设备的合同价格编制。

（5）现行定额中安装普通工单价为 70 元/（工・日）、安装技术工单价为 107 元/（工・日），调试技术工单价为 152 元/（工・日）。

二、热力设备安装工程现行的计价依据

新的计价依据（本教材简称 2018 年版计价依据）已于 2020 年 5 月出版并执行。现行热力设备安装工程的计价依据如下。

（1）《火力发电工程建设预算编制与计算规定（2018 年版）》（简称《2018 年版预规》）。

（2）《电力建设工程概算定额（2018 年版）》之《第二册　热力设备安装工程》。

（3）《电力建设工程概算定额（2018 年版）》之《第四册　调试工程》。

（4）《电力建设工程预算定额（2018 年版）》之《第二册　热力设备安装工程》。

（5）《电力建设工程预算定额（2018 年版）》之《第六册　调试工程》。

（6）《电力建设工程预算定额（2018 年版）》之《第八册　加工配制品》。

（7）《电力建设工程装置性材料预算价格（2018 年版）》。

（8）《电力建设工程装置性材料综合预算价格（2018 年版）》。

（9）其他相关行业造价管理规定。

三、《2018 年版预规》

《2018 年版预规》是根据国能电力［2013］501 号《国家能源局关于印发〈电力工程定额与造价工作管理办法〉的通知》文件的精神，遵照国家法律、法规、规章、标准及电力行业有关规定，按照“国家宏观调控，市场竞争形成价格”的原则，并结合火力发电工程建设与管理的特点而制定。

火力发电工程建设预算的费用构成与计算、费用性质划分、建设预算项目划分、建设预算编制方法以及建设预算的计价格式等执行《2018 年版预规》。

《2018 年版预规》是火力发电工程投资估算、初步设计概算、施工图预算、工程量清单编制和费用计算的依据，应与电力建设工程估算指标、概算定额、预算定额和工程量清单计价规范配套使用。

《2018 年版预规》是编制火力发电工程招标标底、最高投标限价、投标报价和工程结算的参考依据，同时也是调解处理工程建设经济纠纷的参考依据。

《2018 年版预规》适用于单机容量 50～1000MW 级的燃煤发电工程、燃气—蒸汽联合循环发电工程。其他类似工程可参照使用。

四、《电力建设工程热力设备安装工程概算/预算定额（2018 年版）》

《电力建设工程预算定额（2018 年版）　第二册　热力设备安装工程》简称《热力设备安装工程预算定额》是编制施工图预算的依据，也是编制最高投标限价、投标报价和工程结算的参考依据，同时也是调解处理工程建设经济纠纷的参考依据。它适用于容量为 50～1000MW 级燃煤机组的锅炉、汽轮发电机及其附属机械和辅助设备，相应的化水、供水、燃料、除灰等配套系统，以及管道、炉墙、保温、油漆、防腐等安装工程。同时，它也适用于燃机单机为 36～310MW 燃气—蒸汽联合循环电厂和燃气轮机简单

循环电厂的安装工程。

《热力设备安装工程预算定额（2018 年版）》共分为 16 章，由 2398 个子目组成，具体见表 7-1。

表 7-1　　《热力设备安装工程预算定额（2018 年版）》组成

章序号	章　名　称	节数量（节）	子目数（个）
第 1 章	锅炉本体设备安装	18	115
第 2 章	锅炉附属设备安装	15	113
第 3 章	烟、风、煤管道及锅炉复杂设备安装	8	85
第 4 章	筑炉、保温	10	74
第 5 章	输煤、除灰、点火燃油设备安装	18	314
第 6 章	汽轮发电机设备安装	7	70
第 7 章	汽轮发电机附属机械设备安装	10	104
第 8 章	汽轮发电机辅助设备安装	12	214
第 9 章	管道安装	4	531
第 10 章	油漆、防腐	5	102
第 11 章	化学专用设备安装	14	262
第 12 章	脱硫设备安装	3	79
第 13 章	脱硝设备安装	3	17
第 14 章	燃气—蒸汽联合循环发的设备安装	4	267
第 15 章	空冷机组设备安装	2	49
第 16 章	调相机安装	1	2
合计		134	2398

《热力设备安装工程概算定额》是编制热力设备安装工程初步设计概算的依据，也是编制最高投标限价、投标报价和工程结算的参考依据，同时也是调解处理工程建设经济纠纷的参考依据。它适用于单机容量为 50～1000MW 级火力发电厂、单机容量为 36～310MW 燃气—蒸汽联合循环电厂和燃气轮机简单循环电厂的热力设备安装工程。

《热力设备安装工程概算定额（2018 年版）》共分为 14 章，由 1079 个子目组成，具体见表 7-2。

表 7-2　　《热力设备安装工程概算定额（2018 年版）》组成

章序号	章　名　称	节数量（节）	子目数（个）
第 1 章	锅炉机组安装	7	152
第 2 章	汽轮发电机机组安装	8	178
第 3 章	热力系统汽水管道安装	10	61
第 4 章	热网系统安装	2	10
第 5 章	炉墙敷设及保温油漆	2	25
第 6 章	燃料供应系统安装	12	148
第 7 章	除灰系统安装	4	76
第 8 章	水处理系统安装	9	92
第 9 章	供水系统安装	8	112
第 10 章	脱硫装置安装	8	95
第 11 章	脱硝装置安装	3	14

续表

章序号	章　名　称	节数量（节）	子目数（个）
第 12 章	附属生产工程设备及管道安装	8	45
第 13 章	燃气—蒸汽联合循环发电设备安装	4	69
第 14 章	调相机安装	1	2
合计		86	1079

五、《电力建设工程装置性材料预算价格（2018 年版）》及《电力建设工程装置性材料综合预算价格（2018 年版）》

该预算价是为了满足电力工程造价“静态控制、动态管理”的需要，准确、及时反映电力建设材料市场的供需关系和价格的变化，合理确定和有效控制电力工程造价而编制的。

该预算价为编制概预算时所用的取费价格，可以进行取费，与现行概预算定额及火力发电工程建设预算的费用构成、计算规定配套使用。

该预算价格是计入直接工程费用中的装置性材料费，可作为计取安装工程安全文明施工费、利润的基数。在编制工程概预算时，可根据当时当地的市场价格计算材料价差。

六、其他造价管理规定

电力工程造价与定额管理总站在 2018 年新定额颁布以来所发布的价格水平调整文件与上述定额配套执行。

第二节　热力设备安装工程建设概预算编制及计算规定

火力发电工程建设预算费用由建筑工程费、安装工程费、设备购置费、其他费用和动态费用构成。下面仅介绍热力设备安装工程概预算涉及的安装工程费、设备购置费的费用构成及计算标准。

一、安装工程费计算标准

安装工程费是指对建设项目中构成生产工艺系统的各类设备、管道、线缆及辅助装置进行组合、装配和调试，使之达到设计要求的功能指标所需要的费用。

安装工程费由直接费、间接费、利润、编制基准期价差和税金组成。

（一）直接费

直接费是指施工过程中直接耗用于建筑、安装工程产品的各项费用的总和，包括直接工程费和措施费。

直接工程费是指按照正常的施工条件，在施工过程中耗费的构成工程实体的各项费用，包括人工费、材料费和施工机械使用费。其中，人工费、材料费中的消耗材料费和施工机械使用费包括在定额基价中，材料费中的装置性材料费单独计列。

措施费是指为完成工程项目施工而进行施工准备、克服自然条件的不利影响和辅助施工所发生的不构成工程实体的各项费用，包括冬雨季施工增加费、夜间施工增加费、施工工具用具使用费、特殊工程技术培训费、大型施工机械安拆与轨道铺拆费、特殊地区施工增加费、临时设施费、施工机构迁移费、安全文明施工费。

（二）间接费

间接费是指建筑安装产品的施工过程中，为全工程项目服务而不直接消耗在特定产品对象上的费用，包括规费、企业管理费和施工企业配合调试费。

规费是指按照国家行政主管部门或省级政府和省级有关权力部门规定，必须缴纳并计入建筑安装工程造价的费用，包括社会保险费和住房公积金。其他应列而未列入的规费，按实际发生计取。

企业管理费是指建筑安装施工企业为组织施工生产和经营管理所发生的费用。

施工企业配合调试费是指在工程整套启动试运阶段，施工企业安装专业配合调试所发生的费用。

（三）利润

利润是指施工企业完成所承担工程获得的盈利。

（四）编制基准期价差

编制基准期价差是指建设预算编制基准期价格水平与电力行业定额（造价）管理部门规定的取费价格之间的差额。编制基准期价差主要包括人工费价差、材料价差、施工机械使用费价差。价差仅计取税金。

建设预算编制基准期是指建设预算编制时的基准日历时点，在确定建设预算编制基准期时，一般可将时点确定为年、半年、季或月。

建设预算编制基准期价格水平也称为“基期价格水平”，是指建设预算编制基准期工程所在地的市场价格水平。

（五）税金

税金是指按照国家税法规定应计入建筑安装工程造价内的销项税额。

热力设备安装工程费用及计算顺序见表 7-3。

表 7-3　　热力设备安装工程费用及计算顺序表（2018）

序号	项目费用名称	编制及计算方法	费率或系数（%）										备注
			燃煤发电工程（地区类别）					燃气—蒸汽联合循环电站（地区类别）					
			Ⅰ	Ⅱ	Ⅲ	Ⅳ	Ⅴ	Ⅰ	Ⅱ	Ⅲ	Ⅳ	Ⅴ	
一	直接费	（1）+（2）											
1	直接工程费	（1）+（2）											
（1）	定额直接费	定额中的人工费、计价材料费、施工机械费											
（2）	装置性材料费	安装材价											
2	措施费	（1）+（2）+（3）+（4）+（5）+（6）+（7）+（8）+（9）											
（1）	冬雨季施工增加费	人工费×费率	5.20	6.80	10.50	13.85	15.46	4.10	5.78	8.78	11.60	12.93	
（2）	夜间施工增加费	人工费×费率	1.54					1.54					
（3）	施工工具用具使用费	人工费×费率	6.92					5.30					
（4）	特殊工程技术培训费	热力系统各单位工程人工费×费率	单机容量（MW）					5.95					
			150 及以下	300	600	1000							
			8.09	6.09	7.40	7.85							
（5）	大型施工机械安拆与轨道铺拆费	热力系统人工费×费率	单机 600（MW）及以下		单机 600（MW）以上			12.03					
			12.03		11.25								
（6）	特殊地区施工增加费	人工费×费率	高海拔地区	高纬度寒冷地区	酷热地区			同左					
			6.45	5.42	4.68								

续表

序号	项目费用名称	编制及计算方法	费率或系数（%）										备注
			燃煤发电工程（地区类别）					燃气—蒸汽联合循环电站（地区类别）					
			Ⅰ	Ⅱ	Ⅲ	Ⅳ	Ⅴ	Ⅰ	Ⅱ	Ⅲ	Ⅳ	Ⅴ	
（7）	临时设施费	定额直接费×费率	14.45	16.52	16.79	17.33	18.34	14.23	15.65	16.37	17.11	17.71	
（8）	施工机械迁移费	人工费×费率	单机容量（MW）					单机容量（MW）					
			150及以下		300	600	1000	100及以下	200及以下	400及以下		800及以下	
			8.38		4.65	4.14	3.55	6.37	5.13	4.69		3.86	
（9）	安全文明施工费	直接工程费×费率	2.63					2.63					
二	间接费	（1）+（2）+（3）											
1	规费	（1）+（2）											
（1）	社会保险费	人工费×费率	1.3×缴费费率					1.3×缴费费率					
（2）	住房公积金	人工费×费率	1.3×缴费费率					1.3×缴费费率					
2	企业管理费	人工费×费率	61.94					49.44					
3	施工企业配合调试费	定额直接费×费率	单机容量（MW）					本期建设容量（MW）					
			150及以下		300	600	1000	100及以下	200及以下	400及以下		800及以下	
			7.55		3.75	3.42	3.25	4.95	3.85	3.25		2.63	
三	利润	（直接费+间接费）×利润率	6.75					6.75					
四	编制基准期价差	执行人工、材料、机械调整文件											
五	税金	（直接费+间接费+利润+价差）×税率	按照国家税务相关政策规定执行					按照国家税务相关政策规定执行					
六	安装工程费合计	（一+二+三+四+五）											

二、热力设备安装工程项目划分

一个建设项目是由各个不同专业，按生产特点系统综合起来的。为了便于统一管理，根据生产特点和专业分工以及设计的专业、分卷分册图纸的划分分类，对建设项目进行科学的分解，即为项目划分。

建设预算项目划分是按照工程项目划分，对建设预算项目设置、编排次序和编排位置的规定，与设计的专业、分卷分册图纸划分相适应。

建设预算项目划分层次是在各专业系统（工程）下分为三级：第一级为单项工程，第二级为单位工程，第三级为分部工程。

单项工程是具有独立的设计文件，建成后能够独立发挥生产能力或效益的工程项目。单位工程是具有独立的设计文件，能够独立组织施工，但不能独立发挥生产能力或效益的工程项目，是单项工程的组成部分。分部工程是根据工程部位和专业性质等的不同，将单位工程分解形成的工程项目单元，是单位工程的组成部分。

编制建设预算时，对各级项目的工程名称不得任意简化，均应按照《预规》中项目划分中规定的全名填写。

火力发电工程项目划分办法是对火力发电工程建设预算中建筑工程、安装工程、其他费用中工程项目编排次序和编排位置的规定。不同的火力发电工程项目划分也有所不同，按发电厂的类型分为燃煤发电工程项目划分和燃气—蒸汽联合循环电站工程项目划分。此外，火力发电工程按构成建设项目实体不同，分为建筑工程和安装工程。热力设备安装属于安装工程，以下主要介绍热力设备安装工程的项目划分办法。

火力发电安装工程建设预算项目，首先划分为主辅生产工程和与厂址有关的单项工程两大类。主辅生产工程按生产专业划分为若干专业系统（工程），如燃煤机组热力设备安装工程按专业划分为热力系统、燃料供应系统、除灰系统、水处理系统、供水系统、脱硫系统、脱硝系统、附属生产工程等专业系统（工程）。

三、热力设备安装工程与建筑工程的界限

热力设备安装工程费除包括工艺系统的各类设备、管道及其辅助装置的组合、装配，以及其材料费用之外，以下项目也列入安装工程费中：

（1）各种设备、管道的保温油漆。

（2）设备的维护平台及扶梯。

（3）锅炉砌筑工程、灰沟镶板砌筑。

（4）施工现场加工配制组装的金属外壳文丘里除尘器、水膜式除尘器。

（5）混凝土水膜式除尘器、箱、罐的内部加热装置、搅拌装置。

（6）化学水处理系统金属管道的内外防腐。

（7）冷却塔内的钢制循环水管道。

（8）循环水系统、补给水系统、厂区及厂外除灰系统（包括灰水回收系统）的工艺设备、管道及其内衬，包括各种钢管、铸石管、铸铁管、钢闸板门、闸槽及启闭机。

（9）消防水泵房设备、管道，消防车辆。

（10）工业用电梯及其设备安装。

（11）生活污水处理系统的设备、管道及其安装。

（12）燃气—蒸汽联合循环电厂余热锅炉炉顶布置的余热锅炉烟囱及旁路烟道。

（13）工艺专业出图的厂区工业管道。

（14）工艺专业出图的设备基础框架、地脚螺栓。

（15）凡设备安装工程建设预算定额中已明确规定列入安装工程的项目，按定额中的规定执行。

第三节　概预算定额组成及内容

概预算定额一般由总说明、章节说明、分项工程定额项目表及附录等组成。

一、定额说明

定额的总说明概述安装定额的编制目的、指导思想、编制原则、适用范围、编制基本条件、定额使用方法和有关问题的说明。

定额章节说明主要是针对章节内容编写的，主要说明该章节中各主要分项定额的工作内容、工程量计算规则及注意事项、定额中未包括的工作内容及定额调整的方法等，是对工程量正确计算和正确计价的重要依据。

二、定额的章、节及子目

热力设备安装工程安装定额的章节划分，主要是按安装工程项目划分和适用范围来编排的。其中，定额的章是以扩大单位工程、设备材料分类等进行划分的，在每章中将某些性质相近或某类设备材料的安装归纳在一起。在定额的每章中又划分成若干节。节是按设备材料的分类、安装方法等进行划分的。在节中同一类的设备材料有多种结构形式时，可划分为若干个定额小节，每一小节是针对特定的安装对象而设的。如酸洗这一定额节就是按不同的酸洗方式划分为盐酸清洗、氢氟酸清洗和EDTA钠铵盐清洗

三个定额小节。

定额的子目是按每一个具体的工件内容或设备材料的型号规格编制的，是定额的基本单元，也是工程量计算的依据。每一定额子目都对应有相应定额编码。现行电力行业各册定额均采用统一的定额子目编码格式，定额子目编码采用四层制编码方式，具体方法如下：

第一层代表定额的类别，Y 表示预算定额，G 表示概算定额。

第二层代表不同的专业划分，T 表示建筑工程，J 表示热力设备安装工程，D 表示电气设备安装工程，X 表示送电线路工程，P 表示加工配制工程，S 表示调试工程。

第三层代表定额子目所在的章号。

第四层代表定额子目在本章内的流水号。

例如，YJ4-56 表示热力设备安装工程预算定额，第四章第 56 个定额子目。

三、定额子目表

现行安装预算定额的表现形式是量价合一的形式。定额中既有价目（基价），又有人工、材料、机械的消耗量，见表 7-4。

表 7-4　　定额子目表现形式

定额编号			YJ4-53	YJ4-54
项目			四大管道	
			硬质材料	矿纤材料
单位			m^3	m^3
基价（元）			391.30	236.27
其中	人工费（元）		220.48	154.44
	材料费（元）		85.64	19.89
	机械费（元）		85.18	61.94
名称		单位	数量	
人工	安装普通工 安装技术工	工日 工日	0.9581 1．4338	0.6700 1．0050
计价材料	型钢综合	kg	3.245	2.1630
	电焊条 J422 综合	kg	0.463	0.3300
	镀锌铁丝	kg	2.102	1.8020
	硅藻土粉（生料）	kg	47.00	
	超细玻璃棉	kg	2.40	
	石棉灰	kg	20.00	
	钢管脚手架包括扣件	kg	0.35	0.3500
	木脚手板 50mm×250mm×4000mm	块	0.001	0.0010
	其他材料费	元	1.68	0.3900
机械	载重汽车 4t	台班	0.072	0.0720
	单笼施工电梯提升质量 1t　提升高度 75m	台班	0.100	0.1000
	灰浆搅拌机拌桶容量 200L	台班	0.143	
	交流弧焊机容量 21kVA	台班	0.154	0.1100

四、概预算定额编制水平及施工条件

（一）编制水平

定额水平在正常的自然、环境条件下，按照电力建设工程合理的施工组织设计、合理的施工机械配备，选择常用的施工方法与施工工艺，并考虑建筑与安装在合理交叉作业条件下进行编制的。定额中的人工、材料、施工机械消耗量反映了电力建设行业施工技术与管理水平，代表着社会平均生产力水平。

（二）施工条件

定额是按下列正常施工条件进行编制的：

（1）按在正常的气候、地理、环境条件下施工。

（2）具备完整的设计施工图纸及说明。

（3）按电力建设工程现阶段合理的施工组织设计与正常的施工条件组织施工。

（4）设备、器材按完整无损、符合质量标准和设计要求，具有合格证书和试验记录。

五、关于人工、材料、施工机械台班

（一）人工消耗量和单价确定

（1）定额的人工用量包括施工基本用工和辅助用工（包括机械台班定额所含人工以外的机械操作用工），分为安装普通工和安装技术工。

（2）工日为 8h 工作制，安装普通工单价为 70 元/（工・日），安装技术工单价为 107 元/（工・日），调试技术工单价为 152 元/（工・日）。

（二）材料消耗量及预算价的确定

（1）定额中材料即计价材料包括合理的施工用量和施工损耗、场内运搬损耗、施工现场堆放损耗。其中，周转性材料按摊销量计列，零星材料合并为其他材料费。计价材料按照北京地区 2018 年材料预算价格综合取定，为除税后单价。

（2）定额中对施工运搬、组合、安装用的脚手架、枕木、模板、校正组合平台、组合支架、加固构件、专用工具，水压、酸洗用的临时管道、管件、阀门、表计、箱罐，热处理用的导线等，按周转性材料摊销计列。

（3）在定额中，对于用量小、价值低的零星材料，合并为“其他材料费”，以“元”表示。

（4）定额中对若干材料的名称、规格作了简化或合并，以“综合”表示其规格或具体的内容构成，如“型钢综合”是工字钢、槽钢、角钢、扁钢、圆钢等型材的总称，不细列其具体名称、规格。

（5）构成工程实体的装置性材料，其损耗率见各章有关的说明。其内容包括从工地仓库、现场集中堆放地点或现场加工地点到操作或安装地点的运输损耗、施工操作损耗、施工现场堆放损耗。火力发电安装工程中构成工程实体材料大多都为装置性材料。使用时应按设计用量加施工损耗另计，即

装置性材料预算量（施工用量）=设计用量×（1+损耗率）

涉及加工配制工作的，参考加工配制定额。安装过程中的未计价材料损耗率参考相应子目定额说明，如管道安装中未计价材料损耗率见《电力建设工程预算定额（2018 年版）　第二册　热力设备安装工程》的表 9-2。

（三）施工机械消耗量及单价确定

（1）机械台班用量包括场内搬运、合理施工用量、必要间歇消耗量以及机械幅度差等。

（2）不构成固定资产的小型机械或仪表的购置、摊销和维护费用等，未列入本定额，包括在《火力发电工程建设预算编制与计算规定（2018 年版）》的施工工具用具使用费中。

（3）机械台班价格按照《电力建设工程施工机械台班费用定额（2018 年版）》取定。

（4）定额中对若干材料及施工机械的名称、规格作了简化或合并，综合确定定额消耗量。

六、概预算定额中的其他规定

（1）定额是在设备、装置性材料等施工主体完整无损、符合质量标准和设计要求，并附有制造厂出厂检验合格证和试验记录的前提下，在正常的气候、地理和施工环境条件下，按照施工图阶段合理的施工组织设计，选择常用的施工方法与施工工艺，考虑合理交叉作业条件下进行编制。定额工作内容中所列设备检测是指按施工技术验收规范要求而对质量合格设备所做必要的检查、测量和调整工作，不包括因设备质量缺陷而作的解体、检修等处理工作。

（2）定额是完成规定计量单位子目工程所需人工、计价材料、施工机械台班的消耗量标准，反映了电力建设行业施工技术与管理水平，代表着社会平均生产力水平。除定额规定可以调整或换算外，不因具体工程实际施工组织、施工方法、劳动力组织与水平、材料消耗种类与数量、施工机械规格与配置等不同而调整或换算。

（3）定额中考虑的工作内容，除各章另有说明外，均包括施工准备、设备开箱检查、场内运搬、脚手架搭拆、设备及装置性材料安装、施工结尾、清理、整理、编制竣工资料，配合分系统试运、质量检验及竣工验收等。其中的场内运搬指设备、装置性材料及器材从施工组织设计规定的现场仓库或堆放地点，运至施工操作地点的水平及垂直搬运。

（4）定额中已包括单体试转和配合分系统试运时，施工方面的人工、材料、机械的消耗。单体试转、水压试验、风压试验、酸洗、蒸汽管道吹洗、蒸汽严密性试验及安全门调整、机组整套空负荷试运配合、输煤系统空载联动、化水与制氢系统试运所消耗的电量也包含在本定额中。

（5）电动机及设备操作系统的检查接线等电气性工作，设备地脚螺栓孔的浇灌、设备基础的二次灌浆、起重设备轨道预埋件等建筑性工作，以及机组整套启动的联合试运转工作，不在本册的考虑范围内。

（6）定额中凡采用“××以内”或“××以下”的，均包括“××”本身；采用“××以上”或“××以外”的，均不包括“××”本身。

七、有关工程量计算的几点说明

（1）工程量计算以设计的施工图纸及说明规定采用的标准图集和通用图集（图纸的设备、材料表与设计图有矛盾时应以设计图为准）、经批准的施工组织设计和施工方案、措施和有关施工及验收技术规程为依据。在计算工程量前，应根据图纸校核工程量表（设备材料明细表）中提供的工程量是否正确，如有疑问应与图纸设计人协商确定。

（2）工程量计算应以施工图设计规定的界限为准，其计算内容与预算定额所包含的工作内容和定额的适用范围相一致。

（3）在统计计算施工图工程量前应先熟悉施工图纸，避免重复计算和丢项漏项。

（4）在进行工程量统计计算时注意工程量单位必须与相关定额单位一致，套用定额时要熟悉定额总说明、各章说明和子目下面的注释。同时还需注意掌握以下几项内容：

1）各子目的适用范围及工作内容，避免重复与漏计安装项目；

2）注意区分计价与未计价材料；

3）依据预算定额规定计算装置性材料损耗量，编制概算时装置性材料综合预算价格中已包括损耗。

第四节　概预算编制方法

一、概预算书编制程序及原则

电力工程建设预算是项目管理的重要内容，也是各阶段设计文件的重要组成部分，它包括可行性研究阶段投资估算和财务评价，初步设计阶段初步设计概算，施工图设计阶段施工图预算。概、预算书编制流程分别如图 7-1 和图 7-2 所示。

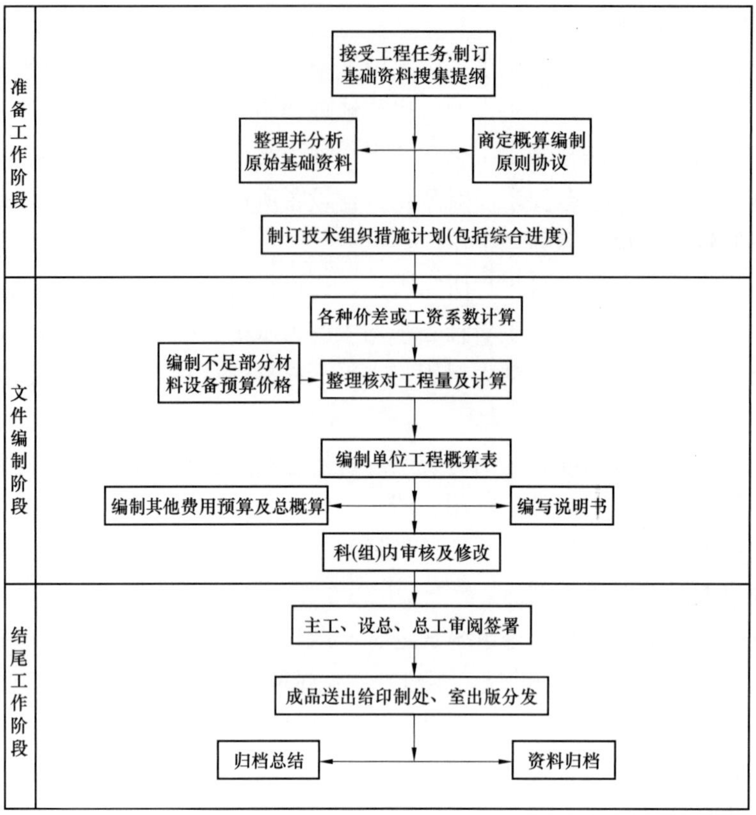

图 7-1　概算书编制流程图

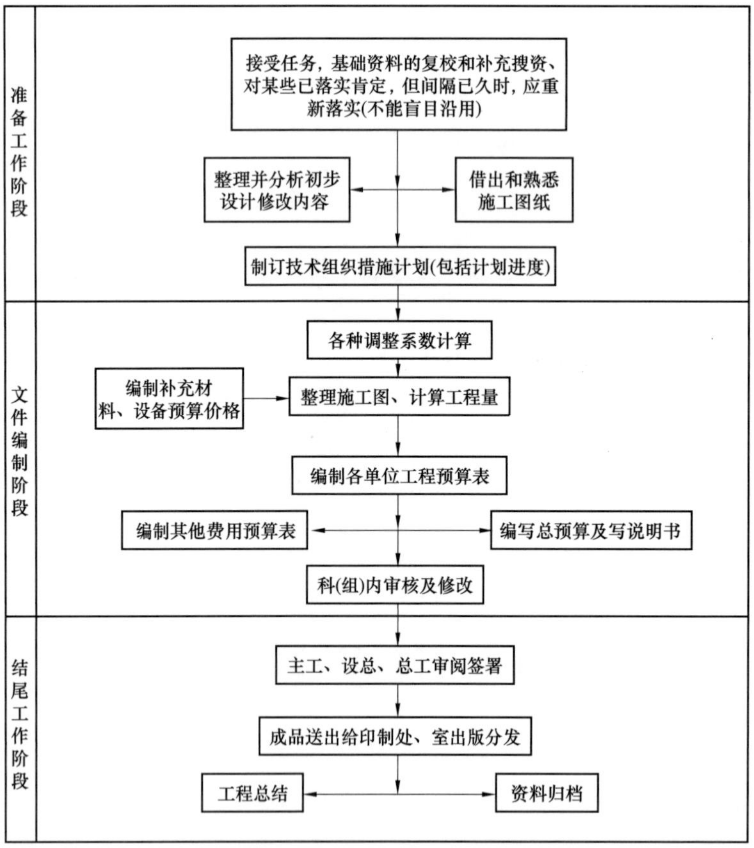

图 7-2　预算书编制流程图

火力发电概预算编制原则如下：

（1）电力工程建设概预算必须履行编制、校核、审核和批准程序，各级编制、校核、审核和批准人员必须在正式的建设预算书上签字并盖章。

（2）如果一个建设项目的建设概预算由两个或两个以上单位编制时，主体编制单位应负责协调编制范围、价格水平，并负责编制总建设概预算书，各编制单位应及时协调，避免漏项和重复编制。

（3）编制建设概预算时，工程量的计算应根据定额（指标）所规定的工程量计算规则，按照设计图纸标示数据计算。如果图纸的设备材料汇总统计表中的数据与图示数据不一致时，应以图示数据为准。

（4）建设概预算的取费计算标准应与所采用的定额或指标相匹配。电力项目建筑、安装工程取费标准应按《火力发电工程建设预算编制与计算规定》中建设预算费用构成、计算标准及配套的相关文件执行。

（5）在编制建设概预算时，根据具体工程情况或应项目法人要求对其中部分费用进行调整或作补充的，编制单位应编写具体说明，并提供调整的充分依据。

（6）火力发电工程建设概预算的取费，可以采用单位工程逐项取费、单位工程综合系数取费方式在表三中计列，也可以采取按系统汇总后在表二中逐项取费的方式。

二、计价格式与步骤

（一）计价的格式

火力发电工程建设预算由编制说明、各类预（概、估）表及相应的附件等组成，并按《火力发电工程建设预算编制与计算规定》中预算编制办法规定，采用统一格式，其中各类表格形式主要有：

（1）总预（概、估）算表（表一）。

（2）安装工程专业汇总预（概、估）算表（表二甲）。

（3）建筑工程专业汇总预（概、估）算表（表二乙）。

（4）安装工程预（概、估）算表（表三甲）。

（5）建筑工程预（概、估）算表（表三乙）。

（6）其他费用预（概、估）算表（表四）。

（7）发电工程概况及主要技术经济指标（表五）。

上述表格参见《火力发电工程建设预算编制与计算规定（2018 年版）》附录 D。

（二）计价的步骤

综上所述，一份完整的概预算文件是由各类表格组成的。表格虽然繁多，但归纳起来，热力设备安装工程概预算编制关键是概预算表（表三甲）的编制，即安装工程费编制。安装专业汇总表都是在安装工程概预算表编制基础上，根据项目划分有关规定进行归纳汇总的。下面主要介绍安装工程预算表编制。

1. 准备工作

（1）熟悉施工图纸及准备有关资料。熟悉并检查施工图是否齐全、尺寸是否清楚，了解设计意图，掌握工程全貌。另外，针对要编制预算的工程内容搜集有关资料，包括当地规费、税金等计算标准。

（2）了解施工组织设计和施工现场情况。了解施工组织设计中影响工程造价的有关内容，如大型设备运输方案等。

2. 直接工程费计算

直接工程费计算应在表三甲中进行，具体计算步骤如下：

（1）计算分项工程量。根据施工图确定的工程预算项目和预算定额规定的分项工程量计算规则，计算各分项工程量。

（2）工程量汇总。各分项工程量计算完毕，经复核无误后，按预算定额规定的分部分项工程逐项汇总。

（3）套用定额并上价，计算各分项工程直接工程费，即

直接工程费=Σ工程量×定额基价+Σ装置性材料量×装置性材料预算价格

计算定额直接费时，应注意预算定额总说明或章节说明中关于价格调整的情况。

计算装置性材料量时，应按照预算定额规定计算装置性材料损耗数量。

3. 取费计算

直接工程费计算完成后，计算措施费、间接费、利润、编制基准期价差、税金。

三、执行定额时的注意事项

（1）定额中所规定的技术条件与工程实际情况有较大差异时，可根据工程的技术条件和定额规定调整套用相应定额。

（2）定额中缺项的，应优先参考使用相似建设工艺的定额；在无相似或可参考子目时，可根据类似工程施工图预算或结算资料编制补充定额；对无资料可供参考的项目，可按工程的具体技术条件编制补充定额。

（3）补充定额应符合现行定额编制管理办法的规定，并报电力建设定额站批准后方可使用。

四、初步设计概算编制

（一）编制范围

热力设备安装工程项目划分所属内容即为本专业的概算编制范围，包括主要燃煤电厂生产工程的热力系统、燃料供应系统、除灰系统、水处理系统、供水系统、脱硫系统、脱硝系统、附属生产工程有关项目以及与厂址有关的交通运输、储灰场工程、水质净化工程及补给水工程等单项工程，即编制以上项目的安装工程概算表（安装工程费及设备费的计算），在此基础上编制热力设备安装工程汇总概算表。

（二）编制依据

在编制工程概算前应具有以下编制依据：

（1）上级批复的可行性研究报告、投资估算及其他文件。

（2）在《火力发电工程建设预算编制与计算规定》及上级有关文件规定的原则指导下制订工程《概算编制原则》。

（3）主机合同价。

（4）装置性材料综合价。

（5）由设计人员提供且满足编制深度要求的工程量。

（6）概算定额及有关调整文件。

（三）概算编制要求

火力发电工程初步设计概算编制应满足以下要求：

（1）初步设计概算投资应控制在已批复的估算投资范围内。

（2）根据工程准备和建设程序需要，“五通一平”工程、与项目有关的单项工程以及提前开工项目的初步设计概算可先行编审。

（3）编制初步设计概算时，项目法人应提供以下资料：

1）主要设备、材料的供货价格及供货范围；

2）建设场地征用及清理费的费用规定及依据文件或协议；

3）外委设计项目的正式概算，如铁路、公路、码头、航道、水库等；

4）项目前期工作各项费用；

5）当期购电单价；

6）初步设计概算编制中需要提供的其他有关资料。

（4）初步设计概算应满足以下要求：

1）初步设计概算工程量计算准确，价格水平符合工程所在地投资编制基准期市场水平，取费规定应符合电力行业有关规定；

2）满足选定的生产工艺系统和技术方案的要求；

3）应满足建设预算成品内容要求。

（5）概算工程量应与初步设计图纸、说明书及设备、材料清册保持一致。对影响投资较大的项目，各专业设计人员应参照建设条件相当的参考设计、类似工程的施工图工程量，经分析调整后确定。技经专业人员应根据掌握的工程预算或竣工结算资料，对设计人员提供的工程量进行复核，如有疑问，应及时反馈，以提高概算工程量的准确性。

（6）价格水平符合工程所在地投资编制基准期市场水平，取费标准应符合电力行业有关规定。

1）设备价格依次按合同价格、建设预算编制基准期电力行业定额（造价）管理机构发布的信息价格、限额设计参考造价指标中的价格、市场价格、同类设备的合同价格编制。

2）安装工程装置性材料价格按照定额编制期电力行业定额（造价）管理机构发布的规定价格计算直接工程费，并按照合同价格、建设预算编制基准期电力行业定额（造价）管理机构发布的信息价格（单项价和综合价）、限额设计参考造价指标中的价格、市场价格、同类材料的合同价格计算材料价差。

（7）对定额中不包含的特殊施工项目，应根据设计专业提出的特殊施工方案及工程量计算费用，列入工程投资。

（四）编制说明

一份完整的计价成果（概算书），必须要有“编制说明”，用来交代清楚编制的情况、依据和有关需要说明的问题，为使用提供依据和方便条件。工程概预算的编制说明要有针对性，内容具体、确切、简练、规范，应包括以下内容。

（1）工程概况：应包括设计依据、本期建设规模、规划容量；造价水平年、静态投资及单位投资，动态总投资及单位投资；资金来源；计划投产日期；外委设计项目名称及设计分工界线；项目地址特点、交通运输状况、主要工艺系统特征、公用系统建设规模；自然地理条件（如地震烈度、地耐力、地形、地质、地下水位等）和对投资有较大影响的情况；主要设备容量、型号、台数等。

（2）改、扩建工程应根据工程实际补充项目的建设范围、过渡措施方案及其费用，可利用或需拆除的设备、材料、建（构）筑物等情况。

（3）编制原则及依据：编制范围、工程量计算依据、定额（指标）和《预规》选定、装置性材料价格选用、设备价格获取方式、编制基准期确定、编制基准期价差调整依据、编制基准期价格水平等。

（4）工程造价水平分析。投资估算及初步设计概算分析内容包括：

1）与同期电力行业参考造价指标的比较、分析。

2）与近期同类机组投资的比较、分析。

（5）工程造价控制情况分析：工程预算总投资宜控制在批准的初步设计概算投资范围内，初步设计概算投资宜控制在已核准的可行性研究估算投资范围内，如后一阶段投资超出前一阶段投资时，编制单位应修改设计或重新申报前一阶段的设计及投资；如因外部条件变化使得后一阶段投资超出前一阶段投资时，应做具体分析，并重点叙述超出原因及合理性，报原审批单位批准（核准）。

（6）其他有关重大问题的说明。

（五）概算编制实例

概算编制实例（见附录A）。

五、施工图预算编制

施工图预算是施工图设计文件的重要组成部分，是项目法人控制投资、拨付工程进度款和单项工程结算的重要依据。施工图预算应控制在已批准的初步设计概算投资范围内。编制施工图预算时，要满足以下要求。

（1）项目法人应提供的资料：

1）组织有关各方商定施工图预算编制原则。

2）提供设备、主要材料订货、到货价格资料。

3）提供委托外部设计、施工项目及自营项目的施工图预算。

4）提供建设项目发生的其他费用相关资料，如合同及协议文件等。

5）提供设备图纸或工程量资料，扩大供货范围的相应图纸及工程量资料。

（2）承包单位应提供的资料：

1）提供由项目法人委托的由承包方购买的设备、主要材料的合同价或到货价。

2）核实预算定额中未包括的经项目法人批准的特殊施工措施方案及费用。

3）提供编制施工图预算所需要的承包方其他有关资料，如工程量、合同等。

（3）施工图预算的编制范围。施工图预算的编制范围应以预算编制合同约定范围为准，一般应包括建筑工程费、安装工程费、设备购置费和其他费用。施工图预算应按最终版施工图编制，经批准的重大设计变更及重新出图的一般设计变更也应编入施工图预算中。

（4）工程量计算规则：

1）工程量应以定额规定的工程量计算规则为准，以施工图纸为依据计算。

2）工程项目及工程量计算范围应以预算编制合同约定的界限为准。

（5）定额及取费。电力工程施工图预算应执行电力行业预算定额及取费标准，对于定额不足部分，按以下原则调整及补充。

1）定额中所规定的技术条件与工程实际情况有较大差异时，可根据工程的技术条件和定额规定调整套用相应定额。

2）定额中缺项的，应优先参考使用相似建设工艺的定额。在无相似或可参考子目时，可根据类似工程的工程预算或结算资料编制补充定额。对无资料可供参考的项目，可按工程的具体技术条件编制补充定额。

3）补充定额应符合现行定额编制管理规定，并报电力工程定额（造价）管理部门批准后方可使用。

第八章

热力设备安装工程施工图预算编制

第一节 锅炉本体设备安装

一、预算定额子目设置

（1）包括钢炉架、汽包、启动分离器、水冷系统、过热系统、再热系统、省煤器系统、空气预热器、本体管路系统、炉本体金属结构、旋风分离器、本体平台扶梯、燃烧装置、除渣装置及锅炉本体油漆等的安装项目。

（2）包括水压试验、风压试验、蒸汽严密性试验及安全门调整等试验项目。

（3）包括锅炉本体和高低压给水管道的清洗。

二、工程量计算规则

（1）钢架结构安装以“t”为计量单位，其质量计算范围以制造厂提供的图纸为准。

（2）汽包及启动分离器安装以“台”为计量单位，其工程范围包括：

1）悬吊式包括汽包本体、内部装置、汽包吊环（吊架）。

2）搁置式包括汽包本体、内部装置、汽包支座。

3）分段蒸发锅炉包括汽包本体、内部装置、汽包支座、外置式汽水分离器、连接管道及支吊架、托架等。

4）启动分离器本体、支吊架等。

（3）水冷系统安装以“t”为计量单位，其工程范围如下。

1）非悬吊结构锅炉：

- 水冷壁管、上下连箱、拉钩装置及组件。
- 侧水冷壁上连箱的支座或吊架，下连箱部位的限位装置。
- 前后水冷壁的中段和下连箱部位的冷拉装置。
- 降水管及支吊装置（包括降水总管、支管）。
- 升汽管及支吊装置（指上连箱至汽包的导汽管）。

2）悬吊结构锅炉包括：

- 膜式水冷壁、刚性梁（按全炉刚性梁总量的2/3计算）及其四角连接装置。
- 膜式水冷壁的吊杆装置，连箱之间的连接铁件。
- 降水管、支管、炉水循环泵及支吊装置。
- 升汽管支吊装置。

（4）过热系统安装（包括循环流化床锅炉外置式换热器低温过热器管排）以“t”为计量单位，其工程范围如下。

1）非悬吊结构锅炉。由高温和低温过热器组成，其部件包括蛇形管排、进出口连箱、表面式减温器、梳形定位板、蒸汽连通管及支吊装置。

2）悬吊结构锅炉。

➢ 顶棚部分：顶棚管、汽包至顶棚进口连箱的连通管、吊挂装置。

➢ 包覆部分：侧包覆管，后包覆管，上、下连箱，上部吊杆装置，刚性梁（按全炉刚性梁总量的 1/3 计算）及炉后两角连接装置，侧包覆至汽包蒸汽连通管及吊架装置，侧包覆与侧水冷壁连接处的密封装置。

➢ 屏式部分：前屏、后屏、过热器的管排、蒸汽联络管、二级喷水减温装置及各部位的吊杆装置。

➢ 对流部分：蛇形管排、进出口连箱、集汽联大箱、蒸汽连通管、各部位的吊杆装置、支座、梳形定位板。

（5）再热系统安装以“t”为计量单位，其工程范围如下。

1）低温再热器：包括冷段进口管段、进出口连箱、蛇形管排、管排定位垫块、管夹及挂钩、各部位吊杆装置、低温至高温再热器蒸汽连通管。

2）高温再热器（包括循环流化床锅炉外置式换热器高温再热器管排）：包括蛇形管排及定位板、进出口连箱及吊杆装置、集汽连箱及支座、出口连箱至集汽连箱间的蒸汽连通管。

（6）省煤器系统安装以“t”为计量单位，其工程范围如下。

1）非悬吊结构锅炉：包括蛇形管排、管夹、定位铁件、防磨铁件、进出口连箱及支座、至汽包的给水管路和吊架。

2）悬吊结构锅炉：包括蛇形管排、管夹、定位铁件、防磨铁件、进出口连箱、悬吊管及支吊装置、至汽包的给水管路和吊架。

（7）管式空气预热器安装以“ t ”为计量单位；回转式空气预热器按直径以“台”为计量单位，其工程范围如下。

1）管式空气预热器：包括管箱、支座、护板、隔仓墙板、连通箱、伸缩节、密封结构、沙封装置、管箱防磨套管。

2）回转式空气预热器：包括外壳及中心轴，上部横梁，下部横梁，传动装置，环向和径向密封件，传热元件，上下轴承及支座，烟气进口、出口和冷风、热风接口短管，吹灰清洗装置，检查平台、扶梯，油循环系统。

（8）本体管路系统安装除吹灰器以“套”为计量单位外，均以“t”为计量单位，其工程范围是制造厂随锅炉本体设备成套供货的定型设计管路及其支吊架，包括：

1）省煤器再循环管：由汽包至省煤器进口，其中包括电动阀门安装。

2）事故放水管：由汽包接出至两只串联电动阀门止。

3）定期排污管：由水冷壁下连箱接出至两只串联阀门止。

4）连续排污管：由汽包接出至两只串联阀门止。

5）本体放空管：由各放空点接出至两只串联阀门止。

6）本体疏放水管及冲洗管：从有关连箱接出至两只串联阀门止。

7）本体取样管：由各取样点接出至两只串联阀门止。

8）加药管：从汽包接出至两只串联阀门止，其中包括逆止门安装。

9）循环推动系统：从水冷壁下连箱接出至两只串联阀门止。

10）水位计、安全阀、向空排汽阀及就地表计的安装。

11）吹灰管：包括减温减压器进、出口管路及至各吹灰器间的蒸汽管路。

12）吹灰器：包括长管、短管蒸汽吹灰器及振动除灰器。

（9）炉本金属结构安装以“t”为计量单位，其工程范围如下。

1）护板。包括冷灰斗护板，斜烟道护板，炉膛与对流井连接的转折罩，悬吊结构炉型的省煤器四周护板（或称框架）。

2）内、外金属墙皮。

➢ 内墙皮指炉顶耐热混凝土与保温层之间埋设的金属墙皮。

➢ 外墙皮指锅炉四周的金属板或波型板，以及外墙皮连接铁构件、各部位的埋置铁件、支撑等。

3）连箱罩壳、构件和铁件。

4）炉顶罩壳、构件和铁件。

5）灰斗、内部平台和落灰管。

6）锅炉本体连接烟、风道及支吊装置。

7）各类门孔。

8）汽包小室的钢结构、密封板，不包括小室的建筑装修、门窗、通风。

9）循环流化床锅炉的外置式换热器（外置床）罩壳、布风板和风帽。

（10）旋风分离器安装以“t”为计量单位，其工程范围包括外筒、中心筒及回料器。

（11）本体平台扶梯安装以“t”为计量单位，其工程范围包括由制造厂商供货的本体平台、扶梯、栏杆、围护板等。

（12）燃烧装置安装以每“台”炉为计量单位，按四周布置缝隙燃烧器考虑，其计算范围包括密封箱体、煤粉燃烧器本体及支架、托架、平衡装置（滑轮、重锤等）。对冲式燃烧器以“只”为计量单位，每组组合的“只”数都属其计算范围。

（13）除渣装置安装以“t”为计量单位，其工程范围包括：

1）双向或单向水力排渣槽、护板框架、斜出灰槽、出灰门及操动机构、浇渣喷嘴系统、排渣槽水封、打渣孔门等。

2）灰渣斗及格栅、出灰门、灰渣斗上部水封、水封槽等。

（14）水压试验、风压试验、酸洗、蒸汽严密性试验均以每“台”炉为计量单位。

（15）本体油漆以“t”为计量单位，其工程范围包括锅炉钢架和需要油漆的锅炉平台扶梯及金属结构件。

（16）锅炉本体设备重以制造厂供货的金属重为准，不包括设备的包装材料、加固件以及炉墙、保温等的质量。

三、定额使用注意事项

（1）1130t/h 锅炉是按超临界参数考虑的。若为超超临界参数时，水冷系统、过热系统、再热系统、省煤器系统、本体管路系统安装的相关子目按材料定额乘以系数 1.05、人工和机械定额乘以系数 1.03 调整；若为亚临界参数时，水冷系统、过热系统、再热系统、省煤器系统、本体管路系统安装的相关子目按材料定额乘以系数 0.91、人工和机械定额乘以系数 0.95 调整。

（2）600MW 机组的 1900t/h 锅炉是按超临界考虑的。若为亚临界 2008t/h 锅炉时，水冷、过热、再热、省煤器、本体管路系统安装的相关子目按定额乘以系数 0.95 调整；若为超超临界参数时，水冷、过热、再热、省煤器、本体管路系统安装的相关子目按人工和材料定额乘以系数 1.15 调整。

（3）循环流化床锅炉水冷系统安装的相关子目按人工定额乘以系数 1.15，材料定额乘以系数 1.1 调整。

（4）不包括露天锅炉特殊防护措施项目的安装。

（5）空气预热器安装不包括的工作内容：

1）管箱上防磨套管间的耐火可塑料浇灌工作。

2）转子隔舱和外壳为散件供货时的现场拼装。

3）空气预热器内特殊消防系统安装。

（6）本体管路系统安装不包括的工作内容：

1）重油及轻油点火管路、阀门的安装。

2）排汽消音器的安装。

3）制造厂供货的给水操作台阀门及管件的安装。

（7）炉本体金属结构中的金属墙皮为铝合金材质时，可按保温层金属护壳安装定额执行。

（8）旋风分离器安装不包括分离器内衬的耐火耐磨材料砌筑的工作内容。

（9）本体平台扶梯安装不包括锅炉之间及锅炉与厂房之间的连接平台、扶梯的安装。

（10）燃烧装置安装中不包括燃油及等离子点火装置的附属设备与管道的安装。

（11）酸洗项目中不包括废液中和池后的排放系统工程施工。

四、预算编制示例

（一）给定条件

（1）工程内容：某发电厂安装一台超临界、中间再热、直流锅炉（DN-1914t/h-25.4/571/569），图纸工程量见表 8-1。

表 8-1　　锅炉工程量统计表

项目名称	单位	质量（t）	数量	备注
钢结构	t	4933		甲供设备
启动分离器	台	105	1	
水冷壁系统	t	1000		
过热蒸汽系统	t	1393		
再热蒸汽系统	t	1491		
省煤器系统	t	784		
空气预热器回转式ϕ15 000mm	台	860	2	
本体管路系统	t	90		
吹灰器短管	套		44	
吹灰器长管	套		38	
炉本体金属结构	t	801		
本体平台扶梯	t	431		
燃烧装置	台		1	
除渣装置	t	51		

（2）施工条件：符合定额规定的正常施工条件。

（3）施工地点：北京市。

（4）编制依据：《火力发电工程建设预算编制与计算规定（2018 年版）》《电力建设工程预算定额第二册热力设备安装工程（2018 年版）》、电力工程造价与定额管理总站文件定额〔2020〕14 号《关于发布 2018 版电力建设工程概预算定额价格水平调整的通知》。

（5）编制基准期：2020 年 12 月。

注　本章后续示例中的施工条件、施工地点、编制依据、编制基准期均与本示例一致，将不再赘述。

（二）施工图预算编制

第一步：依据工程量计算规则计算工程量。

第二步：根据工程项目名称，执行预算定额相应子目。

第三步：编制安装工程预算表。

第四步：按照《火力发电工程建设预算编制与计算规定（2018 年版）》、电力工程造价与定额管理总站文件定额〔2020〕14 号文《关于发布 2018 版电力建设工程概预算定额价格水平调整的通知》进行定额取费计算。编制结果见表 8-2。

注　本章后续示例中的施工图预算编制步骤均由本示例一致，将不再赘述。

表 8-2　　**安装工程预算表（一）**

表三甲　　金额单位：元

序号	编制依据	项目名称	单位	数量	单价				合价			
					设备	装置性材料	安装	其中人工费	设备	装置性材料	安装	其中工资
（一）		热力系统										
1		锅炉机组										
1.1		锅炉本体										
1.1.1		组合安装										
	YJ1-3	钢炉架安装	t	4933			927.90	187.54			4 577 331	925 135
	YJ1-13	启动分离器安装	台	1			61 163.63	17 302.75			61 164	17 303
	YJ1-19	水冷系统安装	t	1000			1942.89	526.00			1 942 890	526 000
	YJ1-25	过热系统安装	t	1393			2071.34	557.93			2 885 377	777 196
	YJ1-30	再热系统安装	t	1491			2141.82	577.23			3 193 454	860 650
	YJ1-38	省煤器系统安装	t	784			1395.02	567.94			1 093 696	445 265
	YJ1-45	空气预热器安装回转式ϕ15 000mm	台	2			238 567.93	92 524.32			477 136	185 049
	YJ1-52	本体管路系统安装	t	90			2427.47	1054.37			218 472	94 893
	YJ1-54	蒸汽吹灰器短管	套	44			496.23	252.59			21 834	11 114
	YJ1-55	蒸汽吹灰器长管	套	38			572.37	300.29			21 750	11 411
	YJ1-59	锅炉本体金属结构安装	t	801			1276.17	422.31			1 022 212	338 270
	YJ1-64	本体平台扶梯安装	t	431			1304.80	485.14			562 369	209 095
	YJ1-70	燃烧装置安装	台	1			47 441.13	17 095.45			47 441	17 095
	YJ1-77	除渣装置安装	t	51			997.81	443.05			50 888	22 596
	YJ1-114	本体油漆	t	6165			132.01	59.90			813 842	369 284
		锅炉：超临界、中间再热、直流锅炉（DN-1914t/h-25.4/571/569）	台	1	268 000 000				268 000 000			
		空气预热器回转式ϕ15 000mm（随锅炉供货）	台	2								
		主要设备运杂费	%	0.5					1 340 000			
		小计							269 340 000		16 989 855	4 810 356
	一	直接费					22 111 273.06				22 111 273	

续表

表三甲 金额单位：元

序号	编制依据	项目名称	单位	数量	单价				合价			
					设备	装置性材料	安装	其中人工费	设备	装置性材料	安装	其中工资
	1	直接工程费					16 989 854.65				16 989 855	
	1.1	定额直接费					16 989 854.65				16 989 855	
	1.1.1	人工费					4 810 356.02				4 810 356	
	1.1.2	材料费					1 989 636.25				1 989 636	
	1.1.3	施工机械使用费					10 189 862.38				10 189 862	
	2	措施费					5 121 418.41				5 121 418	
	2.1	冬雨季施工增加费	%	6.8			4 810 356.02				327 104	
	2.2	夜间施工增加费	%	1.54			4 810 356.02				74 079	
	2.3	施工工具用具使用费	%	6.92			4 810 356.02				332 877	
	2.4	特殊工程技术培训费	%	7.4			4 810 356.02				355 966	
	2.5	大型施工机械安拆与轨道铺拆费	%	12.03			4 810 356.02				578 686	
	2.7	临时设施费	%	16.52			16 989 854.65				2 806 724	
	2.8	施工机构迁移费	%	4.14			4 810 356.02				199 149	
	2.9	安全文明施工费	%	2.63			16 989 854.65				446 833	
	二	间接费					6 080 733.07				6 080 733	
	1	规费					2 520 145.52				2 520 146	
	1.1	社会保险费	%	28.3			6 253 462.83				1 769 730	
	1.2	住房公积金	%	12			6 253 462.83				750 416	
	2	企业管理费	%	61.94			4 810 356.02				2 979 535	
	3	施工企业配合调试费	%	3.42			16 989 854.65				581 053	
	三	利润	%	6.75			28 192 006.12				1 902 960	
	四	编制基准期价差									6129	
	1	人工价差	%	3.9							187 604	
	2	材料价差	%	–1.49							–29 646	
	3	机械价差	%	–1.49							–151 829	
	五	税金	%	9			30 101 095.89				2 709 099	
	六	合计					32 810 194.52		269 340 000		32 810 195	

表 8-2 中所提及的措施费中：

（1）冬雨季施工增加费是指按照合理的工期要求，建筑、安装工程必须在冬季、雨季期间连续施工而需要增加的费用。其内容包括在冬季施工期间，为确保工程质量而采取的养护、采暖措施所发生的费用；雨季施工期间，采取防雨、防潮措施所增加费用；因冬季、雨季施工增加施工工序、降低工效而发生的补偿费用，但不包括在冬季施工所采取的混凝土添加防冻剂费用。冬雨季施工增加费不含台风、暴雨、暴风雪等不可抗力恶劣天气影响。冬雨季施工增加费为综合测算，不论实际工程是否跨越冬雨季均应计取此费用。

（2）夜间施工增加费是指按照规程要求，工程必须在夜间连续施工所发生的夜间补助、夜间施工降效、夜间施工照明设备摊销及照明用电等费用。夜间施工增加费为常年系数，不论现场是否发生夜间施工，均应计取。

（3）特殊工程技术培训费是指在发电安装工程中为进行高温、高压容器及管道焊接，需要对焊工进行技术培训和年度考核所发生的费用。本费用仅在安装工程热力系统各单位工程中计列，取费基数为安装工程中热力系统除调试工程外各单位工程的人工费。燃机—蒸汽联合循环电厂按本期总容量执行同一费率，而单纯燃机机组（不带余热锅炉）则不计特殊工程技术培训费。

（4）大型机械施工安拆费与轨道铺拆费，也仅在热力系统的建筑工程和安装工程的各单位工程中计列。

第二节　锅炉附属设备安装

一、预算定额子目设置

锅炉附属设备安装主要包括磨煤机、给煤机、给粉机、送风机、引风机、一次风机、空压机以及基础埋件等的安装。

二、工程量计算规则

（1）磨煤机、给煤机、给粉机、风机等的安装均以“台”为计量单位，其计算范围是凡属制造厂设备成套供货部分均包括在内。

（2）螺旋输粉机每台长度按10m考虑，当与实际长度不同时，可另套长度调整定额。调整定额中螺旋输粉机的型号按综合考虑，调整单位统一为10m，不足10m也按10m计算。

（3）基础埋件安装以“t”为计量单位，其质量计算范围包括锅炉炉架立柱地脚螺栓预埋框架，锅炉辅机基础埋件。

三、定额使用注意事项

（1）锅炉附属设备安装定额中不包括设备金属表面的底漆修补及油漆工作内容。

（2）锅炉附属设备安装工作内容中包括随设备供货的平台、扶梯、栏杆的安装，但不包括平台、扶梯、栏杆及地脚螺栓的配制。

（3）锅炉附属设备中，带有油循环系统的润滑油和轴承箱内用油，按设备供货考虑，定额中不再配备油量。

（4）空气压缩机安装工作内容中不包括储气罐的安装，如空气压缩机还增加储气罐时，需根据规格另套相应定额子目；储气罐安装包括罐体压力表与安全阀的安装。

四、预算编制示例

工程内容：某（1×600MW超临界机组）发电厂一台锅炉设置轴流式动调一次风机（$Q=83.2m^3/s$）2台，轴流式动调送风机（$Q=228m^3/s$）2台，轴流式静调引风机（$Q=497m^3/s$）2台，编制结果见表8-3。

表8-3　　安装工程预算表（二）

表三甲　　　　金额单位：元

序号	编制依据	项目名称	单位	数量	单价				合价			
					设备	装置性材料	安装	其中人工费	设备	装置性材料	安装	其中工资
1.2		风机										
	YJ2-60	轴流式一次风机（动调）安装$83.2m^3/s$	台	2.00			43 484.84	28 401.30			86 970	56 803

续表

表三甲　　　　　　　　　　　　　　　　　　　　　　　　　　　　　　　　　　金额单位：元

序号	编制依据	项目名称	单位	数量	单价				合价			
					设备	装置性材料	安装	其中人工费	设备	装置性材料	安装	其中工资
	YJ2-58	轴流式送风机（动调）安装 $228m^3/s$	台	2.00			66 438.19	36 491.55			132 876	72 983
	YJ2-52	轴流式引风机（静调）安装 $497m^3/s$	台	2.00			73 638.09	41 168.15			147 276	82 336
		轴流式一次风机（动调）安装 $83.2m^3/s$	台	2.00	1 100 000				2 200 000			
		轴流式送风机（动调）安装 $228m^3/s$	台	2.00	1 700 000				3 400 000			
		轴流式引风机（静调）安装 $497m^3/s$	台	2.00	2 200 000				4 400 000			
		主要设备运杂费	%	0.7					70 000			
		小计							10 070 000		367 122	212 122
		取费（略）										

第三节　烟、风、煤管道及锅炉辅助设备安装

一、预算定额子目设置

（1）烟、风、煤管道及测粉装置、煤粉分离器安装。

（2）除尘器、扩容器、消音器安装。

（3）其他金属结构及设备安装。

（4）启动锅炉安装。

二、工程量计算规则

（1）烟、风道安装，按钢板壁厚进行分类；制粉管道统一综合考虑；送粉管道按管道直径设置定额子目，均以“t”为计量单位，其质量计算范围。

1）冷风道：吸风口→送风机进口→预热器或暖风器入口，包括：管道吸风口滤网、送风机出口闸板门、人孔、支吊架部件。

2）热风道：空气预热器出口 → 燃烧器 / 磨煤机进口 / 送粉管混合器进出口（热风送粉方式），包括：管道伸缩节、风门及挡板、人孔、操作装置、测风装置、支吊架等。

3）制粉管道：

a．磨煤机出口 → 粗粉分离器 → 细粉分离器 → 煤粉仓。

（粗粉分离器 → 回粉管（至磨煤机入口）；细粉分离器 → 进排粉风机入口）

b．排粉风机出口→燃烧器（三次风）。

它包括：管道、伸缩节、锁气器、木屑分离器、吸潮管、挡板、防爆门、支架等。

4）送粉管道：

a．热风送粉管道：混合器（给粉机出口段）→燃烧器。

b．排粉风机送粉管道：排粉风机出口→混合器→燃烧器。

c．直吹式送粉管道：中速磨煤机上部煤粉分离器出口→燃烧器。

它包括：管道、铸铁弯头吹扫孔、补偿器及支吊架等。

5）烟道：空气预热器→除尘器→引风机→混凝土烟道入口，包括：钢制烟道、伸缩节、防爆门、人孔、风机出口闸板、支吊架等。

（2）原煤管道安装，以“套”为计量单位，每一路管道为一套，按每套质量分类，其计算范围：原煤斗下部接口→给煤机→磨煤机入口，包括：管道、煤闸门、振动装置等。双曲线原煤管应计入原煤管道的工程量，原煤斗不论钢制或其他材质制造，均属于建筑工程范围，不包括在本定额内。

（3）测粉装置安装，按其标尺比例分类，以“套”为计量单位，制造厂设备成套供货部分均属其计算范围。

（4）煤粉分离器安装，按设备直径分类，以“台”为计量单位，制造厂设备成套供货部分均属其计算范围。

（5）电除尘安装根据不同锅炉容量设置子目，以“t”为计量单位，制造厂供货部分的全部金属质量均属其质量计算范围。

（6）扩容器、汽水分离器安装，按设备容积分类，以“台”为计量单位，制造厂设备成套供货部分均属其计算范围。

（7）消声器安装，以“台”为计量单位，制造厂设备成套供货部分及其支架均属其计算范围。

（8）其他金属结构安装以“t”为计量单位，不属于制造厂设备成套供货范围的设备周围的平台扶梯栏杆和设备支架均属其质量计算范围。

（9）暖风器安装按管排数分类，以“组”为计量单位，制造厂设备成套供货部分及其框架均属其计算范围。

（10）启动锅炉安装按锅炉容量以“台”为计量单位，制造厂设备成套供货部分均属其计算范围。

三、定额使用注意事项

（1）烟道、风道按管道钢板厚度设置定额子目，不再区分断面形状；制粉管道统一综合考虑，只设置一个子目；送粉管道按管道直径设置定额子目。

（2）原煤管道统一按整套质量划分定额子目，以“套”为定额单位，不分煤斗形状。其“套”的含义是包括从金属煤斗出口至磨煤机入口的一路管道。

（3）除尘装置设置电气除尘器、电袋除尘器和布袋除尘器安装，按不同锅炉容量选用定额子目。

（4）扩容器安装按容积划分定额子目，包括排污扩容器、疏水扩容器和汽水分离器的安装定额子目。

（5）消声器安装定额设置了排气消声器和送风机入口消声器的安装子目。排气消声器按锅炉压力不同分为高压级、超高压级、亚临界级、超临界级及超超临界级几种情况；送风机入口消声器分为 DZ5、DZ12、DZ20、DZ30 及 DZ60 等几种形式。

（6）定额为锅炉辅助设备安装设置了其他金属结构及设备安装配套项目，包括设备周围的平台扶梯栏杆安装、设备支架安装及 NT 型暖风器安装等子目。

四、预算编制示例

（一）除尘器安装预算示例

工程内容：某（1×600MW 超临界机组）发电厂安装一套双室四电场静电除尘器，锅炉容量为

1914t/h，图纸工作量见表 8-4。

表 8-4　　静电除尘器安装图纸工作量

序号	代号	名称	材料	数量	单重（t）	总重（t）
1	2F418B.1	阳极系统	一级部件	2	315 576	631 152
2	2F418B.2	阳极振打	一级部件	2	7603.52	15 207.04
3	2F418B.3	阴极系统	一级部件	2	103 482.48	206 964.96
4	2F418B.4	阴极振打	一级部件	2	15 769	31 538
5	2F418B.5	进口封头	一级部件	2	38 328	76 656
6	2F418B.6	进口气流分布板	一级部件	2	21 220.66	42 441.32
7	2F418B.7	底梁	一级部件	2	29 628	59 256
8	2F418B.8	壳体	一级部件	2	117 362.2	234 724.4
9	2F418B.9	灰斗	一级部件	2	103 495.8	206 991.6
10	2F418B.10	灰斗挡风	一级部件	2	12 582	25 164
11	2F418B.11	尘中走道	一级部件	2	8291	16 582
12	2F418B.12	内顶盖	一级部件	2	91 567.4	183 134.8
13	2F418B.13	外顶盖	一级部件	2	37 978	75 956
14	2F418B.14	出口封头及分布板	一级部件	2	29 718	59 436
15	2F418B.15	走梯平台	一级部件	1	26 282	26 282
16	2F418B.16	顶部支架	一级部件	2	4875	9750
17	2F418B.17	高压引入及电加热	一级部件	1	10 517	10 517
18	2F418B.18	排油管路	一级部件	1	1316	1316
19	2F418B.19	灰斗料位计	一级部件	1	112	112
20	2F418B.21	钢架	一级部件	1	94 645.8	94 645.8
21	2F418B.23	钢支架	一级部件	2	85 010	170 020
22	2F418B.31	排水管道	一级部件	1	358.8	358.8
23	2F418B.39	阴极走道	一级部件	2	8026	16 052
24	2F418B.40（A）（B）	预埋件（1）（2）	一级部件	50	37.72	1886
25	2F418B.47	烟道浊度仪	一级部件	1	50	50

编制结果见表 8-5。

表 8-5　　安装工程预算表（三）

表三甲　　　　金额单位：元

序号	编制依据	项目名称	单位	数量	单价				合价			
					设备	装置性材料	安装	其中人工费	设备	装置性材料	安装	其中工资
（一）		热力系统										
1		锅炉机组										

续表

表三甲

金额单位：元

序号	编制依据	项目名称	单位	数量	单价				合价			
					设备	装置性材料	安装	其中人工费	设备	装置性材料	安装	其中工资
1.3		除尘装置										
	YJ3-36	电除尘器安装锅炉容量1900t/h	t	2196.194			1135.75	500.49			2 494 327	1 099 173
		双室四电场静电除尘器	台炉	1	34 500 000				34 500 000			
		主要设备运杂费	%	0.7					241 500			
		小计							34 741 500		2 494 327	1 099 173
		取费（略）										

（二）风道安装预算示例

1. 工程内容

某（1×600MW 超临界机组）发电厂局部冷风道安装立面图和平面图，如图 8-1 和图 8-2 所示，主要材料表见表 8-6。

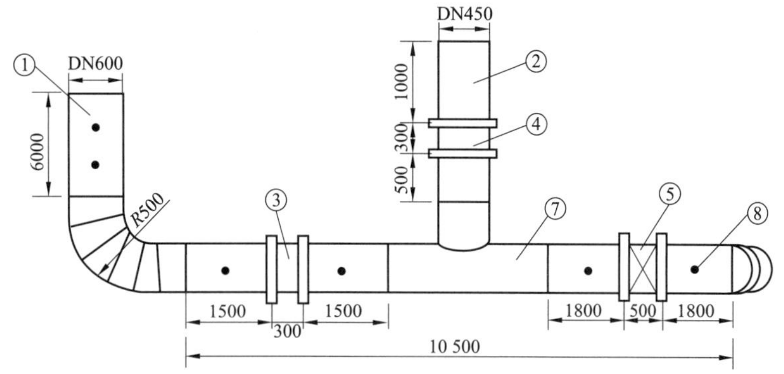

图 8-1　冷风道安装（立面图）

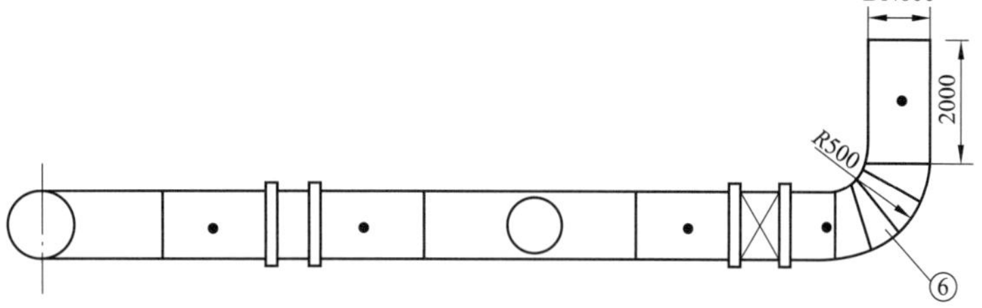

图 8-2　冷风道安装（平面图）

表 8-6　　　　**材　料　表**

编号	名称及规范	单位	单重（kg）	编号	名称及规范	单位	单重（kg）
①	焊接钢板管ϕ630mm×4mm	m	61.73	⑥	焊接弯头　DN600	个	55
②	焊接钢板管ϕ478mm×4mm	m	46.73	⑦	异径三通 DN600×DN450	个	70
③	圆形双波补偿器 DN600	个	80	⑧	A 型钢吊架组合件	个	30
④	圆形双波补偿器 DN450	个	60	⑨	螺栓螺母		50
⑤	带法兰圆风门　DN600	个	180				

2. 编制过程

（1）冷风道安装工程量的计算。

1）管道安装工程量。

焊接钢板管ϕ630mm×4mm　q_1 = 61.73kg/m×（6m + 1.5m + 1.5m + 1.8m + 1.8m + 2m）

= 61.73kg/m×14.6m = 901.26（kg）= 0.901t

焊接钢板管ϕ478mm×4mm　q_2 = 46.73kg/m×（1m + 0.5m）= 70.10（kg）= 0.070t

2）管件安装工程量。

圆形双波补偿器 q_3 = 80kg + 60kg = 140（kg）

带法兰圆风门 q_4 = 180（kg）

焊接弯头 q_5 = 55kg/个×2 = 110（kg）

异径三通 q_6 = 70（kg）

3）支吊架及螺栓螺母安装工程量。

支吊架 q_7 = 30kg/个×7 个 = 210（kg）= 0.21t

螺栓螺母 q_8 = 50（kg）

上述计算汇总见表 8-7。

表 8-7　　冷风道安装工程量汇总表

项　目　名　称	单　　位	数　　量
冷风道，锅炉出力 1913t/h	t	1.730

（2）冷风道主材量的计算。

1）冷风道配制主材量：冷风道配制焊接钢板管工程量就是安装工程量，配制的主材量时配制定额中括号内的数据，已经考虑损耗量。

配制焊接钢板管ϕ630mm × 4mm 为 0.9t，钢板主材量（δ = 4）为 0.9t × 1.05=0.95（t）。

配制弯头 2 个，焊接钢板管ϕ630mm × 4mm（焊接弯头配制用）= 55kg/个 × 2 = 110（kg）= 0.11t。

钢板主材量 = 0.11t × 1.15 = 0.13（t）（参考加工配置定额）。

焊接钢板管ϕ478mm × 4mm 为 0.07t，钢板主材量 = 0.07t × 1.05 = 0.07（t）。

2）管件主材量。

异径三通

DN600 × DN450 = 70kg/个 × 1 个 = 70（kg）。

圆形双波补偿器

DN600：80kg/个 × 1 个 = 80kg，DN450：60kg/个 × 1 个 = 60kg。

带法兰圆风门

DN600：180kg/个 × 1 个 = 180kg。

3）支吊架及螺栓：支吊架 0.21t（按成品考虑），螺栓：50kg（损耗按 3%考虑）。

主材汇总表见表 8-8，编制结果见表 8-9。

表 8-8　　主 材 汇 总 表

项目名称及规范	单　　位	数　　量
钢板（δ = 4）	t	1.15
异径三通 DN600×DN450	kg	70
带法兰圆风门 DN600	kg	180

续表

项目名称及规范	单　位	数　量
圆形双波补偿器 DN600	kg	80
圆形双波补偿器 DN450	kg	60
支吊架	t	0.21
螺栓螺母	kg	51.5

表 8-9　　**安装工程预算表（四）**

表三甲　　金额单位：元

序号	编制依据	项目名称	单位	数量	单价				合价			
					设备	装置性材料	安装	其中人工费	设备	装置性材料	安装	其中工资
（一）		热力系统										
1		锅炉机组										
1.5		烟风煤管道										
1.5.1		冷风道										
	YJ3-1	冷风道安装	t	1.730			983.24	420.41			1701	727
	YP1-2	冷风道配制 ϕ630mm×4mm	t	0.901			1600.66	690.68			1442	622
	YP1-2	冷风道配制 ϕ478mm×4mm	t	0.070			1600.66	690.68			112	48
	YP2-76	焊接弯头配制 DN600	个	2			88.50	45.61			177	91
		钢板 $\delta=4$	t	1.150		3686.00				4239		
		异径三通 DN600×DN450	kg	70.00		17.00				1190		
		带法兰圆风门　DN600	kg	180.00		14.00				2520		
		圆形双波补偿器 DN600	kg	80.00		15.00				1200		
		圆形双波补偿器 DN450	kg	60.00		15.00				900		
		螺栓螺母	kg	50.00		6.00				300		
		支吊架	t	0.210		7000.00				1470		
		主材（螺栓螺母）损耗费	%	3		300				9		
		主材费小计								11 828		
		小计								11 828	3432	1488
		取费（略）										

注　工程量计算时，每一项目汇总的有效位数应遵守下列规定：以“t、km”为单位，应保留小数点后三位数字，第四位小数四舍五入；以“m、m^2、m^3、kg”为单位，应保留小数点后两位数字，第三位小数四舍五入；以“个、件、根、组、系统”为单位，应取整数。

第四节　筑 炉、保 温

一、预算定额子目设置

适用于轻型炉墙砌筑和设备、管道的保温工程。锅炉筑炉与锅炉保温定额按炉墙结构的类型设置子目。保温定额分为设备保温和管道保温，分别按设备、管道的保温材料种类划分为硬质材料和矿纤材料两类，另设保温层金属罩壳安装，主要子目如下。

（1）敷管式及膜式水冷壁炉墙砌筑、框架式炉墙砌筑、炉墙中局部耐火混凝土浇灌、耐火砖砌筑、炉墙填料填塞、炉墙保温工程热态测试、炉墙砌筑脚手架及平台搭拆。

（2）设备保温、管道保温、保温层抹面、保温层金属外护壳及铁件安装。

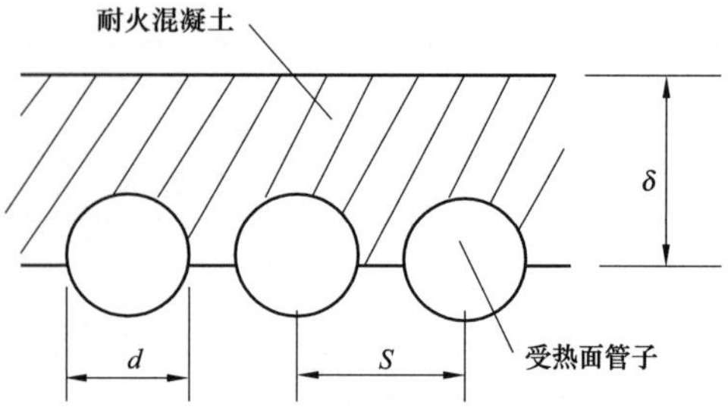

图 8-3　锅炉筑炉工程量计算示意

二、工程量计算规则

（1）锅炉炉墙筑炉属于锅炉制造厂设计，其工程量即全炉的筑炉、保温量。锅炉本体炉墙耐火混凝土砌筑、耐火砖砌筑、炉墙填料填塞按设计图示尺寸计算，以“m^3”为计量单位。炉墙抹面和密封涂料按设计图示尺寸计算，以“$100m^2$”为计量单位。

（2）锅炉筑炉工程量主要计算示意如图 8-3 所示。

1）敷管式及膜式水冷壁炉墙耐火（保温）混凝土的工程量计算式

$$V = A\delta_1$$

$$\delta_1 = \frac{S\delta - \pi d_1^2/8}{S}$$

式中　V——耐火混凝土体积，m^3；

A——与水冷壁管接触部分的耐火混凝土（或保温混凝土）的外表面积，m^2；

δ_1——耐火混凝土计算厚度，m；

δ——设计厚度，m；

S——受热面管节距；

d_1——受热面管外径，m。

2）穿墙处耐火混凝土（保温混凝土、填料等）的工程量计算式

$$V = abh - n\pi d_2^2/4h$$

式中　a——耐火混凝土宽度，m；

b——耐火混凝土长度，m；

h——耐火混凝土厚度，m；

n——穿墙管数量，根；

d_2——穿墙管外径，m。

3）计算工程量时不扣除内容。

a．小于 25mm 伸缩膨胀缝所占体积；

b．断面积小于 $0.02m^2$ 的孔洞；

c．炉门喇叭口的斜度；

d．墙根交叉处的小坡度。

（3）锅炉本体炉墙砌筑脚手架搭拆按锅炉容量大小以“台”为计量单位。定额对不同炉型作了综合考虑，不做调整。

（4）设备、管道保温按设备、管道的种类和保温材料品种分类，以“m^3”为计量单位，按保温的实体积乘以系数 1.033 计算，计算公式为

$$V = S_1\delta_1 \times 1.033$$

式中　S_1——保温层中心展开面积，m^2；

δ_1 ——保温层厚度，m。

小口径管道缠绕耐热编织绳保温，以“100m”为计量单位，按管道延长米（不扣除管件和阀门长度）计算工程量。

（5）设备、管道保温层抹面按抹面层厚度分类，以“100m^2”为计量单位，面积计算方法为：以抹面厚度的中心展开计算抹面面积。

（6）设备、管道保温和保温层抹面计算所得工程量中不扣除以下内容：

1）小于25mm的膨胀缝所占体积；

2）断面积小于0.25m^{2}的孔洞；

3）管道相交时必要留出的间距；

4）滑动支架处预留的膨胀间隙。

（7）保温层金属护壳及铁件安装。

1）保温层金属护壳安装按接口方法分为钉口安装、平板钉口安装和波型板、压条安装，以“100m^2”为计量单位，以保温层表面积计算。

2）保温铁件安装分为异型件和支承件，按设计所示质量计算，以“100kg”为计量单位。

（8）凡主保温层厚度大于100mm，分层施工，其保温工程量可按两层相加计算。

（9）炉墙、保温工程热态测试按锅炉容量分670、1025、1900、3050t/h四个子目，以“台”为计量单位，测试范围包括锅炉四侧和炉顶、主蒸汽管、再热蒸汽出口管、热风道、烟道的保温层或金属罩壳表面的热态检测。

（10）炉墙砌筑和保温主材料损耗率参见表8-10。

表8-10　　炉墙砌筑和保温主材料损耗率

材料名称	损耗率（%）	材料名称	损耗率（%）
耐火混凝土	6.0	硅酸铝毡	4.0
磷酸盐混凝土	10.0	石棉硅藻土	15.0
耐火塑料	6.0	石棉绒剂	4.0
耐火砖	3.0	抹面材料	6.0
硅酸盐保温混凝土	4.0	硅酸钙专用抹面材料	6.0
硬质保温制品	6.0	密封涂料	5.0
珍珠岩	10.0	镀锌钢板	20.0
矿纤保温制品	4.0	波形板及外压条	25.0
岩棉毡	4.0		

三、定额使用注意事项

（1）锅炉本体炉墙砌筑、保温的工程范围以锅炉制造厂的设计为准。

（2）设计选用的耐火塑料、耐火浇注料、微膨胀耐火混凝土等均归属耐火混凝土类定额；设计选用保温浇注料的归属保温混凝土类定额。

（3）循环流化床锅炉的旋风分离器和外置式换热器的内衬砌筑不适用。

（4）设备、管道保温在计算工程量时要注意不要遗漏按保温的实体积乘以系数1.033计算的系数。

（5）硬质材料指刚性绝热制品，使用时基本保持原形，如微孔硅酸钙、珍珠岩制品等。

（6）矿纤材料指柔性绝热制品，在2kPa荷重下，其半硬质制品可压缩性为6%～30%，弯曲小于90°时，能恢复原状；软质制品可压缩性为30%，弯曲大于90°时不损坏，如岩棉、矿棉、硅酸铝棉、玻璃棉、复合硅酸盐等制品。

（7）定额对锅炉炉墙砌筑的脚手架搭拆有专项设置，按锅炉容量设置定额子目，其定额消耗量按炉型已经综合考虑。其他设备、管道安装和保温的施工脚手架搭拆，已包括在有关定额内，不得套用锅炉炉墙砌筑的脚手架搭拆定额。

四、预算编制示例

工程内容：某（1×600MW 机组）发电厂安装中低压管道保温材料 200m^3，材质为岩棉管壳，外护板为镀锌钢板（厚 0.7mm）1000m^2，编制结果见表 8-11。

表 8-11　　安装工程预算表（五）

表三甲　　金额单位：元

序号	编制依据	项目名称	单位	数量	单价				合价			
					设备	装置性材料	安装	其中人工费	设备	装置性材料	安装	其中工资
（一）		热力系统										
5		热力系统保温及油漆										
5.6		管道保温										
	YJ4-56	中低压管道保温岩棉	m^3	200.000			184.84	131.63			36 968	26 326
		岩棉管壳主材（容重 150kg/m^3）	t	31.200		2800.00				87 360		
	YJ4-66	管道外护板安装	100m^2	10.000			916.46	688.42			9165	6884
		镀锌钢板	t	6.594		4995.00				32 937		
		主材费小计								120 297		
		小计								120 297	46 133	33 210
		取费（略）										

第五节　输煤、除灰、点火燃油设备安装

一、预算定额子目设置

（1）卸煤设备、碎煤设备以及煤场机械安装。

（2）输煤转运站落煤设备、储煤罐空气炮安装。

（3）计量设备、皮带机及附属设备安装。

（4）输煤系统联动。

（5）油过滤器、鹤式卸油支架以及油水分离装置安装。

（6）冲渣、冲灰设备安装及冲灰沟内镶砌铸石板。

（7）气力除灰设备、水力除灰设备安装。

（8）除灰专用钢管、阀门及泵类安装。

二、工程量计算规则

（1）卸煤、上煤设备。翻车机、螺旋卸车机、链斗卸煤机和叶轮拨煤机的安装，以“台”为计量单位。设备制造厂成套供货部分均属其计算范围，但不包括设备本体行走轨道的安装，其工程量按相应的定额另行计算。

（2）煤场机械。斗轮堆取料机、门式滚轮堆取料机、圆形堆取料机的安装，以“台”为计量单位。设备制造厂成套供货部分均属其计算范围，但不包括设备本体行走轨道的安装，其工程量按相应的定额

另行计算。

(3）碎煤设备。碎煤机和筛分设备（滚轴筛、概率筛、共振筛、惯性振动筛）的安装以“台”为计量单位，设备制造厂成套供货部分均属其计算范围。

(4）输煤转运站落煤装置安装以“t”为计量单位，按设计图纸所示的组成部分计算其质量，包括落煤管、落煤斗、挡板及传动机构。

(5）电子皮带秤（包括微机型)、电子轨道衡和汽车衡的安装以“台”为计量单位，除了电子、电气装置外的设备制造厂成套供货部分均属其计算范围。

(6）皮带机和配仓层皮带机的安装以“套/10m”为计量单位。长度按皮带传动滚筒与尾部滚筒两中心的距离计算，包括传动装置与尾部装置、支架等。

皮带机、煤仓层皮带机设计长度超出的部分，套用皮带机中间构架定额，其计量单位为“节/12m”，不足 12m 时也按增加一节计算。

皮带机伸缩装置的安装按二工位、三工位以不同尺寸规格设置子目，计量单位为“套/10m”。

(7）皮带机附属设备。机械采样装置、除木器、电动犁式卸料器、电动卸料车和电磁除铁器的安装以“台”为计量单位，设备制造厂成套供货部分均属其计算范围。

(8）储煤罐空气炮包括储气罐、油雾器和分水滤气器的安装。储气罐、油雾器和分水滤气器以“台”为计量单位，设备制造厂成套供货部分均属其计算范围。

(9）输煤系统联动分为卸煤系统联动和上煤系统联动，以“套”为计量单位。输煤系统联动定额只适用于新建工程的全套输煤系统设备。

(10）油过滤器、油水分离装置安装以“台”为计量单位，设备制造厂成套供货部分均属其计算范围。

(11）鹤式卸油装置安装以“套”为计量单位。

(12）冲渣、冲灰设备。捞渣机、干式排渣机、钢带输送机、斗士提升机、渣井、碎渣机、水力喷射器、箱式冲灰器、砾石过滤器、空气斜槽和锁气器等的安装以“台”为计量单位，设备成套供货部分均属其计算范围；渣仓单位为“t”；灰渣沟插板门、电动灰斗闸板门、电动三通门单位为“只”。

(13）冲灰沟内镶砌铸石板以“m”为计量单位，按设计图纸中心线所示长度计算。

(14）气力除灰设备。负压风机、灰斗气化风机、布袋收尘器、袋式排气过滤器、加热器、回转式给料机、加湿搅拌机、干灰散装机、电动给料机的安装以“台”为计量单位，气化板的安装以“件”为计量单位，设备成套供货部分均属其计算范围。

(15）水力除灰设备。浓缩机、搅拌机、高效浓缩机和渣缓冲罐的安装以“台”为计量单位，设备成套供货部分均属其计算范围。

浓缩机钢池、脱水仓、浓缩池（机）钢支架安装以“t”为计量单位，按设计图纸所示尺寸计算。

(16）除灰专用管道、阀门及泵类。

1）内衬铸石管道安装以“100m”为计量单位，包括管件安装。按设计图纸中心线所示长度以延长米计算，不扣除阀门长度。

2）其他除灰专用管道安装的定额，可参照执行《电力建设工程预算定额（2018 年版） 第二册 热力设备安装工程》第 9 章相关定额子目，以“100m”为计量单位，内容包括管件的安装。对于钢制焊接连接的除灰专用管道，可执行低压碳钢无缝钢管的相关定额子目；对于钢制非焊接连接的除灰专用管道（如衬胶管、快速接头管道等）的安装，在执行低压碳钢无缝钢管的相关定额子目时，其中材料定额乘以系数 0.5 进行调整，人工和机械定额不变。

3）厂区外除灰管道安装超出 1km 时，其超出部分的人工定额和机械定额分别乘以系数 1.10。

4）除灰专用阀门安装按设计图示数量，以“只”为计量单位。

5）厂外除灰管道的小型河流跨越定额以每“处”为计量单位。

6）钢套管穿公路定额以“m”为计量单位，按钢套管长度计算，其工程量不得与管系安装重复计算。

7）除灰专用管道的管系水冲洗、水压试验，以“km”为计量单位。

8）除灰专用泵安装以“台”为计量单位。

三、定额使用注意事项

（1）输煤系统联动定额只适用于新建工程的全套输煤系统设备。

（2）除灰专用管道安装定额，只设置了内衬铸石管道安装子目。其他除灰专用管道安装的定额，对于钢制焊接连接的除灰专用管道，可执行低压碳钢无缝钢管的相关定额子目；对于钢制非焊接连接的除灰专用管道（如衬胶管、快速接头管道等）的安装，在执行低压碳钢无缝钢管的相关定额子目时，其中材料定额乘以系数 0.5 进行调整，人工和机械定额不变。

（3）小型河流跨越管道定额适用于跨越河宽为 20～40m 的灰输送管道安装，其他长距离输送管道可参照执行。

（4）定额中不包括设备及金属表面的底漆修补以及油漆工作。

（5）设备轴承箱机械油按设备供货考虑。

四、预算编制示例

工程内容：某（1×600MW 机组）发电厂皮带机上煤系统安装 22 台型号为 $B = 1400$mm，$Q = 1500$t/h 电动双侧犁式卸料器，编制结果见表 8-12。

表 8-12　　安装工程预算表（六）

表三甲　　　　金额单位：元

序号	编制依据	项目名称	单位	数量	单价				合价			
					设备	装置性材料	安装	其中人工费	设备	装置性材料	安装	其中工资
（二）		燃料供应系统										
1		输煤系统										
1.3		皮带机上煤系统										
	YJ5-116	电动双侧犁式卸料器安装 $B = 1400$mm，$Q = 1500$t/h	台	22			1786.27	1000.98			39 298	22 022
		电动双侧犁式卸料器安装 $B = 1400$mm，$Q = 1500$t/h	台	22	30 000				660 000			
		普通设备运杂费	%	0.7					4620			
		小计							664 620		39 298	22 022
		取费（略）										

第六节　汽轮发电机设备安装

一、预算定额子目设置

（1）汽轮机本体安装。

（2）汽轮机基础预埋框架及地脚螺栓安装。

（3）汽轮机 EH（抗燃油）系统安装。

（4）发电机本体安装（桥式起重机起吊法）。

（5）发电机本体安装（静子液压提升法）。

（6）汽轮机本体管道安装。

（7）汽轮发电机组启动试运配合。

二、工程量计算规则

（1）汽轮机本体安装，按机组容量划分子目，以“台”为计量单位，包括汽轮机、减速机、调节系统、主汽门、联合汽门和罩壳等设备。

（2）汽轮机 EH（抗燃油）系统安装以“台”为计量单位，制造厂成套供货的系统设备均属其计算范围。

（3）发电机本体安装，按发电机型号划分子目，以“台”为计量单位，包括发电机、励磁机（或励磁装置）。

（4）汽轮机本体管道安装，按机组容量划分子目，以“台”为计量单位，包括高压导汽管、中低压导汽管、本体润滑油系统和调速油系统、汽封疏水管及低压缸喷水管等随汽机本体成套供货的管道、管件和阀门等设备。

（5）汽轮发电机组启动试运配合，按机组容量划分子目，以“台”为计量单位，包括暖机、升速、全速试验等直至具备并网条件。

三、定额使用注意事项

（1）汽轮机基础预埋框架及地脚螺栓安装是为 300、600MW 和 1000MW 机组安装考虑设置的定额子目，定额不分机组容量，综合确定。定额中已包括基础预埋框架的配制工作。

（2）汽轮机本体管道是指随汽机本体供货的本体系统管道，定额设置了导汽管、本体油管、低压缸喷水管和汽封、疏水管的安装子目。

（3）汽轮发电机组空负荷试运配合定额，是指由安装单位参加的汽轮发电机组各分系统调整试验及调试后的系统设备恢复工作，以及机组空负荷试运的配合工作的定额消耗。其中调试专业工作的消耗不包括在内。

（4）定额中明确了“汽轮发电机组启动试运”中包含蒸汽吹管的工作内容，但不包括蒸汽吹管临时管道的拆装及临时管道的材料费用。

（5）蒸汽吹管临时管道材料费用按四次摊销计列。

四、预算编制示例

工程内容：某（1×600MW 超临界机组）发电厂安装 600MW 汽轮机（N600-24.2/566/566）1 台，发电机（QFSN-600-2）1 台。

施工条件：符合定额规定的正常施工条件，发电机本体安装按桥式起重机起吊法。

编制结果见表 8-13。

表 8-13 安装工程预算表（七）

表三甲 金额单位：元

序号	编制依据	项目名称	单位	数量	单价				合价			
					设备	装置性材料	安装	其中人工费	设备	装置性材料	安装	其中工资
（一）		热力系统										
2		汽轮发电机组										
2.1		汽轮发电机本体										
	YJ6-6	汽轮机本体安装 600MW	台	1			1 398 109.47	632 803.61			1 398 109	632 804
	YJ6-24	发电机本体安装（桥式起重机起吊法）型号 QFSN-600-2	台	1			344 264.85	175 867.63			344 265	175 868

续表

表三甲

金额单位：元

序号	编制依据	项目名称	单位	数量	单价				合价			
					设备	装置性材料	安装	其中人工费	设备	装置性材料	安装	其中工资
		600MW 汽轮机（N600-24.2/566/566）	台	1	134 000 000				134 000 000			
		发电机（QFSN-600-2）	台	1	73 000 000				73 000 000			
		主要设备运杂费	%	0.5					1 035 000			
		小计							208 035 000		1 742 374	808 671
		取费（略）										

第七节　汽轮发电机附属机械设备安装

一、预算定额子目设置

（1）电动给水泵安装。

（2）汽动给水泵安装。

（3）分置式前置泵安装。

（4）循环水泵安装。

（5）凝结水泵安装。

（6）机械真空泵安装。

（7）循环水入口设备安装。

（8）通用泵类安装。

二、工程量计算规则

（1）电动给水泵和汽动给水泵的安装，以“套”为计量单位，按设备成套供货范围计算工程量。

（2）分置式前置泵、循环水泵、凝结水泵、机械真空泵的安装，以“台”为计量单位，按设备成套供货范围计算工程量。

（3）通用泵类安装，按“kW”数大小划分定额子目，以“台”为计量单位。

（4）循环水一次旋转滤网安装以“台”为计量单位，包括上部骨架、导轨、传动机构、网板与链条、喷嘴、排水槽等。

（5）清污机的安装，以“套”为计量单位；格栅及钢闸门的安装，以“t”为计量单位，按设计图示范围计算工程量。

三、定额使用注意事项

（1）电动给水泵、汽动给水泵安装不包括暖泵管的安装以及由设计单位设计的油系统管道安装。

（2）定额中未包括前置泵、液力偶合器的解体检查。

（3）分置式前置泵安装定额仅适用于汽动给水泵的前置泵安装。

（4）对凝结水精处理系统，若选用带有升压泵的低压系统时，定额乘以系数 1.80。

（5）深井泵安装只包括进出水管及支承架的安装，不包括深井泵深井的开挖和井套的安装。

四、预算编制示例

工程内容：某（1×600MW 超临界机组）发电厂安装 1 台立式循环水泵（$Q = 33\ 625\text{m}^3/\text{h}$），编制结果见表 8-14。

表 8-14　　安装工程预算表（八）

表三甲　　金额单位：元

序号	编制依据	项目名称	单位	数量	单价				合价			
					设备	装置性材料	安装	其中人工费	设备	装置性材料	安装	其中工资
（五）		供水系统										
2		凝汽器冷却系统（二次循环水冷却）										
2.1		循环水泵房										
2.1.1		设备										
	YJ7-33	立式循环水泵安装 $Q=33\ 625\text{m}^3/\text{h}$	台	1.000			42 402.82	17 708.10			42 403	17 708
		立式循环水泵，$Q=33\ 625\text{m}^3/\text{h}$	台	1	3 200 000				3 200 000			
		主要设备运杂费	%	0.7					22 400			
		小计							3 222 400		42 403	17 708
		取费（略）										

第八节　汽轮发电机辅助设备安装

一、预算定额子目设置

（1）凝汽器组合安装。

（2）除氧器及水箱安装。

（3）热交换器安装。

（4）油系统设备安装。

（5）发电机冷却水装置安装。

（6）发电机氢气系统装置安装。

（7）闭式冷却水稳压水箱安装。

（8）胶球清洗装置安装。

（9）高、低压旁路系统设备安装。

（10）减温减压装置安装。

（11）检修起吊设施安装。

二、工程量计算规则

（1）凝汽器安装以“套”为计量单位。按设备成套供货范围计算工程量。

（2）除氧器及水箱、高压加热器、低压加热器、轴封加热器和开、闭式冷却水系统热交换器的安装均以“台”为计量单位，按设备成套供货范围计算工程量。

（3）主油箱和储油箱安装以“只”为计量单位，按设备成套供货范围或设计图示范围计算工程量。

（4）冷油器、油净化装置及发电机密封油装置、发电机冷却水装置和发电机氢气系统装置的安装以“台”为计量单位，按设备成套供货范围计算工程量。

（5）闭式冷却水稳压水箱安装，以“只”为计量单位，按设计图示范围计算工程量。

（6）胶球清洗装置安装，以“台”为计量单位，按设备成套供货范围计算工程量。

（7）高、低压旁路系统设备安装，按不同机组容量以“套”为计量单位。

（8）其他减温减压装置安装，以“台”为计量单位，按设备成套供货范围计算工程量。

（9）检修起吊设施安装，以“台”为计量单位，按设备成套供货范围计算工程量。其中，工字钢轨道安装以“m”为计量单位，按设计图示尺寸计算工程量。

（10）电梯安装，以“部”为计量单位，包括井道设备、机房设备和桥箱及层（厅）门设备等制造厂成套供货的设备。

三、定额使用注意事项

（1）凝汽器冷凝面积在 7000m^2 以上的，按组件供货考虑，定额已包括凝汽器外壳、颈部、管板、隔板、膨胀节等组件的拼装、焊接等工作内容。凝汽器安装未包括以下工作内容：

1）铜管或铜管头退火，以及退火工具的制作；铜管如需退火时，按设备缺陷处理。

2）凝汽器水位调整器的汽、水侧连通管道的安装。

3）凝汽器水封管及放水管的安装。

4）凝汽器的钛管和不锈钢管的涡流检验。

（2）除氧器及水箱安装定额中未包括蒸汽压力调整阀的自动调整装置安装和水箱内部油漆。

（3）热交换器安装定额未包括以下工作内容：

1）疏水器与热交换器间汽、水侧连接管的安装。

2）空气管的配制、安装。

3）液压保护装置阀门及管道系统的安装。

4）热交换器水侧出、入口自动阀的检查、安装。

5）电磁阀、快速电动阀电气系统的接线、调整。

（4）胶球清洗装置安装定额未包括以下工作内容：

1）胶球清洗装置的胶球泵安装。

2）胶球清洗装置与凝汽器连接的管道安装。

3）自动控制装置的安装、调整。

（5）高、低压旁路系统设备安装定额不包括由设计单位设计的管道、阀门、支架的安装。

（6）减温减压装置安装定额不包括其调节设备的安装与调试工作。

（7）电梯的安装定额未包括以下工作内容：

1）各种支架制作和电梯的喷漆。

2）电梯电气部分安装。

四、预算编制示例

工程内容：某（1×600MW 超临界机组）发电厂设计安装 1 台 316 不锈钢管凝汽器，冷凝面积 34 000m^2，编制结果见表 8-15。

表 8-15　　安装工程预算表（九）

表三甲　　金额单位：元

序号	编制依据	项目名称	单位	数量	单价				合价			
					设备	装置性材料	安装	其中人工费	设备	装置性材料	安装	其中工资
（一）		热力系统										
2		汽轮发电机组										

续表

表三甲　　　　金额单位：元

序号	编制依据	项目名称	单位	数量	单价				合价			
					设备	装置性材料	安装	其中人工费	设备	装置性材料	安装	其中工资
2.2		汽轮发电机辅助设备										
	YJ8-20	316 不锈钢管凝汽器安装 34 000m^2	套	1			702 812.47	439 383.32			702 812	439 383
		316 不锈钢管凝汽器，冷凝面积 34 000m^2	套	1	22 100 000				22 100 000			
		主要设备运杂费	%	0.7								
		小计							22 254 700		702 812	460 504
		取费（略）										

第九节　管　道　安　装

一、预算定额子目设置

（1）管道安装。

（2）阀门安装。

（3）管道支吊架安装。

（4）管道冲洗及水压试验。

管道预算定额在项目设置上不是按系统功能设置的，而是以管道为对象设置的。它包括管道安装、阀门安装、管道支吊架安装、管道冲洗及水压试验等定额项目。管道按管材分螺纹连接钢管、卷制钢管、低压碳钢无缝钢管、中压碳钢无缝钢管、高压碳钢无缝钢管、WB36 管道、低铬合金钢管道、A335P91 管道、A335P92 管道和不锈钢管 10 类。管道安装定额除了适用全厂汽水管道安装外，同时还适用供水系统等管道的安装。

二、工程量计算规则

（1）管道和阀门安装按不同压力分为高、中、低压三个等级，PN＞8MPa 为高压，8MPa≥PN＞1.6MPa 为中压，PN≤1.6MPa 为低压。

（2）管道安装根据设计的不同压力、材质、管径及壁厚以“m”为计量单位。

（3）按管道设计线路起、止点的长度计算工程量，不扣除三通、大小头、法兰等管件所占长度。

（4）管道实际规格与定额规格不完全相同时，按接近规格套用。

（5）阀门安装，按设计图示数量以“只”为计量单位。

（6）电（气）动阀门的阀体和电（气）动装置需分别计算工程量和套用相应定额，其中电动机、气动装置的检查接线等电气（热控）性工作不属本定额范围。

（7）阀门电（气）动装置安装，按设计图示数量以“只”为计量单位。

（8）阀门传动装置安装，按设计图示质量以“t”为计量单位。

（9）支吊架、恒力吊架安装，按成品件质量以“t”为计量单位。

（10）高压给水管道冲洗，按不同锅炉或机组容量以“台”为计量单位。

（11）高压管道水压试验，按不同公称直径以“m”为计量单位。

（12）钢管、阀门的安装损耗率按表 8-16 计算。

表 8-16 管道安装材料损耗率表

材料名称	损耗率（%）	材料名称	损耗率（%）
水煤气管	3.0	合金钢管	4.5
卷制钢管	3.5	不锈钢管	4.5
中、低压无缝钢管	3.5	螺纹阀门	1.5
高压无缝钢管	4.5	螺栓、螺母、垫圈	3.0

注 未列入上表的其他管件（包括铸造和锻制三通、热压弯头、法兰、堵头等）、阀门、支吊架、蠕胀测点等装置性材料均不计损耗。

三、定额使用注意事项

（1）管道安装定额未包括以下工作内容：

1）阀门安装。

2）卷制钢管安装定额中，30°以上弯头及加固圈的制作。

3）管道支吊架的制作与安装（螺纹连接钢管安装除外）。

4）管道的保温、油漆，管道支吊架的油漆，钢管内部除锈以及钢管衬里等工作。

5）防护壳体的制作、安装。

6）直埋的钢管防腐，挖填土方，铺沙垫层。

（2）管道安装定额中的未计价材料包括各种钢管、弯头（管）、三通、异径接头、堵头（板）、法兰及其连接用的紧固件和支吊架、蠕胀测点等，但不包括下列材料：

1）螺纹连接钢管安装定额中的管件（活接、外接头、三通、弯头、丝堵等）和支吊架材料已计入定额计价材料。

2）各类管道水压试验所需的用水量，以及临时管线所用管子、管件、阀门、支吊架等材料，按周转摊销量已计入定额计价材料。

（3）高压管道安装定额已经合理地考虑了工厂化配管对管道安装的影响，工厂化配管的配管焊口率按 50%考虑，安装定额中未包括高压管道工厂化配管费用。

（4）低合金钢管安装定额适用于合金元素含量小于 5%的钢管管道、管件和阀门的安装。

（5）高铬合金钢管安装定额适用于铬元素含量不大于 10%的合金钢管道、管件的安装，设置 P91、P92 两类钢种。

（6）不锈钢管安装定额适用于 1Cr13、1Cr18Ni9Ti 等各类不锈钢管道、管件的安装。

（7）因施工环境、地点、品种、材质、工艺要求等因素，下列管道安装定额在使用时乘以相应系数进行调整：

1）厂房和阀门井内的循环水管道安装，其人工定额乘以系数 1.30，材料定额乘以系数 1.15；厂区围墙以外管道安装超过 1km 时，其超过部分的人工定额和机械定额乘以系数 1.10。

2）当循环水管道为 10CrMoAl 时，可套用卷制钢管安装定额，其材料定额和机械定额乘以系数 1.40。

3）低温再热管道（冷段）视为高压管道。

4）汽轮机及附属机械的润滑油、操作油系统管道安装，套用中压碳钢管安装定额时，人工定额和机械定额乘以系数 1.30。

5）化学系统的衬里钢管、复合钢管等按成品供货考虑，管道的安装可套用低压碳钢无缝钢管的相关子目，其中材料费乘以系数 0.4；机械费乘以系数 0.5；人工费不变。

6）安全阀安装（包括调试定压）按阀门安装相应定额乘以系数 2.0。

四、预算编制示例

工程内容：某（2×600MW 超临界机组）发电厂八段抽汽管道施工图如图 8-4 所示（见文后插页），八段抽汽疏水管道材料明细表、支吊架一览表分别见表 8-17 和表 8-18。

表 8-17　　八段抽汽疏水管道材料明细表

编号	图号或代号	名称及规格	数量	材料	单重	共重	备注
					质量（kg）		
1	GB 5310—2008	无缝钢管 ϕ60×4.5	20m	12Cr1MoVG	6.16	123.2	
	GD0215-61	90°热压弯头 DN50	6	12Cr1MoVG	1.08	6.48	
	GD0215-21	45°热压弯头 DN50	6	12Cr1MoVG	0.68	4.08	
2	GB 5310—2008	无缝钢管 ϕ48×3.5	20m	12Cr1MoVG	3.84	76.8	
	GB/T 12459	90°热压弯头 ϕ48×3.5	10	12Cr1MoVG			
3	P9.81A13S0	无缝钢管 ϕ38×3.5	40m	12Cr1MoVG	3	120	
	参考 E9.81A13S0	90°热压弯头 ϕ38×3.5	20	12Cr1MoVG			
	参考 E9.81A13S0	40°热压弯头 ϕ38×3.5	20	12Cr1MoVG			
4		无缝钢管，ϕ33.4×4.55，P = 8.943MPa（g），T = 410.1℃	20m	12Cr1MoVG			汽机厂供货
5	P9.81 A13S0	无缝钢管 ϕ32×3	10m	12Cr1MoVG	3	30	
6		气动疏水阀 ϕ60×4.5/ϕ48×3.5，P = 8.943MPa（g），T = 410.1℃	2				特殊订货
7		气动疏水阀 ϕ38×3.5/ϕ32×3，P = 8.943MPa（g），T = 410.1℃	1				特殊订货
8		气动疏水阀 ϕ33.4×4.55/ϕ33.4×4.55，P = 8.943MPa（g），T = 410.1℃	1				厂家供货
9	J61Y-P54100V	截止阀　DN40	2	WC6			
10	J61Y-P54100V	截止阀　DN32	1	WC6			
11	J61Y-P54100V	截止阀　DN25	2	WC6			
12	DKJ61Y-P54100V	真空截止阀 DN32	1	WC6			
13	T9.81A13S0	接管座：接管 ϕ48×4.5 母管 ϕ219×11，DN40	2	12Cr1MoVG	1.67	3.34	
14	T9.81A13S0	接管座：接管 ϕ38×3.5 母管 ϕ219×11，DN32	1	12Cr1MoVG	1.14	1.14	
15	T9.81A13S0	接管座：接管 ϕ33.4×4.55 母管 ϕ219×11，DN25	1	12Cr1MoVG	0.89	0.89	
		小管道支吊架材料					
	102220060	双孔管夹	6	Q345B	1.38	8.28	
	102220048		6	Q345B	1.03	6.18	
	102220038		10	Q345B	0.98	9.8	
	102220034		10	Q345B	0.89	8.9	
	GB/T 706—2008	槽钢［8mm	10m	Q235B	8.045	80.45	
	GB/T 702—2008	热轧圆钢 ϕ12mm	40m	Q235B	0.888	35.52	
	GB 6170—2000	六角螺母 M12	100	Q235A	0.016	1.60	
	GB 6172—2000	六角扁螺母 M12	100	Q235A	0.011	1.10	

注　1．材料按一台机开列，本期共两台机组。

2．总重：517.76kg

表 8-18 八段抽汽疏水管道支吊架一览表

序号	1			2			3			4			5		
支吊架编号	1			2			3			4			5		
支吊架名称	单拉杆弹簧吊架			双拉杆弹簧吊架			弹簧支架			滑动支架			滑动支架		
管径（mm）	219.0（219.0）			219.0（219.0）			219.0（219.0）			219.0（219.0）			219.0（219.0）		
介质温度（℃）	384.0			384.0			384.0			384.0			384.0		
支吊架整体结构	型号及名称	材料	单重（kg）	型号及名称	材料	单重（kg）	型号及名称	材料	单重（kg）	型号及名称	材料	单重（kg）	型号及名称	材料	单重（kg）
	80001071（892/972）混凝土梁端悬臂梁（双槽钢）	Q235B	20.514	4080301（×2）单耳吊板	Q235B	0.130	111210219 夹式滑动支座	Q345B	14.570	111210219 夹式滑动支座	Q345B	14.570	111210219 夹式滑动支座	Q345B	14.570
	4070301 单孔垫板	Q235B	0.700	531104031（−4/1283）（×2）双吊板连接变力弹簧组件	组合件	6.820	561106001（−7/2507）支架式变力弹簧组件	组合件	13.400	GB 3087—2008 无缝钢管 $\phi133\times4$、$L=477$	20	6.100	GB 3087—2008 无缝钢管 $\phi133\times4$、L=477	20	6.100
	3120301 球锥垫圈	45	0.016	3090301（×2）六角螺母	Q235A	0.016	GB/T 709—2006 钢板 200×200×10	Q235A	3.140						
	3090301 六角螺母	Q235A	0.016	3060399（1620）（×2）双右拉杆	20	1.442	GB 3087—2008 无缝钢管 $\phi133\times4$、$L=198$	20	2.500						
	3090301 六角螺母	Q235A	0.016	3090301（×2）六角螺母	Q235A	0.016									
	3060315（2500）双右拉杆	20	2.225	3090301（×2）六角螺母	Q235A	0.016									
	3090301 六角螺母	Q235A	0.016	3120301（×2）球锥垫圈	45	0.016									
	3020301 U 形螺母	Q235B	0.300	4070301（×2）单孔垫板	Q235B	0.700									
	521206031（-22/2237）单吊板连接变力弹簧组件	组合件	14.600	130210219（C=600）管夹横担	Q345B	42.960									
	3090301 六角螺母	Q235A	0.016												
	3060399(640)双右拉杆	20	0.570												
	3090301 六角螺母	Q235A	0.016												
	3010301 吊环螺母	Q235B	0.110												
	102220219 三孔管夹	Q345B	8.180												
备注				左右结构相同											

续表

序号	6			7			8			9			10		
支吊架编号	6			7			8			9			10		
支吊架名称	单拉杆弹簧吊架			单拉杆刚性吊架			单拉杆弹簧吊架			双拉杆弹簧吊架			单拉杆弹簧吊架		
管径（mm）	219.0（219.0）			219.0（219.0）			219.0（219.0）			219.0（219.0）			219.0（219.0）		
介质温度（℃）	384.0			384.0			384.0			384.0			384.0		
支吊架整体结构	型号及名称	材料	单重（kg）	型号及名称	材料	单重（kg）	型号及名称	材料	单重（kg）	型号及名称	材料	单重（kg）	型号及名称	材料	单重（kg）
	4080301 单耳吊板	Q235B	0.130	82541041（910/2300）双钢梁端一端筒支架（双槽钢）	Q235B	47.092	82541041（410/2300）双钢梁端一端筒支架（双槽钢）	Q235B	47.092	82541031（800/1700）（×2）双钢梁端一端筒支架（双槽钢）	Q235B	35.084	82581031（194/1800）双钢梁端一底筒支架（双槽钢）	Q235B	37.085
	531106031（+12/3063）双吊板连接变力弹簧组件	组合件	10.300	4070301 单孔垫板	Q235B	0.700	4070301 单孔垫板	Q235B	0.700	4070301（×2）单孔垫板	Q235B	0.700	4070301 单孔垫板	Q235B	0.700
	3090301 六角螺母	Q235A	0.016	3120301 球锥垫圈	45	0.016	3120301 球锥垫圈	45	0.016	3120301（×2）球锥垫圈	45	0.016	3120301 球锥垫圈	45	0.016
	3060399（1550）双右拉杆	20	1.380	3090301 六角螺母	Q235A	0.016	3090301 六角螺母	Q235A	0.016	3090301（×2）六角螺母	Q235A	0.016	3090301 六角螺母	Q235A	0.016
	3090301 六角螺母	Q235A	0.016	3090301 六角螺母	Q235A	0.016	3090301 六角螺母	Q235A	0.016	3090301（×2）六角螺母	Q235A	0.016	3090301 六角螺母	Q235A	0.016
	3010301 吊环螺母	Q235B	0.110	3060399（2280）双右拉杆	20	2.029	3060311（500）双右拉杆	20	0.445	3060316（3000）（×2）双右拉杆	20	2.670	3060311（500）双右拉杆	20	0.445
	102220219 三孔管夹	Q345B	8.180	3090301 六角螺母	Q235A	0.016	3090301 六角螺母	Q235A	0.016	3090301（×2）六角螺母	Q235A	0.016	3090301 六角螺母	Q235A	0.016
				3010301 吊环螺母	Q235B	0.110	3020301 U 形螺母	Q235B	0.300	3020301（×2）U 形螺母	Q235B	0.300	3020301 U 形螺母	Q235B	0.300
				102220219 三孔管夹	Q345B	8.180	521106031（−10/2240）单吊板连接变力弹簧组件	组合件	10.100	521206031（+23/3395）（×2）单吊板连接变力弹簧组件	组合件	14.600	521206031（+27/2788）单吊板连接变力弹簧组件	组合件	14.600
							3090301 六角螺母	Q235A	0.016	3090301（×2）六角螺母	Q235A	0.016	3090301 六角螺母	Q235A	0.016
							3060399（1460）双右拉杆	20	1.299	3060399（2260）（×2）双右拉杆	20	2.011	3060399（2050）双右拉杆	20	1.825
							3090301 六角螺母	Q235A	0.016	3090301（×2）六角螺母	Q235A	0.016	3090301 六角螺母	Q235A	0.016
							3010301 吊环螺母	Q235B	0.110	3010301（×2）吊环螺母	Q235B	0.110	3010301 吊环螺母	Q235B	0.110
							102220219 三孔管夹	Q345B	8.180	105220219 立管管夹	Q345B	22.000	102220219 三孔管夹	Q345B	8.180
备注										左右结构相同					

续表

序号	11			12		
支吊架编号	11			12		
支吊架名称	单拉杆弹簧吊架			立管导向支架		
管径（mm）	219.0（219.0）			219.0（219.0）		
介质温度（℃）	384.0			384.0		
支吊架整体结构	型号及名称	材料	单重（kg）	型号及名称	材料	单重（kg）
	82541031（790/1700） 双钢梁端—端简支架（双槽钢）	Q235B	35.084	115250219 双径向限位支座	Q345B	31.520
	4070301 单孔垫板	Q235B	0.700	4140801（×4）自调平座	45	5.600
	3120301 球锥垫圈	45	0.016	4150001（×4）滑动底板	Q235A+复合材料	4.920
	3090301 六角螺母	Q235A	0.016	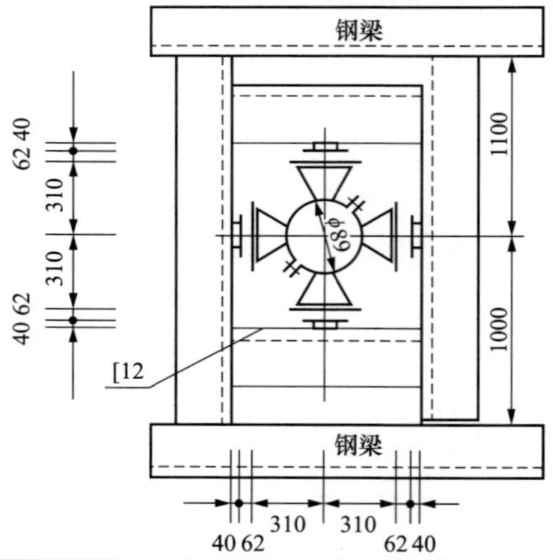		
	3090301 六角螺母	Q235A	0.016			
	3060311（500） 双右拉杆	20	0.445			
	3090301 六角螺母	Q235A	0.016			
	3020301 U 形螺母	Q235B	0.300			
	521206031（+15/2826） 单吊板连接变力弹簧组件	组合件	14.600			
	3090301 六角螺母	Q235A	0.016			
	3060399（2310）双右拉杆	20	2.056			
	3090301 六角螺母	Q235A	0.016			
	3010301 吊环螺母	Q235B	0.110			
	102220219 三孔管夹	Q345B	8.180			
备注				增补［12mm $L = 5450$mm 间隙取 60mm		

编制结果见表 8-19 和表 8-20。

表 8-19　　八段抽汽管道工程量计算表（1 台机组工程量）

序号	项目名称及规范、材质	单位	数量	管道安装工程		管件折算安装长度（mm）	备注
				单重（kg）	总重（kg）		
J0902	八段抽汽管道安装图						
1	无缝钢管 ϕ219×11 12Cr1MoVG 200	m	37.52	56.4	2115.87		钢管主材损耗另加 4.5%
2	模压异径管 12Cr1MoVG 250×200	个	1			180	
3	90°带直管段无缝热压弯头 12Cr1MoVG 200 R=305	个	11	27	297	5267	
4	30°带直管段无缝热压弯头 12Cr1MoVG 200 R=305	个	1	12.1	12.1	160	
5	45°带直管段无缝热压弯头 12Cr1MoVG 200 R=305	个	3	15.8	47.4	718	
6	气动止回阀 200	个	1				
7	电动闸阀 WC6 200	个	1	380	380		
（一）	疏水管道材料明细表						
1	GB 5310—2008 无缝钢管 ϕ60×4.5 12Cr1MoVG	m	20	6.16	123.2		
	GD0215-61 90°热压弯头　DN50 12Cr1MoVG	个	6	1.08	6.48	848	
	GD0215-21 45°热压弯头　DN50 12Cr1MoVG	个	6	0.68	4.08	424	
2	GB 5310—2008 无缝钢管 ϕ48×3.5 12Cr1MoVG	m	20	3.84	76.8		
	GB/T 12459 90°热压弯头 ϕ48×3.5 12Cr1MoVG	个	10	0.36	3.6	942	
3	P9.81A13SO 无缝钢管 ϕ38×3.5 12Cr1MoVG	m	40	3	120		
	参考 E9.81A13SO 90°热压弯头 ϕ38×3.5 12Cr1MoVG	个	20	0.22	4.4	1507	
	参考 E9.81A13SO 40°热压弯头 ϕ38×3.5 12Cr1MoVG	个	20	0.1	2	754	
4	P = 8.943MPa（g）T = 410.1℃ 12Cr1MoVG 无缝钢管 ϕ33.4×4.55	m	20	3.235	64.7		
5	P9.81A13SO 无缝钢管 ϕ32×3 12Cr1MoVG	m	10	3	30		
6	P = 8.943MPa（g）T = 410.1℃气动疏水阀 ϕ60×4.5/ϕ48×3.5	个	2				
7	P = 8.943MPa（g）T = 410.1℃气动疏水阀 ϕ38×3.5/ϕ32×3	个	1				
8	P = 8.943MPa（g）T = 410.1℃气动疏水阀 ϕ33.4×4.55/ϕ33.4×4.55	个	1				
9	J61Y-P54100V 截止阀　DN40 WC6	个	2				
10	J61Y-P54100V 截止阀　DN32 WC6	个	1				
11	J61Y-P54100V 截止阀　DN25 WC6	个	2				
12	DKJ61Y-P54100V 真空截止阀　DN32 WC6	个	1				
13	T9.81A13SO 接管座母管 ϕ219×11　DN40 12Cr1MoVG 接管 ϕ48×4.5	个	2	1.67	3.34		
14	T9.81A13SO 接管座母管 ϕ219×11　DN32 12Cr1MoVG 接管 ϕ38×3.5	个	1	1.14	1.14		
15	T9.81A13SO 接管座母管 ϕ219×11　DN25 12Cr1MoVG 接管 ϕ33.4×4.55	个	1	0.89	0.89		
16	普通支吊架				152		

续表

序号	项目名称及规范、材质	单位	数量	管道安装工程		管件折算安装长度（mm）	备注
				单重（kg）	总重（kg）		
（二）	八段抽汽支吊架一览表						
1	普通支吊架				142		
2	弹簧支吊架				424		
	小计				4011.00		

表 8-20　　八段抽汽管道安装工程预算表

表三甲　　金额单位：元

序号	编制依据	项目名称	单位	数量	单价				合价			
					设备	装置性材料	安装	其中人工费	设备	装置性材料	安装	其中工资
（一）		热力系统										
3		热力系统汽水管道										
3.3		中、低压汽水管道										
3.3.1		抽汽管道										
		J0902B 八段抽汽管道安装图										
	YJ9-234	低铬合金钢管道安装管径及壁厚 ϕ219×10mm	m	84.400			200.56	43.38			16 927	3661
		无缝钢管ϕ219×11 12Cr1MoVG 200	t	4.040		12 837.00				51 861		
		90° 带直管段无缝热压弯头 12Cr1MoVG 200 $R=305$	kg	594.000		108.00				64 152		
		30° 带直管段无缝热压弯头 12Cr1MoVG 200 $R=305$	kg	24.200		108.00				2614		
		45° 带直管段无缝热压弯头 12Cr1MoVG 200 $R=305$	kg	94.800		108.00				10 238		
	YJ9-492	合金钢阀门安装公称口径 DN200	只	2.000			2161.59	541.86			4323	1084
		电动闸阀 WC6 200	只	1.000		75 327.00				75 327		
		气动止回阀 200	只	1.000		32 000.00				32 000		
	YJ9-212	低铬合金钢管道安装管径及壁厚 ϕ60×9mm	m	42.600			176.17	36.70			7505	1563
		GB 5310—2008 无缝钢管ϕ60×4.5 12Cr1MoVG	t	0.246		12 420.00				3055		
		GD0215-61 90°热压弯头 DN50 12Cr1MoVG	kg	12.960		108.00				1400		
		GD0215-21 45°热压弯头 DN50 12Cr1MoVG	kg	8.160		108.00				881		
	YJ9-209	低铬合金钢管道安装管径及壁厚 ϕ48×5mm	m	41.800			102.27	21.92			4275	916
		GB 5310—2008 无缝钢管ϕ48×3.5 12Cr1MoVG	t	0.154		12 291.00				1893		
		GB/T 12459 90°热压弯头ϕ48×3.5 12Cr1MoVG	kg	7.200		108.00				778		
	YJ9-208	低铬合金钢管道安装管径及壁厚 ϕ42×4mm	m	84.600			90.82	21.45			7683	1815

续表

表三甲　　　　金额单位：元

序号	编制依据	项目名称	单位	数量	单价				合价			
					设备	装置性材料	安装	其中人工费	设备	装置性材料	安装	其中工资
		P9.81A13SO 无缝钢管 ϕ38×3.5 12Cr1MoVG	t	0.240		12 291.00				2950		
		参考 E9.81A13SO 90°热压弯头 ϕ38×3.5 12Cr1MoVG	kg	8.800		108.00				950		
		参考 E9.81A13SO 40°热压弯头 ϕ38×3.5 12Cr1MoVG	kg	4.000		108.00				432		
	YJ9-207	低铬合金钢管道安装管径及壁厚 ϕ32×4mm	m	40.000			78.49	15.97			3140	639
	YJ9-207	低铬合金钢管道安装管径及壁厚 ϕ32×4mm	m	20.000			78.49	15.97			1570	319
		P9.81A13SO 无缝钢管 ϕ32×3 12Cr1MoVG	t	0.060		12 291.00				737		
	YJ9-485	合金钢阀门安装公称口径 DN≤50	只	20.000			197.11	142.01			3942	2840
		P = 8.943MPa（g）T = 410.1℃ 气动疏水阀 ϕ60×4.5/ϕ48×3.5	只	4.000		6980.00				27 920		
		P = 8.943MPa（g）T = 410.1℃ 气动疏水阀 ϕ38×3.5/ϕ32×3	只	2.000		4518.00				9036		
		J61Y-P54100V 截止阀 DN40 WC6	只	4.000		3906.00				15 624		
		J61Y-P54100V 截止阀 DN32 WC6	只	2.000		3906.00				7812		
		J61Y-P54100V 截止阀 DN25 WC6	只	4.000		3906.00				15 624		
		DKJ61Y-P54100V 真空截止阀 DN32 WC6	只	2.000		3836.00				7672		
		T9.81A13SO 接管座母管 ϕ219×11 DN40 12Cr1MoVG 接管 ϕ48×4.5	kg	6.680		72.00				481		
		T9.81A13SO 接管座母管 ϕ219×11 DN32 12Cr1MoVG 接管 ϕ38×3.5	kg	2.280		72.00				164		
		T9.81A13SO 接管座母管 ϕ219×11 DN25 12Cr1MoVG 接管 ϕ33.4×4.55	kg	1.780		72.00				128		
	YJ9-517	支吊架安装刚性	t	0.304			1365.99	990.97			415	301
		支吊架普通支吊架	t	0.304		10 640.00				3235		
	YJ9-517	支吊架安装刚性	t	0.284			1365.99	990.97			388	281
		支吊架普通支吊架	t	0.284		10 640.00				3022		
	YJ9-518	支吊架安装弹簧	t	0.848			1176.09	888.25			997	753
		支吊架弹簧支吊架	t	0.848		13 692.00				11 611		
		小计								351 597	51 165	14 172
		取费（略）										

注　本案例中，抽气管道材质为 12Cr1MoVG，密度为 7850kg/m^3，与普通碳钢管道密度相同，因此其管道单重可参考普通碳钢管道结算公式单米碳钢管道重=0.024 661 5×（外壁−壁厚）×壁厚。

第十节 油漆、防腐

一、编制范围及内容

（1）人工除锈。

（2）喷砂除锈。

（3）焊缝打磨。

（4）油漆。

（5）防腐工程。

二、工程量计算规则

（1）设备、管道除锈，按除锈表面积计算工程量，以“100m^2”为计量单位；金属结构的除锈，按需除锈金属结构件重量计算工程量，以“100kg”为计量单位。

（2）金属管道、设备及箱罐金属表面油漆，按油漆表面积计算工程量，以“100m^2”为计量单位。

（3）金属结构油漆，按金属结构件重计算工程量，以“t”为计量单位。

（4）刷色环、介质流向箭头按不同机组容量以“台”为计量单位。

（5）管道防腐和环氧树脂、环氧酚醛、环氧呋喃的玻璃钢衬里及烟气脱硫装置内衬按防腐或内衬的表面积计算工程量，以“100m^2”为计量单位。

（6）阀门、法兰油漆表面积计算公式。

1）阀门表面积 S_1

$$S_1 = \pi D \times 2.5DK$$

式中 D——管道直径，mm；

K——1.05。

2）法兰表面积 S_2

$$S_2 = \pi D \times 1.5DK$$

三、定额使用注意事项

（1）管道、冷风道（视同管道）等未经过任何处理的金属表面的除锈，考虑为人工除锈；金属结构及设备一般考虑为局部的人工除锈。

（2）直径大于529mm的管道、阀门及烟、风、煤管道的油漆可套用设备油漆定额。

（3）设备及箱罐金属内表面油漆时（汽包漆除外），定额乘以系数1.10。

（4）玻璃钢衬里定额中的玻璃布厚度按0.22mm考虑，如采用0.30～0.65mm厚度的玻璃布，定额乘以系数1.22。

（5）各种油漆、树脂及其溶剂和防腐衬里材料已列入定额计价材料，但烟气脱硫装置防腐内衬定额中的防腐内衬材料按设备供货考虑。

（6）定额中不含混凝土表面的防腐。

（7）烟气脱硫装置内衬安装定额的工作内容中不含内衬面的焊缝打磨，需另行计算。

四、预算编制示例

工程内容：某（1×600MW超临界机组）发电厂室内安装105m，ϕ508mm×12mm无缝钢管，管道外壁要求喷砂除锈后先涂2遍酚醛防锈漆底漆，再涂2遍酚醛调和漆面漆。编制结果见表8-21。

表 8-21　　安装工程预算表（十）

表三甲　　金额单位：元

序号	编制依据	项目名称	单位	数量	单价				合价			
					设备	装置性材料	安装	其中人工费	设备	装置性材料	安装	其中工资
（一）		热力系统										
5		热力系统保温及油漆										
5.8		油漆										
	YJ10-9	石英砂除锈管道外壁	$100m^2$	1.675			2522.32	382.30			4225	640
	YJ10-20	酚醛防锈漆第一遍	$100m^2$	1.675			302.12	142.04			506	238
	YJ10-21	酚醛防锈漆第二遍	$100m^2$	1.675			254.64	134.09			427	225
	YJ10-22	酚醛调和漆第一遍	$100m^2$	1.675			320.84	155.68			537	261
	YJ10-23	酚醛调和漆第二遍	$100m^2$	1.675			270.15	139.20			453	233
		小计									6147	1597
		取费（略）										

第十一节　化学专用设备安装

一、预算定额子目设置

（1）钢筋混凝土池内设备安装。

（2）水处理设备安装。

（3）油处理设备安装。

（4）制氢站设备安装。

（5）海水制氯设备安装。

（6）硬聚氯乙烯管及阀门安装。

（7）衬里阀门安装。

（8）汽水取样设备安装。

（9）炉内水处理装置安装。

（10）转动机械安装。

（11）化水与制氢系统试运。

（12）脱硫废水深度处理系统安装。

（13）中水处理系统安装。

（14）海水淡化处理系统。

二、工程量计算规则

（1）钢筋混凝土池内设备安装，按不同出力（t/h）以“台”为计量单位。其计算范围包括池体范围内的机械、设备、钢制平台、梯子、栏杆、反应室、导流窗、集水槽、取样槽和各种管子、管件、阀门，但不包括平台、梯子、栏杆、反应室、导流窗、集水槽、取样槽等的配制和池内部件及池壁的防腐。

（2）澄清设备、机械过滤器、软化器的安装以“台”为计量单位，按设备成套供货范围计算工程量。其中软化器安装定额对填料的不同装填高度不作换算。

（3）衬胶离子交换器安装，以“台”为计量单位，按设备成套供货范围计算工程量。

（4）电渗析器安装以“台”为计量单位，不包括本体塑料（或衬里）管、管件、阀门的安装，也不包括浓盐水泵、精密过滤器的安装。

（5）覆盖过滤器安装以“台”为计量单位，包括滤元手工绕丝，但不包括填料箱安装，发生时可套搅拌器安装定额。

（6）电磁除铁过滤器安装以“台”为计量单位，不包括水箱及水泵的安装。

（7）反渗透装置安装以“台”为计量单位，按设备成套供货范围计算工程量。

（8）除二氧化碳器安装以“台”为计量单位，包括风机安装，但不包括风道和平台、梯子、栏杆的制作与安装。

（9）其他水处理设备安装以“台”为计量单位，按设备成套供货范围计算工程量。

1）酸碱储存罐（槽）安装不包括内外壁防腐。

2）搅拌器安装带有电动搅拌装置时，定额乘以系数 1.2。

3）喷射器安装适用于输送各种介质和类型、材质、规格的喷射器安装，包括喷嘴调整和支架的配制及安装。

4）泡沫吸收器安装不包括烟道安装。

（10）油处理设备安装按油箱容积以“台”为计量单位，工程量计算范围包括油箱本体、箱内设备（烟气热交换器、风管、鼓风机、水—气喷射器等）及支座、平台、梯子、栏杆等，不包括油箱的制作和设备内部的防腐。

（11）制氢站设备安装包括制氢设备和室外储气罐。制氢设备以“套”为计量单位，室外储气罐安装以“台”为计量单位，不包括管道和气体分析仪器、仪表的安装。

（12）海水制氯设备安装包括设备清扫、检查、安装就位，系统管道连接安装，系统调试，但未包括系统管道的配制。

（13）硬聚氯乙烯管安装按管道外径以“m”为计量单位。根据设计图示尺寸按延长米计算工程量，计算方法同“管道安装”。

（14）硬聚氯乙烯阀门和衬里阀门的安装以“只”为计量单位。

（15）汽水取样设备和炉内水处理装置的安装按机组容量以“套”为计量单位，按设计图示范围计算工程量。

（16）转动机械安装包括各种泵类和罗茨风机、加氯机的安装以“台”为计量单位，按设备供货范围计算工程量。

（17）化水系统试运按系统出力（t/h）以“套”为计量单位；制氢设备试运按设备型号以“套”为计量单位；反渗透装置试运按设备出力（t/h）以“套”为计量单位。

（18）脱硫废水深度处理系统安装分为结晶法和烟道喷淋法两种工艺，分别按照闪蒸器和喷淋塔出力（t/h）以“套”为计量单位。

三、定额使用注意事项

（1）衬胶离子交换器安装定额对不同树脂装填高度和不同处理形式的设备规定了以下调整系数：

1）阴阳离子交换器的树脂装填高度，每增加 1m，定额乘以系数 1.3，增加不足 1m 时不做调整。

2）采用体内再生的阴阳混合离子交换器时，定额乘以系数 1.1。但对体外再生的阴阳混合离子交换器、逆流再生或浮床运行的设备，定额均不做调整。

3）体外再生罐安装带有空气擦洗装置时，定额乘以系数 1.1。

（2）清水箱、衬胶水箱安装适用于各系统不大于 $45m^3$ 的水箱整体安装及其附件安装，不包括水箱及其附件的制作；大于 $45m^3$ 的水箱按现场制作和安装考虑，可执行加工配制品定额相应子目。玻璃钢防腐水箱包括水箱及附件制作，包含内部玻璃钢防腐层的制作。

（3）除二氧化碳器填料装填高度每增加 1m，定额乘以系数 1.2，增加不足 1m 时，不做调整。

（4）化学系统的衬里钢管、复合钢管等按成品供货考虑，管道的安装可套用低压碳钢无缝钢管定额的相关子目，其中材料费乘以系数 0.4；机械费乘以系数 0.5；人工费不变。

（5）环氧玻璃钢管及其复合管（孔网钢塑管等）的安装可按硬聚氯乙烯管安装定额乘以系数 1.05 调整。

四、预算编制示例

（一）预处理系统预算编制

工程内容：某（1×600MW 超临界机组）发电厂化学水预处理系统设置 2 套 80t/h 的电除盐装置的安装工作。

编制结果见表 8-22。

表 8-22 安装工程预算表（十一）

表三甲 金额单位：元

序号	编制依据	项目名称	单位	数量	单价				合价			
					设备	装置性材料	安装	其中人工费	设备	装置性材料	安装	其中工资
（四）		化学水处理系统									10 047	2360
2		锅炉补充水处理系统									10 047	2360
2.1		设备									10 047	2360
	YJ11-112	电除盐装置安装 80t/h	台	2.00			2179.26	1179.94			4359	2360
		电除盐装置，80t/h	台	2	1 600 000				3 200 000			
		设备运杂费	%	0.7					22 400			
		小计							3 222 400		4359	2360
		取费（略）										

（二）凝结水精处理系统预算编制

工程内容：某发电厂（1×600MW 超临界机组）凝结水精处理再生单元设备安装工作，包括 2 台前置过滤器 DN1500；3 台高速混床 DN3000；3 台树脂捕捉器 DN500；1 台再循环泵 75kW；1 台压缩空气储罐 DN1800，$V=8m^3$；1 台阴再生罐ϕ1616mm×8mm；1 台阳再生树脂储存罐ϕ1816mm×8mm；1 台废水树脂捕捉器ϕ510mm；2 台罗茨风机 8.15Nm^3/min，18.8kW；2 台冲洗水泵 $Q=100m^3/h$；2 台反洗水泵，$Q=100m^3/h$；1 台碱计量箱ϕ1416×8，$V=3m^3$；1 台废水输送泵 $Q=100m^3/h$。

编制结果见表 8-23。

表 8-23 安装工程预算表（十二）

表三甲 金额单位：元

序号	编制依据	项目名称	单位	数量	单价				合价			
					设备	装置性材料	安装	其中人工费	设备	装置性材料	安装	其中工资
（四）		化学水处理系统									77 676	19 947
3		凝结水精处理系统									67 629	17 587
3.1		设备									67 629	17 587
	YJ11-95	前置过滤器 DN1500	台	2.00			1343.62	998.30			2687	1997
	YJ11-63	高速混床 DN3000	台	3.00			4461.25	2647.17			13 384	7942
	YJ11-146	树脂捕捉器 DN500	台	3.00			354.22	261.97			1063	786

续表

表三甲　　　　金额单位：元

序号	编制依据	项目名称	单位	数量	单价				合价			
					设备	装置性材料	安装	其中人工费	设备	装置性材料	安装	其中工资
	YJ7-76	再循环泵 75kW	台	1.00			1454.26	1000.98			1454	1001
	YJ11-125	压缩空气储罐 DN1800，$V=8m^3$	台	1.00			666.09	261.97			666	262
	YJ11-67	阴再生罐ϕ1616×8	台	1.00			1302.71	929.29			1303	929
	YJ11-68	阳再生树脂储存罐ϕ1816×8	台	1.00			1385.36	1000.98			1385	1001
	YJ11-146	废水树脂捕捉器ϕ510	台	1.00			354.22	261.97			354	262
	YJ11-224	罗茨风机 8.15Nm^3/min，18.8kW	台	1.00			1838.22	1144.36			1838	1144
	YJ7-72	冲洗水泵，$Q=100m^3/h$	台	2.00			589.08	400.39			1178	801
	YJ7-72	反洗水泵，$Q=100m^3/h$	台	2.00			589.08	400.39			1178	801
	YJ11-131	碱计量箱ϕ1416×8，$V=3m^3$	台	1.00			422.30	261.97			422	262
	YJ7-72	废水输送泵 $Q=100m^3/h$	台	1.00			589.08	400.39			589	400
		凝结水精处理再生单元设备	套	1	11 500 000				11 500 000			
		主要设备运杂费	%	0.7					80 500			
		小计							11 580 500		27 502	17 587
		取费（略）										

第十二节　脱硫设备安装

一、预算定额子目设置

（1）吸收塔、储仓制作安装。

（2）吸收塔内部装置安装。

（3）脱硫附属及辅助设备安装。

二、工程量计算规则

（1）石粉仓、吸收塔制作安装以“t”为计量单位，按设备成套供货范围计算工程量，包括平台、扶梯、栏杆，但不包括吸收塔的内部装置安装和内衬防腐。

（2）吸收塔内部装置安装以“套”为计量单位，按设备成套供货范围计算工程量，但不包括内衬防腐。

（3）增压风机安装以“台”为计量单位，烟气换热器安装以“套”为计量单位，按设备供货范围计算工程量。

（4）真空皮带脱水机、离心脱水机、氧化风机、石灰石磨机、旋流器、搅拌器和循环浆液泵等安装以“台”为计量单位，按设备成套供货范围计算工程量。

（5）外置式除雾器本体制作安装以“t”为计量单位；外置式除雾器内部件安装按机组容量不同以“套”为单位。

三、定额使用注意事项

（1）吸收塔本体制作安装定额包括吸收塔本体、内部钢结构支撑及其外部钢平台、扶梯、栏杆等的制作安装。

（2）吸收塔内部装置全部按设备供货考虑，其安装范围包括设备内部的除雾器、喷淋层、喷嘴、导流板、滤网和内部连接管道的安装，同时包括对人孔门的研磨、封闭以及对吸收塔的灌水试验。

（3）吸收塔内部装置安装定额子目以入塔烟气对应的锅炉容量和三层喷淋层为 1 套，当设计的喷淋层数发生变化时，每增减一层，相应定额基价按系数 0.2 增减。

四、预算编制示例

工程内容：某（2×600MW 机组）发电厂，烟气脱硫吸收塔系统工程量详见表 8-24。编制结果见表 8-25。

表 8-24　　工程量表（一）

序号	项目名称及规范	单位	数量
1	吸收塔壳体 ϕ17m×40m	t	1120
2	吸收塔内部装置（喷嘴、三层喷浆管、氧化空气管及合金连接件）	套	2
3	吸收塔外置除雾器	套	2
4	搅拌器 22kW	台	10
5	浆液循环泵 6300m^3/h，电机 450～580kW	套	8
6	氧化风机 6120Nm^3/h，电机 235kW	台	4
7	石膏溢流浆液箱 100m^3	t	15
8	石膏溢流浆液返回泵 200m^3/h，电机 45kW	台	2
9	石膏溢流浆液搅拌机 7.5kW	台	2

表 8-25　　安装工程预算表（十三）

表三甲　　　　金额单位：元

序号	编制依据	项目名称	单位	数量	单价				合价			
					设备	装置性材料	安装	其中人工费	设备	装置性材料	安装	其中工资
（八）		脱硫系统									8 960 100	1 828 836
1		工艺系统									8 960 100	1 828 836
1.2		吸收塔系统									8 960 100	1 828 836
1.2.1		设备									8 960 100	1 828 836
	YJ12-1	吸收塔本体制作安装 ϕ17m×40m	t	1120.0			3048.57	1200.25			3 414 398	1 344 280
	YJ12-8	吸收塔内部装置安装（喷嘴、三层喷浆管、氧化空气管及合金连接件）	套	2.00			258 159.09	154 818.24			516 318	309 636
	YJ12-30	吸收塔外置除雾器	套	2.00			38 939.79	22 688.88			77 880	45 378
	YJ12-61	搅拌器 22kW	台	10.00			3094.88	2202.16			30 949	22 022
	YJ12-21	浆液循环泵 6300m^3/h，电机 450～580kW	台	8.00			12 121.72	8341.50			96 974	66 732

续表

表三甲

金额单位：元

序号	编制依据	项目名称	单位	数量	单价				合价			
					设备	装置性材料	安装	其中人工费	设备	装置性材料	安装	其中工资
	YJ12-34	氧化风机 6120Nm³/h，电机 235kW	台	4.00			7760.50	4265.89			31 042	17 064
	YP5-1	石膏溢流浆液箱 100m³	t	15.00			2859.13	1225.73			42 887	18 386
	YJ7-74	石膏溢流浆液返回泵 200m³/h，电机 45kW	台	2.00			1081.59	800.78			2163	1602
	YJ12-59	石膏溢流浆液搅拌机 7.5kW	台	2.00			2631.46	1868.50			5263	3737
		吸收塔 ϕ17m×40m	台	2	4 800 000				9 600 000			
		吸收塔内部装置（喷嘴、三层喷浆管、氧化空气管及合金连接件）	套	2	2 419 000				4 838 000			
		吸收塔外置除雾器	套	2	6 600 000				13 200 000			
		搅拌器 22kW	台	10	540 000				5 400 000			
		浆液循环泵 6300m³/h，电机 450～580kW	套	8	1 415 200				11 321 600			
		氧化风机 6120Nm³/h，电机 235kW	台	4	1 200 000				4 800 000			
		石膏溢流浆液箱 100m³	台	1	120 000				120 000			
		石膏溢流浆液返回泵 200m³/h，电机 45kW	台	2	12 000				24 000			
		石膏溢流浆液搅拌机 7.5kW	台	2	150 000				300 000			
		设备运杂费	%	0.7					347 225.2			
		小计							49 950 825.2		4 217 874	1 828 836
		取费（略）										

第十三节 脱硝设备安装

一、预算定额子目设置

（1）脱硝区设备安装。

（2）氨区设备安装。

（3）尿素脱硝系统设备安装。

二、工程量计算规则

（1）SCR 反应器本体制作安装以“t”为计量单位，包括随设备供应的仪表及阀门的安装。

（2）催化剂模块安装以“m^3”为单位，并包含催化剂的定位及密封等工作内容。

（3）稀释风机安装和氨气—热空气混合器安装以“台”为计量单位，并包含随设备供应的混合器、加热器、烟道的连接管道、阀门和附件等的安装。

（4）液氨卸料压缩机组、液氨储罐、液氨蒸发器、氨气缓冲罐、氨气稀释罐及氨气存储罐的安装以“台”为计量单位，含本体及所属附件的安装。

（5）尿素溶解罐、尿素储存罐安装包括吊耳、牛腿焊接，吊装，调整就位。

（6）热解炉安装包括牛腿螺丝固定，找平调整，分段焊接。

三、定额使用注意事项

（1）脱硝区钢结构、平台扶梯、烟道、起吊设施、风机、管道及支吊架的安装执行热力设备安装预算定额中相关定额子目。

（2）氨区设备的废水泵、管道及支吊架的安装，执行热力设备安装预算定额中相关定额子目。

（3）脱硝区和氨区设备安装如无特殊说明未包括以下工作内容：

1）设备之间的管道及支吊架的配制、安装。

2）随设备供货的平台、梯子、栏杆的制作。

3）设备、管道的保温和油漆。

4）设备本体表面油漆修补及表面油漆。

5）设备基础二次灌浆。

四、预算编制示例

工程内容：某（2×600MW 机组）发电厂安装蜂窝式催化剂 1020m^3，编制结果见表 8-26。

表 8-26 安装工程预算表（十四）

表三甲 金额单位：元

序号	编制依据	项目名称	单位	数量	单价				合价			
					设备	装置性材料	安装	其中人工费	设备	装置性材料	安装	其中工资
（九）		脱硝系统										
1		工艺系统										
1.2		催化剂										
	YJ13-2	催化剂安装蜂窝式	m^3	1020.00			155.14	80.08			158 243	81 682
		蜂窝式催化剂	m^3	1020.00	18 000				18 360 000			
		设备运杂费	%	0.7					128 520			
		小计							18 488 520		158 243	81 682
		取费（略）										

第十四节 燃气—蒸汽联合循环机组设备安装

一、预算定额子目设置

（1）燃气轮发电机组及其附属设备安装。

（2）余热锅炉及其附属设备安装。

（3）汽轮发电机组安装。

（4）重油处理站、天然气调压站设备安装。

二、工程量计算规则

（1）燃气轮机本体设备安装以“套”为计量单位，按设备成套供货范围计算工程量。

（2）燃气轮机进气装置的钢结构、空气过滤装置、进气室和进气风道安装以“t”为计量单位，按设备成套供货范围计算工程量，包括随设备供货的仪表、管道和平台、扶梯、栏杆。

（3）隔声罩安装以“t”为计量单位，按设备成套供货范围计算工程量。

（4）燃气轮机附属设备的安装以“套”为计量单位，按设备成套供货范围计算工程量。

（5）燃气轮机组空负荷试运以“套”为计量单位，按一台机组为一套。

（6）烟气旁路装置的高温排气烟道、钢旁路烟囱安装以“t”为计量单位，烟气挡板门安装以“套”为计量单位，按设备成套供货范围计算工程量。

（7）余热锅炉本体除汽包安装以“套”为计量单位，其他各项目的安装均以“t”为计量单位，按设备成套供货范围计算工程量。

（8）除氧器及水箱安装以“套”为计量单位，按设备成套供货范围计算工程量。

（9）循环水泵及给水泵安装以每“台·炉”为计量单位，按设备成套供货范围计算工程量。

（10）除灰器安装以“套”为计量单位，按设备成套供货范围计算工程量。

（11）密封风机安装以“台”为计量单位，按设备成套供货范围计算工程量。

（12）余热锅炉风压、水压、严密性试验、碱煮和酸洗以每“台·炉”为计量单位。

（13）余热锅炉本体油漆以“t”为计量单位，锅炉本体钢架和需要油漆的金属结构、平台、扶梯等均为工程量计算范围。

（14）凝汽式蒸汽轮机本体、汽轮发电机本体和汽轮机本体管道的安装以“台”为计量单位，按设备成套供货范围计算工程量，不包括非厂供的由设计部门设计的本体管道的安装。

（15）汽轮发电机组空负荷试运以“台”为计量单位，按一台机组为试运范围。

（16）重油处理设备安装以“套”为计量单位，按设备成套供货范围计算工程量。

（17）天然气调压站的变频离心式压缩机、旋风分离装置、计量装置、过滤分离装置、调压装置和精过滤装置的安装以“套”为计量单位，按设备成套供货范围计算工程量。

三、定额使用注意事项

（1）燃气轮机本体设备安装，包括燃气轮机间（本体）安装和燃气轮发电机间（本体）安装，按相应的机组容量选用定额。其工程范围包括设备成套的燃气轮机间、辅机间、排气室、联轴器及齿轮箱安装；发电机、励磁机、顶轴油泵、空（氢）气冷却器安装；各种随设备供货的仪表、管道和平台、扶梯、栏杆安装。

（2）燃气轮机进气装置安装，包括进气装置钢结构、空气过滤装置、进气室和进气风道安装，按相应的机组容量选用定额。

（3）隔音罩安装，包括钢结构（含平台、扶梯）、罩壳及隔热板的安装，按相应的机组容量选用定额。

（4）燃气轮机附属设备安装，包括轻（重）油前置装置、加热装置和过滤装置安装，天然气前置装置和过滤装置安装，抑钒装置、双联滤网、二氧化碳灭火保护装置、闭式冷却水装置、水—水热交换装置、冷却风机装置、注水装置、水清洗装置、排污装置及其管道的安装。按相应的机组容量及设备出力（功率）选用定额。

（5）燃气轮机组空负荷试运，包括危急保安器和调速系统静态试验和调整，润滑油系统的油循环以及机组空负荷试运。

（6）余热锅炉及其附属设备安装，包括余热锅炉本体、烟气旁路装置和余热锅炉成套附属设备的安装，以及锅炉风压、水压、严密性试验、碱煮和酸洗及本体油漆。

烟气旁路装置定额包括高温排气烟道、烟气挡板门、钢旁路烟囱子目，按相应的机组容量选用定额。

余热锅炉本体安装定额包括锅炉钢结构、受热面、汽包、本体管道、出口钢烟道、本体钢烟囱、其他金属结构和平台、扶梯、栏杆的安装子目，按锅炉蒸发量和形式选用定额。

除氧器及水箱、循环水泵及给水泵、密封风机按锅炉蒸发量和设备容积、流量选用定额。

余热锅炉风压、水压、严密性试验、碱煮和酸洗及本体油漆按相应的锅炉蒸发量选用定额。

（7）凝汽式蒸汽轮机发电机组安装，包括凝汽式蒸汽轮机本体、汽轮发电机本体和汽轮机本体管道的安装及汽轮发电机组空负荷试运，按相应的机组容量选用定额。

（8）燃气轮机发电机组相关专用设备安装，包括重油处理设备和天然气调压站装置，按设备出力和机组容量选用定额。

四、预算编制示例

工程内容：某燃气—蒸汽联合循环机组电厂调压站安装天然气压缩机（包括压缩机前后管道撬装模块）3.5 万 m^3/h 两套，编制结果见表 8-27。

表 8-27　　安装工程预算表（十五）

表三甲　　金额单位：元

序号	编制依据	项目名称	单位	数量	单价				合价			
					设备	装置性材料	安装	其中人工费	设备	装置性材料	安装	其中工资
（二）		燃料供应系统										
1		燃气供应系统										
1.1		增（调）压站设备										
	YJ14-239	天然气压缩机（包括压缩机前后管道撬装模块）3.5 万 m^3/h	套	2			27 673.31	9719.92			55 347	19 440
		小计									55 347	19 440
		取费（略）										

第十五节　空冷机组安装

一、预算定额子目设置

（1）直接空冷系统设备安装。

（2）间接空冷系统设备安装。

二、工程量计算规则

（一）直接空冷系统设备安装

（1）冷却风机组安装以“台”为计量单位，按设备成套供货范围计算工程量，不包括风机起吊梁组合安装和列间步道及上部检修梯子的安装。

（2）汽轮机排汽装置安装以“机组”为计量单位，按设备成套供货范围计算工程量。

（3）空冷凝气器管束及连箱安装以“片”为计量单位，按设备成套供货范围计算工程量。

（4）管束 A 型支撑架和单元分隔墙安装以“t”为计量单位，按设备厂设计图示范围计算工程量。

（5）清洗装置安装以“台”为计量单位，按设备成套供货范围计算工程量，不包括滑轨的安装和调整。

（6）排汽管道和蒸汽分配管以“m”为计量单位，按管道设计线路起点、止点的延长米计算工程量，不扣除阀门和三通、大小头、法兰等管件所占长度。

（7）阀门和补偿器以“个”为计量单位，按设计图示数量计算工程量。

（8）管道支撑座的安装以“t”为计量单位，按设计图示范围计算工程量。

（9）设备严密性试验以“机组（台）”为计量单位。

（二）间接空冷系统设备安装

（1）散热器管束及连箱、百叶窗安装以“万 m^2”为计量单位，按设计图示范围计算工程量。

（2）清洗装置安装以“台”为计量单位。

（3）管束支撑架安装以“t”为计量单位，按设计图示范围计算工程量。

三、定额使用注意事项

（1）间接空冷散热器管束进、出口至地下环形母管之间的管道执行热力系统中低压管道定额，地下环形母管（冷、热水）管道执行热力系统中的循环水管道定额；以上管道的安装定额均按管道由设备厂提供考虑，如为非厂供时，对人工定额进行 1.1 倍的系数调整。

（2）地下环形母管（冷、热水）管道与厂区循环水管道的分界点为间冷塔环基外 1m。

（3）间接空冷系统中的空冷散热器管束按组件组合安装考虑，不包括管束的管与模片的组合。间接空冷系统百叶窗执行机构的电气控制部分的安装和调试，执行电气设备安装定额。

四、预算编制示例

工程内容：某电厂空冷系统设轴流风机ϕ9.754m，160kW，128 台，编制结果见表 8-28。

表 8-28　　安装工程预算表（十六）

表三甲　　金额单位：元

序号	编制依据	项目名称	单位	数量	单价				合价			
					设备	装置性材料	安装	其中人工费	设备	装置性材料	安装	其中工资
（五）		供水系统										
3		凝汽器冷却系统（直接空冷）										
3.1		直接空冷设备										
	YJ15-3	轴流风机ϕ9.754m，160kW	台	128			13 886.52	2582.92			1 777 475	330 614
		轴流风机ϕ9.754m，160kW	台	128	92 000				11 776 000			
		主要设备运杂费	%	0.7					82 432			
		小计							11 858 432		1 777 475	330 614
		取费（略）										

第十六节　调相机安装

一、预算定额子目设置

300Mvar 调相机安装。

二、工程量计算规则

调相机安装以“组”为计量单位，按设备成套供货范围计算工程量。施工方法为定子液压提升法。机组分为双水内冷和空冷两种形式。

三、定额使用注意事项

（1）定额中不包括的内容有：

1）调相机电气部分的检查、干燥、接线及电气调整试验。

2）随调相机本体供应的润滑油系统、冷却水系统设备及管道的检查、安装。

3）设备、管道的保温及保温面油漆。

4）设备本体表面底漆修补及表面油漆。

5）调相机静子吊装系统中支撑托运平台所增加的临时支撑系统。

6）调相机隔声罩的制作安装。

（2）定额中配制工作所需的材料，均根据其用途按使用量或摊销量计入定额。

（3）调相机本体用油按设备厂家供货考虑，油质检验已在定额中考虑。

四、预算编制示例

工程内容：某发电厂安装两组空冷调相机，规模为2×300Mvar，编制结果见表8-29。

表8-29　　安装工程预算表（十七）

表三甲　　金额单位：元

序号	编制依据	项目名称	单位	数量	单价				合价			
					设备	装置性材料	安装	其中人工费	设备	装置性材料	安装	其中工资
1		调相机设备										
	YJ16-2	300Mvar调相机安装定子液压提升法空冷	组	2			700 245.98	157 311.24			1 400 492	314 622
		空冷调相机，300Mvar	组	2	46 000 000				92 000 000			
		主要设备运杂费	%	0.7					644 000			
		小计							92 644 000		1 400 492	314 622
		取费（略）										

第十七节　调　试　工　程

一、定额设置与工程计量

（一）分系统调试

1. 锅炉分系统

锅炉分系统调试包括烟风系统调试，锅炉冷态通风试验，输煤、制粉系统调试，灰、渣系统调试，燃油系统调试，汽水系统调试，锅炉吹管，脱硫工艺系统调试，脱硝工艺系统调试，循环流化床分系统调试。所有项目均根据图示数量以机组“台”为单位计量。

2. 汽机分系统

汽机分系统调试包括蒸汽系统调试，给水系统调试，发电机水、氢、油系统调试，真空系统调试，汽机油系统调试，高、低压旁路系统调试，小汽轮机调试，循环水系统调试，冷却水系统调试，直接空冷系统调试。所有项目均根据图示数量以机组“台”为单位计量。

3. 化学分系统

化学分系统调试包括补给水处理系统调试，废水处理系统调试，加药取样系统调试，化学碱洗，炉本体化学酸洗，凝结水精处理系统调试，EDI设备系统调试，其他化学系统调试、再生水处理系统调试、反渗透超滤系统调试。其中，EDI设备系统调试以设备“台”为单位计量，其余项目均根据图示数量以机组“台”为单位计量。

4. 附属装置分系统

附属装置分系统调试包括启动锅炉调试，厂用、仪用空压机系统调试，柴油发电机系统调试，海水淡化系统调试。其中，启动锅炉调试、海水淡化系统调试根据图示数量以设备“台”为单位计量；其余项目均根据图示数量以机组“台”为单位计量。

（二）整套启动调试

1. 锅炉整套启动

锅炉整套启动调试包括锅炉分系统投运，热工信号及连锁保护校验，点火及燃油系统试验，安全阀校验及蒸汽严密性试验，机组空负荷运行调试，低负荷调试，主要辅助设备及附属系统带负荷调整试验，制粉系统热态调试，燃烧调整，机组带负荷试验，机组甩负荷试验，锅炉 168h（或 72h+24h）满负荷连续试运行，循环流化床整套启动调试。所有项目均根据图示数量以机组“台”为单位计量。

2. 汽机整套启动

汽机整套启动调试包括汽机分系统投运，主机冲转前检查（冷态启动），主机冲转、并网及空负荷技术指标控制调整，发电机充氢及冷却系统运行，超速试验，主机带负荷调整试验，汽机辅助设备及附属系统带负荷调整试验，轴承及转子振动测量，机组甩负荷试验，带负荷热控自动投用试验，汽机 168h（或 72h+24h）满负荷连续试运行。所有项目均根据图示数量以机组“台”为单位计量。

3. 化学整套启动

化学整套启动调试包括凝结水精处理系统调试，汽水加药系统调试，整组启动化学监督，化学热工信号连锁保护及程控校验投运，化学净水、补给水及废液排放系统调试，化学 168h（或 72h+24h）满负荷连续试运行。所有项目均根据图示数量以机组“台”为单位计量。

4. 脱硫整套启动

脱硫整套启动调试包括启动前分系统检查及投运准备、SO_2 吸收系统带浆液试运调试、烟气系统热态调试、石膏脱水及储运系统带负荷调试、脱硫废水系统带负荷调试、50%锅炉最大连续蒸发量（BMCR）、75%BMCR、100%BMCR 工况下脱硫装置运行参数热态调整和脱硫系统 168h（或 72h+24h）连续试运行。所有项目根据图示数量以机组“台”为单位计量。

5. 脱硝整套启动

脱硝整套启动调试包括 SCR 系统整套启动前检查、SCR 系统的整套启动调试和脱硝系统 168h（或 72h+24h）连续试运行。所有项目根据图示数量以机组“台”为单位计量。

（三）特殊调试项目

1. 锅炉特殊调试

锅炉特殊调试项目包括单侧辅机运行调整、冷炉空气动力场试验，所有项目根据图示数量以机组“台”为单位计量。

2. 汽机特殊调试

汽机特殊调试项目包括供热系统调试、发电机定子绕组端部固有振动频率测试及模态分析、发电机定子绕组及引出线水测量试验、发电机转子通风试验，所有项目根据图示数量以机组“台”为单位计量。

3. 性能试验项目

性能试验项目包括炉热效率、炉最大出力、炉额定出力、炉断油最低出力、制粉系统出力、磨煤机单耗、机组热耗、机组轴系振动试验、汽机最大出力、汽机额定出力、机组供电煤耗测试、机组 RB 试验、污染物排放监测试验、噪声测试、散热测试、粉尘测试、除尘器效率试验、发电机额定负荷温升试验、发电机最大出力试验、直接空冷或间接空冷系统性能试验、脱硫系统性能试验、脱硝系统性能试验，所有项目根据图示数量以机组“台”为单位计量。

（四）燃气—蒸汽联合循环发电工程调试

燃气—蒸汽联合循环电站调试包括燃机、余热锅炉以及燃机控制系统调试等内容，所有项目根据图示数量以机组“台”为单位计量。其中，燃机调试仅指燃机本体调试，未包括电气（发电机主变压器系统、厂用电系统、共用及外围系统、升压站等）调试、配套的附属机械设备系统调试及对应的热工控制系统调试；燃机控制系统调试定额仅限燃机厂家自配的控制系统。

二、定额使用注意事项

（1）调试各阶段的概念和界限。

1）分系统调试是指工程的各系统在设备单机试运或单体调试合格后，为使系统达到整套启动所必须具备的条件而进行的调试工作。

2）整套启动调试是指工程的设备和系统在分系统调试合格后，从联合启动开始到试运合格移交生产运行为止所进行的调整试验和试运工作。

整套启动调试与分系统调试的界限：对于火电工程调试，以机组第一次联合启动时锅炉点火为界。根据分系统调试与整套启动调试项目的界限，有些系统的调试工作不可能在分系统调试阶段全部完成，剩余部分调试工作只能在整套启动调试阶段继续进行。这种系统就可能在分系统调试与整套启动调试两章中都列有相同名称的调试项目，但工作内容各不相同。

3）特殊试验项目是指调试工程中技术难度大、需要特殊的试验，应由具备相应资质和试验能力的单位进行的试验项目。特殊试验项目主要涵盖三方面的内容：一是根据 GB 50150—2016《电气设备交接试验标准》的规定，技术难度大，需由相应资质和试验能力的调试企业完成的调试项目；二是不常见、没有普遍性的调试项目；三是特殊机组的调试项目，比如供热机组要进行的供热系统调试。编制工程概预算时应根据工程实际需要选取和套用特殊调试项目。

（2）使用 2018 版预算定额计算调试费用时，不仅包括定额中所列的直接工程费，还要计取措施费、间接费、利润、编制基准期价差、税金等，但不计取施工企业配合调试费。调试费用归属于安装工程费，其取费的计算规则按照对应工程的安装工程执行。

（3）调试工程涉及的人工、材料和机械的调整，根据电力工程造价与定额管理总站颁布的《2018 年版电力建设工程概预算定额价格水平调整办法》执行，具体的调整系数参见电力工程造价与定额管理总站每年发布的调整文件。

（4）定额调整规则。

1）分系统调试调整规则。

a．670t/h 以下锅炉的制粉系统调试按钢球磨储仓式计列，若采用直吹式制粉系统，定额乘以系数 0.95；670t/h 以上锅炉按直吹式计列，若采用储仓式制粉系统，定额乘以系数 1.05。

b．灰、渣系统调试按电除尘系统配置。若采用布袋除尘器系统，定额乘以系数 1.05；若同时采用布袋式除尘系统和电除尘器系统，定额乘以系数 1.5。

c．汽水系统调试中 1025t/h 以下自然循环锅炉未包括炉水循环泵系统调试。若采用二次再热系统，定额乘以系数 1.2.

d．锅炉吹管按降压蒸汽吹管方式配置。若采用稳压蒸汽吹管方式，定额乘以系数 1.5。锅炉吹管定额中锅炉专业工作量比例为 48%，汽机专业工作量比例为 37%，化学专业工作量比例为 15%。

e．若机组采用尿素制氨系统，脱硝工艺系统调试定额乘以系数 1.2。

f．蒸汽系统调试未包括加热器汽侧的安全门校验。200MW 及以下机组按采用法兰、螺丝及汽缸加热系统配置，若实际工程配置中不采用，定额乘以系数 0.95。200MW 以上机组按不采用法兰、螺栓及汽缸加热系统计算，如实际工程配置中采用，则定额乘以系数 1.05。

g．真空系统调试按机械真空泵系统配置，若采用射水抽气器（或射汽抽气器）真空系统，定额乘以系数 0.85。

h．循环水系统调试按闭式循环水系统配置，若采用开式循环水系统，定额乘以系数 0.85。

i．若实际工程为间接空冷系统，则相应调试项目根据直接空冷系统调试定额乘以系数 0.45。采用空冷设备的机组，其循环水系统调试按定额乘以系数 0.5。

j．补给水处理系统调试：净水处理系统费用在本项定额中占 32%，补给水处理系统占 56%，水处理系统加药试验占 12%。净水处理系统调试按一个工程（两台机组）配机械搅拌澄清池两套、重力式滤池两套计算。采用水力加速澄清池、压力式混合器、虹吸式滤池、空气擦洗滤池或其他形式滤池也套用本项定额。补给水系统按配一阳一阴型为一套，一个工程（两台机组）三套计算。其中过滤器调试不包括活性失效复苏，机械过滤器、活性炭过滤器调试也套用本项定额。定额按强酸强碱除盐系统计算，增加弱酸弱碱系统时，定额乘以系数 1.10。若采用沸腾床除盐系统，定额乘以系数 1.05。若采用双室双层床除盐系统，定额乘以系数 1.20。

k．废水处理系统调试不包括程控调试工作内容。

l．加药、取样系统调试中制氢系统如无制氢功能，仅氢气质量监督和配合充氢时，定额乘以系数 0.93。

m．化学碱洗工作不包括碱洗药品。炉本体化学碱洗工作，锅炉专业定额比例为 45%、汽机专业定额比例为 20%、化学专业定额比例为 35%。炉前系统及过热器碱洗执行炉本体碱洗定额。

n．化学酸洗工作不包括酸洗药品、酸洗器材（设备、管道、材料等）及其安装、操作。炉本体化学酸洗工作，锅炉专业定额比例为 36%、汽机专业定额比例为 16%、化学专业定额比例为 48%。炉前系统及过热器酸洗执行炉本体酸洗定额。硫酸酸洗执行盐酸酸洗定额。有机酸、EDTA 炉本体酸洗执行柠檬酸洗定额。采用锅炉本体点火方式酸洗时，定额乘以系数 1.5。

o．凝结水精处理系统调试另加独立酸碱系统时，定额乘以系数 1.2。

p．海水淡化系统调试不包括 RO 膜的更换工作。

2）整套启动调试调整规则。

a．凝结水精处理系统中过滤器调试适用于覆盖过滤器、精密过滤器、电磁过滤器调试。

b．化学净水、补给水及废液排放系统调试：净水处理系统费用在本项中占 18%、补给水处理系统占 32%，废液排放系统占 50%。定额按一个工程（两台机组）两套净水处理系统配置。补给水系统按配一阳一阴型为一套计算，定额按一个工程（两台机组）三套计算。定额按强酸强碱除盐系统计算，增加弱酸弱碱系统时，定额乘以系数 1.10。采用沸腾床除盐系统时，定额乘以系数 1.05。采用双室双层床除盐系统时，定额乘以系数 1.20。

3）特殊调试项目调整规则。冷炉空气动力场试验若采用火花拍摄，定额乘以系数 2.0。

三、预算编制示例

工程内容：某（2×600MW）燃煤发电厂锅炉（蒸发量 2008t/h）整套启动调试工程。编制结果见表 8-30。

表 8-30　安装工程预算表（十八）

表三甲　　金额单位：元

序号	编制依据	项目名称	单位	数量	单价				合价			
					设备	装置性材料	安装	其中人工费	设备	装置性材料	安装	其中工资
一		主辅生产工程										
（一）		热力系统										

续表

表三甲　　金额单位：元

序号	编制依据	项目名称	单位	数量	单价				合价			
					设备	装置性材料	安装	其中人工费	设备	装置性材料	安装	其中工资
6		调试工程										
6.2		整套启动调试										
6.2.1		锅炉整套启动调试										
	YS2-5	锅炉分系统投运	台	2.00			58 461.56	51 323.64			116 923	102 647
	YS2-11	热工信号及连锁保护校验	台	2.00			19 777.61	13 032.68			39 555	26 065
	YS2-17	点火及燃油系统试验	台	2.00			23 362.14	17 693.35			46 724	35 387
	YS2-23	安全阀校验及蒸汽严密性试验	台	2.00			15 702.42	10 426.73			31 405	20 853
	YS2-29	机组空负荷运行调试	台	2.00			5987.28	4665.61			11 975	9331
	YS2-35	低负荷调试	台	2.00			20 673.50	16 556.33			41 347	33 113
	YS2-41	主要辅助设备及附属系统带负荷调整	台	2.00			56 139.53	32 024.06			112 279	64 048
	YS2-47	制粉系统热态调试	台	2.00			41 530.44	35 695.89			83 061	71 392
	YS2-53	燃烧调整	台	2.00			35 188.31	29 362.80			70 377	58 726
	YS2-59	机组带负荷试验	台	2.00			22 657.21	13 548.34			45 314	27 097
	YS2-65	机组甩负荷试验	台	2.00			22 645.11	17 090.76			45 290	34 182
	YS2-71	锅炉 168h 满负荷连续试运行	台	2.00			18 923.92	17 511.10			37 848	35 022
		小计									682 098	517 863
		取费（略）										

热力设备安装工程概算编制

第一节 锅炉机组安装

一、概算定额子目设置

（1）锅炉本体组合安装。

（2）锅炉本体试验及酸洗。

（3）风机安装。

（4）除尘装置安装。

（5）制粉系统安装。

（6）烟风煤管道安装。

（7）锅炉辅助设备安装。

二、工程量计算规则

（1）锅炉本体组合安装。

1）钢炉架安装以“t”为单位进行编制，使用时不分炉型种类，按锅炉容量执行定额，以锅炉钢架、本体平台扶梯、锅炉厂设计范围以内的露天防护措施材料质量计算工程量。

2）钢炉架油漆以“t”为单位进行编制，使用时不分炉型种类，按锅炉容量执行定额，以需要油漆的钢炉架、金属结构、平台、扶梯的质量计算工程量。

3）炉本体安装以“t”为单位进行编制，使用时，不分炉型种类，按锅炉容量执行定额，以炉本体部件、管路、金属结构等重计算工程量。

4）空气预热器安装定额包括空气预热器本体及整套附件的安装。管式空气预热器安装以“ t ”为计量单位；回转式空气预热器按直径以“台”为计量单位。

5）等离子点火装置附属设备和管道安装定额按不同锅炉容量以“台·炉”为计量单位。

（2）锅炉本体试验及酸洗。锅炉本体试验和酸洗定额按不同锅炉容量以“台”为计量单位。

（3）风机安装。风机安装定额按风机的类型、型号和出力，以“台”为计量单位。

（4）除尘装置安装。电除尘器安装定额按锅炉容量以“t”为计量单位，电袋除尘器和布袋除尘器不分锅炉容量以“t”为计量单位。

（5）制粉系统安装。

1）钢球磨按磨煤机的出力和每炉所配的数量的不同，以一台锅炉即“炉”为单位。

2）中速磨、风扇磨按磨煤机的出力以及型号，以“台”为单位。

3）给煤机按其类型及出力，以“台”为单位。

（6）烟、风、煤管道安装。烟、风、煤管道安装定额按制粉系统类型以及锅炉容量的不同，以“t”为计量单位。

（7）锅炉辅助设备安装。

1）箱类、定期排污扩容器按容积，以“台”为计量单位。

2）暖风器按管排数，以“台·炉”为计量单位。

3）设备的平台、扶梯、栏杆的安装，以“t”为计量单位。

三、定额使用注意事项

（1）锅炉底部的碎渣机、捞渣机、渣井、液压关断门及其液压油站等成套供货设备的安装，不管其如何供货，均应按照“项目划分”列入除灰系统。

（2）炉墙材料、运输加固件及包装材料等质量不计入锅炉安装工程量。

（3）循环流化床锅炉炉本体安装按人工定额乘以系数 1.05，材料定额乘以系数 1.02 调整。

四、概算编制示例

（一）给定条件

（1）工程内容：某发电厂（2×600MW 机组）设置 2 台超超临界、一次中间再热、Π 型直流锅炉 1970/29.4-605/623℃，安装 2 台等离子点火装置，设备由供货商直接运到现场，锅炉供货厂家不含等离子点火装置，燃油启动锅炉提供启动蒸汽，工程量及价格见表 9-1。

表 9-1　　工程量及价格表

项目名称	单位	质量（t）	数量	单价（万元）
锅炉钢炉架	t	13 991		
锅炉钢炉架油漆	t	13 991		
锅炉本体	t	15 665		
空气预热器	台		4	
等离子点火装置	套		2	400
锅炉价格	台		2	32 828

（2）施工条件：符合定额规定的正常施工条件。

（3）施工地点：北京市。

（4）编制依据：《火力发电工程建设预算编制与计算规定（2018 年版）》《电力建设工程概算定额　第二册　热力设备安装工程（2018 年版）》《电力建设工程装置性材料预算价格（2018 年版）》《电力建设工程装置性材料综合预算价格（2018 年版）》、电力工程造价与定额管理总站文件定额〔2020〕14 号《关于发布 2018 版电力建设工程概预算定额价格水平调整的通知》，建设预算编制基准期电力行业定额（造价）管理机构发布的信息价格及《火电工程限额设计参考造价指标（2019 年水平）》。

（5）编制基准期：2020 年 12 月。

注　本章后续示例中的施工条件、施工地点、编制依据、编制基准期均与本示例一致，将不再赘述。

（二）概算编制

第一步：依据工程量计算规则计算工程量。

第二步：根据工程项目名称，执行概算定额相应子目及查找装置性材料预算价格。

第三步：编制安装工程概算表。

第四步：按照《火力发电工程建设预算编制与计算规定（2018 年版）》、电力工程造价与定额管理总站文件定额〔2020〕14 号进行定额取费计算。编制结果见表 9-2。

注：本章后续示例中的概算编制步骤均与本示例一致，将不再赘述。

表 9-2

安装工程概算表（一）

表三甲

金额单位：元

序号	编制依据	项目名称	单位	数量	单价				合价			
					设备	装置性材料	安装	其中人工费	设备	装置性材料	安装	其中工资
（一）		热力系统										
1		锅炉机组										
1.1		锅炉本体										
1.1.1		组合安装										
	（甲）	锅炉 1970/29.4-605/623℃，超超临界，一次中间再热、Π 型直流锅炉	台	2.00	295 000 000				590 000 000			
	GJ1-3	锅炉钢炉架	t	13 991.00			982.59	220.52			13 747 417	3 085 295
	GJ1-8	锅炉钢炉架油漆	t	13 991.00			132.01	59.90			1 846 952	838 061
	GJ1-15	锅炉本体组合安装	t	15 665.00			1787.81	551.07			28 006 044	8 632 512
	GJ1-21	空气预热器及其附属设备	台	4.00			189 686.58	77 103.60			758 746	308 414
		主要设备运杂费	%	0.50	590 000 000				2 950 000			
		甲供设备费小计							592 950 000			
		小计							592 950 000		44 359 159	12 864 282
	一	直接费					57 849 138.20				57 849 138	
	1	直接工程费					44 359 158.57				44 359 159	
	1.1	定额直接费					44 359 158.57				44 359 159	
	1.1.1	人工费					12 864 282.17				12 864 282	
	1.1.2	材料费					5 254 587.49				5 254 587	
	1.1.3	施工机械使用费					26 240 288.91				26 240 289	
	2	措施费					13 489 979.63				13 489 980	
	2.1	冬雨季施工增加费	%	6.80			12 864 282.17				874 771	
	2.2	夜间施工增加费	%	1.54			12 864 282.17				198 110	
	2.3	施工工具用具使用费	%	6.92			12 864 282.17				890 208	
	2.4	特殊工程技术培训费	%	7.40			12 864 282.17				951 957	
	2.5	大型施工机械安拆与轨道铺拆费	%	12.03			12 864 282.17				1 547 573	
	2.7	临时设施费	%	16.52			44 359 158.57				7 328 133	
	2.8	施工机构迁移费	%	4.14			12 864 282.17				532 581	
	2.9	安全文明施工费	%	2.63			44 359 158.57				1 166 646	

续表

表三甲　　金额单位：元

序号	编制依据	项目名称	单位	数量	单价				合价			
					设备	装置性材料	安装	其中人工费	设备	装置性材料	安装	其中工资
	二	间接费					16 224 817.03				16 224 817	
	1	规费					6 739 597.43				6 739 597	
	1.1	社会保险费	%	28.30			16 723 566.82				4 732 769	
	1.2	住房公积金	%	12.00			16 723 566.82				2 006 828	
	2	企业管理费	%	61.94			12 864 282.17				7 968 136	
	3	施工企业配合调试费	%	3.42			44 359 158.57				1 517 083	
	三	利润	%	6.75			74 073 955.23				4 999 992	
	四	编制基准期价差					32 433.35				32 433	
	1	人工价差	%	3.90			501 707.00				501 707	
	2	材料价差	%	−1.49			−78 293.35				−78 293	
	3	机械价差	%	−1.49			−390 980.30				−390 980	
	五	税金	%	9.00			79 106 380.56				7 119 574	
	六	安装费					86 225 954.81				86 225 955	
	八	合计					86 225 954.81		592 950 000		86 225 955	
1.1.2		点火装置							8 056 000		864 417	190 597
	（甲）	等离子点火装置	套/炉	2.00	4 000 000				8 000 000			
	GJ1-28	等离子点火装置附属设备和管道	台炉	2.00			182 116.07	95 298.50			364 232	190 597
		普通设备运杂费	%	0.70	8 000 000				56 000			
		甲供设备费小计							8 056 000			
		小计							8 056 000		364 232	190 597
		取费（略）										
1.1.3		分部试验及试运								7 199 391	8 230 745	423 366
	GJ1-32	锅炉本体试验	台	2.00			771 764.37	57 270.93			1 543 529	114 542
	GJ1-39	锅炉本体酸洗	台	2.00			1 374 910.48	154 412.22			2 749 821	308 824
		柴油	t	906.84		6320.00				5 731 229		
		除盐水	t	105 000.00		13.00				1 365 000		
		主材费小计								7 096 229		
		小计								7 096 229	4 293 350	423 366
		取费（略）										

第二节 汽轮发电机组安装

一、概算定额子目设置

（1）汽轮发电机本体安装。

（2）汽轮机附属机械及辅助设备安装。

（3）旁路系统安装。

（4）除氧器及水箱安装。

（5）汽轮机其他附属设备安装。

（6）起重设备安装。

（7）水泵安装。

（8）锅炉用电梯安装。

二、工程量计算规则

（1）汽轮发电机本体安装按不同的机组容量或汽轮发电机的型号，以“套”为单位。

（2）汽轮机附属机械及辅助设备安装按不同的机组容量，以“套”为单位。定额单位“套”是指一台机组的全部附属机械及辅助设备。

（3）旁路系统安装定额以“机组”为计量单位，是指对一台机组的全部高、低压旁路减温减压装置的安装。

（4）除氧器及水箱安装定额按不同类型、容量和出力的不同，以“台”为计量单位。

（5）连续排污扩容器、疏水扩容器，以“台”为计量单位；减温减压器的安装以“套”为计量单位。

（6）起重设备安装以“台”为计量单位，按设备成套供货范围计算工程量。其中，工字钢轨道安装以“m”为计量单位，按设计图示尺寸计算工程量。

（7）300、600、1000MW 机组给水泵组安装定额以“套”为计量单位，以每台汽轮机所配水泵为一“套”；其他水泵均以“台”为计量单位。

（8）锅炉用电梯安装以“部”为计量单位，包括井道设备、机房设备和桥箱及层（厅）门设备等制造厂成套供货的设备。

三、定额使用注意事项

（1）汽轮发电机组油系统的汽轮机油充油量（含滤油损耗）按设备性材料对待。

（2）由于各个设计院的设计习惯不同，起重机械所用单轨的设计出图有时分属不同的专业，有的单位由机务专业出图，有的为土建专业出图，凡是由土建专业出图的，起重机械轨道的安装及主材费按已经包括在其主体建筑工程中考虑，凡由机务专业设计的单轨应套用本定额单轨有关子目。

（3）给水泵汽轮机的试运转一般与主机、主炉同时进行，锅炉不必专门点火配合。因此，给水泵汽轮机试运时不另行增加试运所耗燃油费用。

四、概算编制示例

工程内容：某发电厂（2×600MW 超临界机组）发电厂安装 600MW 汽轮机（N600-24.2/566/566）2 台、发电机（QFSN-600-2）2 台。编制结果见表 9-3。

表 9-3 安装工程概算表（二）

表三甲 金额单位：元

序号	编制依据	项目名称	单位	数量	单价				合价			
					设备	装置性材料	安装	其中人工费	设备	装置性材料	安装	其中工资
(一)		热力系统										
2		汽轮发电机组										
2.1		汽轮发电机本体										
	GJ2-5	汽轮发电机组安装600MW	套	2.00			2 949 996.24	1 082 977.16			5 899 992	2 165 954
		600MW汽轮机(N600-24.2/566/566)	台	2	134 000 000				268 000 000			
		发电机（QFSN-600-2）	台	2	73 000 000				146 000 000			
		主要设备运杂费	%	0.5					2 070 000			
		小计							416 070 000		5 899 992	2 165 954
		取费（略）										

第三节 热力系统汽水管道安装

一、编制范围及内容

（1）主蒸汽管道安装。

（2）再热蒸汽管道安装。

（3）主给水管道安装。

（4）锅炉排污管道安装。

（5）蒸汽管道吹洗临时管道安装与拆除。

（6）中低压管道安装。

（7）循环水管道安装。

（8）发电机外部水冷管道安装。

（9）汽轮机本体定型管道安装。

（10）空冷汽轮机排汽管道安装。

二、工程量计算规则

（1）热力系统汽水管道安装定额按不同的机组容量，对于主蒸汽管道、再热热段蒸汽管道、再热冷段蒸汽管道、主给水管道、锅炉排污管道、中低压管道、循环水管道、发电机外部水冷管道、汽轮机本体定型管道、空冷汽轮机排汽管道、蒸汽管道吹洗临时管道应分别计算，均以“t”为计量单位。

对于随锅炉厂供货的部分主蒸汽管道、再热热段蒸汽管道、再热冷段蒸汽管道、主给水管道等安装，根据管道安装工作范围，分别按厂供主蒸汽、再热热段、再热冷段、主给水等项目计算工程量。

（2）管道吹洗用蒸汽已折算成燃油耗量列于说明部分的油耗量表中，管道冲洗、水压试验消耗的除盐水也列于该表中，由工程统一计列。

三、定额使用注意事项

（1）管道安装定额基价中不包括管道的煨弯加工费及煨弯的热处理费用，此部分费用为主材费。

（2）循环水管道定额按普通碳钢管考虑，当采用 10CrMoAl 时，其材料和机械定额乘以系数 1.4。

（3）增加了蒸汽管道吹扫临时管道和消音器安装与拆除定额，需计列相应工程量进行计算。

（4）本定额不适用于热工仪表与自动控制装置管道的安装。

四、概算编制示例

工程内容：某发电厂（2×600MW 超临界机组）安装主蒸汽管道 300t、再热热段蒸汽管道 420t、再热冷段蒸汽管道 170t、主给水管道 500t，管道质量中均含直管、管件、阀门、支吊架的质量。编制结果见表 9-4。

表 9-4　安装工程概算表（三）

表三甲　　金额单位：元

序号	编制依据	项目名称	单位	数量	单价				合价			
					设备	装置性材料	安装	其中人工费	设备	装置性材料	安装	其中工资
（一）		热力系统										
3		热力系统汽水管道										
3.1		主蒸汽、再热蒸汽及主给水管道										
3.1.1		主蒸汽管道										
	GJ3-3	主蒸汽管道安装 600MW 超临界	t	300.00			2486.34	640.41			745 902	192 123
		600MW 主蒸汽管道	t	300.00		65 860.00				19 758 000		
		小计								19 758 000	745 902	192 123
		取费（略）										
3.1.2		热再热蒸汽管道										
	GJ3-13	再热蒸汽热段管道安装 600MW 超临界	t	420.00			2342.92	506.09			984 026	212 558
		600MW 再热热段管道	t	420.00		64 109.00				26 925 780		
		小计								26 925 780	984 026	212 558
		取费（略）										
3.1.3		冷再热蒸汽管道										
	GJ3-19	再热蒸汽冷段管道安装 600MW	t	170.00			1957.69	545.13			332 807	92 672
		600MW 再热冷段管道	t	170.00		33 564.00				5 705 880		
		小计								5 705 880	332 807	92 672
		取费（略）										
3.1.4		主给水管道										
	GJ3-23	主给水管道安装 600MW	t	500.00			2522.46	694.25			1 261 230	347 125
		600MW 主给水管道	t	500.00		52 780.00				26 390 000		
		小计								26 390 000	1 261 230	347 125
		取费（略）										

第四节　热网系统安装

一、概算定额子目设置

（1）热网站设备安装。

（2）热网站管道及热网厂区管道。

二、工程量计算规则

（1）热网加热器按不同换热面积，以“台”为计量单位。

（2）热网站内管道及热网厂区管道安装，以“t”为计量单位。

三、定额使用注意事项

扩建工程新、老厂之间的蒸汽联络管道已包括在热力系统中、低压汽水管道安装定额中。

四、概算编制示例

工程内容：某热电厂（2×350MW 机组）安装热网加热器（1400m^2）四台、热网循环水泵（3000m^3/h）四台。编制结果见表 9-5。

表 9-5　　**安装工程概算表（四）**

表三甲　　　　金额单位：元

序号	编制依据	项目名称	单位	数量	单价				合价			
					设备	装置性材料	安装	其中人工费	设备	装置性材料	安装	其中工资
（一）		热力系统									161 389	27 822
4		热（冷）网系统设备及管道									161 389	27 822
4.1		热网设备									161 389	27 822
	GJ4-5	热网加热器安装 1400m^2	台	4			13 195.24	2802.74			52 781	11 211
	GJ2-142	热网循环水泵 3000m^3/h	台	4			6314.97	4152.66			25 260	16 611
		热网加热器安装 1400m^2	台	4	1 330 000				5 320 000			
		热网循环水泵 3000m^3/h	台	4	1 100 000				4 400 000			
		设备运杂费	%	0.7					68 040			
		小计							9 788 040		78 041	27 822
		取费（略）										

第五节　炉墙敷设及保温油漆

一、概算定额子目设置

（1）锅炉炉墙敷设。

（2）保温油漆。

二、工程量计算规则

（1）锅炉炉墙敷设按不同锅炉出力等级划分子目，以“m^3”为计量单位。

（2）设备、管道的保温按其材质，以“m^3”为计量单位。

（3）保温外抹面和设备管道缠玻璃丝布，以“m^2”为计量单位，不含搭接的面积。

（4）刷色环按不同容量的机组，以“台”为计量单位。

（5）设备管道油漆以“m^2”为计量单位。

三、定额使用注意事项

（1）锅炉炉墙砌筑所需的自锁保温钉按制造厂设备成套供货考虑，未列入计价材料内。

（2）锅炉炉墙砌筑不包括炉金属密封件、炉墙金属护板（波型板）及支承连接件安装，已包含在锅炉本体安装中。

（3）设备管道油漆（含除锈）适用于全厂（钢炉架油漆除外）设备管道及平台扶梯、栏杆、支架金属结构，1kg 油漆按刷 $7m^2$ 折算。

（4）关于锅炉炉墙敷设及炉本体保温的划分：水冷壁、灰斗、尾部竖井、折烟墙、炉顶绝热层及炉顶保温大罩壳等属炉墙敷设范围；汽包、连箱、引出管、下降管、空气预热器、管式预热器连通风道、本体烟风道等属炉保温范围。

四、概算编制示例

工程内容：某发电厂（2×660MW 机组），锅炉炉墙砌筑材料为复合氧化铝疏型砖 $3800m^3$。编制结果见表 9-6。

表 9-6　　安装工程概算表（五）

表三甲　　　　金额单位：元

序号	编制依据	项目名称	单位	数量	单价				合价			
					设备	装置性材料	安装	其中人工费	设备	装置性材料	安装	其中工资
（一）		热力系统										
5		热力系统保温及油漆										
5.1		锅炉炉墙砌筑										
	GJ5-2	锅炉炉墙敷设	m^3	3800.00			364.36	203.80			1 384 568	774 440
	FZ834	复合氧化铝疏型砖	m^3	3800.00		669				2 542 200		
		小计								2 542 200	1 384 568	774 440
		取费（略）										

第六节　燃料供应系统安装

一、概算定额子目设置

（1）卸煤机械设备安装。

（2）煤场机械设备安装。

（3）碎煤机械设备安装。

（4）给煤机安装。

（5）计量设备安装。

（6）皮带输煤机安装。

（7）圆管带式输送机安装。

（8）卸煤、上煤系统联动。

（9）皮带机附属设备、冲洗水管道安装。

（10）燃油系统设备安装。

（11）燃油系统管道安装。

（12）循环流化床石灰石输送系统设备安装。

二、工程量计算规则

（1）卸煤机械设备安装。

1）翻车机按不同的型号，以“套”为计量单位，包括翻车机、给煤机、各种起重机设备及各种支承梁的安装。

2）门式螺旋卸车机、桥式螺旋卸车机、斗链式卸煤机，按型号以“台”为计量单位。

（2）煤场机械设备安装。堆取料机按不同类型及设备型号，以“台”为计量单位。

（3）碎煤机械设备安装。碎煤机按不同出力以“台”为计量单位；滚动筛、概率筛、共振筛的安装按不同型号以“台”为计量单位。

（4）给煤机安装。给煤机按不同的类型及设备型号以“台”为计量单位。

（5）计量设备安装。电子轨道衡、电子皮带秤、动态链码校验装置、汽车衡的安装以“台”为计量单位。

（6）皮带输煤机和圆管带式输送机安装。

1）皮带机的安装，按皮带的宽度，以“套/10m”为计量单位。

2）皮带中间构架的安装，按皮带的宽度和长度，以“节”为计量单位。

（7）卸煤、上煤系统联动。卸煤、上煤系统联动按不同机组的容量，以“套”为计量单位。

（8）皮带机附属设备、冲洗水管道安装。除落煤管和输煤的冲洗水管道以“t”为计量单位外，其余设备的安装均按其型号以“台”位计量单位。

（9）燃油系统设备安装。燃油系统设备安装按锅炉出力的等级，以“套/（2 台 • 炉）”为计量单位。

（10）燃油系统管道安装。燃油系统管道安装，以“t”为计量单位。

（11）循环流化床石灰石输送系统设备安装，以“套”为计量单位。

三、定额使用注意事项

（1）斗轮堆取料机 DQ3025、DQ5030、DQ8030 定额，分别适用于取料能力为 300、500、800t，回转半径为 25、30、30m 的设备。

（2）当皮带机为头尾双驱动时，按相应定额乘以系数 1.4 调整。

（3）落煤管耐磨衬板按由工厂化衬砌好后运至现场考虑，若由现场衬砌，其定额应增加 65%。

（4）循环流化床石灰石输送系统设备安装定额适用 300MW 级循环流化床机组配套的石灰石输送系统，设备出力 13t/h。

四、概算编制示例

工程内容：某发电厂（2×600MW 机组）皮带机上煤系统安装一套型号为 B=1400mm，L=200m 皮带机。编制结果见表 9-7。

表 9-7　　安装工程概算表（六）

表三甲　　金额单位：元

序号	编制依据	项目名称	单位	数量	单价				合价			
					设备	装置性材料	安装	其中人工费	设备	装置性材料	安装	其中工资
（二）		燃料供应系统										
1		输煤系统										
1.3		皮带机上煤系统										
	GJ6-75	皮带机安装 B＝1400mm	套/10m	1			11 555.45	6411.23			11 555	6411

续表

表三甲　　　　金额单位：元

序号	编制依据	项目名称	单位	数量	单价				合价			
					设备	装置性材料	安装	其中人工费	设备	装置性材料	安装	其中工资
	GJ6-83	皮带中间构架安装（12m/节） *B*=1400mm	节	16			1372.06	899.54			21 953	14 393
		皮带机，*B*=1400mm，*L*=200m	套	1	1 600 000				1 600 000			
		设备运杂费	%	0.7					11 200			
		小计							1 611 200		33 508	20 804
		取费（略）										

第七节　除灰系统安装

一、概算定额子目设置

（1）碎渣、除渣、除石子煤设备安装。

（2）冲洗除尘水系统设备及管道安装。

（3）除灰（渣）泵房设备及管道安装。

（4）气力除灰系统设备及管道安装。

二、工程量计算规则

（1）碎渣、除渣、除石子煤设备安装。

1）刮板捞渣机按设备出力等级，以“台”为计量单位。捞渣机的安装包含关断门的安装。

2）碎渣机、高效浓缩机按出力和口径，以“台”为计量单位。

3）石子煤仓、渣仓、脱水仓、粉仓及其系统的相应管道的安装，以“t”为计量单位。

（2）冲洗除尘水系统设备及管道安装。

1）水力喷射器、箱式冲灰器和电动或锥式锁气器的安装，以设备的“台”为计量单位。

2）空气斜槽的安装按其宽度，以“m”为计量单位。

3）插板、闸板及电动三通阀门和渣缓冲罐的安装，以“台”为计量单位。

4）灰渣沟镶板，以“m”为计量单位，定额中不包括其主材费用。

5）冲洗除尘水管道，以“t”为计量单位。

（3）除灰（渣）泵房设备及管道安装。

1）除灰（渣）泵房内各种泵的安装，以“台”为计量单位；管道的安装包括了管道支架及管件的安装，以“t”为单位。

2）泵房外的管道，按不同管径，以“m”为单位。

（4）气力除灰系统设备及管道安装。

1）气力除灰系统设备按机组容量或设备出力，以“套”为计量单位。

2）气力除灰系统管道安装，以“t”为计量单位。

三、定额使用注意事项

（1）内衬铸石管按由工厂化衬砌好后运至现场考虑。

（2）厂区外除灰管道安装超出 1km 时，其超出部分人工和机械定额乘以系数 1.10。

四、概算编制示例

工程内容：某发电厂（2×600MW 机组）除灰系统安装一套气力除灰装置。编制结果见表 9-8。

表 9-8 安装工程概算表（七）

表三甲 金额单位：元

序号	编制依据	项目名称	单位	数量	单价				合价			
					设备	装置性材料	安装	其中人工费	设备	装置性材料	安装	其中工资
（三）		除灰系统										
3		除灰系统（气力除灰）										
3.1		除灰输送系统										
3.1.1		设备										
	GJ7-69	气力除灰系统设备安装配 2×600MW 机组	套	1			309 077.10	178 605.67			309 077	178 606
		气力除灰装置	套	1	6 650 000				6 650 000			
		设备运杂费	%	0.7					46 550			
		小计							6 696 550		309 077	178 606
		取费（略）										

第八节　化学水处理系统安装

一、概算定额子目设置

（1）预处理系统设备安装。

（2）补充水除盐系统设备安装。

（3）凝结水处理系统设备安装。

（4）循环水处理系统设备安装。

（5）给水炉水校正处理设备安装。

（6）水处理系统管道安装。

（7）电解海水制氯系统。

（8）中水处理系统。

（9）海水淡化系统。

二、工程量计算规则

（1）预处理系统设备安装。凝聚、澄清过滤系统，电除盐装置，超滤、反渗透处理系统安装均按设备的出力，以“套”为计量单位。其中，超滤、反渗透加药装置计量单位的“套”是指加药设备的套数。

（2）补充水除盐系统设备安装。补充水除盐系统设备安装均按设备出力，以“套”为计量单位。

（3）凝结水处理系统设备安装。凝结水处理系统设备安装均按机组容量，以“套”为计量单位，按两台机组配一套考虑。

（4）循环水处理系统设备安装。循环水处理系统设备安装均按设备出力，以“套”为计量单位，加酸、加氯处理以 2 台机组为 1 套计列。

（5）给水炉水校正处理设备安装。给水炉水校正处理设备安装按机组容量，以“套”为计量单位，套以机组为单位计列。

（6）水处理系统管道安装。水处理系统管道安装按不同系统、管道种类或机组容量，以“t”为计量单位。

（7）中水处理系统、海水淡化系统安装按照不同工艺和出力，以“套”为计量单位。

三、定额使用注意事项

（1）定额的标称出力均指系统的正常运行出力，定额中已包括系统备用出力所选用设备的安装。

（2）定额中涉及的钢筋混凝土池、罐设备的安装，仅包括内部搅拌装置及设备本体范围内的金属附件的安装。

（3）化水系统中的衬胶、衬塑管道、管件是按成品考虑的，不包括管道的衬胶、衬塑费用；设备内部的各种填料也是按设备考虑。

（4）超滤、反渗透处理系统安装按反渗透处理系统出力执行子目。

四、概算编制示例

工程内容：某发电厂（2×660MW 机组）凝结水精处理系统安装一套采用 3×50%粉末树脂覆盖过滤器加上 3×50%混床，2 机合用一套附属再生系统。编制结果见表 9-9。

表 9-9 安装工程概算表（八）

表三甲 金额单位：元

序号	编制依据	项目名称	单位	数量	单价				合价			
					设备	装置性材料	安装	其中人工费	设备	装置性材料	安装	其中工资
（四）		化学水处理系统										
3		凝结水精处理系统										
3.1		设备										
	GJ8-32	凝结水处理系统采用 3×50%粉末树脂覆盖过滤器，加 3×50%混床，2 机合用一套附属再生系统	套	1.00			19 914.94	12 099.66			19 915	12 100
		凝结水精处理系统	套	2	11 500 000				23 000 000			
		设备运杂费	%	0.7					161 000			
		小计							23 161 000		19 915	12 100
		取费（略）										

第九节 供水系统安装

一、概算定额子目设置

（1）泵房内管道安装。

（2）供水设备安装。

（3）焊接钢管安装。

（4）钢骨架复合管安装。

（5）管道防腐。

（6）直接空气冷却系统设备安装。

（7）间接空冷散热器系统安装。

（8）机力通风冷却塔设备安装。

二、工程量计算规则

（1）泵房内管道安装。按照所安装管道的位置分为供水泵房内管道和深井泵房管道，以“t”为计量单位。

（2）供水设备安装。

1）旋转滤网、清污机、机械加速澄清池、重力式无阀滤池、气浮池、浓缩机、深井泵的安装，以“台”为计量单位。

2）格栅、钢闸板以“t”为计量单位。

（3）焊接钢管、钢骨架复合管安装。

1）按不同的管径，以“m”为计量单位。

2）用 10CrMoAl 管材时，可套用焊接钢管安装定额，其材料定额和机械定额乘以系数 1.4。

（4）管道防腐。管道防腐按管道的表面积，以“m^2”为计量单位。

（5）直接空气冷却系统设备安装。

1）冷却风机机组按风机直径，以“台”为计量单位。

2）冷凝器管束及连箱按管的形式，以“片”为计量单位。

3）“A”型支撑架、单元分隔墙、蒸汽分配管的安装，以“t”为计量单位。

4）清洗装置以“台”为计量单位。

5）严密性试验按机组容量，以“机组”为计量单位。

（6）间接空冷散热器系统安装。间接空冷散热器系统按材质分为钢质和铝质，以“万 m^2”为计量单位。

（7）机力通风冷却塔设备安装。机力通风冷却塔设备安装按风机叶片直径，以“台”为计量单位。

三、定额使用注意事项

（1）供水泵房内管道安装子目适用于岸边水泵房、循环水泵房、补充水升压泵房、综合水泵房等管道的安装，包括泵房内各种管道、管件、阀门、支吊架的安装。

（2）深井泵房管道安装子目只适用于深井泵房管道的安装。

（3）由于各工程的供水条件千差万别，即使相同容量机组的供水泵房设备的品种及数量也相差较大，因此定额中将供水设备安装设置为单项定额。

（4）深井泵的安装包括泵本体、滤网、扬水管、就地仪表的安装。

（5）室外压力水管道均按埋地敷设考虑。若采用地面支墩架设，应另计支架安装费。

（6）厂区围墙 1km 外施工钢管的人工降效及机械增加，按超过围墙 1km 外部分人工和机械的定额乘以系数 1.10 计算。

（7）管道防腐包括除锈、缠布、刷油漆，管道焊接后的防腐补口工作。

（8）直接空气冷却系统设备安装包括冷却风机机组、冷凝器管束及连箱、管束“A”型支撑架、单元分隔墙、清洗装置、蒸汽分配管的安装和系统的严密性试验。

（9）冷却风机安装包括电动机、齿轮箱、风机桥架、导风筒、防护网、密封板等的安装，但不含变频器的安装，属电气专业工作范畴，应另套电气定额有关子目。

（10）间接空冷散热器系统包括散热器管束、百叶窗、清洗装置及管束支撑框架的安装，不包括间冷塔的防护平台、大门及封闭结构的安装。

（11）地下环形母管（冷、热水）管道与厂区循环水管道的分界点为间冷塔环基外 1m。

四、概算编制示例

工程内容：某发电厂（2×660MW 机组）供水系统主机冷却水系统安装采用直接空冷，空冷设备工程量见表 9-10。编制结果见表 9-11。

表 9-10　　空冷设备工程量表

序号	设备参数	单位	数量
1	空冷凝汽气管束 $L\times B=10\ 300\text{mm}\times 2370\text{mm}$	片	1080
2	直接空气冷却系统设备管束"A"支撑架	t	1000
3	直接空气冷却系统设备单元分隔墙	t	1000
4	直接空气冷却系统设备蒸汽分配管	t	1087
5	轴流风机 $\phi=9.754\text{m}$、$P=160\text{kW}$	台	108
6	轴流风机变频器 380V/50Hz/160kW	台	108
7	电动单轨吊车　$H=60\text{m}$、$T=2\text{t}$	台	2
8	手动单轨吊车　$H=5\text{m}$、$T=2\text{t}$	台	18
9	高压冲洗水泵 $Q=20\text{m}^3/\text{h}$、扬程 1200m、$P=75\text{kW}$	台	2
10	直接空气冷却系统设备清洗装置	台	36
11	冲洗水管道及阀门	t	10

表 9-11　　安装工程概算表（九）

表三甲　　金额单位：元

序号	编制依据	项目名称	单位	数量	单价				合价			
					设备	装置性材料	安装	其中人工费	设备	装置性材料	安装	其中工资
（五）		供水系统										
3		凝汽器冷却系统（直接空冷）										
3.1		直接空冷设备										
	GJ9-96	空冷凝汽气管束 $L\times B=10\ 300\text{mm}\times 2370\text{mm}$	片	1080			4031.07	883.63			4 353 556	954 320
	GJ9-98	直接空气冷却系统设备管束"A"型支撑架（含于设备）	t	1000			1194.27	407.83			1 194 270	407 830
	GJ9-99	直接空气冷却系统设备单元分隔墙（含于设备）	t	1000			1516.13	577.77			1 516 130	577 770
	GJ9-101	直接空气冷却系统设备蒸汽分配管（含于设备）	t	1087			762.91	399.40			829 283	434 148
	GJ9-93	轴流风机 $\phi=9.754\text{m}$、$P=160\text{kW}$	台	108			13 886.52	2582.92			1 499 744	278 955
	GJ2-96	电动单轨吊车 $H=60\text{m}$、$T=2\text{t}$（含于设备）	台	2			1705.59	1092.30			3411	2185
	GJ2-101	手动单轨吊车 $H=5\text{m}$、$T=2\text{t}$（含于设备）	台	18			1320.73	642.53			23 773	11 566

续表

表三甲　　　　　　　　　　　　　　　　　　　　　　　　　　金额单位：元

序号	编制依据	项目名称	单位	数量	单价				合价			
					设备	装置性材料	安装	其中人工费	设备	装置性材料	安装	其中工资
	GJ9-105	直接空气冷却系统设备安装严密性试验600MW	机组	2			26 966.05	13 186.47			53 932	26 373
	GJ2-164	高压冲洗水泵 $Q=20m^3/h$、扬程1200m、$P=75kW$（含于设备）	台	2			4799.46	3069.67			9599	6139
	GJ9-100	直接空气冷却系统设备清洗装置（含于设备）	台	36			805.10	190.28			28 984	6850
	GJ6-136	冲洗水管道及阀门（含于设备）	t	10			3275.73	2235.12			32 757	22 351
		直接空冷设备	套	2	88 000 000				176 000 000			
		设备运杂费	%	0.7					1 232 000			
		小计							177 232 000		9 545 439	2 728 487
		取费（略）										

第十节　烟气脱硫装置系统

一、概算定额子目设置

（1）石灰石浆液制备系统安装。

（2）吸收塔系统安装。

（3）烟气系统安装。

（4）石膏脱水及储存系统安装。

（5）事故排放系统安装。

（6）脱硫废水处理系统安装。

（7）脱硫系统管道安装。

（8）脱硫设备及烟道防腐。

二、工程量计算规则

（一）石灰石浆液制备系统安装

（1）石灰石卸料装置安装。石灰石卸料装置定额按单台炉的容量划分，以“套”为计量单位，两台炉公用一套系统。

（2）石灰石储仓制作安装。石灰石储仓制作安装，以“t”为计量单位。

（3）湿式制浆系统。湿式制浆系统安装按湿磨机出力和磨机数量划分，以“套”为计量单位，分为二（四）炉公用一套系统，一套系统配置二（三）台湿磨机等情形。

（4）干式制粉系统。干式制粉系统安装按磨机出力和磨机数量划分，以“套”为计量单位，分为二（四）炉公用一套系统，一套系统配置一（二）台干磨等情形。

（5）石灰石粉仓及浆液箱制作安装。石灰石粉仓及浆液箱制作安装以“t”为计量单位。

（二）吸收塔系统安装

（1）吸收塔本体制作安装。吸收塔本体制作安装以“t”为计量单位，吸收塔本体重按吸收塔壳体、塔体范围内的支架、平台及扶梯设计成品重计算。

（2）吸收塔内部装置安装。吸收塔内部装置安装以“套”为计量单位，吸收塔内部装置全部按设备供货考虑，以入塔烟气对应的锅炉容量和三层喷淋层为1套，当设计的喷淋层数发生变化时，每增减一层，相应定额基价增减20%。

（3）搅拌机安装。按搅拌机出力的不同，以“台”为计量单位。

（4）外置式除雾器本体制作安装。外置式除雾器本体制作安装以“t”为计量单位。

（5）外置式除雾器内部件安装。外置式除雾器内部件安装按机组容量的不同，以“套”为计量单位。

（6）浆液循环泵、氧化风机安装。浆液循环泵、氧化风机安装按设备形式及出力的不同，以“台”为计量单位。

（三）烟气系统安装

（1）离心式烟气冷却泵安装。离心式烟气冷却泵安装按泵出力及泵电机的功率，以“台”为计量单位。

（2）烟气换热器（GGH）安装。烟气换热器（GGH）安装按GGH换热面积，以“套”为计量单位。

（3）增压风机安装。增压风机安装按机组容量，以“台”为计量单位。

（4）脱硫烟道安装。脱硫烟道安装综合统一考虑，以“t”为计量单位，包括脱硫岛内烟道系统中包括膨胀节、挡板门在内的全部烟道组件的安装。

（四）石膏脱水及储存系统安装

（1）石膏脱水及储存系统安装。石膏脱水及储存系统安装按配置真空脱水机的出力，以“套”为计量单位，是按二炉或四炉公用一套石膏脱水及储存系统设置，各类箱罐按设备供货考虑。

（2）石膏储仓制作安装。按石膏储仓重量，以“t”为计量单位。

（3）石膏仓卸料装置安装。石膏仓卸料装置安装按设备出力，以“套”为计量单位。

（五）事故排放系统安装

（1）事故浆液箱制作安装。事故浆液箱制作安装按成品重以“t”为计量单位。

（2）事故排放系统安装。事故排放系统安装以“套”为计量单位，定额按两炉公用一套事故排放系统考虑，若为四炉公用一套事故排放系统，相应定额基价增加40%。

（六）脱硫废水处理系统安装

脱硫废水处理系统安装以“套”为计量单位，按二炉或四炉公用一套废水处理系统考虑，执行定额时按废水处理量选用定额子目。

（七）脱硫系统管道安装

脱硫系统管道安装按管道材质的不同以“t”为计量单位，其中衬胶管道按成品考虑，内部衬胶的质量计算在内。

（八）脱硫设备及烟道防腐

脱硫设备及烟道防腐按需要防腐的面积，以“m^2”为计量单位。

三、定额使用注意事项

（1）石灰石卸料装置安装包括石灰石卸料斗入口至石灰石储仓入口全部设备及金属结构的安装，具体为石灰石卸料斗及金属格栅、振动给料机、卸料斗袋式除尘器及风机、石灰石皮带输送机、金属分离器、石灰石斗式提升机、仓顶皮带输送机、仓顶布袋除尘器及风机等设备的安装；随设备供货的管道、阀门、管件、金属结构等安装。

（2）石灰石储仓制作安装指从石灰石储仓入口至石灰石下料口止全部设备及金属结构的制作安装，包括仓壳体金属结构、金属支架、平台及扶梯配制、组合、安装；壳体外壁、金属支架、平台及扶梯的油漆。石灰石储仓制作安装不包含仓内衬里防腐施工及材料费用。

（3）湿式制浆系统安装指从石灰石下料口（含石灰石下料阀）至石灰石浆液泵出口止除石灰石浆液箱外的全部设备的安装，包括石灰石下料阀、称重给料机、皮带输送机、湿式球磨机、磨机浆液箱、磨机浆液箱搅拌器、磨机浆液泵、石灰石浆液水力旋流器、石灰石浆液箱搅拌器、石灰石浆液泵的设备安装；随设备供货的地脚螺栓及框架、金属支架、管道、阀门及平台、扶梯和栏杆等安装。湿式制浆系统安装不包括石灰石浆液箱的制作安装，其费用按设计图纸和相应定额计算；也不包括浆液箱及搅拌器衬里防腐的施工及材料费用。

（4）干式制粉系统安装指从石灰石下料口（含石灰石下料阀）至石灰石浆液泵出口止除石灰石浆液箱、石灰石粉仓外的全部设备的安装，包括石灰石下料阀、称重给料机、皮带输送机、引风机、蒸汽加热器、流化风加热器、干磨机、除尘器中间粉仓、提升双仓泵（石灰石粉斗式提升机）、仓顶除尘器及风机、送粉空气压缩机、石灰石浆液箱（池）搅拌器、石灰石浆液泵等设备的安装；随设备供货的地脚螺栓及框架、金属支架、管道、阀门及平台、扶梯和栏杆等安装。干式制粉系统安装不包括石灰石粉仓、石灰石浆液箱制作安装，其制作安装费按设计图纸和相应定额规定计算。

（5）石灰石粉仓制作安装包含仓壳体金属结构、金属支架、平台及扶梯配制、组合、安装；壳体外壁、金属支架、平台及扶梯的油漆。石灰石粉仓制作安装不包含粉仓内衬里防腐施工及材料费用。

（6）石灰石浆液箱制作安装包括箱体金属结构、金属支架、平台及扶梯配制、组合、安装；箱体外壁、金属支架、平台及扶梯的油漆。石灰石浆液箱制作安装不包括箱内衬里防腐施工及材料费用。

（7）吸收塔本体制作安装指从吸收塔烟气入口法兰至吸收塔烟气出口法兰止金属结构的制作安装，包括基础预埋件、地脚螺栓、塔壳体、塔内金属梁、隔板、滤网、人孔门、接管座等金属结构的配制、组合安装。入口烟道金属衬里的焊接及塔内安装焊口的打磨；吸收塔本体范围内的平台、扶梯和栏杆，以及吸收塔搅拌器支架钢结构的制作安装；吸收塔外壳体、金属平台、扶梯和栏杆的油漆。吸收塔本体制作安装不包括吸收塔内衬防腐、保温及除防腐底漆外的油漆。吸收塔本体重按吸收塔壳体、塔体范围内的支架、平台及扶梯设计成品重计算。

（8）吸收塔内部装置安装包括支撑件、塔内除雾器、喷淋层、喷嘴等全部内部件（含 FRP 内部件、合金钢内部件）的安装和内部连接的各类管道的安装。吸收塔内部装置安装不包括吸收塔内部搅拌器的安装。吸收塔内部装置全部按设备供货考虑，定额子目以入塔烟气对应的锅炉容量和三层喷淋层为一套，当设计的喷淋层数发生变化时，每增减一层，相应定额基价增减 20%。

（9）搅拌器安装包括搅拌器的组合安装、变速箱和电动机就位安装。顶进式搅拌器已包含了解体检查、分件吊装、就位组装的费用。搅拌器安装不包括搅拌器的防腐衬里施工的费用及材料费用。

（10）外置式除雾器本体制作安装指从除雾器入口法兰至除雾器出口法兰止金属结构的制作安装，包括除雾器壳体、内部金属加固、支撑等配制、组合、安装；与壳体连接的接管座、人孔门、平台扶梯金属结构等安装。外置式除雾器本体制作安装不包括除雾器内部件的安装和壳体衬里防腐施工及材料费用。

（11）外置式除雾器内部件安装指从外置式除雾器入口法兰至出口法兰间，壳体内全部设备及结构（含非金属的部件）的安装，包括除雾器内部件、冲洗系统、水槽的组合、安装；随设备供货的管道、阀门、管件、金属结构等安装。外置式除雾器内部件安装不包括除雾器壳体衬里防腐施工及材料费用。

（12）浆液循环泵安装包括浆液循环泵、电机、基础地脚螺栓及框架安装。

（13）氧化风机安装包括氧化风机本体、润滑系统、进口消音器、声音吸收室、吸气管罩、过滤器、电机、基础地脚螺栓及框架安装。

（14）烟气换热器（GGH）安装指从烟道法兰至吸收塔法兰及除雾器出口法兰止换热设备及其金属

结构的安装，包含GGH本体、传动装置、密封装置、传热元件、进出口短管及连接法兰、油循环系统、干燥装置、冲洗装置、吹灰装置的安装；需防腐部位的焊口打磨、清理。烟气换热器（GGH）安装不包含壳体衬里防腐施工及材料费用。

（15）增压风机安装指增压机本体、电机及润滑油系统、液压系统、冷却器、密封风机安装及地脚螺栓、预埋铁件安装。增压风机安装不包括地脚螺栓及框架材料费用。

（16）脱硫烟道安装指脱硫岛内烟道系统中包括膨胀节、挡板门在内的全部烟道组件的安装，包括烟道直管段、异管段、弯头、法兰及支架、吊架等的安装及安装焊口的打磨。脱硫烟道安装不包括烟道内壁衬里防腐施工及材料费用。

（17）石膏脱水系统是按二炉或四炉公用一套石膏脱水及储存系统设置，各类箱罐按设备供货考虑。石膏脱水系统安装指从石膏浆液旋流器至石膏仓（库）入口全部设备的组合、安装，包括石膏旋流器、真空皮带脱水机、真空泵、气液分离器、滤液水回收水箱、石膏冲洗水箱、石膏冲洗水泵、滤布冲洗水箱、滤布冲洗水泵、滤液水泵、滤液箱、滤液箱搅拌器、废水旋流器、废水箱、废水泵、石膏浆液缓冲箱、石膏输送皮带机、石膏输送皮带卸料小车等设备组合安装。石膏脱水系统安装不包括箱罐组合安装后的衬里防腐施工及材料费用，也不包括设备之间的连接管道安装及其保温、油漆。

（18）石膏储仓制作安装包括壳体金属结构、石膏减压锥、金属支架、平台及扶梯配制、组合、安装，壳体外壁、金属支架、平台及扶梯的油漆。石膏储仓制作安装不包括壳体衬里防腐施工及材料费用。

（19）事故浆液箱制作安装包括箱体金属结构、金属支架、平台及扶梯配制、组合、安装，箱体外壁、金属支架、平台及扶梯的油漆。事故浆液箱制作安装不包括箱内衬里防腐施工及材料费用。

（20）事故排放系统安装指从吸收塔区、石灰石浆液制备区、石膏脱水区排水坑范围内除事故浆液箱外的全部设备安装，包括吸收塔排水坑泵及搅拌器、石灰石浆液制备区排水坑泵及搅拌器、石膏脱水区排水坑泵及搅拌器、事故浆液搅拌器及事故浆液返回泵的安装。事故排放系统安装不包括事故浆液箱的制作安装，设备之间的连接管道安装及保温、油漆，排水坑、事故浆液箱及搅拌器衬里防腐施工及材料费用。事故排放系统安装以二炉公用一套事故排放系统，若为四炉公用一套事故排放系统，相应定额基价增加40%。

（21）脱硫废水处理系统安装指脱硫废水处理系统成套设备安装，以二炉或四炉公用一套废水处理系统，各类箱罐按设备供货考虑，执行定额时按废水处理量选用定额子目。脱硫废水处理系统包括中和箱及箱体搅拌器、沉降箱及箱体搅拌器、絮凝箱及箱体搅拌器、澄清池、旋转刮泥机、污泥循环泵、出水箱及箱体搅拌器、出水排放泵、助凝剂加药装置（包括助凝剂制备箱、助凝剂制备箱搅拌器、隔膜计量泵、干粉投加装置等）、盐酸加药装置（包括HCL储罐、隔膜计量泵、酸雾吸收器、制酸泵等）、聚铁加药装置（$FeClSO_4$制备箱、$FeClSO_4$制备箱搅拌器、隔膜计量泵）、有机硫加药装置（包括有机硫制备箱、有机硫制备箱搅拌器、隔膜计量泵）、石灰加药装置（石灰粉仓、螺旋输送机、石灰乳制备箱、石灰乳制备箱搅拌器、石灰乳循环泵、石灰手动加药装置、石灰溶解箱、石灰溶解箱搅拌器、石灰乳循环泵、石灰乳计量箱、石灰乳计量箱搅拌器、石灰乳计量泵）、离心脱水机、排污泵、溢流坑搅拌器等安装，随设备供货的地脚螺栓及框架、金属支架、管道、阀门及平台、扶梯和栏杆等安装。脱硫废水处理系统安装不包括箱内衬里防腐施工及材料费用，也不包括设备之间的连接管道安装及保温、油漆。

（22）脱硫系统管道安装包括管道、管件、阀门、支吊架、阀门传动装置等的安装、管道的冲洗、水压试验等，含石灰石浆液制备系统管道、吸收塔系统浆液管道、石膏脱水系统管道、事故排放系统管道、废水处理系统管道的安装。脱硫系统管道安装不包括管道及阀门的保温及油漆。脱硫系统管道安装定额中，衬胶管道是按成品考虑的，材料价格已包括内部衬里的费用。

（23）脱硫设备及烟道防腐是按照玻璃鳞片的施工工艺要求，由金属面喷砂除锈至完成设计要求玻璃鳞片厚度各工序的费用。脱硫设备及烟道防腐包括设备及烟道底部、侧壁、内部支撑、导流板、滤网和人孔门、接管座等防腐，以及局部加强防腐；防腐面喷砂除锈、焊口的打磨或补修、防腐脚手脚的搭拆和防毒、防尘和防火设施的搭设。脱硫设备及烟道防腐不包括防腐和衬里防腐材料费。

四、概算编制示例

工程内容：某发电厂（2×600MW 机组）烟气脱硫吸收塔系统工程量详见表9-12。编制结果见表9-13。

表 9-12 **工程量表（二）**

序号	项目名称及规范	单位	数量
1	吸收塔壳体ϕ17m×40m	t	1120
2	吸收塔内部件喷嘴、喷浆管及合金连接件	套	2
3	吸收塔除雾器	套	2
4	搅拌器 22kW	台	10
5	吸收塔平台支架	t	240
6	浆液循环泵 6300m^3/h	台	8
7	氧化风机 6120Nm^3/h	台	4
8	石膏溢流浆液箱 100m^3	台	1
9	石膏溢流浆液返回泵 200m^3/h	台	2
10	石膏溢流浆液搅拌机 7.5kW	台	2
11	电动葫芦 10t	台	2
12	管道（衬胶）	t	120
13	管道（普通）	t	30

表 9-13 **安装工程概算表（十）**

表三甲　　　　金额单位：元

序号	编制依据	项目名称	单位	数量	单价				合价			
					设备	装置性材料	安装	其中人工费	设备	装置性材料	安装	其中工资
（八）		脱硫系统										
1		工艺系统										
1.2		吸收塔系统										
1.2.1		设备										
	GJ10-16	吸收塔壳体 ϕ17m×40m 本体制作安装	t	1120			3575.27	1432.14			4 004 302	1 603 997
	GJ10-20	吸收塔内部件喷嘴、喷浆管及合金连接件	套	2			271 067.04	162 559.15			542 134	325 118
	GJ10-38	吸收塔除雾器	套	2			40 886.96	23 823.32			81 774	47 647
	GJ10-24	搅拌机（侧进式）N=22kW	台	10			3249.68	2312.26			32 497	23 123
	GJ1-151	吸收塔平台支架	t	240			1490.54	640.63			357 730	153 751
	GJ10-41	浆液循环泵 6300m^3/h	台	8			12 727.80	8758.58			101 822	70 069
	GJ10-46	氧化风机 6120Nm^3/h	台	4			8148.52	4479.18			32 594	17 917

续表

表三甲 金额单位：元

序号	编制依据	项目名称	单位	数量	单价				合价			
					设备	装置性材料	安装	其中人工费	设备	装置性材料	安装	其中工资
	GJ1-142	石膏溢流浆液箱 $100m^3$	台	1			2119.64	929.29			2120	929
	GJ7-46	石膏溢流浆液返回泵 $200m^3/h$	台	2			2090.54	1468.10			4181	2936
	GJ10-22	石膏溢流浆液搅拌机 7.5kW	台	2			2763.03	1961.92			5526	3924
	GJ2-111	电动葫芦 10t	台	2			1672.64	1028.05			3345	2056
	GJ10-91	脱硫系统管道安装衬胶管道	t	120			1858.12	1047.38			222 974	125 686
	GJ10-92	脱硫系统管道安装碳钢管道	t	30			1642.48	910.64			49 274	27 319
	FZ501	脱硫系统衬胶管	t	120		9599				1 151 880		
	FZ511	脱硫系统碳钢管	t	30		6899				206 970		
		吸收塔 ϕ17m×40m	台	2	4 800 000				9 600 000			
		吸收塔内部装置（喷嘴、三层喷浆管、氧化空气管及合金连接件）	套	2	2 419 000				4 838 000			
		吸收塔外置除雾器	套	2	6 600 000				13 200 000			
		搅拌器 22kW	台	10	540 000				5 400 000			
		浆液循环泵 $6300m^3/h$，电机 450～580kW	套	8	1 415 200				11 321 600			
		氧化风机 $6120Nm^3/h$，电机 235kW	台	4	1 200 000				4 800 000			
		石膏溢流浆液箱 $100m^3$	台	1	120 000				120 000			
		石膏溢流浆液返回泵 $200m^3/h$，电机 45kW	台	2	12 000				24 000			
		石膏溢流浆液搅拌机 7.5kW	台	2	150 000				300 000			
		电动葫芦 10t	台	2	12 000				24 000			
		设备运杂费	%	0.7					347 393.2			
		小计							49 974 993.2	322 158	5 440 274	2 404 471
		取费（略）										

第十一节 脱硝装置安装

一、概算定额子目设置

（1）脱硝区装置安装。

（2）氨制备供应系统安装。

（3）尿素溶液设备安装。

二、工程量计算规则

（1）脱硝区装置安装。

1）SCR 反应器本体制作安装以“t”为计量单位。

2）催化剂模块安装以“m^3”为计量单位。

3）脱硝区其他装置安装按机组不同容量以“台”为计量单位，包括每台炉中所配的所有脱硝区其他装置安装。

（2）氨制备供应系统安装。制氨区装置安装以二炉或四炉公用一套制氨系统，按系统所配设备以“套”为计量单位，执行定额时按配备的液氨储罐容积大小选用定额子目。

（3）尿素溶液设备安装。尿素溶液系统设备安装按照 300MW 机组容量以“套”为计量单位。

热解炉以“台”为计量单位。

三、定额使用注意事项

（1）SCR 反应器本体制作安装包括壳体的下料、配制、组合、拼装，吊装就位，反应器内金属梁、烟气整流装置、密封装置、隔板、滤网、人孔门、接管座等的组合安装及标识牌安装。

（2）催化剂模块安装包括催化剂装运、就位，反应器内催化剂定位及密封等。

（3）脱硝区其他装置安装指除脱硝反应器和催化剂模块外的全部设备的安装，包括氨气—热空气混合器、稀释风机、喷射格栅、喷嘴、吹灰器、起吊设施安装，设备本体的安装、就位，随设备供应的混合器、加热器、烟道的连接管道、阀门和附件等的安装。

（4）制氨区装置安装包括液氨卸料压缩机组安装，液氨储罐、液氨蒸发器、氨气缓冲罐、氨气稀释罐、氮气存储罐、液氨供应泵、废水泵、废水加热器的安装，随设备供应的平台扶梯、连接管道、阀门和附件等的安装。各种罐按照设备成品供货考虑，不包括设备之间的连接管道安装及保温、油漆。

（5）尿素溶解罐的安装包括设备清点、基础画线、基础凿毛及垫铁配置、吊耳焊接、罐体吊装、调整就位，尿素储存罐安装包括设备检查、基础画线、基础凿毛及垫铁配置、牛腿焊接、罐体吊装、调整就位；热解炉安装包括倒运、牛腿螺钉固定、找平调整、分段焊接。

四、概算编制示例

工程内容：某发电厂（2×600MW 机组）设置安装蜂窝式催化剂 1020m^3。编制结果见表 9-14。

表 9-14 **安装工程概算表（十一）**

表三甲 金额单位：元

序号	编制依据	项目名称	单位	数量	单价				合价			
					设备	装置性材料	安装	其中人工费	设备	装置性材料	安装	其中工资
（九）		脱硝系统									392 566	89 852
1		工艺系统									392 566	89 852
1.2		催化剂									392 566	89 852
	GJ11-2	催化剂安装蜂窝式	m^3	1020.00			170.66	88.09			174 073	89 852
		蜂窝式催化剂	m^3	1020.00	18 000				18 360 000			
		设备运杂费	%	0.7					128 520			
		小计							18 488 520		174 073	89 852
		取费（略）										

第十二节 附属生产工程设备及管道安装

一、概算定额子目设置

（1）机、炉、输煤检修间设备安装。

（2）空气压缩机室设备及管道安装。

（3）制氢站设备及管道安装。

（4）油处理室设备及管道安装。

（5）露天油库设备安装。

（6）启动锅炉房设备及管道安装。

（7）生活污水处理装置安装。

（8）含煤废水处理系统安装。

二、工程量计算规则

（1）机、炉、输煤检修间设备安装。机、炉、输煤检修间设备安装按机组容量，以“套”为计量单位，定额中按每两台机组配一套机、炉、输煤检修间考虑。

（2）空气压缩机室设备及管道安装。空气压缩机室设备定额按设备容量以“套”为计量单位；空气压缩机管道安装以“t”为计量单位。

（3）制氢站设备及管道安装。制氢设备按设备容量、型号，以“套”为计量单位；氢气汇流排架综合考虑以“套”为计量单位；制氢站管道安装，以“t”为计量单位。

（4）油处理室设备及管道安装。油处理室设备安装定额按设备配备及油箱容量的不同，以“套”为计量单位；油处理室及露天油库管道安装以“t”为计量单位。

（5）露天油库设备安装。露天油库设备安装按油箱直径，以“台”为计量单位。

（6）启动锅炉房设备及管道安装。锅炉本体安装以“套”为计量单位，炉墙砌筑，以“m^3”为计量单位，管道安装以“t”为计量单位。

（7）生活污水处理装置安装。生活污水处理装置安装按照出力，以“套”为计量单位。

（8）含煤废水处理系统安装。含煤废水处理系统安装按照出力，以“套”为计量单位。

三、定额使用注意事项

（1）空气压缩机室设备安装包括空压机、各种气罐、净化干燥装置、电加热装置、起重设备、罗茨风机等的安装，但不包括冷却水及其连接管路安装；管道安装包括空压机室至主厂房之间的厂区管道安装。

（2）制氢站设备安装包括制氢设备、各种气罐及起重设备安装，系统试运转，但不包括气体分析仪器、仪表的安装；管道安装包括制氢站至主厂房之间的厂区管道安装。

（3）油处理室设备安装包括滤油机、过滤器中间油箱、移动式油罐、油泵的安装。

（4）启动锅炉房设备安装包括锅炉本体及本体范围的管道、阀门、管件、仪表、水位计等附件的安装；与锅炉配套的附属机械、辅助设备及相关的配件、附件的安装；锅炉水压试验、风压试验、烘煮炉、蒸汽严密性试验、安全阀校验，以及上述各种试验相关的安装工作。

（5）生活污水处理装置安装包括设备箱体（曝气箱、沉淀箱、处理水箱）、气泵、排放泵、循环泵、电控箱、阀件、膜组件等通过管路与箱体组成整体；曝气箱的曝气装置安装和填料；膜分离装置的安装及试验。

（6）含煤废水处理系统安装包括煤泥废水池（曝气、搅拌和加药）、送水泵、膜式过滤器、清水池、清水泵、管夹阀、控制装置及附件的安装。

四、概算编制示例

工程内容：某发电厂2×660MW机组，厂内安装机、炉、输煤检修间设备一套。编制结果见表9-15。

表9-15 安装工程概算表（十二）

表三甲 金额单位：元

序号	编制依据	项目名称	单位	数量	单价				合价			
					设备	装置性材料	安装	其中人工费	设备	装置性材料	安装	其中工资
（十）		附属生产工程										
1		辅助生产工程										
1.4		车间检查设备										
	J12-2	机、炉、输煤检修间设备安装	套	1.00			35 169.62	26 006.79			35 170	26 007
		小计									35 170	26 007
		取费（略）										

第十三节　燃气—蒸汽联合循环机组

一、概算定额子目设置

（1）燃气轮发电机组及其附属设备安装。

（2）余热锅炉及其附属设备安装。

（3）蒸汽轮发电机组安装。

（4）重油处理站、天然气调压站设备安装。

二、工程量计算规则

（1）燃气轮发电机组及其附属设备安装。

1）燃气轮机间（本体）、燃气轮发电机间（本体）安装按机组容量，以“套”为计量单位。

2）燃气轮机进气装置安装按机组容量，以“t”为计量单位。

3）燃气轮机附属设备安装按机组容量，以“套”为计量单位。

4）燃气轮机试运按机组容量，以“套”为计量单位。

（2）余热锅炉及其附属设备安装。

1）排气装置安装按机组容量，以“t”为计量单位。

2）钢旁路烟囱安装按机组容量，以“t”为计量单位。

3）余热锅炉本体安装按锅炉蒸发量，以“t”为计量单位。

4）余热锅炉本体钢烟囱安装按按锅炉形式，以“t”为计量单位。

5）余热锅炉本体分部试验及试运配合按锅炉的蒸发量，区分不同的清洗方式，以“套”为计量单位。

6）计算余热锅炉质量时，不包括包装材料、运输加固件、保温金属铁件及保温材料。

（3）蒸汽轮发电机组安装。

1）蒸汽轮发电机组安装按机组容量，以“套”为计量单位。

2）汽轮发电机组整套空负荷试运配合按机组容量，以“套”为计量单位。

（4）重油处理站、天然气调压站设备安装。

1）重油处理设备安装按设备出力，以“套”为计量单位。

2）天然气调压装置安装按设备出力，以“套”为计量单位。

三、定额使用注意事项

（1）燃气轮机间（本体）安装包括燃气轮机间（本体）、隔音罩安装。

（2）燃气轮发电机间（本体）安装包括发电机、励磁机、发电机冷却系统、密封油系统的设备安装。

（3）燃气轮机进气装置安装包括进气装置钢结构、空气过滤装置、进气室、进气风道的安装。

（4）燃气轮机附属设备安装。燃用液体燃料附属设备安装包括轻（重）油前置装置、轻（重）油加热装置、轻（重）油过滤装置、抑钒装置、双联滤网、二氧化碳灭火保护装置、闭式冷却水装置、水—水热交换装置、冷却风机装置、注水装置、水清洗装置、清洗水箱、排污装置的安装。

燃用气体燃料附属设备安装包括天然气前置装置、天然气过滤装置、二氧化碳灭火保护装置、闭式冷却水装置、水—水热交换装置、冷却风机装置、注水装置、水清洗装置、清洗水箱、排污装置的安装。

双燃料附属设备安装包括轻（重）油前置装置、轻（重）油加热装置、轻（重）油过滤装置、抑钒装置、双联滤网、天然气前置装置、天然气过滤装置、二氧化碳灭火保护装置、闭式冷却水装置、水—水热交换装置、冷却风机装置、注水装置、水清洗装置、清洗水箱、排污装置的安装。

（5）余热锅炉本体安装包括钢结构、出口钢烟道、平台、扶梯、栏杆、其他金属结构、受热面、汽包、本体管道、本体油漆。

（6）余热锅炉本体分部试验及试运配合包括风压或烟气密闭试验、蒸汽严密性试验及安全门调整、水压试验、碱煮或酸洗。

（7）凝汽式蒸汽轮发电机组安装包括凝汽式蒸汽轮机本体安装、汽轮机本体管道安装、发电机、励磁机、发电机冷却系统、密封油系统的安装。

（8）重油处理设备安装包括重油输送模块，洗涤模块和水箱，加药破乳装置和储存箱，一、二级油水混合分离过滤装置，渣水分离模块，污水分离模块，抽油悬浮装置，吸油泵，抽水泵，抽渣泵，加药装置及疏水膨胀箱的安装；随设备供应的各种管道、管架、盖板、平台、扶梯及仪表控制柜的就位与安装。

（9）天然气调压装置安装包括变频离心式压缩机、旋风分离装置、计量装置、过滤分离装置、调压装置检查、垫铁与基础接触面凿平、垫铁配置、吊装就位与安装，设备本体的管道及支撑吊架安装，设备本体的平台、栏杆、扶梯安装；水压试验，气密性试验；随设备供应的附件和一次仪表安装。

四、概算编制示例

工程内容：某燃气—蒸汽联合循环机组电厂安装 9E 燃气轮发电机 1 台 120MW，其型号为 PG9351。编制结果见表 9-16。

表 9-16　　**安装工程概算表（十三）**

表三甲　　金额单位：元

序号	编制依据	项目名称	单位	数量	单价				合价			
					设备	装置性材料	安装	其中人工费	设备	装置性材料	安装	其中工资
（一）		热力系统								213 941	1 124 191	252 459
1		燃气轮发电机组								213 941	1 124 191	252 459
1.1		燃气轮发电机组本体								213 941	1 124 191	252 459
	GJ13-2	燃气轮机本体设备安装	套	1			309 960.55	167 743.75			309 961	167 744
	GJ13-7	燃气轮发电机本体设备安装	套	1			94 050.29	37 186.34			94 050	37 186

续表

表三甲　　　　金额单位：元

序号	编制依据	项目名称	单位	数量	单价				合价			
					设备	装置性材料	安装	其中人工费	设备	装置性材料	安装	其中工资
	GJ13-13	燃气轮机进气装置安装	t	15			900.04	322.86			13 501	4843
	GJ13-30	燃气轮发电机组整套空负荷试运配合	套	1			54 641.18	42 686.10			54 641	42 686
		燃气轮机，型号PG9351	套	1	133 500 000				133 500 000			
		燃机发电机	套	1	19 100 000				19 100 000			
		主要设备运杂费	%	0.5					763 000			
		天然气	m^3	105 300		2.02				212 706		
		除盐水除盐水	t	95		13.00				1235		
		小计							153 363 000	213 941	472 153	252 459
		取费（略）										

第十四节　调 相 机 安 装

一、概算定额子目设置

300Mvar 调相机安装。

二、工程量计算规则

300Mvar 调相机安装按照双水内冷和空冷两种模式，以“台”为计量单位。

三、定额使用注意事项

调相机安装定额工作内容包括：①调相机、励磁机、副励磁机（无刷励磁装置）、调相机本体冷却系统的设备安装；②调相机空负荷试运转配合；③桥式起重机超负荷起吊时的加固措施及负荷实验费用；④调相机基础预埋框架的安装。

未包括的工作内容：①调相机电气部分的检查、干燥、接线及电气调整试验；②非设备厂家供应的本体管道安装；③调相机静子吊装系统中支撑托运平台所增加的临时支撑系统；④调相机隔声罩的制作安装。

未计列材料：调相机油系统用油，由设备厂家供应。

四、概算编制示例

工程内容：某发电厂安装两台空冷调相机，规模为 2×300Mvar。编制结果见表 9-17。

表 9-17　　　　**安装工程概算表（十四）**

表三甲　　　　金额单位：元

序号	编制依据	项目名称	单位	数量	单价				合价			
					设备	装置性材料	安装	其中人工费	设备	装置性材料	安装	其中工资
1		调相机										
	GJ14-2	300Mvar 调相机安装定子液压提升法空冷	台	2.00			700 245.98	157 311.24			1 400 492	314 622

续表

表三甲　　　　金额单位：元

序号	编制依据	项目名称	单位	数量	单价				合价			
					设备	装置性材料	安装	其中人工费	设备	装置性材料	安装	其中工资
		空冷调相机，300Mvar	组	2	46 000 000				92 000 000			
		主要设备运杂费	%	0.7					644 000			
		小计							92 644 000		1 400 492	314 622
		取费（略）										

第十五节　调　试　工　程

一、定额设置和工程计量

发电厂机务调试包括发电厂分系统调试和整套启动调试两部分，又分为锅炉、汽机、化学、脱硫和脱硝七个专业的调试内容。调试项目均以机组“台”为计量单位。

二、定额使用注意事项

（1）锅炉采用循环流化床时，其锅炉调试定额按同容量常规锅炉乘以系数 1.2，其他专业调试参照同容量常规燃煤机组。

（2）燃气—蒸汽联合循环电站，当设备为一拖一（1 台燃机+1 台余热锅炉+1 台汽轮机）时，调试概算按同容量常规机组乘以系数 0.8；当设备为二拖一（2 台燃机+2 台余热锅炉+1 台汽轮机）时，调试概算按同容量常规机组计列。

（3）当发电厂为供热机组时，供热系统调试按照《电力工程建设预算定额（2018 年版）　第六册　调试工程》相应子目计列。

（4）当发电厂采用空冷设备时，空冷系统调试按照《电力工程建设预算定额（2018 年版）　第六册　调试工程》相应子目计列。

（5）特殊项目调试和性能试验项目按照《电力工程建设预算定额（2018 年版）　第六册　调试工程》相应子目计列。

三、概算编制示例

工程内容：某燃煤发电厂（2×600MW）锅炉、汽轮机的整套启动调试工程。编制结果见表 9-18。

表 9-18　　　　**安装工程概算表（十五）**

表三甲　　　　金额单位：元

序号	编制依据	项目名称	单位	数量	单价				合价			
					设备	装置性材料	安装	其中人工费	设备	装置性材料	安装	其中工资
一		主辅生产工程										
（一）		热力系统										
6		调试工程										
6.2		整套启动调试										
	GS2-5	锅炉整套启动调试	台	2.00			341 049.01	258 931.27			682 098	517 863
	GS2-11	汽机整套启动调试	台	2.00			330 574.80	232 097.86			661 150	464 196
		小计									1 343 248	982 058
		取费（略）										

第十章

工程量清单编制

电力建设工程工程量清单规范由清单计价规范和清单计算规范构成，适用于电力建设工程等初步设计和施工图设计不同阶段发承包及其实施阶段的计价活动，包括 DL/T 5745—2021《电力建设工程工程量清单计价规范》、DL/T 5369—2021《电力建设工程工程量清单计算规范　火力发电工程》。

第一节　概　　述

一、DL/T 5745—2021

（一）主要内容

DL/T 5745—2021 主要内容包括总则、术语、基本规定、工程量清单编制、最高投标限价、投标报价编制、合同价格约定、工程计量、合同价格调整、工程结算、合同价款支付、合同价格争议的解决、工程计价资料与档案、工程量清单格式、工程量清单计价格式、条文说明。

（二）工程量清单格式

1. 工程量清单表格组成

工程量清单主要包括：封面，扉页，填表须知，总说明，分部分项工程量清单，措施项目清单，其他项目清单，投标人采购材料、设备表，招标人采购材料、设备表。

2. 清单表格使用规定

为便于工程标准管理和满足计价要求，工程量清单应采用统一格式，按规范要求统一项目编码、统一项目名称、统一项目特征、统一计量单位、统一工程量计算规则。工程量清单封面应按规定的内容填写、签字、盖章。

（三）工程量清单计价格式

1. 工程量清单计价表格组成

工程量清单计价表格包括最高投标限价/投标报价表格和竣工结算总价表格。

最高投标限价/投标报价表格包括封面、填表须知、编制说明、工程项目最高投标限价/投标报价汇总表、分部分项工程费用汇总表、分部分项工程量清单计价表、投标人采购材料计价表、投标人采购设备计价表、措施项目清单计价表、其他项目清单计价表、招标人采购材料表、主要工日价格表、主要机械台班价格表。

竣工结算总价表格包括封面、填表须知、编制说明、工程项目竣工结算汇总表、分部分项工程费用汇总表、分部分项工程量清单结算汇总对比表、承包人采购材料计价表、承包人采购设备计价表、措施项目清单计价表、其他项目清单计价表、发包人采购材料表、主要工日价格表、主要机械台班价格表。

2. 清单计价表格使用规定

清单计价表格与工程量清单应采用统一格式，计价表格可结合实际情况，在规定的表格基础上补充完善。工程量清单计价表应包含全费用综合单价分析表。

最高投标限价、投标报价、竣工结算应由具有资质的电力行业造价从业人员编制、审核。

二、DL/T 5369—2021

（一）主要内容

DL/T 5369—2021 主要内容由正文、附录、条文说明组成。正文共四章，包括总则、术语、工程量计算、工程量清单编制。

DL/T 5369—2021 包括的五个规范性附录为：附录 A 火力发电建筑工程初步设计阶段工程量清单项目及计算规则、附录 B 火力发电安装工程初步设计阶段工程量清单项目及计算规则、附录 C 火力发电建筑施工图阶段工程量清单项目及计算规则、附录 D 火力发电安装工程施工图阶段工程量清单项目及计算规则、附录 E 火力发电工程项目划分和编码。

（二）工程量清单项目及计算规则

编制清单时，必须按照 DL/T 5369—2021 设置清单项目编码、项目名称、项目特征、计量单位、工程量计算规则、工作内容，对清单项目进行全面的描述，并按规定的格式出具工程量清单。

工程量清单项目及计算规则分初步设计和施工图两个阶段，作为不同阶段发承包的编制依据。

（三）项目划分和编码

DL/T 5369—2021 包括 6 个附录：燃煤建筑工程项目划分及编码、燃煤机务工程项目划分及编码、燃煤电气工程项目划分及编码、燃气建筑工程项目划分及编码、燃气机务工程项目划分及编码、燃气电气工程项目划分及编码。

各项目划分均按照《火力发电工程建设预算编制与计算规定（2018 年版）》结合工程建设实际进行划分，并附于编码，该项目编码由 1 位数字和 5 位英文字母组成。

第二节 工程量清单

招标工程量清单是指招标人根据 DL/T 5745—2021 和 DL/T 5369—2021，并依据国家标准、行业标准、招标文件、设计文件以及施工现场实际情况编制的招标清单，作为编制最高投标限价和投标人投标报价的依据。招标工程量清单是工程量清单计价的基础，是编制最高投标限价、投标报价、计算或调整工程量、索赔等的依据之一，属于招标文件的组成部分。

一、工程量清单内容

（一）一般规定

招标工程量清单应由具有编制招标文件能力的招标人或受其委托，具有相应资质的电力工程造价咨询人编制和复核。

工程量清单作为招标文件的重要组成部分，必须与招标文件的原则统一，与技术规范书保持一致，与投标须知、合同条款等相互照应，正确反映工程的特点，完整体现招标人意图。

招标工程量清单由封面、填表须知、总说明、分部分项工程量清单、措施项目清单、其他项目清单、投标人采购材料设备表、招标人采购材料设备表。各清单应采用清单计价规范规定的统一表式。项目划分应根据清单计算规范进行编制。

（二）总说明

“总说明”的编制应包括但不限于下列内容：①工程概况，其中应包括建设性质、工程特征、本期容量、规划容量、系统简介、资金来源、计划工期、设计单位、建设单位、建立单位、建设地点等内容；②工程招标和分包范围；③招标工程量清单编制依据；④交通运输状况；⑤环境保护和安全文明施工；⑥工程质量要求；⑦工程材料要求；⑧工程施工特殊要求；⑨其他需要说明的问题。

（三）分部分项工程量清单

分部分项工程量清单应载明项目编码、项目名称、项目特征、计量单位、工程量。这五个要素在分部分项工程量清单组成中缺一不可。

为便于工程标准管理和满足计价要求分部分项工程量清单规定五统一，即统一项目编码、统一项目名称、统一项目特征、统一计量单位，统一工程量计算规则，招标人必须按规定执行，不得因情况不同擅自变动。

分部分项工程量清单的表现格式见表 10-1。

表 10-1　　分部分项工程量清单的表现格式

序号	项目编码	项目名称	项目特征	计量单位	工程量	备注
⋮	⋮					

1. 项目编码

分部分项工程量清单的项目编码由十二位编码组成如图 10-1 所示，共分为五级。

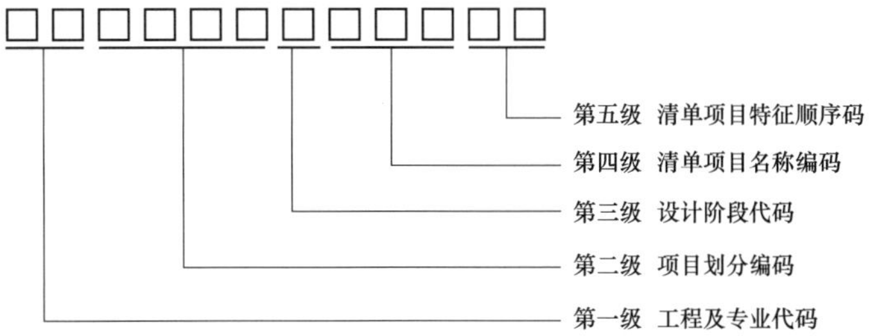

图 10-1　工程量清单十二位编码组成

第一级为工程及专业代码，用数字表示：“1A”表示燃煤建筑工程，“1B”表示燃煤机务工程，“1C”表示燃煤电气工程，“1D”表示燃气建筑工程，“1E”表示燃气机务工程，“1F”表示燃气电气工程。

第二级为项目划分编码，四位英文字母表示：按照 DL/T 5369—2016 附录 E 中列出的项目划分编码。

第三级为设计阶段代码：“C”代表初步设计阶段，“S”代表施工图阶段。

第四级为清单项目名称编码，用一位英文字母加两位阿拉伯数字表示；按照 DL/T 5369—2016 附录 A～附录 D 工程量清单项目及计算规则表中的项目编码。

第五级为清单项目特征顺序码，用两位阿拉伯数字表示：由清单编制人根据拟建工程的工程量清单项目名称和特征设置，自“01”起根据相同项目特征进行顺序编码。

在编制招标项目工程量清单时，需按照工程及专业划分、清单计算附录 F 的项目划分并结合相应附录 A～附录 D 的项目编码，组成一个十位码，这十位码为固定统一编码，编制人不得更改，确需增列的清单项目，可在相应级别的固定编码后按顺序增列。

2. 项目特征

工程量清单的项目特征是确定一个清单项目综合单价不可缺少的重要依据，在编制工程量清单时，必须对项目特征进行规范、简洁、准确、全面的描述，确保能够准确进行计价。

（1）必须描述的内容：涉及正确计量的内容必须描述。

1）设备材料的形式、型号、规格、出力等涉及正确计量的内容必须描述，如锅炉的出力、炉型、蒸汽压力、温度等必须在项目特征中予以清晰描述。

2）涉及安装场合（室内、室外）、安装高度等影响准确计价的内容必须描述，如余热锅炉本体独立钢烟囱在项目特征中的安装高度必须描述，因涉及人工、机械等计价要素的难度系数调整。

3）涉及材质要求的内容必须描述，如主蒸汽管道的材质有 P92、P91 的区别均会影响安装费的计算。

（2）可不详细描述的内容。无法准确描述的可不详细描述，如在初步设计阶段无法描述热力系统中管道的具体规格，在编制项目特征时，可仅描述机组容量、主管材质。

3. 计量单位

分部分项工程量清单计量单位按 DL/T 5369—2021 附录中相应项目的规定计量单位填写。

附录中有两个或两个以上计量单位的，应根据规范中规定的特征描述且结合拟建工程项目的实际来选定一个合适的计量单位。

4. 工程量

分部分项工程量清单工程量应按 DL/T 5369—2021 附录中“工程量计算规则”栏内规定的计算方法计算确定。工程量的小数有效位数应遵守下列规定：

（1）以“t”为单位，应保留小数点后三位数字，第四位数字四舍五入。

（2）以“m、m^2、m^3、kg”为单位，应保留小数点后两位数字，第三位数字四舍五入。

（3）以“个、件、根、块、只、副、套、座、项、部、台、组、系统”为单位，应取整数。

5. 注意事项

（1）随着工程建设中新材料、新技术、新工艺的不断出现，DL/T 5369—2021 附录所列的工程量清单项目不可能包含所有项目。在编制工程量清单时，当出现附录中未包括的清单项目时，编制人应作补充。在编制补充项目时应注意以下方面：

1）补充项目的编码由 DL/T 5369—2021 的项目划分码与 B 和四位阿拉伯数字组成，并应从××××××B0001 起顺序编制，同一招标工程的项目不得重码。“××××××”为工程及专业代码和《发电工程工程量清单计算规范》附录 E 的项目划分码。

2）在工程量清单中应附补充项目的项目名称、项目特征、计量单位、工程量计算规则和工作内容。

3）由招标人将编制的补充项目报电力工程造价与定额管理总站。

（2）若本专业的分部分项工程量招标清单无该内容的清单项目，而其他专业的分部分项工程量招标清单包括了这部分内容的清单项目，则可以应用其他专业的清单项目的十位码，再加 2 位顺序码，注“参”即可。

（四）措施项目清单编制

措施项目清单应根据拟建工程的实际情况列项。其中，单价措施项目清单应结合拟定的施工方案列出项目编码、项目名称、项目特征、计量单位、工程数量和工程量计算规则；总价措施项目清单应结合拟定的施工方案明确其包含的内容、要求及计算公式。

（五）其他项目清单编制

其他项目是指除分部分项工程量清单、措施项目清单外，因招标人的要求而发生的与拟建工程有关的费用项目。招标工程量清单编制人应根据招标人要求或招标文件的招标范围，并结合拟建工程实际情况确定列项。

其他项目清单内容包括：①计日工，列明项目和数量；②暂估价，包括材料暂估单价、专业工程暂估价；③施工总承包服务费，列明服务项目及其内容等；④暂列金额，根据工程特点按有关计价规定估算；⑤拆除工程项目费，清单按有关计价规定列出明细表；⑥招标人供应材料、设备卸车及保管费，若招标工程涉及拆除项目、建设场地征用及清理费、招标人供应材料设备卸车及保管费。

二、工程量清单表格组成

（一）工程量清单统一格式

工程量清单编制应采用统一格式，其表格组成部分详见表10-2。

表10-2　　工程量清单表格组成部分

序号	表　名	表　序
1	封面	清单封-1
2	填表须知	清单封-2
3	总说明	清单表-1
4	分部分项工程量清单	清单表-2
5	措施项目清单	清单表-3
6	其他项目清单	清单表-4
	暂列金额明细表	清单表-4.1
	材料、工程设备暂估单价表	清单表-4.2
	专业工程暂估价表	清单表-4.3
	计日工表	清单表-4.4
	施工总承包服务项目表	清单表-4.5
	拆除工程项目清单	清单表-4.6
7	投标人采购材料（设备）表	清单表-5
8	招标人采购材料（设备）表	清单表-6

（二）工程量清单表格注意事项

若招标人要求投标人对招标人采购的材料、设备进行卸车、保管的，需在总说明里叙述；若项目涉及拆除的，可增加拆除工程项目清单；若招标人要求投标人处理有关建设场地征用及清理项目内容的，也可补充相应表格。

三、火力发电工程分部分项工程量清单编制

（一）分部分项工程工程量清单编制要求及注意事项

（1）招标工程量清单必须按清单计价规范、火电清单计算规范规定表式和内容填写。

（2）火力发电工程机务部分工程量清单项目分初步设计和施工图两个阶段，根据发承包时间和招标要求确定工程量清单采用的依据。

（3）初步设计阶段招标时，分部分项工程量清单中的清单项目及工程量按照各设计专业提资编制。施工图设计阶段招标时，分部分项工程量清单中的清单项目及工程量按照图纸计算并编制。设计专业提资计算工程量及按图纸计算工程量时，均需执行火电清单计算规范的工程量计算规则。

（4）采用初步设计阶段工程量清单招标时，工作内容均已包括：①水平运输、垂直运输、建筑物超高施工等费用。②安、拆脚手架等。③金属构件按成品编制项目，构件成品价应计入综合单价中，若采用现场制作，包括制作的所有费用。

（5）招标人采购设备材料表根据拟建工程的具体情况，详细列出采购材料名称、型号规格、计量单位、数量、单价、交货地点及方式等内容；投标人采购设备材料表根据拟建工程的具体情况，详细列出采购设备材料名称、型号规格、计量单位、数量等内容。

（二）火力发电工程分部分项工程工程量清单编制办法

现以安徽省某新建2×1000MW超超临界燃煤发电项目，在初步设计阶段对其热力系统施工进行招标为例，介绍招标工程量清单编制办法。

清单封-1

×××××电厂 2×1000MW 机组 I 标段安装工程

招标工程量清单

招标人：××××××（单位盖章）

法定代表人或其授权人××××××（签字或盖章）

工程造价咨询人：××××××（单位资质专用章）

法定代表人或其授权人××××××（签字或盖章）

编制人：××××××（签字、盖执业专用章）

复核人：××××××（签字、盖执业专用章）

编制时间：　年　月　日

复核时间：　年　月　日

清单封-2

填 表 须 知

1．工程量清单应由具有编制招标文件能力的招标人、受其委托具有相应资质的电力工程造价咨询人或招标代理人进行编制。

2．招标人提供的工程量清单的任何内容不应删除或涂改。

3．工程量清单格式的填写应符合下列规定：

3.1 工程量清单中所有要求签字、盖章的地方，应由规定的单位和人员签字、盖章。

3.2 总说明应按下列内容填写：

3.2.1 火力发电工程工程概况主要包括建设性质、工程特征、本期容量、规划容量、系统简介、资金来源、计划工期、设计单位、建设单位、监理单位等内容。

3.2.2 其他说明应按如下内容填写：

（1）工程招标和分包范围；

（2）工程量清单编制依据；

（3）工程质量、材料等要求；

（4）施工特殊要求；

（5）交通运输情况、健康环境保护和安全文明施工；

（6）其他需要说明的内容。

3.3 分部分项工程量清单按序号、项目编码、项目名称、项目特征、计量单位、工程量、备注等内容填写。

3.4 措施项目清单按序号、项目名称等内容填写。

3.5 其他项目清单按序号、项目名称等内容填写。

3.6 投标人采购材料（设备）表按序号、材料（设备）名称、型号规格、计量单位、数量、单价等内容填写。

3.7 招标人采购材料（设备）表按序号、材料（设备）、型号规格、计量单位、数量、单价、交货地点及方式等内容填写。

4．如有需要说明其他事项可增加条款。

清单表-1

总 说 明

工程名称：××××电厂2×1000MW机组Ⅰ标段安装工程

<table>
<tr><td rowspan="3">工程概况</td><td>工程名称</td><td>××××电厂2×1000MW机组Ⅰ标段安装工程</td><td>建设性质</td><td>新建</td></tr>
<tr><td>设计单位</td><td>×××电力设计院有限公司</td><td>建设地点</td><td>安徽</td></tr>
<tr><td></td><td></td><td></td><td></td></tr>
<tr><td>其他说明</td><td colspan="4">1．××××电厂2×1000MW机组Ⅰ标段安装工程，1号机组主厂房安装工程。
工程量清单编制依据：
（1）国家能源局发布的DL/T 5745—2021《电力建设工程工程量清单计价规范》、国家能源局发布的DL/T 5369—2021《电力建设工程工程量清单计算规范　火力发电工程》；
（2）工程招标文件；
（3）设计图纸。
2．报价中的安全文明施工费、社会保险费、住房公积金，属非竞争性费用，应按照《火力发电工程建设预算编制与计算规定（2018年版）》计取。
3．工程所需设备均由招标人提供（清单中列明的投标人采购设备除外）。
4．招标人供应的材料范围如下：
（1）主蒸汽管道、热再热蒸汽管道、冷再热蒸汽管道和主给水管道，以及疏放水、放气、暖管、仪表导压管、取样管与机组性能考核试验仪表导压管，及其管件（含工厂化加工）、支吊架（不含根部）。
（2）冷风道、热风道和烟道的风门和补偿器，给粉管道的耐磨弯头、煤粉取样装置和可调锁孔。
（3）进口阀门、仪表阀门、衬胶/衬塑阀门和除DN≤100的低压（P≤1.6MPa）手动阀门外的国产其他阀门（不包括反法兰及连接件）。
（4）全厂设备、管道的保温材料。
5．招标人采购材料（设备）表中的材料（设备）单价均为除税单价，数量为设计用量（不含施工损耗），合理的施工损耗已包含在最高限价中。
6．在措施项目中，投标人除按招标文件所列的常规措施项目报价外，尚需根据现场踏勘以及投标施工组织设计等情况自行增加措施项目并进行报价。如无相关报价，除招标文件另有说明外，视为让利，结算时不调整。
7．工程施工工艺应达到××集团公司标准工艺要求，相关费用由投标单位自主报价计入相应的综合单价。</td></tr>
</table>

清单表-2

分部分项工程量清单

工程名称：××××电厂 2×1000MW 机组 I 标段安装工程

序号	项目编码	项目名称	项目特征	计量单位	工程量	备注
	1B	安装工程				
一		主辅生产工程				
（一）	1BA	热力系统				
1	1BAA	锅炉机组				
1.1	1BAAA	锅炉本体				
1.1.1	1BAAAA	组合安装				
1.1.1	1BAAAA CA01 01	锅炉钢架	（1）1050MW 超超临界直流Π型炉 （2）锅炉出力：3118t/h （3）参数：29.4MPa（g），605℃/623℃	t	13 656	
	1BAAAA CA02 01	锅炉钢架油漆	（1）1050MW 超超临界直流Π型炉 （2）容量 3118t/h （3）参数：29.4MPa（g），605℃/623℃	t	13 656	油漆厂供
	1BAAAA CA03 01	锅炉本体	（1）1050MW 超超临界直流Π型炉 （2）锅炉出力：3118t/h （3）参数：29.4MPa（g），605℃/623℃	t	10 264	
	1BAAAA CA04 01	空气预热器	（1）形式：三分仓回转式 （2）空气预热器转子直径：17 286mm	台	2	
1.1.2	1BAAAB	点火装置				
	1BAAAB CA05 01	等离子点火装置附属设备和管道	1050MW 超超临界直流Π型炉	台炉	1	
1.1.3	1BAAAC	分部试验及试运				
	1BAAAC CA06 01	锅炉本体分部试运	1050MW 超超临界直流Π型炉	台炉	1	
	1BAAAC CA07 01	锅炉本体清洗	（1）按 EDTA 方式清洗 （2）1050MW 超超临界直流Π型炉 （3）锅炉出力：3118t/h	台炉	1	除盐水和柴油甲供
1.2	1BAABA	风机				
	1BAABA CA08 01	送风机	（1）动叶可调轴流式 （2）出力：Q=390m³/s （3）压头：H=5414Pa （4）电动机功率 2800kW，电压 10kV	台	2	

续表

序号	项目编码	项目名称	项目特征	计量单位	工程量	备注
1.2	1BAABA CA09 01	一次风机	(1)动叶可调轴流式 (2)出力：Q=144m^3/s (3)压头：H=15 526Pa (4)电动机功率 2900kW，电压 10kV	台	2	
	1BAABA CA10 01	引风机	(1)动叶可调轴流式 (2)出力：Q=717m^3/s (3)压头：H=10 386Pa (4)电动机功率 9300kW，电压 10kV	台	2	
1.3	1BAACA	除尘装置				
	1BAACA CA12 01	低低温静电除尘器	(1)三室五电场，所有电场采用高频电源 (2)每台锅炉 3 台电除尘器 (3)除尘效率>99.935%	t	5100	
1.4	1BAADA	制粉系统				
	1BAADA CA16 01	磨煤机	(1)中速磨煤机 (2)磨煤机型号：HP1163/Dyn (3)电动机功率 950kW，电压 10kV	台	6	
	1BAADA CA17 01	给煤机	(1)电子称重式给煤机 (2)出力 Q=(10～120)t/h (3)给煤距离 L=2250mm (4)变频调速电动机 4kW，电压 380V	台	6	
	1BAADA CA20 01	煤斗疏松机	(1)液压传动式，电控方式 (2)型号：HT-SSJ-I-1/2	台	6	
1.5	1BAAE	烟风煤管道				
1.5.1	1BAAEA	冷风道				
	1BAAEA CA21 01	冷风道	(1)管道材质 Q235A (2)锅炉出力：3118t/h	t	70	甲供部分(风门、补偿器)
	1BAAEA CA21 02	冷风道	(1)管道材质 Q235A (2)锅炉出力：3118t/h	t	330	乙供部分
1.5.2	1BAAEB	热风道				
	1BAAEB CA22 01	热风道	(1)管道材质 Q235A (2)锅炉出力：3118t/h	t	550	甲供部分(风门、补偿器)和厂供热二次风道
	1BAAEB CA22 02	热风道	(1)管道材质 Q235A (2)锅炉出力：3118t/h	t	240	乙供部分
1.5.3	1BAAEC	烟道				
	1BAAEC CA23 01	烟道	(1)管道材质 Q235A (2)锅炉出力：3118t/h	t	100	甲供部分(风门、补偿器)
	1BAAEC CA23 02	烟道	(1)管道材质 Q235A (2)锅炉出力：3118t/h	t	900	乙供部分
1.5.4	1BAAED	原煤管道				
	1BAAED CA25 01	原煤管道	(1)管道材质：不锈钢 (2)锅炉出力：3118t/h	t	20	管道厂供

续表

序号	项目编码	项目名称	项目特征	计量单位	工程量	备注
1.5.5	1BAAEF	送粉管道				
	1BAAEF　CA27　01	送粉管道	（1）管道材质 Q235A （2）锅炉出力：3118t/h	t	320	甲供部分（耐磨弯头、煤粉取样装置和可调锁孔）
	1BAAEF　CA27　02	送粉管道	（1）管道材质 Q235A （2）锅炉出力：3118t/h	t	440	乙供部分
1.6	1BAAFA	锅炉其他辅机				
	1BAAFA　CA30　01	低温省煤器	（1）材质：ND 钢 （2）6×17%容量	t	1830	
	1BAAFA　CB16　01	其他水泵	（1）名称：低温省煤器凝结水升压泵 （2）用途：低温省煤器凝结水升压用 （3）参数：流量 1050m^3/h，扬程 50mH_2O，电机功率 200kW，电压 6kV	台	2	
	1BAAFA　CB16　02	其他水泵	（1）名称：锅炉启动循环泵停机冷却水泵 （2）用途：停机时冷却锅炉循环水泵用 （3）参数：流量 50t/h，扬程 55mH_2O，电机功率 15kW，电压 380V	台	1	
	1BAAFA　CB10　01	起重机械	（1）名称：电动双梁悬挂过轨起重机 （2）用途：磨煤机及电动机检修用 （3）起重量：2×16t （4）起吊高度：12m	台	1	
	1BAAFA　CB10　02	起重机械	（1）名称：磨煤机侧单梁悬挂大车 （2）用途：磨煤机及电动机检修用 （3）起重量：16t （4）起吊高度：12m	台	7	
	1BAAFA　CB10　03	起重机械	（1）名称：电动葫芦 （2）用途：磨煤机及电动机检修用 （3）起重量：16t （4）起吊高度：12m	台	2	
	1BAAFA　CB10　04	起重机械	（1）名称：电动葫芦 （2）用途：送风机电机检修用 （3）起重量：18t （4）起吊高度：12.5m	台	2	
	1BAAFA　CB10　05	起重机械	（1）名称：电动葫芦 （2）用途：引风机叶轮检修用 （3）起重量：18t （4）起吊高度：12.5m	台	2	
	1BAAFA　CB10　06	起重机械	（1）名称：电动葫芦 （2）用途：一次风机电动机检修用 （3）起重量：20t （4）起吊高度：9m	台	2	
	1BAAFA　CB10　07	起重机械	（1）名称：电动葫芦 （2）用途：一次风机叶轮检修用 （3）起重量：10t （4）起吊高度：9m	台	2	

续表

序号	项目编码	项目名称	项目特征	计量单位	工程量	备注
1.6	1BAAFA CB10 08	起重机械	(1) 名称：电动葫芦 (2) 用途：送风机叶轮检修用 (3) 起重量：18t (4) 起吊高度：12.5m	台	2	
	1BAAFA CB10 09	起重机械	(1) 名称：电动葫芦 (2) 用途：密封风机检修用 (3) 起重量：5t (4) 起吊高度：9m	台	2	
	1BAAFA CB10 10	起重机械	(1) 名称：电动葫芦 (2) 用途：引风机电动机检修用 (3) 起重量：45t (4) 起吊高度：12.5m	台	2	
	1BAAFA CB10 11	起重机械	(1) 名称：电动葫芦 (2) 用途：低温省煤器检修用 (3) 起重量：25t (4) 起吊高度：33m	台	1	
	1BAAFA CB10 12	起重机械	(1) 名称：电动卷扬机 (2) 型号：JJM-10 (3) 起重量：10t	台	2	
	1BAAFA CB10 13	起重机械	(1) 名称：电动卷扬机 (2) 型号：JJM-3 (3) 起重量：3t	台	2	
	1BAAFA CB10 14	起重机械	(1) 名称：电动卷扬机 (2) 型号：JJM-1 (3) 起重量：1t	台	2	
	1BAAFA CA30 01	设备平台、扶梯、栏杆、支架	材质：Q235A	t	28	
2	1BAB	汽轮发电机组				
2.1	1BABAA	汽轮发电机本体				
	1BABAA CB01 01	汽轮机及汽轮发电机本体	(1) 汽轮机规格：28/600/620 型，超超临界，一次再热、四缸四排汽、单轴凝汽式 (2) 汽轮发电机规格：水—氢—氢冷却汽轮发电机 (3) 汽轮发电机组容量：1050MW	套	1	
2.2	1BABBA	汽轮发电机辅助设备安装				
	1BABBA CB02 01	汽轮发电机辅助设备	(1) 汽轮发电机组容量：1050MW (2) 主机凝汽器冷却形式：湿冷	套	1	
		包括以下设备				
		(1) 盘车装置	汽机厂配套	套	1	
		(2) 油净化装置	YJ-12000 型 12 000L/h	台	1	
		(3) 汽轮机检修储油箱	净油箱 $80m^3$+污油箱 $80m^3$	台	1	
		(4) 汽机润滑油输送泵及电动机	$40m^3/h$ 0.627MPa、11kW	台	1	
		(5) 润滑油输送泵入口滤网	$40m^3/h$	台	1	

续表

序号	项目编码	项目名称	项目特征	计量单位	工程量	备注
2.2	1BABBA　CB02　01	（6）凝汽器	双背压双壳体、单流程表面式冷却面积～55 000m^2，不锈钢管	台	1	
		（7）疏水扩容器Ⅰ	附于凝汽器侧　配供约 50m^3	台	1	
		（8）疏水扩容器Ⅱ	附于凝汽器侧　配供约 50m^3	台	1	
		（9）胶球清洗装置	收球率大于 98%，由收球网、装球室、胶球泵等组成	套	2	
		（10）低加设备	包括 8、9 号合体低加，7 号低加，6 号低加，5 号低加	套	1	
		（11）高加设备	包括 3 号高加、2 号高加、1 号高加、0 号高加	套	1	
		（12）3 号高加前置蒸汽冷却器	30%容量　换热面积 410m^2	台	1	
		（13）凝结水泵	11LDTND-4SⅠ，立式，流量 2410m^3/h，扬程 319mH_2O 电动机 2700kW，6kV，立式	台	2	
		（14）凝结水泵入口滤网	2410m^3/h	台	2	
		（15）水环式真空泵	抽干空气量＞70kg/h 电动机 160kW 380V	台	2	
		（16）罗茨泵真空机组	抽干空气量 ＞70kg/h 电动机 80kW，380V	台	2	
		（17）水室真空泵	水环式，20m^3/min 电动机 38kW，380V	台	2	
		（18）三级旁路减温减压器	置于凝汽器内　凝汽器配套	台	2	
		（19）低加疏水泵	卧式离心泵，流量 292 m^3/h，扬程 290mH_2O 电动机 330kW，6kV	台	2	
		（20）低加疏水泵永磁装置		台	2	
		（22）低加疏水泵入口滤网	高效、Y 型、手动，流量 292m^3/h	台	2	
		（23）凝结水输水泵	540m^3/h，65mH_2O 150kW，380V，永磁调节	台	1	
		（24）凝结水输送泵泵入口滤网	高效、Y 型、手动，流量 540m^3/h	台	1	
		（25）锅炉上水泵	300m^3/h 150kW	台	2	
		（26）锅炉上水泵入口滤网	高效、Y 型、手动，流量 300m^3/h	台	2	
		（27）凝结水补水泵	100m^3/h 15kw	台	1	
		（28）闭式冷却水泵	3000m^3/h，50mH_2O 500kW 10kV	台	2	
		（29）闭式冷却水泵永磁装置		台	2	

续表

序号	项目编码	项目名称	项目特征	计量单位	工程量	备注
2.2	1BABBA　CB02　01	（30）闭式冷却水泵入口滤网	高效、桶式、手动，设计流量 $3000m^3/h$	台	2	
		（31）闭式循环冷却水热交换器	管式换热器，不锈钢管，闭冷水流量 $3000m^3/h$，循环水流量 $5420m^3/h$	台	2	
		（32）闭式循环冷却水膨胀水箱	$20m^3$	台	1	
		（33）开式冷却水电动滤水器	电动旋转式，带自动反冲洗。设计流量：$3000m^3/h$	台	1	
2.3	1BABCA	旁路系统				
	1BABCA　CB03　01	旁路装置	汽轮发电机组容量：1050MW	套	1	
2.4	1BABDA	除氧给水装置				
	1BABDA　CB04　01	除氧器及给水箱	（1）卧式无头内置式除氧器 型号：YYN-3320/350 （2）给水箱有效容积 $350m^2$	台	1	
	1BABDA　CB13　01	汽动给水泵组	（1）50%容量汽动给水泵 （2）每台机组所配2台汽动给水泵 （3）单台汽动给水泵参数：BGM-CH，流量 $1850m^3/h$，扬程 $3730mH_2O$ （4）汽轮发电机组容量：1050MW	套	1	
	1BABDA　CB16　01	其他水泵	（1）名称：事故排油输送泵 （2）用途：给水泵汽轮机润滑油站用 （3）参数：流量 $30m^3/h$，，2930r/min，扬程 0.785MPa，电机功率 7.5kW，电压 380V	台	2	
	1BABDA　CB16　02	其他水泵	（1）名称：润滑油输送泵 （2）用途：给水泵汽轮机用 （3）参数：流量 $5m^3/h$，扬程 40 mH_2O，电机功率 2.2kW，电压 380V	台	1	
2.5	1BABEA	汽轮机其他辅机				
	1BABEA　CB09　01	生水加热器	（1）形式：表面式 （2）出力：加热生水总量为 964t/h（正常运行时水量 723t/h，启动期间 964t/h），冬天水温从 5～10℃加热到 20～25℃，压降 0.1MPa	台	1	
	1BABEA　CB16　01	其他水泵	（1）名称：循环水坑排水泵 （2）用途：循环水坑排水用 （3）参数：流量 $80m^3/h$ 扬程 $16mH_2O$，电机功率 30kW，电压 380V	台	2	
	1BABEA　CB17　01	辅助蒸汽连箱	（1）规格：$\phi1020\times20$，$L=10m$ （2）蒸汽设计参数：1.3MPa，414℃	台	1	
	1BABEA　CB08　01	减温减压器	（1）用途：辅汽连箱至磨煤机消防用汽 （2）进口压力：$P=0.87$～1.3MPa（a），温度：$t=399.3$℃ （3）出口压力：$P=0.45$MPa（a），温度：$t=200$℃ （4）出力：$Q=12$～16t/h	台	1	

续表

序号	项目编码	项目名称	项目特征	计量单位	工程量	备注
2.5	1BABEA　CB08　02	减温减压器	（1）用途：辅汽连箱至炉前燃油系统吹扫、雾化用汽 （2）进口压力：$P=0.87\sim1.3$MPa（a），温度：$t=399.3$℃ （3）出口压力：$P=0.6\sim0.8$MPa（a），温度：$t=250$℃ （4）出力：$Q=9.2$t/h	台	1	
	1BABEA　CB08　03	减温减压器	（1）用途：辅汽连箱至厂区燃油用汽 （2）进口压力：$P=0.87\sim1.3$MPa（a），温度：$t=399.3$℃ （3）出口压力：$P=0.8$MPa（a），温度：$t=240$℃ （4）出力：$Q=10$t/h	台	1	
	1BABEA　CB08　04	减温减压器	（1）用途：辅汽连箱至轴封用汽 （2）进口压力：$P=0.87\sim1.3$MPa（a），温度：$t=399.3$℃ （3）出口压力：$P=0.3\sim0.8$MPa（a），温度：$t=280\sim320$℃ （4）出力：$Q=6$t/h	台	1	
	1BABEA　CB08　05	减温减压器	（1）用途：辅汽连箱至暖通用汽 （2）进口压力：$P=0.87\sim1.3$MPa（a），温度：$t=399.3$℃ （3）出口压力：$P=0.5$MPa（a），温度：$t=152$℃ （4）出力：$Q=1.2$t/h	台	1	
	1BABEA　CB08　06	减温减压器	（1）用途：对外供热 （2）进口压力：$P=0.87\sim1.3$MPa（a），温度：$t=350$℃ （3）出口压力：$P=1.3$MPa（a），温度：$t=320$℃ （4）出力：$Q=160$t/h	台	1	
	1BABEA　CB10　01	起重机械	（1）名称：汽机房桥式起重机 （2）用途：汽机房主要设备检修起吊使用 （3）跨度：30.5m （4）起重量：130（230）/35t	台	2	
	1BABEA　CB10　02	起重机械	（1）名称：电动葫芦 （2）用途：循环水蝶阀检修用 （3）起重量：16t （4）起吊高度：5m	台	1	
	1BABEA　CB10　03	起重机械	（1）名称：电动葫芦 （2）用途：低加疏水泵及电机检修用 （3）起重量：10t （4）起吊高度：4.5m	台	1	
	1BABEA　CB10　04	起重机械	（1）名称：电动葫芦 （2）用途：3 号高加前置蒸汽冷却器检修用 （3）起重量：50t （4）起吊高度：5m	台	1	
	1BABEA　CB10　05	起重机械	（1）名称：电动葫芦 （2）用途：真空泵泵检修用 （3）起重量：5t （4）起吊高度：4.5m	台	1	

续表

序号	项目编码	项目名称	项目特征	计量单位	工程量	备注
2.5	1BABEA CB10 06	起重机械	（1）名称：电动葫芦 （2）用途：电动前置泵检修用 （3）起重量：5t （4）起吊高度：4.5m	台	1	
	1BABEA CB10 07	起重机械	（1）名称：电动葫芦 （2）用途：闭式冷却器检修用 （3）起重量：15t （4）起吊高度：5m	台	1	
	1BABEA CB10 08	起重机械	（1）名称：电动葫芦 （2）用途：闭式水泵检修用 （3）起重量：5t （4）起吊高度：4.5m	台	1	
	1BABEA CA35 01	设备平台、扶梯、栏杆、支架	材质：Q235A	t	20	
3	1BAC	热力系统汽水管道				
3.1	1BACA	主蒸汽、再热蒸汽及主给水管道				
3.1.1	1BACAA	主蒸汽管道				
	1BACAA CC01 01	主蒸汽管道	（1）机组容量：1050MW （2）主管材质：A335P92，主管规格：ID342.9×98（ϕ550.9×103.2）	t	410	甲供部分
	1BACAA CC01 02	主蒸汽管道	（1）机组容量：1050MW （2）主管材质：A335P92，主管规格：ID342.9×98（ϕ550.9×103.2）	t	20	乙供部分，支吊架根部
3.1.2	1BACAB	热再热蒸汽管道				
	1BACAB CC02 01	热再热蒸汽管道	（1）机组容量：1050MW （2）主管材质：A335P92，主管规格：ID711.2×54（ϕ829.4×58.1）	t	505	甲供部分
	1BACAB CC02 02	热再热蒸汽管道	（1）机组容量：1050MW （2）主管材质：A335P92，主管规格：ID711.2×54（ϕ829.4×58.1）	t	25	乙供部分，支吊架根部
3.1.3	1BACAC	冷再热蒸汽管道				
	1BACAC CC03 01	冷再热蒸汽管道	（1）机组容量：1050MW （2）主管材质：A672B70CL32，主管规格：ϕ1168.4×41	t	300	甲供部分
	1BACAC CC03 02	热再热蒸汽管道	（1）机组容量：1050MW （2）主管材质：A672B70CL32，主管规格：ϕ1168.4×41	t	10	乙供部分，支吊架根部
3.1.4	1BACAD	主给水管道				
	1BACAD CC04 01	主给水管道	（1）机组容量：1050MW （2）主管材质：15NiCuMoNb5-6-4，主管规格：ϕ355.6×40	t	395	甲供部分
	1BACAD CC04 02	主给水管道	（1）机组容量：1050MW （2）主管材质：15NiCuMoNb5-6-42，主管规格：ϕ355.6×40	t	17.5	乙供部分，支吊架根部
3.2	1BACB	锅炉排污、疏放水管道				

续表

序号	项目编码	项目名称	项目特征	计量单位	工程量	备注
3.2.2	1BACBB	锅炉疏水、放气、放水管道				
	1BACBB CC05 01	锅炉疏水、放气、放水管道	（1）机组容量：1050MW （2）主管材质：20	t	8.2	甲供部分（阀门）
	1BACBB CC05 02	锅炉疏水、放气、放水管道	（1）机组容量：1050MW （2）主管材质：20 钢	t	74	乙供部分（管道及支吊架）
3.3	1BACC	中、低压汽水管道				
3.3.1	1BACCA	抽汽管道				
	1BACCA CC07 01	抽汽管道	（1）机组容量：1050MW （2）主管材质：一段抽汽 12Cr1MoVG，二段抽汽 20G，其余为 20 钢	t	26	甲供部分（合金钢管道和阀门）
	1BACCA CC07 02	抽汽管道	（1）机组容量：1050MW （2）主管材质：一段抽汽 12Cr1MoVG，二段抽汽 20G，其余为 20 钢	t	148	乙供部分（碳钢管道及支吊架）
3.3.2	1BACCB	辅助蒸汽管道				
	1BACCB CC08 01	辅助蒸汽管道	（1）机组容量：1050MW （2）主管材质：20 钢	t	18.1	甲供部分（阀门）
	1BACCB CC08 02	辅助蒸汽管道	（1）机组容量：1050MW （2）主管材质：20 钢	t	162	乙供部分（管道及支吊架）
3.3.3	1BACCC	低压旁路出口管道				
	1BACCC CC09 01	低压旁路出口管道	（1）机组容量：1050MW （2）主管材质：20 钢	t	5.5	乙供部分（管道及支吊架）
3.3.4	1BACCD	中、低压水管道				
	1BACCD CC10 01	中低压给水管道	（1）机组容量：1050MW （2）主管材质：20 钢	t	78.6	甲供部分（阀门）
	1BACCD CC10 02	中低压给水管道	（1）机组容量：1050MW （2）主管材质：20 钢	t	314.5	乙供部分（管道及支吊架）
3.3.5	1BACCE	加热器疏水、排气、除氧器溢放水管道				
	1BACCE CC11 01	加热器疏水、排气、除氧器溢放水管道	（1）机组容量：1050MW （2）主管材质：少部分 12Cr1MoVG，其余为 20 钢	t	35	甲供部分（合金钢管道和阀门）
	1BACCE CC11 02	加热器疏水、排气、除氧器溢放水管道	（1）机组容量：1050MW （2）主管材质：少部分 12Cr1MoVG，其余为 20 钢	t	227.5	乙供部分（碳钢管道及支吊架）
3.3.6	1BACCF	凝汽器抽真空管道				
	1BACCF CC12 01	凝汽器抽真空管道	（1）机组容量：1050MW （2）主管材质：20 钢	t	0.75	甲供部分（阀门）
	1BACCF CC12 02	凝汽器抽真空管道	（1）机组容量：1050MW （2）主管材质：20 钢	t	18.5	乙供部分（管道及支吊架）

续表

序号	项目编码	项目名称	项目特征	计量单位	工程量	备注
3.3.7	1BACCG	汽轮机本体轴封蒸汽及疏水系统				
	1BACCG CC13 01	汽轮机本体轴封蒸汽及疏水系统管道	(1) 机组容量：1050MW (2) 主管材质：合金钢	t	12	厂供部分（管道及阀门）
	1BACCG CC13 02	汽轮机本体轴封蒸汽及疏水系统管道	(1) 机组容量：1050MW (2) 主管材质：合金钢	t	1	乙供部分（支吊架）
3.3.8	1BACCH	给水泵汽轮机本体系统管道				
	1BACCH CC15 01	给水泵汽轮机本体系统管道	(1) 机组容量：1050MW (2) 主管材质：20 钢	t	2.5	厂供
3.3.9	1BACCI	主厂房循环水				
	1BACCI CC16 01	主厂房循环水管道	(1) 机组容量：1050MW (2) 主管材质：20 钢	t	15	甲供部分（阀门）
	1BACCI CC16 02	主厂房循环水管道	(1) 机组容量：1050MW (2) 主管材质：20 钢	t	40	乙供部分（管道及支吊架）
3.3.10	1BACCJ	主厂房冷却水管道				
	1BACCJ CC16 01	主厂房冷却水管道	(1) 机组容量：1050MW (2) 主管材质：20 钢	t	20	甲供部分（阀门）
	1BACCJ CC16 02	主厂房冷却水管道	(1) 机组容量：1050MW (2) 主管材质：20 钢	t	130	乙供部分（管道、支吊架及部分小阀门）
3.3.11	1BACCK	锅炉蒸汽吹洗管道				
	1BACCK CC18 01	锅炉蒸汽吹洗管道	(1) 机组容量：1050MW (2) 主管材质：20 钢	t	260	乙供部分（安装量，四次摊销后的耗量为 85t）
3.4	1BACD	主厂房内油管道及其他管道				
3.4.1	1BACDA	汽轮发电机组油、氮气、二氧化碳管道				
	1BACDA CC14 01	汽轮发电机组油、氮气、二氧化碳管道	(1) 机组容量：1050MW (2) 主管材质：20 钢	t	2.5	甲供部分（阀门）
	1BACDA CC14 02	汽轮发电机组油、氮气、二氧化碳管道	(1) 机组容量：1050MW (2) 主管材质：20 钢	t	22	乙供部分（管道、支吊架及部分小阀门）
3.4.3	1BACDC	汽轮发电机组外部冷却水系统管道				
	1BACDC CC14 01	汽轮发电机组外部冷却水管道	(1) 机组容量：1050MW (2) 主管材质：20 钢	t	1	甲供部分（阀门）
	1BACDC CC14 02	汽轮发电机组外部冷却水管道	(1) 机组容量：1050MW (2) 主管材质：20 钢	t	11	乙供部分（管道、支吊架及部分小阀门）

续表

序号	项目编码	项目名称	项目特征	计量单位	工程量	备注
3.4.4	1BACDD	其他管道				
	1BACDD CC17 01	其他中低压管道	(1)机组容量：1050MW (2)主管材质：部分材质不锈钢，其余材质20钢	t	25	甲供部分(不锈钢管道和阀门)
	1BACDD CC17 02	汽轮发电机组外部冷却水管道	(1)机组容量：1050MW (2)主管材质：部分材质不锈钢，其余材质20钢	t	33	乙供部分(碳钢管道、支吊架及部分小阀门)
5	1BAE	热力系统保温及油漆				
5.1	1BAEAA	锅炉炉墙砌筑				
	1BAEAA CE01 01	锅炉炉墙砌筑	(1)锅炉出力：3118t/h (2)砌筑材料材质：MJZ-梳形氧化铝板及复合氧化铝制品、微胀性耐火可塑料、耐火浇注料、保温(绝热)浇注料	m^3	3200	甲供
5.2	1BAEBA	锅炉本体保温				
	1BAEBA CE02 01	设备保温	保温材料材质：高温玻璃棉制品、硅酸铝耐火纤维制品(管壳、毡、绳等)	m^3	4400	甲供
	1BAEBA CE08 01	保温层护壳	(1)保温材料材质：彩钢板 (2)规格：$\delta=0.5\sim0.8mm$	m^2	18 000	厂供
5.3	1BAECA	除尘器保温				
	1BAECA CE02 01	设备保温	保温材料材质：高温玻璃棉	m^3	1800	甲供
	1BAEBA CE08 01	保温层护壳	(1)保温材料材质：彩钢板 (2)规格：$\delta=1mm$	m^2	17 300	厂供
5.4	1BAEDA	锅炉辅机保温				
	1BAEDA CE02 01	设备保温	保温材料材质：高温玻璃棉(管壳、毡、绳等)	m^3	270	甲供
	1BAEDA CE08 01	保温层护壳	(1)保温材料材质：彩钢板 (2)规格：$\delta=1mm$	m^2	1500	厂供
5.5	1BAEEA	汽轮发电机组设备保温				
	1BAEEA CE02 01	设备保温	保温材料材质：岩棉(管壳、毡、绳等)	m^3	390	甲供
	1BAEEA CE08 01	保温层护壳	(1)保温材料材质：彩钢板 (2)规格：$\delta=0.5\sim1mm$	m^2	1600	甲供
5.6	1BAEFA	管道保温				
	1BAEFA CE03 01	管道保温	保温材料材质：高温玻璃棉制品(管壳、毡、绳等)，用于350℃以下的管道、硅酸铝制品，用于350℃及以上的管道	m^3	4250	甲供
	1BAEFA CE08 01	保温层护壳	(1)保温材料材质：彩钢板 (2)规格：$\delta=0.5\sim1mm$	m^2	80 000	甲供
	1BAEFA CE12 01	设备管道缠玻璃丝布	材质：中碱玻璃丝布，规格：宽1000mm	m^2	7350	

续表

序号	项目编码	项目名称	项目特征	计量单位	工程量	备注
5.8	1BAEHA	油漆				
	1BAEHA CE09 01	刷色环、介质流向箭头	机组容量：1050MW	台机	1	
	1BAEHA CE10 01	设备管道油漆	（1）油漆品种：酚醛防锈漆、酚醛调和漆、环氧富锌漆 （2）油漆遍数：底漆修补，刷一遍面漆 （3）表面清理方式：局部人工除锈	m^2	84 000	

清单表-3

措 施 项 目 清 单

工程名称：××××电厂2×1000MW机组Ⅰ标段安装工程

序号	项目名称	项目特征	计量单位	工程量	备注
1	环境保护特殊措施费	总价包干	项	1	为按规定取费外额外增加的环境保护特殊措施费用

清单表-4

其 他 项 目 清 单

工程名称：××××电厂2×1000MW机组Ⅰ标段安装工程

序号	项目名称	金额（元）	备注
1	暂列金额		明细详见清单表-4.1
2	暂估价		材料、工程设备暂估单价
2.1	材料、工程设备暂估单价	—	明细详见清单表-4.2
2.2	专业工程暂估价		明细详见清单表-4.3
3	计日工		明细详见清单表-4.4
4	施工总承包服务项目		明细详见清单表-4.5
5	其他		
5.1	拆除工程项目清单		明细详见清单表-4.6
5.2	招标人供应设备、材料卸车保管费		
	⋮		

清单表-4.1

暂列金额明细表

工程名称：××××电厂 2×1000MW 机组Ⅰ标段安装工程　　单位金额：元

序号	项目名称	计量单位	暂列金额（元）	备注
1	暂列金额			
（1）	创国家优质工程金奖的措施费	项	3 000 000	
合计			3 000 000	

注：此表由招标人填写，也可只列暂列金额总额，由投标人将上述暂列金额计入清单表-4 中。

清单表-4.2

材料、工程设备暂估单价表

工程名称：×××电厂 2×1000MW 机组Ⅰ标段安装工程　　单位金额：元

序号	材料、工程设备名称	规格、型号	计量单位	单价（元）	备注
合计					

注：此表由招标人填写，编制最高投标限价和投标报价时，需将上述材料暂估价计入全费用综合单价。

清单表-4.3

专业工程暂估价表

工程名称：××××电厂 2×1000MW 机组Ⅰ标段安装工程

序号	工程名称	主要工程内容	金额（元）	备注
合计				

注：此表由招标人填写，由投标人将上述专业工程暂估价计入清单表-4 中。

清单表-4.4

计 日 工 表

工程名称：××××电厂 2×1000MW 机组 I 标段安装工程

序号	项目名称	计量单位	暂定数量	备注
一	人工			
1	普通工	工日	300	
2	技术工	工日	100	
二	材料			
三	施工机械			

注：此表项目名称、暂定数量由招标人填写。编制最高投标限价时，单价由招标人按有关计价规定确定；投标时，单价由投标人自主报价，汇总计入清单表-4 中。

清单表-4.5

施工总承包服务项目表

工程名称：××××电厂 2×1000MW 机组 I 标段安装工程

序号	项目名称	主要服务内容	计算基数	费率（%）	金额（元）	备注
1	风险包干费	为项目不可预见风险的包干费用				
2	招标代理费	为项目的招标代理服务费				

注：此表由招标人按工程实际情况填写。

清单表-4.6

拆 除 工 程 项 目 清 单

工程名称：××××电厂 2×1000MW 机组 I 标段安装工程

序号	项目名称	项目特征	计量单位	工程量	备注

注：此表由招标人按工程实际情况填写。

清单表-5

投标人采购材料（设备）表

工程名称：××××电厂 2×1000MW 机组 I 标段安装工程

序号	材料（设备）名称	型号规格	计量单位	数量	单价（元）	备注

注：此表由招标人填写，对投标人采购的材料（设备）有品牌要求的，在此表中列出。如有暂估价的，招标人需在备注栏中说明。

清单表-6

招标人采购材料表

工程名称：××××电厂 2×1000MW 机组 I 标段安装工程

序号	材料名称	型号规格	计量单位	数量	单价（元）	交货地点及方式	备注

注：此表由招标人填写，如有暂估价的，招标人需在备注栏说明。

第三节　工程量清单计价

一、工程量清单计价内容

（一）一般规定

（1）工程量清单应采用全费用综合单价计价，包括人工费、材料费（不含甲供材）、施工机具使用费、措施费、企业管理费、规费、利润和增值税等。全费用综合单价应综合考虑安全文明施工费、临时设施费、风险费用、暂估费用。

（2）安全文明施工费、临时设施费必须按国家或省级、行业建设主管部门的规定计算，不得作为竞争性费用。

（3）风险费用按照合同约定的范围与幅度考虑，报价时隐含在相应费用中，不单独体现。

（4）暂估费用按招标文件提供的单价计入。

（5）最高限价的内容、编制依据应该与招标文件的要求相一致。

（二）最高投标限价/投标报价编制

1. 编制委托

最高投标限价应由具有编制能力的招标人或受其委托具有相应资质的工程造价咨询人编制和复核。工程造价咨询人接受招标人委托编制最高投标限价，不应再就同一工程接受投标人委托编制投标报价。

投标报价应由投标人或受其委托具有相应资质的工程造价咨询人编制。

2. 最高投标限价/投标报价编制内容

招标最高限价应由表 1 编制说明、表 2 投标限价汇总表、表 3 分部分项工程费用汇总表、表 4 分部分项工程量清单计价表、表 5 投标人采购材料计价表、表 6 投标人采购设备计价表、表 7 措施项目清单计价表、表 8 其他项目清单计价表、表 9 招标人采购材料（设备）计价表、表 10 主要工日价格表、表 11 主要机械台班价格表组成。

最高投标限价/投标报价中工程量清单的项目编码、项目名称、项目特征、计量单位、工程量必须与招标人招标文件中提供的一致。

（1）最高投标限价/投标报价封面。封面填写内容要完整，要求签字、盖章的地方，必须按规定签字、盖章。

（2）最高投标限价/投标报价编制说明。编制说明包括但不限于下列内容：工程概况、招标范围、编制依据等。

（3）最高投标限价/投标报价汇总表。汇总表项目或费用名称按规定名称填写，金额按小写格式填写。

（4）分部分项工程量清单计价表。分部分项工程项目清单计价应按工程量乘以相应全费用综合单价的方法计算而得

合价=工程量×全费用综合单价

清单计价表中序号、项目编码、项目名称、项目特征、计量单位、工程量、单价、合价应与“分部分项工程量清单”中的相应内容完全一致，不得擅自增减或变更。

清单计价表中的人、材、机及综合单价从“工程量清单全费用综合单价分析表”中读取，并进行汇总，项目名称、项目编码和“分部分项工程量清单”的内容一一对应。

（5）高投标限价/投标报价全费用综合单价分析表。编制“工程量清单全费用综合单价分析表”时，序号、项目编码、项目名称、计量单位应与“分部分项工程量清单”中的相应内容完全一致，不得擅自增减或变更。

全费用综合单价包含人工费、材机费、主要材料费、措施费、企业管理费、规费、利润、编制年价差、增值税

全费用综合单价=人工费+材机费+主要材料费+措施费+规费+企业管理费+利润+编制年价差+增值税

全费用综合单价组成中的人、材、机从“工程量清单全费用综合单价人、材、机计价表”中读取

人工费=Σ（人工消耗量×人工价格）

材机费=Σ（消耗性材料消耗量×材料价格）+Σ（施工机械台班消耗量×机械台班价格）

主要材料费=Σ[主要材料（装置性材料）消耗量×材料价格]

措施费是指建筑安装施工企业组织施工生产和经营管理所发生的费用，按《2018 年版预规》计取。

规费是指按照国家行政主管部门或省级政府和省级有关权力部门规定必须缴纳并计入建筑安装工程造价的费用，按《2018 年版预规》计取。

企业管理费是指建筑安装施工企业组织施工生产和经营管理所发生的费用，按《2018 年版预规》计取，按《2018 年版预规》计取。

利润是指按规定应计入电力建设建筑安装工程造价的，由施工企业完成所承包工程而获得的盈利，按《2018 年版预规》计取。

编制年价差按照电力工程造价与定额管理总站发布的调差文件计列的相应调整系数。

增值税按有关主管部门的规定计算。

（6）工程量清单全费用综合单价人、材、机计价表。全费用综合单价人、材、机计价表中的序号、

项目编码、项目名称、计量单位、工程量或数量应与“分部分项工程量清单表”中的相应内容一致。编制依据可以参照电力建设工程预算、概算定额。

主要材料费是指投标人采购的材料费。招标人采购材料费不计入全费用综合单价。

（7）投标人采购材料计价表。投标人采购的材料需按照各项目划分计入相应的工程量清单全费用综合单价人、材、机计价表中。表中的序号、材料名称、型号规格、计量单位、数量应与“投标人采购材料、设备表”中相应内容完全一致。招标文件提供了暂估价的材料，其单价应按提供的单价计列。

（8）投标人采购设备计价表。表中的序号、设备名称、型号规格、计量单位、数量与“投标人采购材料、设备表”中相应内容一致。招标文件提供了暂估价的设备，其单价应按提供的单价计列。汇总计入“工程项目最高投标限价汇总表”。

（9）措施项目清单计价表的编制。措施项目清单费用包括总价和指单价措施项目费用，序号、项目名称、项目特征、计量单位、工程量应按“措施项目清单”中相应内容填写并保持一致，按常规的施工组织设计或施工方案计列相应费用。

（10）“其他项目清单计价表”的编制。“其他项目清单计价表”中项目的序号、项目名称应按“其他项目清单”中的相应内容填写并保持一致，并应按下列规定计价：

1）“暂列金额明细表”“材料、工程设备暂估单价表”“专业工程暂估价表”按照招标人提供的明细填写。

2）“计日工表”中编号、项目名称、单位、暂定数量按照招标工程量清单“计日工表”中的相应内容填写并保持一致，并根据工程特点，按有关计价依据计算。

3）“施工总承包服务项目计价表”中序号、工程名称、项目价值、服务内容应按“施工总承包服务项目内容表”相应内容填写并保持一致，按照行业有关规定计算。

（11）招标人采购材料设备计价表。表中序号、材料（设备）名称、型号规格、计量单位、数量、单价应与“招标人采购材料设备计价表”中的相应内容完全一致。

（12）“主要工日价格表”“主要机械台班价格表”可以根据“工程量清单综合单价人、材、机组成表”的人工、机械统计。

（13）其他要求。

1）编制最高限价需与实际市场价格相符，有利于竞争和保证工程质量。

2）材料价格采用工程造价管理机构发布的价格，未发布材料价格应通过市场调查确定。

（三）工程计量与计价

1. 工程量计算规则

清单中正确计算工程量是发包人向承包人支付合同价款的前提和依据。工程量计算规则需统一，按照清单计价规范、清单计算规范附录规定的工程量计算规则计算，以便规范工程建设各方的计量计价行为，有效地减少计量争议。

工程量主要依据为招标人提供的招标工程量清单和招标文件提供的工程设计文件及设备材料清册、设计图纸。在工程实施过程中，电力工程建设的特点决定了难免会出现工程量变更，因此，为体现合同的公平，工程量应按照承包人在履行合同义务过程中实际完成的工程量计量。若发现招标工程量清单中出现缺项、工程量偏差，以及工程变更引起工程量的增减变化应按实调整。

2. 计价依据

最高投标限价投标报价的计价依据是指在编制限价时需要进行工程计价等相关工作确定时所需的依据性资料，主要包括：

（1）国家、行业或地方相关管理部门颁发的计价定额和计价办法。

（2）工程造价管理机构发布的工程造价信息；没有发布的参照市场价。

（3）与建设项目相关的标准、规范、技术资料。

（4）施工现场情况、工程特点及常规施工方案。

（四）合同价款调整

1. 合同价款调整的一般规定

合同价款调整大致包括五大类：一是法规变化类，法律法规变化；二是工程变更类，工程变更、项目特征描述不符、工程量清单缺项、工程量偏差、计日工；三是物价变化类，物价变化、暂估价；四是工程索赔类，不可抗力、提前竣工（赶工）补偿、误期补偿、索赔；五是其他类，现场签证以发承包双方约定的其他调整事项，现场签证根据签证内容，有的可归于工程变更类，有的可归于索赔类，有的可能涉及合同价款调整。

2. 法律法规变化

（1）规定了基准日的定义。招标工程以投标截止日前 28 天，非招标工程以合同签订前 28 天为基准日。

（2）规定了法律法规发生变化时，合同价款的调整原则。基准日后国家的法律、法规、规章和政策发生变化引起工程造价增减变化的，发承包双方应当按照电力行业建设主管部门发布的规定调整合同价款。

3. 工程变更

（1）工程变更引起招标工程量清单项目变化或其工程量发生超量变化引起全费用综合单价的调整。

（2）工程变更引起施工方案改变，使措施项目发生变化的引起措施费的调整。

4. 项目特征描述变化

（1）项目特征描述的要求。项目特征是构成清单项目价值的本质特征，单价的高低与其具有必要的联系。因此发包人在招标工程量清单中对项目特征的描述，应被认为是准确和全面的，并且与实际施工要求相符合，否则承包人无法报价。

（2）项目特征变化后重新确定综合单价的要求。当施工中施工图纸（含设计变更）与工程量清单项目特征描述不一致时，发承包双方应该按实际施工的项目特征重新确定综合单价，调整合同价款。

5. 工程量清单缺项

（1）合同履行期间，由于招标工程量清单中缺项，新增分部分项工程量清单项目的，应按照计价规范的规定重新确定全费用综合单价，调整合同价款。

（2）新增分部分项工程量清单后，引起措施项目发生变化的，应按照计价规范的规定，在承包人提交的实施方案被发包人批准后，计算调整合同价款。

（3）由于招标工程量清单中措施项目缺项，承包人应将新增措施项目实施方案提交发包人批准后，按照计价规范的规定计算调整合同价款。

6. 工程量偏差

（1）工程量偏差超过 15%时综合单价的调整方法。对于任一招标工程量清单项目，工程量偏差和计价规范规定的工程变更等原因导致工程量偏差超过 15%，调整的原则为：当工程量增加 15%以上时，其增加部分的工程量的综合单价应予调低；当工程量减少 15%以上时，减少后剩余部分的工程量的综合单价应予调高。

当 $Q_1 > 1.15Q_0$ 时

$$S = 1.15Q_0P_0 + (Q_1 - 1.15Q_0)P_1$$

当 $Q_1 < 0.85Q_0$ 时

$$S = Q_1P_1$$

式中　S——调整后的某一分部分项工程费结算价；

Q_1——最终完成的工程量；

Q_0——招标工程量清单中列出的工程量；

P_1——按照最终完成工程量重新调整后的综合单价；

P_0——承包人在工程量清单中填报的综合单价。

以整数计量的工程量清单项目，当工程量增加超过15%时，其增加部分的工程量可按四舍五入取整后进行调整。

（2）工程量偏差超过15%时，相关措施项目的调整方法。如果工程量偏差超过15%的变化，且该变化引起相关措施项目相应发生变化，按系数或单一总价方式计价的，工程量增加的措施项目费调增，工程量减少的措施项目费调减。

7. 不可抗力

（1）不可抗力发生后，损失承担以及价款调整的要求。因不可抗力事件导致的人员伤亡、财产损失及其费用增加，发承包双方应按以下原则分别承担并调整合同价款和工期。

1）合同工程本身的损害、因工程损害导致第三方人员伤亡和财产损失以及运至施工场地用于施工的材料和待安装的设备的损害，由发包人承担。

2）发包人、承包人人员伤亡由其所在单位负责，并承担相应费用。

3）承包人的施工机械设备损坏及停工损失，由承包人承担。

4）停工期间，承包人应发包人要求留在施工场地必要的管理人员及保卫人员的费用由发包人承担。

5）工程所需清理、修复费用，由发包人承担。

（2）不可抗力解除后，复工的工期及费用承担的要求。不可抗力解除后复工的，若不能按期竣工，应合理延长工期，发包人要求赶工的，赶工费用由发包人承担。

8. 索赔

合同一方向另一方提出索赔时，应有正当的索赔理由和有效证据，并应符合合同的相关约定。

建设工程施工中索赔是发承包双方行使正当权利的行为，承包人可向发包人索赔，发包人也可向承包人索赔。索赔三要素：①正当的索赔理由；②有效的索赔证据；③在合同约定的时间内提出。

9. 现场签证

（1）承包人应发包人要求完成合同以外的零星项目、非承包人责任事件等工作的，发包人应及时以书面形式向承包人发出指令，提供所需的相关资料；承包人在收到指令后，应及时向发包人提出现场签证要求。

（2）现场签证的工作如已有相应的计日工单价，则现场签证中应列明完成该类项目所需的人工、材料和施工机械台班的数量。如现场签证的工作没有相应的计日工单价，应在现场签证报告中列明完成该签证工作所需的人工、材料和施工机械台班的数量及单价。

（3）合同工程发生现场签证事项，未经发包人签证确认，承包人便擅自施工的，除非征得发包人同意，否则发生的费用应由承包人承担。

（4）承包人在施工过程中，若发现合同工程内容因场地条件、地质水文、发包人要求而不一致时，应提供所需的相关资料，提交发包人签证认可，作为工程价款调整的依据。

（五）竣工结算

（1）竣工结算封面。“竣工结算总价”填写内容要完整，要求签字、盖章的地方，必须按规定签字、盖章。

（2）竣工结算编制说明填写。应包括但不限于下列内容：工程概况（同清单内容），承包范围，竣工结算编制依据，清单增加项目的名称和依据等。

（3）工程项目竣工结算汇总表、分部分项工程费用汇总表的编制。项目或费用名称按规定名称填写，金额按小写格式填写。

（4）分部分项工程量清单结算汇总对比表的编制。在施工过程中，在合同约定的范围内，由于工程变更、工程量清单缺项、项目特征描述不符、工程量偏差等，承包人可按合同约定对变更的清单项目重新计算，以确定结算全费用综合单价和结算工程量；未调整的清单项目，则按照合同工程量和合同全费用综合单价确定结算综合单价和结算工程量

结算合价 = 结算工程量 × 结算全费用综合单价

合同合价 = 合同工程量 × 合同全费用综合单价

（5）分部分项工程量清单计价表的编制。所有实际发生的清单项目均需列入本清单计价表中

合价 = 工程量 × 单价

（6）工程量清单综合单价人、材、机计价表、工程量清单全费用综合单价分析表的编制。承包人仅填写新增全费用综合单价或全费用综合单价有变化的清单项目。

（7）承包人采购材料计价表的编制。本表只需计列主要材料，表中材料名称、型号规格、计量单位、数量应按工程设计图纸和工程实际填写。材料单价按已标价工程量清单中的材料单价计列。

施工过程中，由于分部分项工程量清单漏项或非承包人原因产生的工程变更等，引起新采购的材料，依据发、承包双方确认的数量、单价计列。

（8）承包人采购设备计价表的编制。本表应计列所有承包人采购的设备。表中设备名称、型号规格、计量单位、数量应按工程设计图纸和工程实际填写。

承包人自主报价的设备，按已标价工程量清单中的单价计列。

施工合同中属暂估单价的设备，按发承包双方最终确认的单价计列。

施工过程中，由于分部分项工程量清单漏项或非承包人原因产生的工程变更等，引起新采购的设备，按发承包双方最终确认的数量和单价计算。

（9）措施项目清单计价表的编制。施工合同已列项目其序号、项目名称、项目特征、计量单位与已标价工程量清单相应内容保持一致，并依据发承包双方确认的工程量与已标价工程量清单的全费用综合单价计算，如发生调整的，以发承包双方确认调整的全费用综合单价计算。

施工过程实际未发生或已标价工程量清单中为零的措施项目，不得删除，金额一律以“0”计列。

承包人可根据施工工程实际情况并经发包人同意，增加措施项目，承包人增加的措施项目应填写在“施工过程增列项目”中，并按发、承包双方确认的工程量和综合单价计算。

（10）其他项目清单计价表的编制。其他项目清单计价表应按施工合同已列项目的序号、项目名称中的相应内容填写并保持一致，承包人按实际发生确定金额，并填写计算说明。实际工程不发生或报价为零的其他项目，不得删除，金额一律以“0”计列。

1）“暂估材料单价确认及价差计价表”应按发包人提供的“材料、工程设备暂估单价表”中材料的序号、材料名称、型号规格、计量单位的相应内容填写并保持一致。

当暂估价中的材料是招标采购的，其单价按中标价计入表中；当暂估价中的材料为非招标采购的，其单价按发包方最终确认的单价计入表中。最后将暂估材料确认价差合计填入“其他项目清单计价表”中。

2）“专业工程结算表”应按发包人提供的“专业工程暂估价表”中的序号、工程名称、主要工程内容的相应内容填写并保持一致，其金额按经发包人确认的实际分包结算价计列，并提供相应的分包结算资料。

3）“计日工表”应按照发包人实际签证确认的数量和合同约定的相应单价计算费用。

4）“施工总承包服务费计价表”中施工总承包服务费依据合同约定金额计算，如发生调整的，以发承包双方确认调整的金额计算。

5）“索赔与现场签证费用计价汇总表”“费用索赔申请（核准）表”在索赔事件发生后，承包人持证明索赔事件发生的有效证据和依据正当的索赔理由，按合同约定的时间向发包人提出索赔（包括费用和工期），填写相应“费用索赔申请（核准）表”，发包人应按合同约定的时间对承包人提出的索赔进行答复和确认。

承包人应发包人要求完成合同以外的零星工作或非承包人责任事件发生时，应进行现场签证。填写相应“现场签证表”。若没用相应的计日工单价，签证中还应包括用工数量和单价、机械台班数量和单价、使用材料数量和单价等。发包人应按合同约定的时间对承包人提出的现场签证进行答复和确认。

索赔事件产生的费用和现场签证发生的费用在办理竣工结算时，应汇总到“索赔与现场签证费用计价汇总表”，且在其他项目费中反映，费用金额应依据发、承包双方确认的项目和金额计列。

合同价款中的暂列金额在用于各项价款调整、索赔与现场签证后，若有余额，则余额归发包人；若出现差额，则由发包人补足并反映在相应的工程价款中。

6）“人工、材料、机械台班价格调整计价表”按照合同约定范围、幅度进行计列，且只调整风险范围以外部分。如合同没有约定或约定不明，可参考“计价规范”提供的变化范围、幅度。

（11）“发包人采购主要材料设备计价表”的编制。表中材料（设备）名称、型号规格、计量单位、数量、单价应与发包人已标价工程量清单中“招标人采购材料设备计价表”相应内容完全一致。

施工过程中，由于分部分项工程量清单漏项或非承包人原因产生的工程变更等，新增发包人采购材料（设备），依据发、承包双方确认的数量、单价计列

$$合价 = 数量 \times 单价$$

（12）“主要工日价格表”“主要机械台班价格表”按照施工实际发生的工日、机械台班进行填写。

二、工程量清单计价表格组成

（一）最高投标限价/投标报价表格组成

最高投标限价/投标报价表格组成应采用统一格式，其表格组成详见表10-3。

表10-3　　最高投标限价/投标报价表格组成

序号	表　名	表　序
1	最高投标限价/投标报价封面	最高投标限价/投标报价封-1.1
	投标总价	最高投标限价/投标报价封-1.1
2	填表须知	最高投标限价/投标报价封-2
3	编制说明	最高投标限价/投标报价表-1
4	工程项目最高投标限价汇总表	最高投标限价/投标报价表-2
5	分部分项工程费用汇总表	最高投标限价/投标报价表-3
6	分部分项工程量清单计价表	最高投标限价/投标报价表-4
	工程量清单全费用综合单价分析表	最高投标限价/投标报价表-4.1
	工程量清单全费用综合单价人、材、机计价表	最高投标限价/投标报价表-4.2
7	投标人采购材料计价表	最高投标限价/投标报价表-5
8	投标人采购设备计价表	最高投标限价/投标报价表-6

续表

序号	表　名	表　序
9	措施项目清单计价表	最高投标限价/投标报价表-7
10	其他项目清单计价表	最高投标限价/投标报价表-8
	暂列金额明细表	最高投标限价/投标报价表-8.1
	材料、工程设备暂估单价表	最高投标限价/投标报价表-8.2
	专业工程暂估价表	最高投标限价/投标报价表-8.3
	计日工表	最高投标限价/投标报价表-8.4
	施工总承包项目内容表	最高投标限价/投标报价表-8.5
	拆除工程项目清单	最高投标限价/投标报价表-8.6
11	招标人采购材料设备计价表	最高投标限价/投标报价表-9
12	主要工日价格表	最高投标限价/投标报价表-10
13	主要机械台班价格表	最高投标限价/投标报价表-11

（二）结算计价表格组成

结算计价表格组成应采用统一格式，其表格组成详见表 10-4。

表 10-4　　结算计价表格组成

序号	表　名	表　序
1	封面	结算计价封-1
2	填表须知	结算计价封-2
3	竣工结算编制说明	结算计价表-1
4	工程项目竣工结算汇总表	结算计价表-2
5	分部分项工程费用汇总表	结算计价表-3
6	分部分项工程量清单结算汇总对比表	结算计价表-4
	分部分项工程量清单计价表	结算计价表-4.1
	工程量清单综合单价分析表	结算计价表-4.2
	工程量清单综合单价人、材、机计价表	结算计价表-4.3
7	承包人采购材料计价表	结算计价表-5
8	承包人采购设备计价表	结算计价表-6
9	措施项目清单计价表	结算计价表-7.1
10	其他项目清单计价表	结算计价表-8
	暂估材料单价确认及价差计价表	结算计价表-8.1
	专业工程结算价表	结算计价表-8.2
	计日工表	结算计价表-8.3
	施工总承包服务费计价表	结算计价表-8.4
	索赔与现场签证费用计价汇总表	结算计价表-8.5
	人工、材料、机械台班价格调整计价表	结算计价表-8.7
	费用索赔申请（核准）表	结算计价表-8.9

续表

序号	表　名	表　序
11	发包人采购材料（设备）计价表	结算计价表-9
12	主要工日价格表	结算计价表-10
13	主要机械台班价格表	结算计价表-11

（三）注意事项

（1）工程量清单计价格式中的任何内容不应删除或涂改；工程量清单计价格式中列明的所有需要填报的单价和合价，招标人均应填报；金额（价格）以人民币“元”为单位，单价保留小数点后两位，合价取整数。

（2）工程量清单计价格式的填写应符合下列规定：工程量清单计价格式中所有要求签字、盖章的地方，应由规定的单位和人员签字、盖章。编制人是指电力工程造价专业的人员；编制说明应包括工程概况、编制依据以及其他需要说明的问题；如有需要说明的其他事项可增加条款。

三、工程量清单最高投标限价编制办法

最高投标限价也叫招标控制价，是指依据招标工程的招标文件和招标工程量清单，根据清单计价规范、清单计算规范以及国家或行业、省级建设行政主管部门颁发的有关计价依据和办法，结合工程具体情况，编制并发布的最高投标限价。

最高投标限价的编制主要包括分部分项工程费、措施项目费、其他项目费、规费、税金以及一定范围内的风险费用，各个部分有不同的计价要求。

（一）全费用综合单价组价方法

（1）工程量清单计价采用全费用综合单价的方法计价。综合单价应按照招标人发布的招标工程量清单的项目名称、工程量、项目特征描述，依据行业定额和市场价格信息等进行组价，编制工程量清单综合单价分析表。

（2）定额直接费：依据工程量清单项内容，按照电力行业计价定额或工程所在地颁发的计价定额进行计算，当工程量清单项中项目特征、工作内容、工程量计价单位等与定额计价原则一致时，采用工程量清单中的工程量、定额中的定额基价计算定额直接费。

（3）措施费、规费、企业管理费、利润、税金：在定额直接费的基础上，计算措施费、规费、企业管理费和利润，再在此基础上计取税金，计算出清单项目综合单价。措施费、规费、企业管理费、利润、税金等可参考《火力发电工程建设预算编制与计算规定（2018年版)》规定计算。

（4）编制年价差计入综合单价，按照电力工程造价与定额管理总站发布的调差文件计列的相应价差调整费用。

（5）投标人采购的设备材料需按照各项目划分计入相应的工程量清单全费用综合单价中。

（二）最高投标限价编制过程与步骤

1. 编制工程量清单全费用综合单价

（1）确定计价原则及依据。

1）人工、消耗性材料、机械的消耗量及单价按国能发电力〔2019〕81号《国家能源局关于颁布电力建设工程定额和费用计算规定的通知》、定额〔2020〕9号《电力工程造价与定额管理总站关于发布2018年版电力建设工程概预算定额价格水平调整办法》规定的计价方式计取。

2）主要材料（装置性材料）费中只包括投标人采购材料费，材料单价按照中电联定额〔2020〕44号《中电联关于发布2018年版电力建设工程装置性材料预算价格与综合预算价格的通知》、定额〔2020〕9号《电力工程造价与定额管理总站关于发布2018年版电力建设工程概预算定额价格水平调整办法》，以及招标工程量清单给定的暂估单价、信息价、无信息价材料的市场询价价格计取。

3）措施费、规费、企业管理费和利润参照国能发电力〔2019〕81号计取。

4）增值税税率按9%计取。

（2）编制工程量清单全费用综合单价人、材、机计价表。根据招标工程量清单及确定的计价依据，编制人、材、机计价表。

主要材料要注意区分投标人采购还是招标人采购，以及是否暂估价材料。有暂估单价的，按招标工程量清单给定的单价计列，无暂估单价的，按照《电力建设工程装置性材料综合预算价格（2018年版）》（注：适用于初步设计阶段招标工程量清单的计价）、《电力建设工程装置性材料预算价格（2018年版）》（注：适用于施工图阶段招标工程量清单的计价，以及初步设计阶段综合预算价格缺项时选用）、信息价、无信息价材料的市场询价价格计列。

单价采用《电力建设工程装置性材料综合预算价格（2018 年版）》的主要材料不再另行计取定额损耗量。

（3）编制工程量清单全费用综合单价分析表。

全费用综合单价=人工费+材机费+主要材料费+措施费+企业管理费+规费+利润+编制年价差+增值税。

人工费、材机费、主要材料费，从“工程量清单全费用综合单价人、材、机计价表”中读取。

措施费、规费、企业管理费、利润、编制年价差、增值税，按照《电网工程建设预算编制与计算规定（2018年版）》规定的计价方式计取。

2. 编制分部分项工程量清单计价表

按规定表式填写该单位工程分部分项工程量清单计价表。

3. 编制措施项目清单计价表

措施项目应按招标文件中提供的措施项目清单确定，单价措施项目清单按工程数量乘以相应的全费用综合单价的方法计算费用，总价措施项目清单应按总金额或计算基数乘以相应的费率的方法计算费用。

4. 编制其他项目清单计价表

（1）暂列金额：暂列金额按招标工程量清单中列出的金额填写。

（2）暂估价：暂估价中的材料应按招标工程量清单中列出的单价计入全费用综合单价，暂估设备应按招标工程量清单中列出的单价与数量的合计计入设备费中；专业工程暂估价应按招标工程量清单中列出的金额填写。

（3）计日工：计日工应按招标工程量清单中列出的项目，根据工程特点和有关计价依据确定全费用综合单价计算。

（4）施工总承包服务费应根据招标工程量清单列出的内容和要求估算。

（5）拆除工程费用应根据招标工程量清单中列出的内容按有关规定计列。

（6）招标人供应材料、设备的卸车及保管费按行业有关规定计算。

5. 编制投标人采购设备计价表

投标人采购材料费用包含在全费用综合单价中。投标人采购设备（材料）表根据招标清单列出的设备（材料）名称、型号规格、计量单位、数量等内容，按照市场价计列。

6. 编制工程项目最高投标限价汇总表

通常电力行业施工招标中主要主辅机设备及主要设备性材料均为招标人采购。作为投标限价，可不填报该表。

四、最高投标限价编制案例

现以安徽省某新建2×1000MW超超临界燃煤发电项目，在初步设计阶段对其热力系统施工进行招标为例，介绍最高投标限价编制办法。

最高投标限价封-1.1

××××电厂2×1000MW机组Ⅰ标段安装工程

最高投标限价

招标人：××××××　　　　　　　　法定代表人
　　　　　　　　　　　　　　　　或其授权人××××××

（单位盖章）　　　　　　　　　　（签字或盖章）

工程造价　　　　　　　　　　　　法定代表人
咨询人：××××××　　　　　　　　或其授权人××××××

（单位资质专用章）　　　　　　　（签字或盖章）

编制人：××××××　　　　　　　　复核人：××××××

（签字、盖执业专用章）　　　　　（签字、盖执业专用章）

编制时间：　年　月　日　　　　　复核时间：　年　月　日

最高投标限价封-2

填 表 须 知

1．最高投标限价应由具有编制能力的招标人或受其委托具有相应资质的工程造价咨询人编制，投标报价应由投标人或受其委托具有相应资质的工程造价咨询人编制。

2．工程量清单计价格式中的任何内容不应删除或涂改。

3．工程量清单计价格式中列明的所有需要填报的单价和合价，招标人均应填报。

4．金额（价格）以人民币“元”为单位，单价保留小数点后两位，合价取整数。

5．工程量清单计价格式的填写应符合下列规定：

（1）工程量清单计价格式中所有要求签字、盖章的地方，应由规定的单位和人员签字、盖章。编制人是指电力工程造价专业的人员。

（2）工程项目最高投标限价/投标报价表的分部分项工程费、投标人采购设备费、措施项目费、其他项目费应按相应工程项目费用汇总表中合计栏的金额填写。

（3）分部分项工程量清单计价表的序号、项目编码、项目名称、项目特征、计量单位、工程量应按分部分项工程量清单中的相应内容填写，全费用综合单价应本按规范的要求计算，填入表格。

（4）招标人采购材料（设备）计价表应按招标人提供招标人采购材料（设备）表进行计算填写，所填写的单价应与工程量清单计价中采用的相应材料的单价一致。

（5）措施项目清单计价表招标人应按招标文件已列的措施项目填写。

（6）计日工计价表中人工、材料、机械名称、计量单位和相应数量应按计日工表中相应的内容填写，工程竣工后，计日工工作费应按实际完成的工程量所需费用结算。

（7）如有需要说明的其他事项可增加条款。

最高投标限价表-1

最高投标限价编制说明

工程名称：××××电厂2×1000MW机组Ⅰ标段安装工程

1．编制依据

1.1 国家能源局发布的DL/T 5745—2016《电力建设工程工程量清单计价规范》。

1.2 国家能源局发布的DL/T 5369—2016《电力建设工程工程量清单计算规范 火力发电工程》。

1.3 招标人提供的招标工程量清单。

2．编制方法

2.1 工程量按照招标人提供的招标工程量清单；

2.2 计算规定：采用国家能源局发布的《火力发电工程建设预算编制与计算规（2018年版）》。

2.3 定额：采用国家能源局发布的《电力建设工程概（预）算定额（2018年版）》。

2.4 工程取费按照1000MW新建工程、Ⅰ类地区取费。

2.5 计算装置性材料安装费时，装置性材料价格按照中国电力企业联合会发布的《电力建设工程装置性材料综合预算价格（2018年版）》参与取费，乙供装置性材料以当地市场最新的信息价或近期合同价格计入综合单价中。

2.6 人工费调整：按电力工程造价与定额管理总站文件定额〔2020〕14号《关于发布2018版电力建设工程概预算定额价格水平调整的通知》执行，安徽地区人工调整系数为：建筑工程2.15%、安装工程2.25%。

2.7 定额材机费调整：按电力工程造价与定额管理总站文件定额〔2020〕14号《关于发布2018版电力建设工程概预算定额价格水平调整的通知》执行，按其规定的安徽地区发电安装工程概预算定额1000MW材机调整系数进行定额材机费调整。

最高投标限价表-2

工程项目最高投标限价汇总表

工程名称：××××电厂 2×1000MW 机组Ⅰ标段安装工程

序号	项目或费用名称	金额（元）	备　注
1	分部分项工程费	111 064 776	
	其中：暂估价材料费		
	其中：安全文明施工费、临时设施费	11 700 557	
2	投标人采购设备费		
3	措施项目费		
3.1	单价措施项目费		
3.2	总价措施项目费		
4	其他项目费	4 346 000	
	其中：计日工	96 000	
	其中：专业工程暂估价		
	其中：暂列金额	3 000 000	
最高投标限价/投标报价 合计=1+2+3+4		115 410 776	

注：投标人增列措施项目费仅在投标报价时采用。

最高投标限价表-3

分部分项工程费用汇总表

工程名称：××××电厂 2×1000MW 机组 I 标段安装工程　　　　金额单位：元

序号	项目或费用名称	金额					备注
		合计	其中：人工费	其中：暂估价材料费	其中：甲供材料	其中：安全文明施工费、临时设施费	
	安装工程	111 064 776	13 495 139			11 700 557	
一	主辅生产工程	111 064 776	13 495 139			11 700 557	
(一)	热力系统	111 064 776	13 495 139			11 700 557	
1	锅炉机组	83 778 621	10 712 294			6 696 113	
1.1	锅炉本体	61 199 507	9 391 535			5 529 703	
1.1.1	组合安装	61 199 507	9 391 535			5 529 703	
	⋮						
1.5	烟风煤管道	22 579 114	1 320 759			1 166 410	
1.5.1	冷风道	3 547 655	177 880			153 977	
1.5.2	热风道	4 129 273	351 313			307 575	
1.5.3	烟道	9 167 850	444 700			375 739	
1.5.4	原煤管道	56 838	8894			6779	
1.5.5	送粉管道	5 677 499	337 972			322 339	
	⋮						
2	汽轮发电机组	8 987 259	1 836 975			712 151	
2.1	汽轮发电机本体	6 301 256	1 207 570			516 854	
2.2	汽轮发电机辅助设备安装	2 686 003	629 405			195 298	
	⋮						
3	热力系统汽水管道	18 298 895	945 870			4 292 293	
3.1	主蒸汽、再热蒸汽及主给水管道	18 298 895	945 870			4 292 293	
3.1.1	主蒸汽管道	5 385 486	247 693			1 268 706	
3.1.2	热再热蒸汽管道	6 571 181	274 720			1 554 276	
3.1.3	冷再热蒸汽管道	2 331 702	171 312			536 952	
3.1.4	主给水管道	4 010 526	252 145			932 359	
	⋮						

最高投标限价表-4

分部分项工程量清单计价表

工程名称：××××电厂 2×1000MW 机组 I 标段安装工程　　　　金额单位：元

序号	项目编码	项目名称	项目特征	计量单位	工程量（数量）	单价							合价						
						单价	其中：						合计	其中：					
							人工费	材机费	主要材料费			安全文明施工费、临时设施费		人工费	材机费	主要材料费			安全文明施工费、临时设施费
									材料费	其中：暂估价	其中：甲供材料					材料费	其中：暂估价	其中：甲供材料	
	1B	安装工程																	
一		主辅生产工程											111 064 776	13 495 139	30 281 367	12 797 000			11 700 557
（一）	1BA	热力系统											111 064 776	13 495 139	30 281 367	12 797 000			11 700 557
1	1BAA	锅炉机组											83 778 621	10 712 294	24 688 050	12 391 000			6 696 113
1.1	1BAAA	锅炉本体											61 199 507	9 391 535	22 983 775				5 529 703
	1BAAAA	组合安装											61 199 507	9 391 535	22 983 775				55 29 703
1.1.1	1BAAAA CA01 01	锅炉钢架	（1）1050MW 超超临界直流Π型炉 （2）锅炉出力：3118t/h （3）参数：29.4MPa（g），605℃/623℃	t	13 656	1704.95	225.00	723.74				162.04	23 282 773	3 072 600	9 883 393				2 212 884
	1BAAAA CA02 01	锅炉钢架油漆	（1）1050MW 超超临界直流Π型炉 （2）容量 3118t/h （3）参数：29.4MPa（g），605℃/623℃	t	13 656	267.09	53.37	72.11				21.43	3 647 396	728 821	984 734				292 675

续表

序号	项目编码	项目名称	项目特征	计量单位	工程量（数量）	单价							合价						
						单价	其中：						合计	其中：					
							人工费	材机费	主要材料费			安全文明施工费、临时设施费		人工费	材机费	主要材料费			安全文明施工费、临时设施费
									材料费	其中：暂估价	其中：甲供材料					材料费	其中：暂估价	其中：甲供材料	
1.1.1	1BAAAA CA03 01	锅炉本体	（1）1050MW超超临界直流Π型炉 （2）锅炉出力：3118t/h （3）参数：29.4MPa（g），605℃/623℃	t	10 264	3229.25	523.91	1148.18				285.59	33 145 065	5 377 412	11 784 920				2 931 326
	1BAAAA CA04 01	空气预热器	（1）形式：三分仓回转式 （2）空气预热器转子直径：17 286mm	台	2	562 136.1	106 351.1	165 363.9				46 408.92	1 124 272	212 702	330 728				92 818
		⋮																	
1.5	1BAAE	烟风煤管道											22 579 114	1 320 759	1 704 275	12 391 000			1 166 410
1.5.1	1BAAEA	冷风道											3 547 655	177 880	229 532	2 145 000			1 539 77
	1BAAEA CA21 01	冷风道	（1）管道材质：Q235A （2）锅炉出力：3118t/h	t	70	3024.01	444.70	573.83				384.94	211 681	31 129	40 168				26 946
	1BAAEA CA21 02	冷风道	（1）管道材质：Q235A （2）锅炉出力：3118t/h	t	330	10 109.01	444.70	573.83	6500			384.94	3 335 974	146 751	189 364	2 145 000			127 031
1.5.2	1BAAEB	热风道											4 129 273	351 313	453 326	1 584 000			307 575
	1BAAEB CA22 01	热风道	（1）管道材质：Q235A （2）锅炉出力：3118t/h	t	550	3041.41	444.70	573.83				389.34	1 672 775	244 585	315 607				214 135
	1BAAEB CA22 02	热风道	（1）管道材质：Q235A （2）锅炉出力：3118t/h	t	240	10 235.41	444.70	573.83	6600			389.34	2 456 498	106 728	137 719	1 584 000			93 441

续表

序号	项目编码	项目名称	项目特征	计量单位	工程量（数量）	单价							合价						
						单价	其中：						合计	其中：					
							人工费	材机费	主要材料费			安全文明施工费、临时设施费		人工费	材机费	主要材料费			安全文明施工费、临时设施费
									材料费	其中：暂估价	其中：甲供材料					材料费	其中：暂估价	其中：甲供材料	
1.5.3	1BAAEC	烟道											9 167 850	444 700	573 830	5 670 000			375 739
	1BAAEC　CA23　01	烟道	（1）管道材质：Q235A （2）锅炉出力：3118t/h	t	100	2987.55	444.70	573.83				375.74	298 755	44 470	57 383				37 574
	1BAAEC　CA23　02	烟道	（1）管道材质：Q235A （2）锅炉出力：3118t/h	t	900	9854.55	444.70	573.83	6300			375.74	8 869 095	400 230	516 447	5 670 000			338 165
1.5.4	1BAAED	原煤管道											56 838	8894	11 477				6779
	1BAAED　CA25　01	原煤管道	（1）管道材质：不锈钢 （2）锅炉出力：3118t/h	t	20	2841.91	444.70	573.83				338.97	56 838	8894	114 77				6779
1.5.5	1BAAEF	送粉管道											5 677 499	337 972	436 111	2 992 000			322 339
	1BAAEF　CA27　01	送粉管道	（1）管道材质：Q235A （2）锅炉出力：3118t/h	t	320	3179.24	444.70	573.83				424.13	1 017 355	142 304	183 626				135 722
	1BAAEF　CA27　02	送粉管道	（1）管道材质：Q235A （2）锅炉出力：3118t/h	t	440	10 591.24	444.70	573.83	6800			424.13	4 660 144	195 668	252 485	2 992 000			186 617
		⋮																	
2	1BAB	汽轮发电机组											8 987 259	1 836 975	2 332 528				712 151
2.1	1BABAA	汽轮发电机本体											6 301 256	1 207 570	1 818 505				516 854

续表

序号	项目编码	项目名称	项目特征	计量单位	工程量（数量）	单价							合价						
						单价	其中：						合计	其中：					
							人工费	材机费	主要材料费			安全文明施工费、临时设施费		人工费	材机费	主要材料费			安全文明施工费、临时设施费
									材料费	其中：暂估价	其中：甲供材料					材料费	其中：暂估价	其中：甲供材料	
2.1	1BABAA CB01 01	汽轮机及汽轮发电机本体	（1）汽轮机规格：28/600/620 型，超超临界，一次再热、四缸四排汽、单轴凝汽式 （2）汽轮发电机规格：水—氢—氢冷却汽轮发电机 （3）汽轮发电机组容量：1050MW	套	1	6 301 255.88	1 207 569.77	1 818 504.92				516 853.56	6 301 256	1 207 570	1 818 505				516 854
2.2	1BABBA	汽轮发电机辅助设备安装											2 686 003	629 405	514 023				195 298
	1BABBA CB02 01	汽轮发电机辅助设备	（1）汽轮发电机组容量：1050MW （2）主机凝汽器冷却形式：湿冷	套	1	2 686 003.48	629 404.83	514 023.26				195 297.52	2 686 003	629 405	514 023				195 298
		包括以下设备																	
		（1）盘车装置	汽机厂配套	套	1														
		（2）油净化装置	YJ-12000 型 12 000L/h	台	1														
		（3）汽轮机检修贮油箱	净油箱 $80m^3$+污油箱 $80m^3$	台	1														
		（4）汽机润滑油输送泵及电动机	$40m^3/h$ 0.627MPa 11kW	台	1														

续表

序号	项目编码	项目名称	项目特征	计量单位	工程量（数量）	单价：单价	单价：其中：人工费	单价：其中：材机费	单价：其中：主要材料费：材料费	单价：其中：主要材料费：其中：暂估价	单价：其中：主要材料费：其中：甲供材料	单价：其中：安全文明施工费、临时设施费	合价：合计	合价：其中：人工费	合价：其中：材机费	合价：其中：主要材料费：材料费	合价：其中：主要材料费：其中：暂估价	合价：其中：主要材料费：其中：甲供材料	合价：其中：安全文明施工费、临时设施费
2.2	1BABBA CB02 01	（5）润滑油输送泵入口滤网	$40m^3/h$	台	1														
		（6）凝汽器	双背压双壳体、单流程表面式 冷却面积～55 000m^2，不锈钢管	台	1														
		（7）疏水扩容器Ⅰ	附于凝汽器侧 配供～50m^3	台	1														
		（8）疏水扩容器Ⅱ	附于凝汽器侧 配供～50m^3	台	1														
		（9）胶球清洗装置	收球率大于98% 由收球网、装球室、胶球泵等组成	套	2														
		（10）低加设备	包括8、9号合体低加，7号低加，6号低加，5号低加	套	1														
		（11）高加设备	包括3号高加、2号高加、1号高加、0号高加	套	1														
		（12）3号高加前置蒸汽冷却器	30%容量 换热面积410m^2	台	1														
		（13）凝结水泵	11LDTND-4SⅠ，立式，流量2410m^3/h，扬程319mH_2O，电动机 2700kW，6kV，立式	台	2														

续表

序号	项目编码	项目名称	项目特征	计量单位	工程量（数量）	单价							合价						
						单价	其中：						合计	其中：					
							人工费	材机费	主要材料费			安全文明施工费、临时设施费		人工费	材机费	主要材料费			安全文明施工费、临时设施费
									材料费	其中：暂估价	其中：甲供材料					材料费	其中：暂估价	其中：甲供材料	
2.2	1BABBA CB02 01	（14）凝结水泵入口滤网	2410m³/h	台	2														
		（15）水环式真空泵	抽干空气量＞70 kg/h 电动机 160 kW、380V	台	2														
		（16）罗茨泵真空机组	抽干空气量＞70 kg/h、电动机 80kW，380V	台	2														
		（17）水室真空泵	水环式，20m³/min，电动机 38kW，380V	台	2														
		（18）三级旁路减温减压器	置于凝汽器内凝汽器配套	台	2														
		（19）低加疏水泵	卧式离心泵，流量 292m³/h，扬程 290mH₂O，电动机 330kW，6kV	台	2														
		（20）低加疏水泵永磁装置		台	2														
		（21）低加疏水泵入口滤网	高效、Y 型、手动，流量 292m³/h	台	2														
		（22）凝结水输水泵	540m³/h，65mH₂O 150kW，380V，永磁调节	台	1														

续表

序号	项目编码	项目名称	项目特征	计量单位	工程量（数量）	单价							合价						
						单价	其中：						合计	其中：					
							人工费	材机费	主要材料费			安全文明施工费、临时设施费		人工费	材机费	主要材料费			安全文明施工费、临时设施费
									材料费	其中：暂估价	其中：甲供材料					材料费	其中：暂估价	其中：甲供材料	
2.2	1BABBA CB02 01	（23）凝结水输送泵入口滤网	高效、Y型、手动，流量 540m³/h	台	1														
		（24）锅炉上水泵	300m³/h 150kW	台	2														
		（25）锅炉上水泵入口滤网	高效、Y型、手动，流量 300m³/h	台	2														
		（26）凝结水补水泵	100m³/h 15kW	台	1														
		（27）闭式冷却水泵	3000m³/h，50mH₂O 500kW 10kV	台	2														
		（28）闭式冷却水泵永磁装置		台	2														
		（29）闭式冷却水泵入口滤网	高效、桶式、手动，设计流量 3000m³/h	台	2														
		（30）闭式循环冷却水热交换器	管式换热器，不锈钢管，闭冷水流量 3000m³/h，循环水流量 5420m³/h	台	2														
		（31）闭式循环冷却水膨胀水箱	20m³	台	1														

续表

序号	项目编码	项目名称	项目特征	计量单位	工程量（数量）	单价							合价						
						单价	其中：						合计	其中：					
							人工费	材机费	主要材料费			安全文明施工费、临时设施费		人工费	材机费	主要材料费			安全文明施工费、临时设施费
									材料费	其中：暂估价	其中：甲供材料					材料费	其中：暂估价	其中：甲供材料	
2.2	1BABBA CB02 01	（32）开式冷却水电动滤水器	电动旋转式，带自动反冲洗。设计流量：3000m³/h	台	1														
		⋮																	
3	1BAC	热力系统汽水管道											18 298 895	945 870	3 260 789	406 000			4 292 293
3.1	1BACA	主蒸汽、再热蒸汽及主给水管道											18 298 895	945 870	3 260 789	406 000			4 292 293
3.1.1	1BACAA	主蒸汽管道											5 385 486	247 693	963 363	112 000			1 268 706
	1BACAA CC01 01	主蒸汽管道	（1）机组容量：1050MW （2）主管材质：A335P92，主管规格：ID342.9×98（ϕ550.9×103.2）	t	410	12 240.48	576.03	2240.38				2950.48	5 018 597	236 172	918 556				1 209 696
	1BACAA CC01 02	主蒸汽管道	（1）机组容量：1050MW （2）主管材质：A335P92，主管规格：ID342.9×98（ϕ550.9×103.2）	t	20	18 344.48	576.03	2240.38	5600.00			2950.48	366 890	11 521	44 808	112 000			59 010
3.1.2	1BACAB	热再热蒸汽管道											6 571 181	274 720	1 053 412	140 000			1 554 276

续表

序号	项目编码	项目名称	项目特征	计量单位	工程量（数量）	单价							合价						
						单价	其中：						合计	其中：					
							人工费	材机费	主要材料费			安全文明施工费、临时设施费		人工费	材机费	主要材料费			安全文明施工费、临时设施费
									材料费	其中：暂估价	其中：甲供材料					材料费	其中：暂估价	其中：甲供材料	
3.1.2	1BACAB CC02 01	热再热蒸汽管道	（1）机组容量：1050MW （2）主管材质：A335P92，主管规格：ID711.2×54（ϕ829.4×58.1）	t	505	12 110.53	518.34	1987.57				2932.60	6 115 818	261 762	1 003 723				1 480 961
	1BACAB CC02 02	热再热蒸汽管道	（1）机组容量：1050MW （2）主管材质：A335P92，主管规格：ID711.2×54（ϕ829.4×58.1）	t	25	18 214.53	518.34	1987.57	5600.00			2932.60	455 363	12 959	49 689	140 000			73 315
3.1.3	1BACAC	冷再热蒸汽管道											2 331 702	171 312	506 472	56 000			536 952
	1BACAC CC03 01	冷再热蒸汽管道	（1）机组容量：1050MW （2）主管材质：A672B70CL32，主管规格：ϕ1168.4×41	t	300	7324.71	552.62	1633.78				1732.10	2 197 414	165 786	490 134				519 630
	1BACAC CC03 02	冷再热蒸汽管道	（1）机组容量：1050MW （2）主管材质：A672B70CL32，主管规格：ϕ1168.4×41	t	10	13 428.71	552.62	1633.78	5600.00			1732.10	134 287	5526	16 338	56 000			17 321
3.1.4	1BACAD CB09 01	主给水管道											4 010 526	252 145	737 542	98 000			932 359

续表

序号	项目编码	项目名称	项目特征	计量单位	工程量（数量）	单价							合价						
						单价	其中：						合计	其中：					
							人工费	材机费	主要材料费			安全文明施工费、临时设施费		人工费	材机费	主要材料费			安全文明施工费、临时设施费
									材料费	其中：暂估价	其中：甲供材料					材料费	其中：暂估价	其中：甲供材料	
3.1.4	1BACAD CC04 01	主给水管道	（1）机组容量：1050MW （2）主管材质：15NiCuMoNb5-6-4，主管规格：ϕ355.6×40	t	395	9463.53	611.26	1787.98				2260.26	3 738 095	241 448	706 252				892 805
	1BACAD CC04 02	主给水管道	（1）机组容量：1050MW （2）主管材质：15NiCuMoNb5-6-42，主管规格：ϕ355.6×40	t	17.5	15 567.53	611.26	1787.98	5600.00			2260.26	272 432	10 697	31 290	98 000			39 555
		⋮																	
	分部分项工程小计			元									111 064 776	13 495 139	30 281 367	12 797 000			11 700 557

最高投标限价表-4.1

工程量清单全费用综合单价分析表

工程名称：××××电厂 2×1000MW 机组 I 标段安装工程　　　　金额单位：元

序号	项目编码	项目名称	计量单位	全费用综合单价组成														全费用综合单价
				人工费	材机费	主要材料费			措施费			施工企业配合调试费	企业管理费	规费	利润	编制基准价差	增值税	
						材料费	其中：暂估价	其中：甲供材料	措施费	其中：安全文明施工费	其中：临时设施费							
	1B	安装工程																
一		主辅生产工程																
（一）	1BA	热力系统																
1	1BAA	锅炉机组																
1.1	1BAAA	锅炉本体																
1.1.1	1BAAAA	组合安装																
	1BAAAA CA01 01	锅炉钢架	t	225.00	723.74				243.74	24.95	137.09	30.83	139.37	110.86	99.46	−8.83	140.78	1704.95
	1BAAAA CA02 01	锅炉钢架油漆	t	53.37	72.11				40.81	3.30	18.13	4.08	33.06	26.30	15.51	−0.19	22.05	267.09
	1BAAAA CA03 01	锅炉本体	t	523.91	1148.18				475.82	43.98	241.62	54.34	324.51	258.13	187.98	−10.26	266.64	3229.25
	1BAAAA CA04 01	空气预热器	台	106 351.11	165 363.90				85 025.01	7146.10	39 262.82	8830.74	65 873.88	52 399.19	32 659.46	−782.08	46 414.91	562 136.12
		⋮																
1.5	1BAAE	烟风煤管道																
1.5.1	1BAAEA	冷风道																
	1BAAEA CA21 01	冷风道	t	444.70	573.83				546.41	237.77	147.18	33.10	275.45	219.10	682.74	−1.01	249.69	3024.01
	1BAAEA CA21 02	冷风道	t	444.70	573.83	6500.00			546.41	237.77	147.18	33.10	275.45	219.10	682.74	−1.01	834.69	10 109.01
1.5.2	1BAAEB	热风道																
	1BAAEB CA22 01	热风道	t	444.70	573.83				550.81	242.16	147.18	33.10	275.45	219.10	694.30	−1.01	251.13	3041.41
	1BAAEB CA22 02	热风道	t	444.70	573.83	6600.00			550.81	242.16	147.18	33.10	275.45	219.10	694.30	−1.01	845.13	10 235.41

续表

序号	项目编码	项目名称	计量单位	全费用综合单价组成														全费用综合单价
				人工费	材机费	主要材料费			措施费			施工企业配合调试费	企业管理费	规费	利润	编制基准价差	增值税	
						材料费	其中：暂估价	其中：甲供材料	措施费	其中：安全文明施工费	其中：临时设施费							
1.5.3	1BAAEC	烟道																
	1BAAEC CA23 01	烟道	t	444.70	573.83				537.21	228.56	147.18	33.10	275.45	219.10	658.49	−1.01	246.68	2987.55
	1BAAEC CA23 02	烟道	t	444.70	573.83	6300.00			537.21	228.56	147.18	33.10	275.45	219.10	658.49	−1.01	813.68	9854.55
1.5.4	1BAAED	原煤管道																
	1BAAED CA25 01	原煤管道	t	444.70	573.83				500.44	191.79	147.18	33.10	275.45	219.10	561.64	−1.01	234.65	2841.91
1.5.5	1BAAEF	送粉管道																
	1BAAEF CA27 01	送粉管道	t	444.70	573.83				585.60	276.95	147.18	33.10	275.45	219.10	785.96	−1.01	262.51	3179.24
	1BAAEF CA27 02	送粉管道	t	444.70	573.83	6800.00			585.60	276.95	147.18	33.10	275.45	219.10	785.96	−1.01	874.51	10 591.24
		⋮																
2	1BAB	汽轮发电机组																
2.1	1BABAA	汽轮发电机本体																
	1BABAA CB01 01	汽轮机及汽轮发电机本体	套	1 207 569.77	1 818 504.92				955 322.14	79 585.76	437 267.79	98 347.43	747 968.72	594 969.63	366 031.08	−7744.98	520 287.18	6 301 255.88
2.2	1BABBA	汽轮发电机辅助设备安装																
	1BABBA CB02 01	汽轮发电机辅助设备	套	629 404.83	514 023.26				423 834.41	30 072.16	165 225.36	37 161.41	389 853.35	310 107.76	155 545.99	4292.36	221 780.10	2 686 003.48
		⋮																
3	1BAC	热力系统汽水管道																
3.1	1BACA	主蒸汽、再热蒸汽及主给水管道																
3.1.1	1BACAA	主蒸汽管道																
	1BACAA CC01 01	主蒸汽管道	t	576.03	2240.38				2543.51	1927.38	406.97	91.53	356.79	283.81	5167.80	−30.06	1010.68	12 240.48
	1BACAA CC01 02	主蒸汽管道	t	576.03	2240.38	5600.00			2543.51	1927.38	406.97	91.53	356.79	283.81	5167.80	−30.06	1514.68	18 344.48

续表

序号	项目编码	项目名称	计量单位	全费用综合单价组成														全费用综合单价
				人工费	材机费	主要材料费			措施费			施工企业配合调试费	企业管理费	规费	利润	编制基准价差	增值税	
						材料费	其中：暂估价	其中：甲供材料	措施费	其中：安全文明施工费	其中：临时设施费							
3.1.2	1BACAB	热再热蒸汽管道																
	1BACAB CC02 01	热再热蒸汽管道	t	518.34	1987.57				2570.49	2020.18	362.10	81.44	321.06	255.39	5402.79	−26.50	999.95	12 110.53
	1BACAB CC02 02	热再热蒸汽管道	t	518.34	1987.57	5600.00			2570.49	2020.18	362.10	81.44	321.06	255.39	5402.79	−26.50	1503.95	18 214.53
3.1.3	1BACAC	冷再热蒸汽管道																
	1BACAC CC03 01	冷再热蒸汽管道	t	552.62	1633.78				1416.17	899.58	315.93	71.06	342.29	272.28	2450.67	−18.94	604.79	7324.71
	1BACAC CC03 02	冷再热蒸汽管道	t	552.62	1633.78	5600.00			1416.17	899.58	315.93	71.06	342.29	272.28	2450.67	−18.94	1108.79	13 428.71
3.1.4	1BACAD CB09 01	主给水管道																
	1BACAD CC04 01	主给水管道	t	611.26	1787.98				1913.57	1344.94	346.69	77.98	378.61	301.17	3632.15	−20.58	781.39	9463.53
	1BACAD CC04 02	主给水管道	t	611.26	1787.98	5600.00			1913.57	1344.94	346.69	77.98	378.61	301.17	3632.15	−20.58	1285.39	15 567.53
		⋮																

最高投标限价表-4.2

工程量清单全费用综合单价人、材、机计价表

工程名称：××××电厂 2×1000MW 机组 I 标段安装工程　　　　金额单位：元

序号	项目编码	项目名称	计量单位	工程量（数量）	单价					合价				
					人工费	材机费	主要材料费			人工费	材机费	主要材料费		
							材料费	其中：暂估价	其中：甲供材			材料费	其中：暂估价	其中：甲供材
	1B	安装工程												
一		主辅生产工程												
（一）	1BA	热力系统												
1	1BAA	锅炉机组												
1.1	1BAAA	锅炉本体												
1.1.1	1BAAAA	组合安装												
	1BAAAA CA01 01	锅炉钢架	t	13 656.00	225.00	723.74				3 072 600.00	9 883 393.44			
	1BAAAA CA02 01	锅炉钢架油漆	t	13 656.00	53.37	72.11				728 820.72	984 734.16			
	1BAAAA CA03 01	锅炉本体	t	10 264.00	523.91	1148.18				5 377 412.24	11 784 919.52			
	1BAAAA CA04 01	空气预热器	台	2.00	106 351.11	165 363.90				212 702.22	330 727.80			
		⋮												
1.5	1BAAE	烟风煤管道												
1.5.1	1BAAEA	冷风道												
	1BAAEA CA21 01	冷风道	t	70.00	444.70	573.83				31 129.00	40 168.10			
	1BAAEA CA21 02	冷风道	t	330.00	444.70	573.83	6500.00			146 751.00	189 363.90	2 145 000.00		
1.5.2	1BAAEB	热风道												
	1BAAEB CA22 01	热风道	t	550.00	444.70	573.83				244 585.00	315 606.50			
	1BAAEB CA22 02	热风道	t	240.00	444.70	573.83	6600.00			106 728.00	137 719.20	1 584 000.00		

续表

序号	项目编码	项目名称	计量单位	工程量（数量）	单价					合价				
					人工费	材机费	主要材料费			人工费	材机费	主要材料费		
							材料费	其中：暂估价	其中：甲供材			材料费	其中：暂估价	其中：甲供材
1.5.3	1BAAEC	烟道												
	1BAAEC CA23 01	烟道	t	100.00	444.70	573.83				44 470.00	57 383.00			
	1BAAEC CA23 02	烟道	t	900.00	444.70	573.83	6300.00			400 230.00	516 447.00	5 670 000.00		
1.5.4	1BAAED	原煤管道												
	1BAAED CA25 01	原煤管道	t	20.00	444.70	573.83				8894.00	11 476.60			
1.5.5	1BAAEF	送粉管道												
	1BAAEF CA27 01	送粉管道	t	320.00	444.70	573.83				142 304.00	183 625.60			
	1BAAEF CA27 02	送粉管道	t	440.00	444.70	573.83	6800.00			195 668.00	252 485.20	2 992 000.00		
		⋮												
2	1BAB	汽轮发电机组												
2.1	1BABAA	汽轮发电机本体												
	1BABAA CB01 01	汽轮机及汽轮发电机本体	套	1.00	1 207 569.77	1 818 504.92				1 207 569.77	1 818 504.92			
2.2	1BABBA	汽轮发电机辅助设备安装												
	1BABBA CB02 01	汽轮发电机辅助设备	套	1.00	629 404.83	514 023.26				629 404.83	514 023.26			
		⋮												
3	1BAC	热力系统汽水管道												
3.1	1BACA	主蒸汽、再热蒸汽及主给水管道												
3.1.1	1BACAA	主蒸汽管道												
	1BACAA CC01 01	主蒸汽管道	t	410.00	576.03	2240.38				236 172.30	918 555.80			
	1BACAA CC01 02	主蒸汽管道	t	20.00	576.03	2240.38	5600.00			11 520.60	44 807.60	112 000.00		

续表

序号	项目编码	项目名称	计量单位	工程量（数量）	单价					合价				
					人工费	材机费	主要材料费			人工费	材机费	主要材料费		
							材料费	其中：暂估价	其中：甲供材			材料费	其中：暂估价	其中：甲供材
3.1.2	1BACAB	热再热蒸汽管道												
	1BACAB CC02 01	热再热蒸汽管道	t	505.00	518.34	1987.57				261 761.70	1 003 722.85			
	1BACAB CC02 02	热再热蒸汽管道	t	25.00	518.34	1987.57	5600.00			12 958.50	49 689.25	140 000.00		
3.1.3	1BACAC	冷再热蒸汽管道												
	1BACAC CC03 01	冷再热蒸汽管道	t	300.00	552.62	1633.78				165 786.00	490 134.00			
	1BACAC CC03 02	冷再热蒸汽管道	t	10.00	552.62	1633.78	5600.00			5526.20	16 337.80	56 000.00		
3.1.4	1BACAD CB09 01	主给水管道												
	1BACAD CC04 01	主给水管道	t	395.00	611.26	1787.98				241 447.70	706 252.10			
	1BACAD CC04 02	主给水管道	t	17.50	611.26	1787.98	5600.00			10 697.05	31 289.65	98 000.00		
		⋮												
小计			元							13 495 138.83	30 281 367.25	12 797 000.00		

最高投标限价表-5

投标人采购材料计价表

工程名称：××××电厂 2×1000MW 机组Ⅰ标段安装工程　　　　金额单位：元

序号	材料名称	型号规格	计量单位	数量	单价	合价	备注
1	冷风道	碳钢	t	330	6500.00	2 145 000.00	
2	热风道	碳钢	t	240.00	6600.00	1 584 000.00	
3	烟道	碳钢	t	900.00	6300.00	5 670 000.00	
4	送粉管道	碳钢	t	440.00	6800.00	2 992 000.00	
5	主蒸汽管道	碳钢	t	20.00	5600.00	112 000.00	支吊架根部材料
6	热再热蒸汽管道	碳钢	t	25.00	5600.00	140 000.00	支吊架根部材料
7	热再热蒸汽管道	碳钢	t	10.00	5600.00	56 000.00	支吊架根部材料
8	主给水管道	碳钢	t	17.50	5600.00	98 000.00	支吊架根部材料
	⋮						
合计						12 797 000.00	

注：招标文件提供了暂估单价的材料，按暂估的单价填入表内单价栏中。

最高投标限价表-6

投标人采购设备计价表

工程名称：××××电厂 2×1000MW 机组Ⅰ标段安装工程　　　　金额单位：元

序号	设备名称	型号规格	计量单位	数量	单价	合价	备注

注：招标文件提供了暂估单价的设备，按暂估的单价填入表内单价栏中。

最高投标限价表-7

措施项目清单计价表

工程名称：××××电厂 2×1000MW 机组Ⅰ标段安装工程

序号	项目名称	项目特征	计量单位	工程量	备注

注 1：本表适用于以全费用综合单价形式计价的措施项目；若需要人、材、机组成表及全费用综合单价分析表，可以参照最高投标限价表-4.1 和最高投标限价表-4.2；投标人增列措施项目仅在投标报价时采用。

注 2：材机费=消耗性材料+机械费。

最高投标限价表-8

其他项目清单计价表

工程名称：××××电厂 2×1000MW 机组 I 标段安装工程　　　　金额单位：元

序号	项目名称	计量单位	金额（元）	备注
一	招标人已列项目			
1	暂列金额	项	3 000 000	明细详见最高投标限价表-8.1
2	暂估价			
2.1	材料、工程设备暂估单价		—	明细详见最高投标限价表-8.2
2.2	专业工程暂估价	项		明细详见最高投标限价表-8.3
3	计日工	项	96 000	明细详见最高投标限价表-8.4
4	施工总承包服务项目	项	1 250 000	明细详见最高投标限价表-8.5
5	其他			
5.1	拆除工程项目清单			明细详见最高投标限价表-8.6
5.2	招标人供应设备、材料卸车保管费			
⋮				
小计			4 346 000	
一	投标人增列项目			
小计				
合计			4 346 000	

注 1：投标人增列项目费仅在投标报价时采用。

注 2：材料、工程设备暂估单价不填写金额，不计入小计、合计。

最高投标限价表-8.1

暂列金额明细表

工程名称：××××电厂 2×1000MW 机组 I 标段安装工程　　　　单位金额：元

序号	项目名称	计量单位	暂列金额（元）	备注
1	暂列金额			
（1）	创国家优质工程金奖的措施费	项	3 000 000	
合计			3 000 000	

注：此表按招标文件内容填写并计入最高投标限价表-8 中。

最高投标限价表-8.2

材料、工程设备暂估单价表

工程名称：××××电厂 2×1000MW 机组Ⅰ标段安装工程　　单位金额：元

序号	材料、工程设备名称	规格、型号	计量单位	单价（元）	备注
合计					

注：此表由招标人填写，编制最高投标限价和投标报价时，需将上述材料暂估价计入全费用综合单价。

最高投标限价表-8.3

专业工程暂估价表

工程名称：××××电厂 2×1000MW 机组Ⅰ标段安装工程　　单位金额：元

序号	工程名称	主要工程内容	金额（元）	备注
合计				

注：此表按招标文件内容填写并计入最高投标限价/投标报价表-8 中。

最高投标限价表-8.4

计日工表

工程名称：××××电厂 2×1000MW 机组Ⅰ标段安装工程　　金额单位：元

序号	项目名称	计量单位	暂定数量	全费用综合单价	合价	备注
一	人工					
1	普通工	工日	300	220	66 000	
2	技术工	工日	100	300	30 000	
人工小计					96 000	
二	材料					
材料小计						
三	施工机械					
施工机械小计						
合计					96 000	

注：此表项目名称、数量按招标文件内容填写。编制最高投标限价时，单价按电力行业有关计价规定确定。

最高投标限价表-8.5

施工总承包服务项目内容表

工程名称：××××电厂 2×1000MW 机组 I 标段安装工程　　　　金额单位：元

序号	工程名称	项目价值（元）	服务内容	费率（%）	金额（元）	备注
1	风险包干费		为项目不可预见风险的包干费用		1 000 000	
2	招标代理费		为项目的招标代理服务费		250 000	
合计					1 250 000	

注：此表的项目价值、服务内容按招标文件内容及相关计价规定填写。

最高投标限价表-8.6

拆除工程项目清单

工程名称：××××电厂 2×1000MW 机组 I 标段安装工程　　　　金额单位：元

序号	项目名称	项目特征	计量单位	工程量	全费用综合单价	合价
合计						

最高投标限价表-9

招标人采购材料设备计价表

工程名称：××××电厂 2×1000MW 机组 I 标段安装工程　　　　金额单位：元

序号	材料名称	型号规格	计量单位	数量	单价（元）	合价
合计						

注：招标人采购材料费按招标文件内容填写并计算合价后合计填入最高投标限价/投标报价表-2 中。

最高投标限价表-10

主 要 工 日 价 格 表

工程名称：××××电厂 2×1000MW 机组 I 标段安装工程　　　　金额单位：元

序号	工　种	单位	数量	单价（元）
1	安装普通工	工日	34 383	70
2	安装技术工	工日	120 238	107

最高投标限价表-11

主要机械台班价格表

工程名称：××××电厂 2×1000MW 机组Ⅰ标段安装工程　　　　金额单位：元

序号	机械设备名称	单位	数量	单价（元）

附录A　某火力发电厂热力设备安装工程概算编制实例

A.1 说　　明

A.1.1　工程概况

某电厂工程建设2×1000MW高效超超临界间接空冷机组，同步建设脱硫、脱硝设施。厂址位于戈壁滩上。

电厂按4×1000MW机组一次规划，正在建设2×1000MW（1、2号）机组，北侧预留2×1000MW（3、4号）机组建设场地。

本项目由××集团有限责任公司投资建设，项目资本金占总投资的20%，资本金以外的工程投资为银行贷款。

工期计划：本工程3、4号机计划2020年9月开工，3、4号机分别于2023年10月和2023年12月建成投产。

工程投资基准日期为2020年6月。

A.1.2　主要工艺系统特征

A.1.2.1　热力系统

（1）锅炉为超超临界参数、一次中间再热、单炉膛、平衡通风、固态排渣、全钢架悬吊结构、紧身封闭布置、变压运行直流炉π型锅炉。

（2）汽轮机为1000MW级高效超超临界、一次中间再热、单轴、四缸四排汽、间接空冷凝汽式、十级回热抽汽。

（3）发电机为三相交流同步发电机。

（4）热力系统除辅助蒸汽系统为母管制外，其他系统均采用单元制系统。

（5）每台机组设1×100%容量汽动给水泵，给水泵汽轮机排汽进入主机凝汽器。

（6）凝结水系统设2×100%容量的立式变频调节凝结水泵，2台凝结水泵配置1个变频器，5台低压加热器，1台轴封冷却器，1台内置式除氧器，凝结水精处理。

（7）制粉系统采用中速磨煤机冷一次风机正压直吹式系统。每台炉配6台中速磨煤机和6台给煤机。

（8）烟风系统按平衡通风设计。

（9）电除尘器采用三室五电场静电除尘器。

（10）主厂房布置方案采用单框架—前煤仓布置方案，按汽机房、煤仓框架、锅炉房的顺序排列，汽轮机纵向顺列布置。

（11）每2炉配置1座双管式烟囱方案，烟囱高度240m；烟囱基础采用钢筋混凝土圆板式基础。烟囱排烟内筒结构体系及防渗防腐方案选用悬吊式钛钢复合板排烟内筒的方案。

A.1.2.2　燃料供应系统

电厂1、2号机组工程输煤系统已按4×1000MW机组容量设计，本工程只需进行部分改造扩建。

火车卸煤装置：本工程将安装1台双车翻车机及其调车系统，翻车机煤斗下部设置4台活化给煤机。煤场需延长1、2号机组工程设置的两个并列布置的斗轮堆取料机煤场。

无筛碎系统。

A.1.2.3　除灰渣系统

除渣系统采用刮板捞渣机输送、渣仓暂存的水冷式机械除渣系统。

厂内除灰采用正压密相气力输送干灰、集中至灰库暂存的正压气力除灰系统。

本工程新建1座直径ϕ15m的钢筋混凝土灰库，1、2号机组已建有3座直径ϕ15m的钢筋混凝土灰库，全厂4台炉公用4座灰库。

灰场：本工程对已有灰场进行扩建。

A.1.2.4 化学水处理系统

锅炉补给水处理系统采用超滤+两级反渗透+电除盐（EDI）系统。

凝结水精处理系统：每台机组设置2×50%的前置过滤器+4×33%的高速混床精处理装置，两台机组公用一套再生装置。

A.1.2.5 供水系统

本工程建设2×1000MW国产间接空冷凝汽式燃煤机组，主机排汽冷却采用表凝式间接空冷系统，给水泵排汽排入相应的主机冷却系统统一冷却。

间接空冷系统采用单元制，新建2座双曲线型混凝土结构的空冷塔。

A.1.2.6 脱硫系统

脱硫系统采用石灰石—石膏湿法脱硫，不设GGH。

A.1.2.7 脱硝系统

脱硝采用选择性催化还原法（SCR）脱硝装置。

A.1.3 概算编制原则及依据

A.1.3.1 项目划分

按照国家能源局国能发电力〔2019〕81号颁发的《火力发电工程建设预算编制与计算规定（2018年版）》。

A.1.3.2 工程量计算依据

设计人员提供的本阶段设备、材料清册以及其他有关设计资料。

A.1.3.3 定额套用

按照国家能源局国能发电力〔2019〕81号《关于颁布2018年版电力建设工程定额和费用计算规定的通知》的建筑工程、热力设备安装工程、电气设备安装工程、调试工程、通信工程等定额（2018年版）。

安装定额材机调整系数：执行电力工程造价与定额管理总站定额〔2020〕14号《关于发布2018版电力建设工程概预算定额价格水平调整的通知》。此部分按价差处理，只计取税金。

A.1.3.4 人工工资

执行电力工程造价与定额管理总站定额〔2020〕14号《关于发布2018版电力建设工程概预算定额价格水平调整的通知》。

A.1.3.5 材料预算价格

安装工程：执行中国电力企业联合会文件中电联定额〔2020〕44号《关于发布2018年版电力建设工程装置性材料预算价格与综合预算价格的通知》的《电力建设工程装置性材料综合预算价格（2018年版）》，安装工程主要材料价格按建设预算编制基准期电力行业定额（造价）管理机构发布的信息价格或《发电工程限额设计参考造价指标（2019年水平）》指标价格计取材料价差，价差只计取税金。

A.1.3.6 设备购置费

主机设备价格参照电厂1、2号机的合同价计列，锅炉的设备价为47 000万元/台（含等离子点火装置，不含脱硝装置），汽轮机的设备价为19 800万元/台（不含凝汽器、低压加热器），汽轮发电机的设备价为12 000万元/台。主机设备运杂费率为0.5%。

主要辅机设备价格参照建设预算编制基准期电力行业定额（造价）管理机构发布的信息价格、《火电工程限额设计参考造价指标(2019年水平)》,市场价格、同类设备的合同价格计列,设备运杂费率为0.7%。

其他设备价格参考同类工程到货价或信息价格计列，计取运杂费率为5.56%。

A.1.3.7 取费标准

执行国家能源局国能发电力〔2019〕81号颁发的《火力发电工程建设预算编制与计算规定（2018年版）》。

A.1.4 其他有关问题

A.1.5 投资概况

热力设备安装工程投资×××××万元，单位造价×××××元/kW。其中设备购置费×××××万元，安装工程费×××××万元。

A.2 安装工程专业汇总概算表（热力设备安装）

表二甲　　　　金额单位：元

序号	工程项目名称	设备购置费	安装工程费				合计	技术经济指标		
			装置性材料费	安装费	其中人工费	小计		单位	数量	指标
	安装工程	2 595 351 304	449 492 473	462 072 383	77 206 619	911 564 856	3 506 916 160			
一	主辅生产工程	2 595 351 304	449 492 473	462 072 383	77 206 619	911 564 856	3 506 916 160			
（一）	热力系统	2 082 980 913	391 750 734	348 889 794	54 642 465	740 640 528	2 823 621 441			
1	锅炉机组	1 206 475 959	41 178 445	215 031 917	33 467 184	256 210 362	1 462 686 321	元/kW	2 000 000	731.34
1.1	锅炉本体	944 700 000	3 653 670	169 060 730	25 031 758	172 714 400	1 117 414 400	元/台（炉）	2.000	558 707 199.83
1.1.1	组合安装	944 700 000		158 055 681	24 058 663	158 055 681	1 102 755 681			
1.1.2	点火装置			2 108 352	476 238	2 108 352	2 108 352			
1.1.3	分部试验及试运		3 653 670	8 896 697	496 857	12 550 367	12 550 367			
1.2	风机	33 633 800		2 112 289	489 766	2 112 289	35 746 089	元/台（炉）	2.000	17 873 044.54
1.3	除尘装置	102 714 000		24 657 599	4 671 200	24 657 599	127 371 599	元/台（炉）	2.000	63 685 799.65
1.4	制粉系统	78 183 480		2 082 772	522 283	2 082 772	80 266 252			
1.5	烟风煤管道		37 045 549	13 548 929	2 016 270	50 594 479	50 594 479	元/t	4534.000	11 158.91
1.5.1	冷风道		7 469 445	2 530 288	366 433	9 999 732	9 999 732	元/t	824.000	12 135.60
1.5.2	热风道		4 367 685	2 575 115	432 248	6 942 800	6 942 800	元/t	972.000	7142.80
1.5.3	烟道		14 911 299	5 218 954	764 884	20 130 253	20 130 253	元/t	1720.000	11 703.64
1.5.4	原煤管道			134 102	26 682	134 102	134 102	元/t	60.000	2235.03
1.5.6	送粉管道		10 297 120	3 090 471	426 023	13 387 592	13 387 592	元/t	958.000	13 974.52

续表

表二甲　　金额单位：元

序号	工程项目名称	设备购置费	安装工程费				合计	技术经济指标		
			装置性材料费	安装费	其中人工费	小计		单位	数量	指标
1.6	锅炉其他辅机	47 244 679	479 225	3 569 598	735 908	4 048 823	51 293 502	元/台（炉）	2.000	25 646 751.23
2	汽轮发电机组	876 504 954	479 225	20 329 250	4 047 519	20 808 476	897 313 429	元/ kW	2 000 000	448.66
2.1	汽轮发电机本体	642 219 120		12 863 085	2 415 140	12 863 085	655 082 205	元/台（机）	2.000	327 541 102.41
2.2	汽轮发电机辅助设备	149 217 260		5 496 496	1 258 810	5 496 496	154 713 756	元/台（机）	2.000	77 356 877.90
2.3	旁路系统	17 119 000		282 099	25 625	282 099	17 401 099	元/kW	2 000 000	8.70
2.4	除氧给水装置	60 923 500		1 062 227	224 211	1 062 227	61 985 727	元/kW	2 000 000	30.99
2.5	汽轮机其他辅机	7 026 074	479 225	625 343	123 734	1 104 569	8 130 642	元/台（机）	2.000	4 065 321.19
3	热力系统汽水管道		306 748 027	60 977 310	5 236 086	367 725 337	367 725 337	元/t	6507.000	56 512.27
3.1	主蒸汽、再热蒸汽及主给水管道		245 645 707	39 649 458	2 153 429	285 295 165	285 295 165	元/t	3767.000	75 735.38
3.1.1	主蒸汽管道		64 977 133	10 053 574	470 040	75 030 707	75 030 707	元/t	816.000	91 949.40
3.1.2	热再热蒸汽管道		81 279 969	11 792 381	501 753	93 072 350	93 072 350	元/t	968.000	96 149.12
3.1.3	冷再热蒸汽管道		18 813 777	3 845 300	287 362	22 659 077	22 659 077	元/t	520.000	43 575.15
3.1.4	主给水管道		80 574 827	13 958 203	894 273	94 533 031	94 533 031	元/t	1463.000	64 615.88
3.3	中、低压汽水管道		61 102 321	21 327 851	3 082 657	82 430 172	82 430 172	元/t	2740.000	30 084.00
3.3.1	抽汽管道		9 358 344	2 629 301	359 890	11 987 645	11 987 645	元/t	340.000	35 257.78
3.3.2	辅助蒸汽管道		6 264 381	2 344 062	359 890	8 608 443	8 608 443	元/t	340.000	25 318.95
3.3.4	中、低压水管道		17 008 082	5 204 997	740 950	22 213 079	22 213 079	元/t	700.000	31 732.97
3.3.5	加热器疏水、排气、除氧器溢放水管道		9 795 834	3 189 204	465 740	12 985 038	12 985 038	元/t	440.000	29 511.45
3.3.9	主厂房内循环水管道		4 370 117	1 159 900	173 113	5 530 017	5 530 017	元/t	280.000	19 750.06
3.3.10	主厂房内冷却水管道		4 370 117	1 159 900	173 113	5 530 017	5 530 017	元/t	280.000	19 750.06
3.3.11	汽轮发电机组油、氮气、二氧化碳管道		1 922 130	696 775	105 850	2 618 905	2 618 905	元/t	100.000	26 189.05
3.3.12	主厂房内空气管道		1 113 276	414 377	63 510	1 527 653	1 527 653	元/t	60.000	25 460.88
3.3.13	其他中低压管道		4 859 452	1 487 142	211 700	6 346 594	6 346 594	元/t	200.000	31 732.97

续表

表二甲　　　　金额单位：元

序号	工程项目名称	设备购置费	安装工程费				合计	技术经济指标		
			装置性材料费	安装费	其中人工费	小计		单位	数量	指标
3.3.14	锅炉蒸汽吹洗管道		2 040 588	3 042 194	428 901	5 082 782	5 082 782	元/t	130.000	39 098.33
5	热力系统保温及油漆		43 345 036	40 874 214	8 493 254	84 219 251	84 219 251	元/m^3	37 650.000	2236.90
5.1	锅炉炉墙砌筑		23 589 598	19 170 043	3 928 535	42 759 641	42 759 641	元/m^3	18 940.000	2257.64
5.2	锅炉本体保温		5 113 345	4 832 304	1 009 964	9 945 649	9 945 649	元/m^3	3916.000	2539.75
5.3	除尘器保温		2 923 717	2 484 861	519 346	5 408 578	5 408 578	元/m^3	1840.000	2939.44
5.4	锅炉辅机/烟风煤管道保温		5 593 754	6 467 009	1 352 617	12 060 763	12 060 763	元/m^3	5954.000	2025.66
5.5	汽轮发电机组设备保温		1 088 190	320 136	59 220	1 408 326	1 408 326	元/m^3	1000.000	1408.33
5.6	管道保温		5 036 433	5 502 684	1 312 040	10 539 117	10 539 117	元/m^3	6000.000	1756.52
5.8	油漆			2 097 177	311 531	2 097 177	2 097 177			
6	调试工程			11 677 103	3 398 422	11 677 103	11 677 103	元/kW	2 000 000.000	5.84
6.1	分系统调试			3 508 039	1 139 887	3 508 039	3 508 039			
6.2	整套启动调试			3 887 815	1 186 236	3 887 815	3 887 815			
6.3	特殊调试									
6.4	性能试验			4 281 250	1 072 299	4 281 250	4 281 250			
（二）	燃料供应系统									
（三）	除灰系统									
（四）	化学水处理系统									
（五）	供水系统									
（八）	脱硫系统									
（九）	脱硝系统									
	合计									

A.3 安装工程概算表（热力设备安装）

表三甲　　　　金额单位：元

序号	编制依据	项目名称	单位	数量	单价				合价			
					设备	装置性材料	安装	其中人工费	设备	装置性材料	安装	其中工资
一		主辅生产工程										
（一）		热力系统										
1		锅炉机组										
1.1		锅炉本体										
1.1.1		组合安装										
	GJ1-1	锅炉本体组合安装钢炉架 3050t/h	t	28 101.000			948.74	225.00			26 660 543	6 322 725
	GJ1-7	锅炉本体组合安装钢炉架油漆 3050t/h	t	28 101.000			125.48	53.37			3 526 113	1 499 750
	GJ1-10	锅炉本体组合安装炉本体 3050t/h	t	30 284.000			1672.09	523.91			50 637 574	15 866 090
	GJ1-20	锅炉本体组合安装空气预热器回转式	台	4.000			238 567.93	92 524.32			954 272	370 097
	（甲）	锅炉形式：煤粉炉出力：2995t/h 参数：过热蒸汽压力/温度：28.35MPa（a）/605℃；再热器出口压力/温度：5.535MPa（a）/613℃；锅炉保证热效率 94.63%	台	2.000	470 000 000.00				940 000 000			
	（甲）	空气预热器形式：三分仓回转式（随锅炉供货）	台	4.000								
		主要设备运杂费：	%	0.500	940 000 000.00				4 700 000			
		甲供设备费小计							944 700 000			
		小计							944 700 000		81 778 502	24 058 663
	一	直接费		100.000			107 503 497.25				107 503 497	
	1	直接工程费		100.000			81 778 501.50				81 778 502	
	1.1	定额直接费		100.000			81 778 501.50				81 778 502	

续表

表三甲　　　　金额单位：元

序号	编制依据	项目名称	单位	数量	单价				合价			
					设备	装置性材料	安装	其中人工费	设备	装置性材料	安装	其中工资
	1.1.1	人工费		100.000			24 058 663.09				24 058 663	
	1.1.2	材料费		100.000			9 650 186.54				9 650 187	
	1.1.3	施工机械使用费		100.000			48 069 651.87				48 069 652	
	2	措施费		100.000			25 724 995.75				25 724 996	
	2.1	冬雨季施工增加费		13.850			24 058 663.09				3 332 125	
	2.2	夜间施工增加费		1.540			24 058 663.09				370 503	
	2.3	施工工具用具使用费		6.920			24 058 663.09				1 664 859	
	2.4	特殊工程技术培训费		7.850			24 058 663.09				1 888 605	
	2.5	大型施工机械安拆与轨道铺拆费		11.250			24 058 663.09				2 706 600	
	2.7	临时设施费		15.600			81 778 501.50				12 757 446	
	2.8	施工机构迁移费		3.550			24 058 663.09				854 083	
	2.9	安全文明施工费		2.630			81 778 501.50				2 150 775	
	二	间接费		100.000			28 819 191.54				28 819 192	
	1	规费		100.000			11 259 454.33				11 259 454	
	1.1	社会保险费		24.000			31 276 262.02				7 506 303	
	1.2	住房公积金		12.000			31 276 262.02				3 753 151	
	2	企业管理费		61.940			24 058 663.09				14 901 936	
	3	施工企业配合调试费		3.250			81 778 501.50				2 657 801	
	三	利润		6.750			136 322 688.79				9 201 781	
	四	编制基准期价差		100.000			–519 258.54				–519 259	
	1	人工价差		100.000			606 278.31				606 278	
	2	材料价差		100.000			–188 178.64				–188 179	
	3	机械价差		100.000			–937 358.21				–937 358	
	五	税金		9.000			145 005 211.75				13 050 469	

续表

表三甲　　　　金额单位：元

序号	编制依据	项目名称	单位	数量	单价				合价			
					设备	装置性材料	安装	其中人工费	设备	装置性材料	安装	其中工资
	六	安装费		100.000			158 055 680.80				158 055 681	
	八	合计		100.000			158 055 680.80		944 700 000		158 055 681	
1.1.2		点火装置									2 108 352	47 6238
	调 GJ1-27×2	锅炉本体组合安装等离子点火装置附属设备和管道 3050t/h	台炉	2.000			442 963.70	238 118.96			885 927	476 238
	（甲）	双层等离子装置（随锅炉供货）	台炉	2.000								
		小计									885 927	476 238
		取费（略）										
1.1.3		分部试验及试运								3 653 670	8 896 697	496 857
	GJ1-30	锅炉本体试验及酸洗锅炉本体试验 3050t/h	台	2.000			913 145.18	63 420.19			1 826 290	126 840
	GJ1-38	锅炉本体酸洗 EDTA 钠铵盐清洗 3050t/h	台	2.000			1 833 138.98	185 008.44			3 666 278	370 017
	（甲）	分部试验及试运标煤	t	2716.800		550.00				1 494 240		
		分部试验及试运除盐水	t	147 000.000		14.69				2 159 430		
		主材费小计								3 653 670		
		小计								3 653 670	5 492 568	496 857
		取费（略）										
1.2		风机							33 633 800		2 112 289	489 766
	GJ1-83	轴流式送风机安装（动叶可调）214～350m^3/s	台	4.000			72 638.79	39 427.76			290 555	157 711
	（甲）	送风机形式：动叶可调轴流风机出力：风量 Q=341m^3/s　H=4501Pa 电机功率：1850kW	台	4.000	2 050 000.00				8 200 000			

续表

表三甲 金额单位：元

序号	编制依据	项目名称	单位	数量	单价				合价			
					设备	装置性材料	安装	其中人工费	设备	装置性材料	安装	其中工资
1.2	（甲）	（1）润滑油站（随风机供）	套	4.000								
		（2）消音器（随风机供）	台	4.000								
	GJ1-86	轴流式一次风机安装（动叶可调）100～160m³/s	台	4.000			58 449.63	35 060.03			233 799	140 240
	（甲）	一次风机形式：动叶可调轴流风机出力：风量 $Q=145m^3/s$ $H=14\ 224Pa$ 电机功率：2400kW	台	4.000	1 800 000.00				7 200 000			
		（1）润滑油站（随风机供）	套	4.000								
		（2）消音器（随风机供）	台	4.000								
	GJ1-81	轴流式引风机安装（动叶可调）720m³/s	台	4.000			84 392.00	46 677.16			337 568	186 709
	（甲）	引风机形式：电动动叶可调轴流风机出力：风量 $Q=796.5m^3/s$ $H=9181Pa$ 电机功率：8600kW	台	4.000	4 500 000.00				18 000 000			
		（1）润滑油站（随风机供）	套	4.000								
		（2）冷却风机（随风机供）	台	8.000								
	GJ1-89	火焰检测冷却风机安装	台	4.000			2245.71	1276.48			8983	5106
	（甲）	火焰检测冷却风机（火检装置成套）	台	4.000								
		主要设备运杂费	%	0.700	33 400 000.00				233 800			
		甲供设备费小计							33 633 800			
		小计							33 633 800		870 905	489 766
		取费（略）										
1.3		除尘装置							102 714 000		24 657 599	4 671 200
	GJ1-95	电气除尘器安装（锅炉容量）3050 t/h	t	10 000.000			1154.67	467.12			11 546 700	4 671 200

续表

表三甲　　　　金额单位：元

序号	编制依据	项目名称	单位	数量	单价				合价			
					设备	装置性材料	安装	其中人工费	设备	装置性材料	安装	其中工资
1.3	（甲）	静电除尘器规格：三室五电场出力：4 598 180m³/h　除尘效率：99.92%　高频电源	台	4.000	25 500 000.00				102 000 000			
		主要设备运杂费	%	0.700	102 000 000.00				714 000			
		甲供设备费小计							102 714 000			
		小计							102 714 000		11 546 700	4 671 200
		取费（略）										
1.4		制粉系统							78 183 480		2 082 772	522 283
	GJ1-112	制粉系统安装中速磨≤100t/h	台	12.000			60 559.35	39 525.10			726 712	474 301
	（甲）	磨煤机形式：中速磨出力：保证出力 90t/h　采用动态分离器	台	12.000	5 700 000.00				68 400 000			
		（1）润滑油站（随磨煤机供）	套	12.000								
		（2）密封风机（随磨煤机供）	台	4.000								
	GJ1-126	制粉系统安装电子重力式给煤机≤100t/h	台	12.000			4639.07	2567.31			55 669	30 808
	（甲）	给煤机形式：电子称重式出力：10～100t/h	台	12.000	270 000.00				3 240 000			
	YJ2-112	煤粉取样器安装	台	48.000			201.76	132.57			9684	6363
	（甲）	煤粉取样装置	台	48.000	30 000.00				1 440 000			
	YJ2-40	煤斗防堵装置安装	台	12.000			1227.51	900.88			14 730	10 811
	（甲）	煤斗防堵装置活化料斗	台	12.000	380 000.00				4 560 000			
		主要设备运杂费	%	0.700	77 640 000.00				543 480			
		甲供设备费小计							78 183 480			
		小计							78 183 480		806 796	522 283
		取费（略）										

表三甲

续表

金额单位：元

序号	编制依据	项目名称	单位	数量	单价				合价			
					设备	装置性材料	安装	其中人工费	设备	装置性材料	安装	其中工资
1.5		烟风煤管道								37 045 549	13 548 929	2 016 270
1.5.1		冷风道								7 469 445	2 530 288	366 433
	GJ1-129	烟风煤管道安装直吹式系统 3050t/h	t	824.000			1018.53	444.70			839 269	366 433
	（甲）	1000MW 冷风道	t	824.000		9064.86				7 469 445		
		主材费小计								7 469 445		
		小计								7 469 445	839 269	366 433
		取费（略）										
1.5.2		热风道								4 367 685	2 575 115	432 248
	GJ1-129	烟风煤管道安装直吹式系统 3050t/h	t	972.000			1018.53	444.70			990 011	432 248
	（甲）	1000MW 热风道（仅热一次风道）	t	472.000		9253.57				4 367 685		
		热二次风道（随锅炉供货）	t	500.000								
		主材费小计								4 367 685		
		小计								4 367 685	990 011	432 248
		取费（略）										
1.5.3		烟道								14 911 299	5 218 954	764 884
	GJ1-129	烟风煤管道安装直吹式系统 3050t/h	t	1720.000			1018.53	444.70			1 751 872	764 884
	（甲）	1000MW 烟道	t	1720.000		8669.36				14 911 299		
		主材费小计								14 911 299		
		小计								14 911 299	1 751 872	764 884
		取费（略）										

续表

表三甲　　金额单位：元

序号	编制依据	项目名称	单位	数量	单价				合价			
					设备	装置性材料	安装	其中人工费	设备	装置性材料	安装	其中工资
1.5.4		原煤管道									134 102	26 682
	GJ1-129	烟风煤管道安装直吹式系统 3050t/h	t	60.000			1018.53	444.70			61 112	26 682
	（甲）	原煤管道（随给煤机供）	t	60.000								
		小计									61 112	26 682
		取费（略）										
1.5.6		送粉管道								10 297 120	3 090 471	426 023
	GJ1-129	烟风煤管道安装直吹式系统 3050t/h	t	958.000			1018.53	444.70			975 752	426 023
	（甲）	1000MW 送粉管道，含可调缩孔、煤粉管道 V 形联结器	t	958.000		10 748.56				10 297 120		
		主材费小计								10 297 120		
		小计								10 297 120	975 752	426 023
		取费（略）										
1.6		锅炉其他辅机							47 244 679	479 225	3 569 598	735 908
	GJ2-166	启动循环泵安装	台	2.000			8952.82	5338.56			17 906	10 677
	（甲）	启动循环泵泵流量：742.5t/h　额定功率：500kW（随锅炉供货）	台	2.000								
	GJ2-157	空预器冲洗水泵安装	台	4.000			1284.12	919.91			5136	3680
	（甲）	空预器冲洗水泵（随锅炉供货）	台	4.000								
	GJ2-178	电梯安装	部	2.000			53 960.09	42 575.02			107 920	85 150
	（甲）	电梯出力：1.6t（随锅炉供货）	台	2.000								
	GJ2-110	起重设备安装电动葫芦 3t	台	2.000			1148.30	616.83			2297	1234
	（甲）	炉顶电动葫芦起重量：3t　起升高度 80m（随锅炉供货）	台	2.000								

续表

表三甲　　　　金额单位：元

序号	编制依据	项目名称	单位	数量	单价				合价			
					设备	装置性材料	安装	其中人工费	设备	装置性材料	安装	其中工资
1.6	GJ1-150	锅炉辅助设备安装低温省煤器合金钢	t	2200.000			496.65	200.50			1 092 630	441 100
	（甲）	低温省煤器除尘器前 6 只，一次风道 2 只，二次风道 2 只包括闭式循环水系统	套	2.000	22 000 000.00				44 000 000			
	GJ2-87	电动双梁悬挂过轨起重机安装	台	2.000			51 246.66	39 130.08			102 493	78 260
	（甲）	电动双梁悬挂过轨起重机起重量：2×17.5t　起升高度 12m	台	2.000	680 000.00				1 360 000			
	GJ2-114	起重设备安装电动葫芦　40t	台	4.000			2178.11	1389.77			8712	5559
	（甲）	电动双轨起重机起重量：35t　起升高度 13m　用途：引风机电机检修用	台	4.000	120 000.00				480 000			
	GJ2-111	起重设备安装电动葫芦　10t	台	4.000			1672.64	1028.05			6691	4112
	（甲）	电动葫芦起重量：10t　起升高度 10m　用途：引风机转子检修用	台	4.000	30 000.00				120 000			
	GJ2-112	起重设备安装电动葫芦　20t	台	2.000			1923.85	1220.81			3848	2442
	（甲）	电动葫芦起重量：20t　起升高度 10m　用途：送风机电机检修用	台	2.000	70 000.00				140 000			
	GJ2-111	起重设备安装电动葫芦　10t	台	2.000			1672.64	1028.05			3345	2056
	（甲）	电动葫芦起重量：10t　起升高度 10m　用途：送风机转子检修用	台	2.000	30 000.00				60 000			
	GJ2-113	起重设备安装电动葫芦　30t	台	4.000			2047.52	1323.61			8190	5294
	（甲）	电动葫芦起重量：25t　起升高度 10m　用途：一次风机电机检修用	台	4.000	80 000.00				320 000			
	GJ2-111	起重设备安装电动葫芦　10t	台	4.000			1672.64	1028.05			6691	4112
	（甲）	电动葫芦起重量：10t　起升高度 10m　用途：一次风机转子检修用	台	4.000	30 000.00				120 000			
	GJ2-110	起重设备安装电动葫芦　3t	台	2.000			1148.30	616.83			2297	1234

续表

表三甲

金额单位：元

序号	编制依据	项目名称	单位	数量	单价				合价			
					设备	装置性材料	安装	其中人工费	设备	装置性材料	安装	其中工资
1.6	（甲）	电动葫芦起重量：3t 起升高度6m 用途：密封风机电机检修用	台	2.000	10 000.00				20 000			
	YJ2-105	氮气瓶安装	台	54.000			1617.94	800.78			87 369	43 242
	（甲）	氮气瓶	台	54.000	3000.00				162 000			
	GJ2-120	起重设备安装工字钢轨道 I45	m	100.000			161.45	93.18			16 145	9318
	（甲）	起重机轨道用工字钢	t	8.040		7043.29				56 628		
	GJ1-151	设备平台支架、平台扶梯安装	t	60.000			1490.54	640.63			89 432	38 438
	（甲）	平台扶梯	t	60.000		7043.29				422 597		
		主要设备运杂费	%	0.700	44 000 000.00				308 000			
		普通设备运杂费	%	5.560	2 782 000.00				154 679			
		甲供设备费小计							47 244 679			
		主材费小计								479 225		
		小计							47 244 679	479 225	1 561 102	735 908
		取费（略）										
2		汽轮发电机组							876 504 954	479 225	20 329 250	4 047 519
2.1		汽轮发电机本体							642 219 120		12 863 085	2 415 140
	GJ2-3	凝汽式汽轮发电机组安装 1000MW	套	2.000			3 026 074.69	1 207 569.77			6 052 149	2 415 140
	（甲）	汽轮机高效超超临界、一次中间再热、单轴、四缸四排汽、间接空冷凝汽式汽轮机，铭牌（TMCR）功率 1000MW 27MPa（a）/600℃/610℃	台	2.000	198 000 000.00				396 000 000			
	（甲）	汽轮发电机铭牌功率 1000MW	台	2.000	120 000 000.00				240 000 000			
	（甲）	透平油	t	224.000	13 500.00				3 024 000			
		主要设备运杂费	%	0.500	639 024 000.00				3 195 120			

续表

表三甲　　　　金额单位：元

序号	编制依据	项目名称	单位	数量	单价				合价			
					设备	装置性材料	安装	其中人工费	设备	装置性材料	安装	其中工资
2.1		甲供设备费小计							642 219 120			
		小计							642 219 120		6 052 149	2 415 140
		取费（略）										
2.2		汽轮发电机辅助设备							149 217 260		5 496 496	1 258 810
	GJ2-15	汽轮机辅助及附属设备安装 1000 MW	套	2.000			1 143 428.09	629 404.83			2 286 856	1 258 810
	（甲）	随汽轮机成套供以下设备：	套	2.000								
		（1）汽轮机润滑油系统（随汽轮机配套供货）	套	2.000								
		（2）汽轮机抗燃油集装装置（随汽轮机配套供货）	套	2.000								
		（3）汽轮机汽封系统（随汽轮机配套供货）	套	2.000								
		（4）盘车装置（随汽轮机配套供货）	套	2.000								
		随汽轮发电机成套供以下设备：	套	2.000								
		（1）发电机密封油装置（随发电机配套供货）	套	2.000								
		（2）发电机定子冷却水装置（随发电机配套供货）	套	2.000								
		（3）氢气系统（随发电机配套供货）	套	2.000								
		凝汽器双背压、双壳体，单流程表面式（参 1、2 号机主机里的合同价）	套	2.000	36 000 000.00				72 000 000			
		本体疏水扩容器	套	2.000								
		三级减温减压器	套	2.000								
		高压加热器	套	2.000	22 000 000.00				44 000 000			
		（1）1 号高压加热器卧式，U 形管；有效换热面积 $3000m^2$	台	2.000								

续表

表三甲

金额单位：元

序号	编制依据	项目名称	单位	数量	单价				合价			
					设备	装置性材料	安装	其中人工费	设备	装置性材料	安装	其中工资
2.2	（甲）	（2）2 号高压加热器卧式，U 形管；有效换热面积 $3200m^2$	台	2.000								
		（3）3 号高压加热器卧式，U 形管；有效换热面积 $3200m^2$	台	2.000								
		（4）3 号高加外置式蒸汽冷却器卧式，U 形管；有效换热面积 700 m^2	台	2.000								
		（5）0 号高压加热器卧式，U 形管；有效换热面积 $2250m^2$	台	2.000								
		低压加热器（参 1、2 号机主机里的合同价）	套	2.000	7 500 000.00				15 000 000			
		（1）5 号低压加热器卧式，U 形管；有效表面积 $1600m^2$	台	2.000								
		（2）6 号低压加热器卧式，U 形管；有效表面积 1515 m^2	台	2.000								
		（3）7 号低压加热器卧式，U 形管；有效表面积 1380 m^2	台	2.000								
		（4）8、9 号低压加热器卧式，U 形管；8 号有效表面积 825 m^2	台	2.000								
		6 号低加疏水泵 100%容量；正常运行点：流量 192t/h、扬程 $220mH_2O$、电动机（变频），220kW	台	4.000	200 000.00				800 000			
		凝结水泵额定（保证效率点）流量 2200t/h、额定（保证效率点）H=$310mH_2O$ 变频电动机 10kV 2800kW 凝结水泵入口滤网	台	4.000	1 250 000.00				5 000 000			
		机械真空泵组抽吸能力 41kg/h（入口压力 3.4kPa，冷却水温 15℃时）	台	4.000	580 000.00				2 320 000			
		机械真空泵组抽吸能力 20kg/h（入口压力 3.4kPa，冷却水温 15℃时）	台	4.000	480 000.00				1 920 000			

续表

表三甲　　金额单位：元

序号	编制依据	项目名称	单位	数量	单价				合价			
					设备	装置性材料	安装	其中人工费	设备	装置性材料	安装	其中工资
2.2	（甲）	大机润滑油净化装置聚结真空分离式型处理油量：12t/h	台	2.000	350 000.00				700 000			
		润滑油输送泵齿轮泵，$Q=25m^3/h$ $H=30mH_2O$ 1450r/min；电动机 11kW、380V、1450r/min	台	4.000	30 000.00				120 000			
		润滑油储油箱有效总容积 $100m^3$，污油箱和净油箱容积各 $50m^3$	台	2.000	300 000.00				600 000			
		闭式水膨胀水箱有效容积：$V=20m^3$	台	2.000	140 000.00				280 000			
		闭式水板式换热器板式，冷却水量 $2400m^3/h$	台	4.000	900 000.00				3 600 000			
		闭式循环冷却水泵额定流量 $3800m^3/h$、$H=40mH_2O$；设计流量 $4000m^3/h$、$H=38mH_2O$；电动机 560kW、10kV	台	4.000	460 000.00				1 840 000			
		主要设备运杂费	%	0.700	148 180 000.00				1 037 260			
		甲供设备费小计							149 217 260			
		小计							149 217 260		2 286 856	1 258 810
		取费（略）										
2.3		旁路系统							17 119 000		282 099	25 625
	GJ2-30	高低压旁路系统安装（机组容量）1000MW	机组	2.000			84 403.51	12 812.54			168 807	25 625
	（甲）	旁路装置液动	套	2.000	8 500 000.00				17 000 000			
		（1）液动高压旁路装置液动角阀设计压力：29.7MPa 设计温度 610℃	套	2.000								
		高压旁路油站（随旁路装置供货）	套	2.000								
		（2）液动低压旁路装置	套	4.000								
		低压旁路油站（随旁路装置供货）	套	4.000								

续表

表三甲　　　　金额单位：元

序号	编制依据	项目名称	单位	数量	单价				合价			
					设备	装置性材料	安装	其中人工费	设备	装置性材料	安装	其中工资
		主要设备运杂费	%	0.700	17 000 000.00				119 000			
		甲供设备费小计							17 119 000			
		小计							17 119 000		168 807	25 625
		取费（略）										
2.4		除氧给水装置							60 923 500		1 062 227	224 211
	GJ2-49	除氧器及水箱安装内置式除氧器出力（t/h） 3300	台	2.000			40 375.22	14 750.05			80 750	29 500
	（甲）	内置式除氧器卧式，有效容积：280m^3	台	2.000	4 250 000.00				8 500 000			
	调 GJ2-122×0.95	1000MW 给水泵组安装 1×100%汽动	套	2.000			193 174.26	97 355.22			386 349	194 710
	（甲）	给水泵汽轮机单缸、纯冷凝、双分流、下排汽、补汽反动式，运行方式：变参数、变功率、变转速最大连续功率 40MW，额定工况功率 33W	套	2.000	16 000 000.00				32 000 000			
		（1）给水泵汽轮机组合集装油箱组合集装式，有效容积 10m^3	套	2.000								
		（2）给水泵汽轮机盘车装置	套	2.000								
		（3）给水泵汽轮机排汽装置包括排汽管道、膨胀节及其支吊架等附件	套	2.000								
		汽动给水泵组	套	2.000	10 000 000.00				20 000 000			
2.4		（1）汽动给水泵 100%容量；额定工况（保证效率点）：效率 87.2%、扬程 3427m、转速 4796r/min	套	2.000								
		（2）汽泵汽动前置泵 100%容量；额定工况（保证效率点）：效率 88.4%、扬程 182.9m、转速 1548r/min	套	2.000								

续表

表三甲　　　　金额单位：元

序号	编制依据	项目名称	单位	数量	单价				合价			
					设备	装置性材料	安装	其中人工费	设备	装置性材料	安装	其中工资
2.4	（甲）	（3）变速齿轮箱平行轴降速	套	2.000								
		主要设备运杂费	%	0.700	60 500 000.00				423 500			
		甲供设备费小计							60 923 500			
		小计							60 923 500		467 099	224 211
		取费（略）										
2.5		汽轮机其他辅机							7 026 074	479 225	625 343	123 734
	GJ2-152	循环水坑排污泵安装 $N≤7.5kW$	台	4.000			375.67	266.93			1503	1068
	（甲）	循环水坑排污泵流量 $40m^3/h$，扬程 $15mH_2O$，效率≥50%，电动机5.5kW，380V	台	4.000	10 000.00				40 000			
	GJ2-57	生水加热器安装	台	2.000			2116.05	747.69			4232	1495
	（甲）	生水加热器混合式，设计压力1.3MPa，设计温度395℃，最大出水量 $110m^3/h$	台	2.000	130 000.00				260 000			
	GJ2-57	辅助蒸汽联箱安装	台	2.000			2116.05	747.69			4232	1495
	（甲）	辅助蒸汽联箱设计压力 1.3MPa（g），设计温度395℃，直径 $\phi630\times20$	台	2.000	120 000.00				240 000			
	GJ2-64	减温减压装置安装	套	3.000			1462.87	767.42			4389	2302
	（甲）	制粉系统消防用汽电动减温减压器进口蒸汽设计参数：0.45～1.4MPa（a）、350～395℃出口蒸汽设计参数：0.4～0.6MPa（a）、170±0.5℃、0～15.5t/h	台	2.000	140 000.00				280 000			
	（甲）	至采暖加热站用汽电动减温减压器进口蒸汽设计参数：0.45～1.4MPa（a）、350～389℃出口蒸汽设计参数：0.5MPa（a）、饱和汽、0～14t/h	台	1.000	130 000.00				130 000			

表三甲

续表

金额单位：元

序号	编制依据	项目名称	单位	数量	单价				合价			
					设备	装置性材料	安装	其中人工费	设备	装置性材料	安装	其中工资
2.5	YJ2-105	氮气瓶安装	台	30.000			1617.94	800.78			48 538	24 023
	（甲）	汽机房氮气瓶容积：40L	台	30.000	3000.00				90 000			
	GJ2-85	电动双梁桥式起重机安装 130/35t	台	2.000			31 176.43	15 652.03			62 353	31 304
	（甲）	电动双梁桥式起重机起重量：主/副钩 130/35t 工作级别：A3 级起升高度：主钩 31m 副钩 32m	台	2.000	2 400 000.00				4 800 000			
	GJ2-112	起重设备安装电动葫芦 20t	台	8.000			1923.85	1220.81			15 391	9766
	（甲）	电动葫芦起重量：起吊重量 16t 起吊高度 6m 用途：循环水电动蝶阀起吊装置	台	8.000	50 000.00				400 000			
	GJ2-110	起重设备安装电动葫芦 3t	台	2.000			1148.30	616.83			2297	1234
	（甲）	电动葫芦起重量：起吊重量 3t 起吊高度 6m 用途：真空泵起吊装置	台	2.000	10 000.00				20 000			
	GJ2-110	起重设备安装电动葫芦 3t	台	2.000			1148.30	616.83			2297	1234
	（甲）	电动葫芦起重量：起吊重量 3t 起吊高度 6m 用途：真空泵电机起吊装置	台	2.000	10 000.00				20 000			
	GJ2-111	起重设备安装电动葫芦 8t	台	2.000			1672.64	1028.05			3345	2056
	（甲）	电动葫芦起重量：起吊重量 8t 起吊高度 6m 用途：闭式水泵起吊装置	台	2.000	26 000.00				52 000			
		检修用平板车载重量 5t	台	1.000	15 000.00				15 000			
		机组检修小车载重量 2t	台	2.000	5000.00				10 000			
		铲车载重量 8t	台	1.000	80 000.00				80 000			
		升降平台车（液压）载重量 300kg，升降高度 1.2～8m，平台面尺寸 1.8m×0.9m	台	2.000	30 000.00				60 000			

续表

表三甲 金额单位：元

序号	编制依据	项目名称	单位	数量	单价				合价			
					设备	装置性材料	安装	其中人工费	设备	装置性材料	安装	其中工资
2.5	（甲）	移动手动液压升降平台载重量1t，$H=1.2\sim3$m	台	6.000	25 000.00				150 000			
	（甲）	伸缩扶梯载重量200kg，$H=2\sim4$m	台	6.000	1500.00				9000			
	GJ2-120	起重设备安装工字钢轨道 I45	m	100.000			161.45	93.18			16 145	9318
	（甲）	起重机轨道用工字钢	t	8.040		7043.29				56 628		
	GJ1-151	设备平台支架、平台扶梯安装	t	60.000			1490.54	640.63			89 432	38 438
	（甲）	平台扶梯	t	60.000		7043.29				422 597		
		普通设备运杂费	%	5.560	6 656 000.00				370 074			
		甲供设备费小计							7 026 074			
		主材费小计								479 225		
		小计							7 026 074	479 225	254 153	123 734
		取费（略）										
3		热力系统汽水管道								306 748 027	60 977 310	5 236 086
3.1		主蒸汽、再热蒸汽及主给水管道								245 645 707	39 649 458	2 153 429
3.1.1		主蒸汽管道								64 977 133	10 053 574	470 040
	GJ3-1	主蒸汽管道安装 1000MW 超超临界	t	816.000			2816.41	576.03			2 298 191	470 040
	（甲）	1000MW 主蒸汽管道 P92	t	816.000		79 628.84				64 977 133		
		主材费小计								64 977 133		
		小计								64 977 133	2 298 191	470 040
		取费（略）										
3.1.2		热再热蒸汽管道								81 279 969	11 792 381	501 753

表三甲

续表

金额单位：元

序号	编制依据	项目名称	单位	数量	单价				合价			
					设备	装置性材料	安装	其中人工费	设备	装置性材料	安装	其中工资
	GJ3-11	再热蒸汽热段管道安装 1000MW 超超临界	t	968.000			2505.91	518.34			2 425 721	501 753
	（甲）	1000MW 再热热段管道 P92	t	968.000		83 966.91				81 279 969		
		主材费小计								81 279 969		
		小计								81 279 969	2 425 721	501 753
		取费（略）										
3.1.3		冷再热蒸汽管道								18 813 777	3 845 300	287 362
	GJ3-18	再热蒸汽冷段管道安装 1000MW	t	520.000			2186.40	552.62			1 136 928	287 362
	（甲）	1000MW 再热冷段管道 A691 1-1/4Cr CL22	t	520.000		36 180.34				18 813 777		
		主材费小计								18 813 777		
		小计								18 813 777	1 136 928	287 362
		取费（略）										
3.1.4		主给水管道								80 574 827	13 958 203	894 273
	GJ3-22	主给水管道安装 1000MW	t	1463.000			2399.24	611.26			3 510 088	894 273
	（甲）	1000MW 主给水管道 15NiCuMoNb5	t	1463.000		55 075.07				80 574 827		
		主材费小计								80 574 827		
		小计								80 574 827	3 510 088	894 273
		取费（略）										
3.3		中、低压汽水管道								61 102 321	21 327 851	3 082 657
3.3.1		抽汽管道								9 358 344	2 629 301	359 890
	GJ3-34	中、低压管道安装 1000MW	t	340.000			2335.12	1058.50			793 941	359 890

续表

表三甲　　金额单位：元

序号	编制依据	项目名称	单位	数量	单价				合价			
					设备	装置性材料	安装	其中人工费	设备	装置性材料	安装	其中工资
	（甲）	1000MW 汽机抽汽管道	t	340.000		27 524.54				9 358 344		
		主材费小计								9 358 344		
		小计								93 583 44	793 941	359 890
		取费（略）										
3.3.2		辅助蒸汽管道								6 264 381	2 344 062	359 890
	GJ3-34	中、低压管道安装 1000MW	t	340.000			2335.12	1058.50			793 941	359 890
	（甲）	1000MW 辅助蒸汽管道	t	340.000		18 424.65				6 264 381		
		主材费小计								6 264 381		
		小计								6 264 381	793 941	359 890
		取费（略）										
3.3.4		中、低压水管道								17 008 082	5 204 997	740 950
	GJ3-34	中、低压管道安装 1000MW	t	700.000			2335.12	1058.50			1 634 584	740 950
	（甲）	1000MW 中、低压给水管道	t	700.000		24 297.26				17 008 082		
		主材费小计								17 008 082		
		小计								17 008 082	1 634 584	740 950
		取费（略）										
3.3.5		加热器疏水、排气、除氧器溢放水管道								9 795 834	3 189 204	465 740
	GJ3-34	中、低压管道安装 1000MW	t	440.000			2335.12	1058.50			1 027 453	465 740
	（甲）	1000MW 加热器疏水、排气、除氧器溢放水管道	t	440.000		22 263.26				9 795 834		
		主材费小计								9 795 834		

表三甲

续表

金额单位：元

序号	编制依据	项目名称	单位	数量	单价				合价			
					设备	装置性材料	安装	其中人工费	设备	装置性材料	安装	其中工资
		小计								9 795 834	1 027 453	465 740
		取费（略）										
3.3.9		主厂房内循环水管道								4 370 117	1 159 900	173 113
	GJ3-42	循环水管道安装 1000MW	t	280.000			1126.07	618.26			315 300	173 113
	（甲）	1000MW 主厂房循环水、冷却水管道	t	280.000		15 607.56				4 370 117		
		主材费小计								4 370 117		
		小计								4 370 117	315 300	173 113
		取费（略）										
3.3.10		主厂房内冷却水管道								4 370 117	1 159 900	173 113
	GJ3-42	冷却水管道安装 1000MW	t	280.000			1126.07	618.26			315 300	173 113
	（甲）	1000MW 主厂房循环水、冷却水管道	t	280.000		15 607.56				4 370 117		
		主材费小计								4 370 117		
		小计								4 370 117	315 300	173 113
		取费（略）										
3.3.11		汽轮发电机组油、氮气、二氧化碳管道								1 922 130	696 775	105 850
	GJ3-34	中、低压管道安装 1000MW	t	100.000			2335.12	1058.50			233 512	105 850
	（甲）	1000MW 汽轮发电机组油、氮气、二氧化碳、外部冷却水系统管道	t	100.000		19 221.30				1 922 130		
		主材费小计								1 922 130		
		小计								1 922 130	233 512	105 850

续表

表三甲　　　　金额单位：元

序号	编制依据	项目名称	单位	数量	单价				合价			
					设备	装置性材料	安装	其中人工费	设备	装置性材料	安装	其中工资
		取费（略）										
3.3.12		主厂房内空气管道								1 113 276	414 377	63 510
	GJ3-34	中、低压管道安装 1000MW	t	60.000			2335.12	1058.50			140 107	63 510
	（甲）	1000MW 主厂房内空气管道	t	60.000		18 554.60				1 113 276		
		主材费小计								1 113 276		
		小计								1 113 276	140 107	63 510
		取费（略）										
3.3.13		其他中低压管道								4 859 452	1 487 142	211 700
	GJ3-34	中、低压管道安装 1000MW	t	200.000			2335.12	1058.50			467 024	211 700
	（甲）	1000MW 其他中低压管道	t	200.000		24 297.26				4 859 452		
		主材费小计								4 859 452		
		小计								4 859 452	467 024	211 700
		取费（略）										
3.3.14		锅炉蒸汽吹洗管道								2 040 588	3 042 194	428 901
	GJ3-31	蒸汽管道吹洗临时管道安装与拆除 1000MW	t	520.000			2853.86	824.81			1 484 007	428 901
	（甲）	1000MW 临时吹管管道	t	130.000		15 696.83				2 040 588		
		主材费小计								2 040 588		
		小计								2 040 588	1 484 007	428 901
		取费（略）										
5		热力系统保温及油漆								43 345 036	40 874 214	8 493 254

续表

表三甲　　　　金额单位：元

序号	编制依据	项目名称	单位	数量	单价				合价			
					设备	装置性材料	安装	其中人工费	设备	装置性材料	安装	其中工资
5.1		锅炉炉墙砌筑								23 589 598	19 170 043	3 928 535
	GJ5-1	锅炉炉墙敷设 3050t/h	m^3	18 940.000			370.81	207.42			7 023 141	3 928 535
	（甲）	保温制品复合硅酸盐制品	m^3	30.000		901.74				27 052		
		保温制品复合高硅铝	m^3	1830.000		539.01				986 388		
		保温制品硅酸铝硅酸铝耐火纤维制品	m^3	100.000		539.01				53 901		
		超细玻璃纤维制品	m^3	6710.000		1211.36				8 128 226		
		陶瓷纤维制品	m^3	8390.000		1211.36				10 163 310		
		耐火浇注料	m^3	140.000		5424.00				759 360		
		耐火可塑料	m^3	140.000		5424.00				759 360		
		保温浇注料	m^3	1600.000		1695.00				2 712 000		
		主材费小计								23 589 598		
		小计								23 589 598	7 023 141	3 928 535
		取费（略）										
5.2		锅炉本体保温								5 113 345	4 832 304	1 009 964
	GJ5-9	保温油漆设备保温矿纤材料	m^3	3916.000			323.79	157.09			1 267 962	615 164
	（甲）	保温制品硅酸铝纤维绳	m^3	1086.000		2262.26				2 456 814		
		保温制品硅酸铝耐火纤维制品	m^3	926.000		539.01				499 123		
		超细玻璃纤维制品	m^3	940.000		1211.36				1 138 678		
		保温制品复合氧化铝	m^3	1890.000		539.01				1 018 729		
	GJ5-15	保温油漆保温层金属护壳安装	m^2	60 000.000			8.86	6.58			531 600	394 800
	（甲）	彩钢板，厚度：0.7mm（随锅炉供）	m2	60 000.000								
		主材费小计								5 113 345		
		小计								5 113 345	1 799 562	1 009 964
		取费（略）										

续表

表三甲　　　　金额单位：元

序号	编制依据	项目名称	单位	数量	单价				合价			
					设备	装置性材料	安装	其中人工费	设备	装置性材料	安装	其中工资
5.3		除尘器保温								2 923 717	2 484 861	519 346
	GJ5-9	保温油漆设备保温矿纤材料	m^3	1840.000			323.79	157.09			595 774	289 046
	（甲）	保温制品岩棉制品	m^3	1840.000		428.27				788 017		
	GJ5-15	保温油漆保温层金属护壳安装	m^2	35 000.000			8.86	6.58			310 100	230 300
	（甲）	除尘器紧身封闭外护板材质：彩钢板，厚度：0.7mm	m^2	35 000.000		61.02				2 135 700		
		主材费小计								2 923 717		
		小计								2 923 717	905 874	519 346
		取费（略）										
5.4		锅炉辅机/烟风煤管道保温								5 593 754	6 467 009	1 352 617
	GJ5-9	保温油漆设备保温矿纤材料	m^3	5954.000			323.79	157.09			1 927 846	935 314
	（甲）	保温制品岩棉制品	m^3	5642.000		428.27				2 416 299		
	（甲）	保温制品硅酸铝耐火纤维制品	m^3	312.000		539.01				168 171		
	GJ5-15	保温油漆保温层金属护壳安装	m^2	19 320.000			8.86	6.58			171 175	127 126
	（甲）	保温外保护层铝合金板铝合金板0.7mm	t	36.515		22 536.72				822 928		
	GJ5-15	保温油漆保温层金属护壳安装	m^2	3274.000			8.86	6.58			29 008	21 543
	（甲）	保温外保护层铝合金板铝合金板0.5mm	t	4.420		22 536.72				99 612		
	GJ5-15	保温油漆保温层金属护壳安装	m^2	40 826.000			8.86	6.58			361 718	268 635
	（甲）	保温外保护层铝合金板压型铝板0.7mm	t	92.593		22 536.72				2 086 743		
		主材费小计								5 593 754		
		小计								5 593 754	2 489 747	1 352 617
		取费（略）										

续表

表三甲　　　　金额单位：元

序号	编制依据	项目名称	单位	数量	单价				合价			
					设备	装置性材料	安装	其中人工费	设备	装置性材料	安装	其中工资
5.5		汽轮发电机组设备保温								1 088 190	320 136	59 220
	（甲）	保温制品硅酸铝耐火纤维制品	m^3	1000.000		539.01				539 010		
	GJ5-15	保温油漆保温层金属护壳安装	m^2	9000.000			8.86	6.58			79 740	59 220
	（甲）	彩钢板，厚度：0.7mm	m2	9000.000		61.02				549 180		
		主材费小计								1 088 190		
		小计								1 088 190	79 740	59 220
		取费（略）										
5.6		管道保温								5 036 433	5 502 684	1 312 040
	GJ5-11	保温油漆管道保温矿纤材料	m^3	6000.000			218.61	147.39			1 311 660	884 340
	（甲）	保温制品岩棉制品	m^3	4000.000		428.27				1 713 080		
	（甲）	保温制品硅酸铝耐火纤维制品	m^3	2000.000		539.01				1 078 020		
	GJ5-15	保温油漆保温层金属护壳安装	m^2	22 000.000			8.86	6.58			194 920	144 760
	（甲）	保温外保护层铝合金板铝合金板 0.7mm	t	41.580		22 536.72				937 077		
	GJ5-15	保温油漆保温层金属护壳安装	m^2	43 000.000			8.86	6.58			380 980	282 940
	（甲）	保温外保护层铝合金板铝合金板 0.5mm	t	58.050		22 536.72				1 308 257		
		主材费小计								5 036 433		
		小计								5 036 433	1 887 560	1 312 040
		取费（略）										
5.8		油漆									2 097 177	311 531
	GJ5-23	保温油漆刷色环、介质流向箭头 1000MW	台	2.000			36 618.78	26 265.72			73 238	52 531

续表

表三甲　　金额单位：元

序号	编制依据	项目名称	单位	数量	单价				合价			
					设备	装置性材料	安装	其中人工费	设备	装置性材料	安装	其中工资
	GJ5-24	保温油漆设备管道油漆	m^2	140 000.000			7.30	1.85			1 022 000	259 000
		小计									1 095 238	311 531
		取费（略）										
6		调试工程									11 677 103	3 398 422
6.1		分系统调试									3 508 039	1 139 887
	GS1-6	锅炉分系统调试锅炉蒸发量 3033t/h	台	2.000			343 273.30	271 014.65			686 547	542 029
	GS1-12	汽机分系统调试机组容量 1000MW	台	2.000			343 006.53	298 928.96			686 013	597 858
		小计									1 372 560	1 139 887
		取费（略）										
6.2		整套启动调试									3 887 815	1 186 236
	GS2-6	锅炉整套启动调试锅炉蒸发量 3033t/h	台	2.000			411 979.46	310 688.11			823 959	621 376
	GS2-12	汽机整套启动调试机组容量 1000MW	台	2.000			399 816.92	282 429.70			799 634	564 859
		小计									1 623 593	1 186 236
		取费（略）										
6.3		特殊调试										
6.4		性能试验									4 281 250	1 072 299
	YS3-92	性能试验项目炉热效率锅炉蒸发量 3033t/h	台	2.000			70 360.14	31 823.53			140 720	63 647
	YS3-98	性能试验项目炉最大出力锅炉蒸发量 3033t/h	台	2.000			18 205.57	15 351.16			36 411	30 702

表三甲

续表

金额单位：元

序号	编制依据	项目名称	单位	数量	单价				合价			
					设备	装置性材料	安装	其中人工费	设备	装置性材料	安装	其中工资
6.4	YS3-104	性能试验项目炉额定出力锅炉蒸发量 3033t/h	台	2.000			20 117.48	14 265.52			40 235	28 531
	YS3-116	性能试验项目制粉系统出力锅炉蒸发量 3033t/h	台	2.000			60 845.29	38 116.11			121 691	76 232
	YS3-122	性能试验项目磨煤机单耗锅炉蒸发量 3033t/h	台	2.000			31 489.03	18 266.30			62 978	36 533
	YS3-128	性能试验项目机组热耗机组容量1000MW	台	2.000			123 293.10	4029.43			246 586	8059
	YS3-134	性能试验项目机组轴系振动试验机组容量 1000MW	台	2.000			41 833.69	12 678.05			83 667	25 356
	YS3-140	性能试验项目汽机最大出力机组容量 1000MW	台	2.000			22 814.51	9073.38			45 629	18 147
	YS3-146	性能试验项目汽机额定出力机组容量 1000MW	台	2.000			24 122.71	8675.28			48 245	17 351
	YS3-152	性能试验项目机组供电煤耗测试机组容量 1000MW	台	2.000			32 851.85	14 143.02			65 704	28 286
	YS3-158	性能试验项目机组 RB 试验机组容量 1000MW	台	2.000			111 124.83	98 707.75			222 250	197 416
	YS3-164	性能试验项目污染物排放监测试验机组容量 1000MW	台	2.000			19 463.86	10 450.44			38 928	20 901
	YS3-170	性能试验项目噪声测试机组容量1000MW	台	2.000			17 116.89	14 708.07			34 234	29 416
	YS3-176	性能试验项目散热测试锅炉蒸发量 3033t/h	台	2.000			19 364.34	14 226.00			38 729	28 452
	YS3-182	性能试验项目粉尘测试机组容量1000MW	台	2.000			16 150.14	13 880.24			32 300	27 760
	YS3-188	性能试验项目除尘器效率试验机组容量 1000MW	台	2.000			21 500.85	17 439.46			43 002	34 879
	YS3-194	性能试验项目发电机额定负荷温升试验机组容量 1000MW	台	2.000			47 759.23	18 204.07			95 518	36 408

续表

表三甲　　　　金额单位：元

序号	编制依据	项目名称	单位	数量	单价				合价			
					设备	装置性材料	安装	其中人工费	设备	装置性材料	安装	其中工资
6.4	YS3-200	性能试验项目发电机最大出力试验机组容量 1000MW	台	2.000			25 733.12	7965.01			51 466	15 930
	YS3-206	直接空冷或间接空冷系统性能试验机组容量 1000MW	台	2.000			63 781.78	41 473.14			127 564	82 946
	YS3-212	脱硫系统性能试验机组容量 1000MW	台	2.000			146 832.87	74 481.25			293 666	148 963
	YS3-218	脱硝系统性能试验机组容量 1000MW	台	2.000			114 720.72	58 192.20			229 441	116 384
		小计									2 098 964	1 072 299
		取费（略）										

参 考 文 献

[1] 叶江明．电厂锅炉原理及设备．4版．北京：中国电力出版社，2017.

[2] 肖增弘，盛伟．汽轮机原理及系统．北京：中国电力出版社，2018.

[3] 郝艳红．火电厂环境保护．北京：中国电力出版社，2019.

[4] 侯保荣．火电厂防腐蚀与水处理．北京：化学工业出版社，2008.

[5] 周菊华．火电厂燃煤机组脱硫脱硝技术．北京：科学出版社，2017.

[6] 姚秀平．燃气轮机与联合循环．北京：中国电力出版社，2019.

[7] 杨义波．热力发电厂．北京：中国电力出版社，2019.

[8] 贺平，等．供热工程．北京：中国建筑工业出版社，2021.

[9] 国家能源局．火力发电工程建设预算编制与计算规定（2018年版）．北京：中国电力出版社，2020.

[10] 电力工程造价与定额管理总站．火力发电工程建设预算编制与计算规定（2018年版）使用指南．北京：中国标准出版社，2020.

[11] 国家能源局．电力建设工程概算定额（2018年版） 第二册 热力设备安装工程．北京：中国电力出版社，2020.

[12] 国家能源局．电力建设工程概算定额（2018年版） 第四册 调试工程．北京：中国电力出版社，2020.

[13] 国家能源局．电力建设工程预算定额（2018年版） 第二册 热力设备安装工程．北京：中国电力出版社，2020.

[14] 国家能源局．电力建设工程预算定额（2018年版） 第六册 调试工程．北京：中国电力出版社，2020.

[15] 国家能源局．电力建设工程预算定额（2018年版） 第八册 加工配制品．北京：中国电力出版社，2020.

[16] 国家能源局．电力建设工程施工机械台班费用定额（2018年版）．北京：中国电力出版社，2020.

[17] 中国电力企业联合会．电力建设工程装置性材料预算综合价格（2018年版）．北京：中国电力出版社，2020.

[18] 中国电力企业联合会．电力建设工程装置性材料预算价格（2018年版）．北京：中国电力出版社，2020.

[19] 电力工程造价与定额管理总站．电力建设工程概预算定额使用指南（2018年版） 第二册 热力设备安装工程．北京：中国建材工业出版社，2020.